海南省志

审判志

（1991—2010）

海南省地方志办公室 编

海 南 出 版 社

图书在版编目（CIP）数据

海南省志. 审判志. /海南省地方志办公室编. —海口:海南出版社,2013.8
ISBN 978-7-5443-5182-9

Ⅰ. ①海… Ⅱ. ①海… Ⅲ. ①海南省—地方志②审判志—海南省 Ⅳ. ①K296.6

中国版本图书馆 CIP 数据核字（2013）第 170846 号

HAINANSHENGZHI SHENPANZHI
海 南 省 志 · 审 判 志

编　　者：海南省地方志办公室
责任编辑：万　胜　谭　珠
出版发行：海南出版社
社　　址：海口市金盘开发区建设三横路 2 号
邮政编码：570216
网　　址：http: //www.hncbs.cn
印刷装订：海南鑫汇亚印务有限公司
开　　本：889mm × 1194mm　1/16
字　　数：450 千字
印　　张：27.5
版　　次：2013 年 8 月第 1 版
印　　次：2013 年 8 月第 1 次印刷
书　　号：ISBN 978-7-5443-5182-9
定　　价：120.00 元

海南省地方志编纂委员会

《海南省志》

《海南省志·审判志》编纂委员会

（1991－2010年）

顾　　　问： 肖若海　毛超峰　曾浩荣

主 任 委 员： 董治良

副主任委员： 刘　诚　张光琼

委　　　员： 张西克　傅名剑　苭永俊

主　　　编： 董治良

副　主　编： 苭永俊　高俊华

《海南省志·审判志》编纂办公室

主　　　任： 张西克

副　主　任： 傅名剑　苭永俊

工 作 人 员： 陈永华　郝兆亮

《海南省志·审判志》编写组[①]

责 任 编 辑： 苭永俊　吴凤华　高俊华

统　　　稿： 董治良　高俊华

审 定 单 位： 海南省地方志办公室

责任审稿人： 陈　波　雷晓玲　颜书明　林　斌

①编写人员详细名单附于书后。

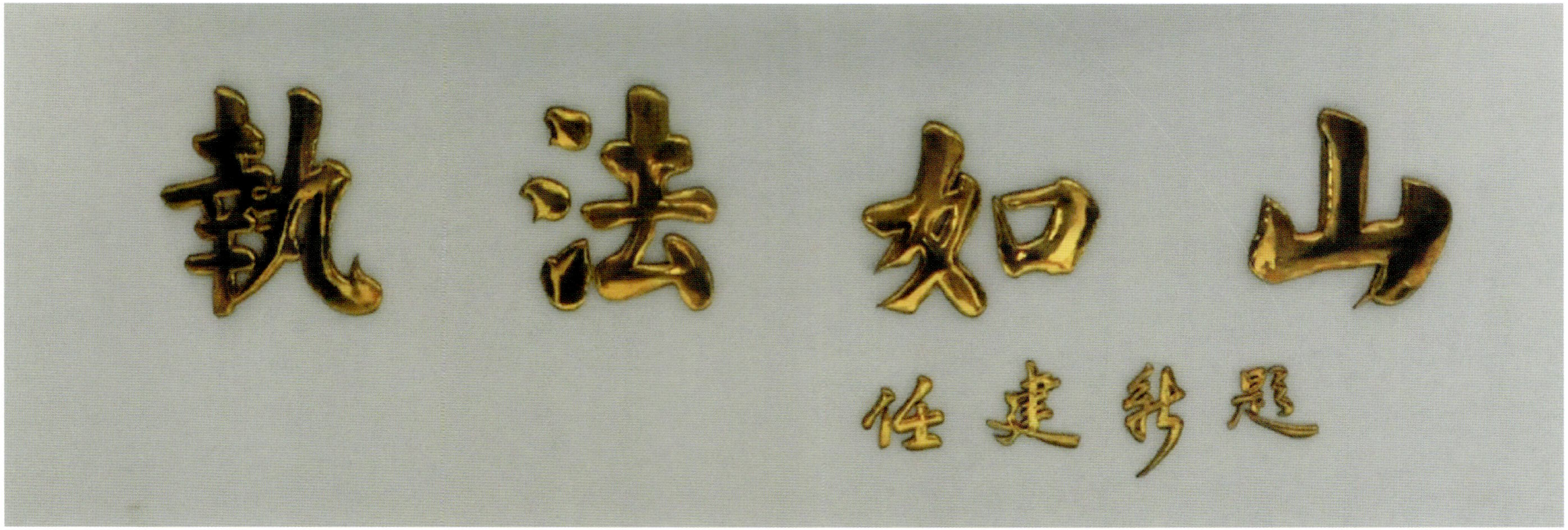

1995 年 1 月，中共中央书记处书记、中央政法委书记、最高法院院长任建新来海南视察时为海南省高级人民法院题辞。

1988–1990 年，高级法院租用海南农业经济管理干部学校的房屋作为办公地点。

1990 年，首任院长丁果（前排左五）与建院初期的部分干警在海府一横路临时办公楼前合影。

1990–1995 年，高级法院临时以海府一横路的宿舍楼作为办公地点。

1995 年峻工的高级法院办公大楼（图左楼为中国银行营业厅及其职工宿舍）。

1998 年 9 月，高级法院举办建院十周年庆祝大会。

2008 年 9 月 26 日，高级法院举办建院二十周年庆祝大会。

2010 年 8 月 18 日，高级法院正式启动审判大楼改造项目。

改造后的高级法院办公大楼。

1991 年，丁果(前排左)陪同最高法院院长郑天翔(前排右)视察海口中院。

1995 年 1 月，高级法院第二任院长田忠木(左一)陪同中共中央书记处书记、中央政法委书记、最高法院院长任建新(最前)视察海南法院时，接见法院干警。

2006 年 3 月 24 日，中央政法委书记罗干（前排正中）视察三亚城郊法院旅游巡回法庭。

2006 年 5 月，最高法院院长肖扬（前排中）来海南调研，右三为高级法院第三任院长曾浩荣。

2008 年 3 月，全国人大会议期间，中央政法委书记周永康（右二）接见高级法院第四任院长董治良，右一为海南省委书记、省人大主任卫留成。

董治良陪同最高人民法院党组书记、院长、首席大法官王胜俊（右）视察海南。

王胜俊在海南调研期间，听取法院工作汇报。

王胜俊接见高级法院全体干警。

王胜俊在海南调研期间，会见海南省部分领导：卫留成（左四）、省长罗保铭（右四）、海口市委书记陈辞（右三）、董治良（左三）、省检察长马勇霞（左二）、海口市长冀文林（左一）、省委政策研究室主任刘登山（右二）、高级法院党组副书记、副院长田湘利（右一）。

王胜俊视察国家法官学院海南分院建设工程进度。

2010 年 1 月 31 日，最高法院党组副书记、常务副院长沈德咏在第三次全国涉外商事海事审判工作会议期间参加高级法院党组会议。

2010 年 9 月 16 日，最高法院党组副书记、副院长张军出席在三亚召开的全国法院量刑规范化会议。

2010 年 2 月，最高法院副院长万鄂湘出席在海口召开的第三次全国涉外商事海事审判工作会议。

2010 年 9 月 15 日，中央政法委副秘书长王其江出席在三亚召开的全国法院量刑规范化会议。

最高法院党组成员、副院长江必新出席中国法学会审判理论研究会行政审判理论专业委员会 2010 年年会暨“社会管理创新与行政审判”主题论坛。

2010 年 10 月，最高法院党组成员、副院长苏泽林代表最高法院来海南慰问特大暴雨中受灾的群众。

2010 年 12 月 1 日，最高法院党组成员、副院长奚晓明（左一）出席在琼海召开的反垄断民事诉讼国际研讨会。

2010年9月15日，最高法院党组成员、副院长熊选国出席在三亚召开的全国法院量刑规范化会议。

2009年8月，最高法院党组成员、副院长景汉朝出席在海口召开的人民法院工作指导思想专题研讨会。

2009 年 11 月，全国纪检监察业务培训班在海口举行，最高法院党组成员、纪检组长张建南授课。

2000 年，解放军军事法院院长姜吉初(右二)与曾浩荣(右一)共商涉军维权工作。

1993 年 9 月，省委书记、省长阮崇武（前排左一）视察高级法院。

2002 年，省委书记杜青林（前排右二）与最高法院、海南省委政法委、高级法院领导商议工作。

2003 年 8 月，省委副书记罗保铭慰问全国模范法官陈援朝（已故）的家属。

2008 年 1 月 29 日，在省第四届人大一次会议上，省委书记、省人大主任卫留成为董治良颁发任命书。

2010 年底，省委副书记李宪生（左三）在高级法院调研。

2010 年 5 月 6 日，省委常委、政法委书记肖若海（右二）与董治良（左二）带案下访调解使当事人握手言和。

2010 年 11 月 30 日，省人大常委会副主任吴昌元到高级法院调研。

2010 年，省人大常委会副主任符兴到高级法院调研。

2009 年 1 月 19 日，省政协副主席张力夫出席全省法院院长会议。

2010 年，省人大常委会副主任陈海波(右一)到高级法院调研。

2008 年 9 月 26 日，副省长符跃兰（左）出席高级法院建院二十周年庆祝活动。

副省长姜斯宪（最前）在陵水法院调研。

2008 年 2 月 22 日，董治良与领导班子签订党风廉政责任状，图为田湘利(右)签字。

2000 年，高级法院党组副书记、副院长毕志强迎接荣获最高法院、人民日报、中央电视台联合评出的首届“全国十大人民满意的好法官”的刘诚载誉归来。

2008 年“七·一”期间，高级法院党组成员、副院长孙明宇(右)慰问老党员。

2008 年，高级法院党组成员、副院长张光琼热情接待涉诉信访当事人。

2006 年 7 月 26 日，高级法院法警在执行警务时抽空吃工作餐。

反映法院系统 2010 年参与抗洪救灾的文艺节目《众志成城》。

法院干警心系奥运，2008 年 5 月 6 日高级法院苏志辉参加海口市奥运火炬传递活动。

2006 年 7 月 25 日，全省法院 “司法为民 拥军爱民”文艺演出。

2010 年，高级法院三八妇女节获奖节目《蒙古人》。

2010 年 7 月 21 日，高级法院在省直机关广播操比赛中获奖。

序

董治良

隔代修史，当代修志，鉴古知今，传承文明。《海南省志 · 审判志(1991—2010)》于今问世，甚感欣慰，铺纸提笔，陶然为序。

2006年7月，耗时16年完成的首轮《海南省志 · 审判志》出版，记述了公元1840－1990年海南在清政府、国民政府、琼崖革命政府、人民政府时期审判事业的历史。该志内容丰富，门类齐全，资料翔实，归属得当，记载反映了海南司法制度、审判机构、审判人员以及审判工作在各个历史时期的更替与变化。

1991－2010年，是海南建省后在改革开放大潮中历经风波曲折，蓬勃发展的时期；也是海南法制建设和审判事业改变落后面貌，快速发展的时期。

这一时期，在最高人民法院和海南省委、省政府的关心支持下，全省法院告别了“办公靠租房，开庭靠借房，住的是危房，设备简陋短缺，部分法庭仍用油灯照明甚至连自行车和电话都没有”的艰苦落后执法环境；高级、中级、基层三级法院的建制、布局，随着本省行政区划的调整逐步稳定成型；通过提高审判职业准入门槛，强化专业培训和职业道德、职业纪律教育，审判队伍的整体素质得到提高，干警量少质弱的状况明显改变；审判实务、司法政务管理水平逐渐提升，对内对外司法交流范围扩大，涉外司法协助事务开展顺利；审判理论研究紧密结合改革开放实践，贴近审判实际，发挥出重要指导作用；各级法院切实贯彻为改革开放保驾护航的审判原则，全面开展刑事、民事、行政等各项审判工作，加强执行工作，依法打击刑事犯罪，调节经济关系，化解社会矛盾，促进依法行政，为推进法治建设、维护社会稳定、促进经济发展、加快绿色崛起提供了有力的司法保障。

这一时期，全省法院按照最高人民法院的要求和部署，以维护廉洁司法、保障社会公平正义为目标，扎实稳妥地进行司法体制和审判工作机制改革。在完善诉讼程序，推行公开、公正的审判方式，完善审判机关的机构设置、职权划分和管理制度，实现司法审判与司法政务分离，司法政务与司法事务分离；树立现代刑事司法理念，改变死刑复核与二审程序“合二为一”的做法，死刑第二审案件一律开庭审理，严格控制和慎用死刑，落实宽严相济的刑事政策，加强对未成年犯罪嫌疑人、被告人的权益保障；规范民事审判规则，确保法律适用准确和统一；完善行政审判制度，试行行政诉讼简易程序及和解制度，优化行政审判司法环境；深化执行体制和机制改革，加大执行工作力度，积极化解“执行难”问题；践行司法为民，简化办案程序，推行司法调解，开展司法救助；规范司法行为，提高司法能力，完善法官招录培训体制，加强审判队伍建设；以及改善司法经费保障，树立国家法制物化形象等方面，取得了重大进展，成就卓然。

这是海南审判事业从稚嫩走向成熟的一段多彩的历史。将这一时期海南审判工作的情况和法院为保证司法公正而探索、变革、创新的过程全面、系统地记述下来，为同仁进行科学决策提供参考依据，为学者研究当代海南审判制度提供丰富史料，昭示来兹，垂鉴后人，发挥“资治、存史、教化”的功能和效用，即为编纂本志之目的。

本志依照“事以类聚，类为一志”的原则，于概述之后，按法院组织结构和具体业务分设为十三章三十五节，大事记和人物传略等资料文献则汇集于附录之中；内容详备，记述客观、真实、准确，体例严谨，图文并茂，有鲜明的地方特色和时代特点，约45万字。

数年努力，终于结果。由于资料收集存在难度，撰写人又非修志专业出身，本志疏漏和不足之处，恳请读者鉴谅并赐教。冀望海南各级法院在新的历史时期，坚持“党的事业至上、人民利益至上、宪法法律至上”的重要指导思想，进一步加强审判和执行工作，坚持公正廉洁，亲民尚法，为海南法制事业再建勋绩，续写新的辉煌！

2013 年 7 月

凡　　例

一、本志以马列主义、毛泽东思想、邓小平理论、“三个代表”重要思想、科学发展观为指导，坚持辩证唯物主义和历史唯物主义的立场和观点，实事求是地记述海南法院断限内审判事业的历史和现状，力求思想性、科学性和资料性统一。

二、本志系第一轮《海南省志·审判志》的续志，上限起自1991年，下限止于2010年。为叙事完整起见，部分内容适当上溯到1988－1990年。

三、本志采用章、节体结构，志首置序、凡例、概述；正文遵循“横排竖写”原则，按审判实务和其他业务分设十三章三十五节；而后殿以附录（即大事记、人物传略、重要案例辑存、规章制度存目、海南省高级人民法院2010年工作报告、最高人民法院院长对海南工作的肯定）及后记。

四、本志采用规范的现代语体文和第三人称记述，力求准确、简洁、朴实、流畅。

五、本志采用述、志、记、传、图、表、录体裁，以志为主，随文插入图片与表格，表按章、节、目排序，照片放置以集中、分散相结合，注明时间、地点、人物、事件，客观，真实，图文并茂。照片大多为海南法院各个时期专门负责摄影的工作人员所拍摄。

六、本志的字、词执行《中华人民共和国国家通用语言文字法》、国家语言文字工作委员会公布的《简化字总表》、《现代汉语通用字表》的规定；标点符号执行国家出版总署公布的《标点符号用法》的规定；数字采用阿拉伯数字表示；货币为外币的，标明币种，货币为人民币的，不标明人民币字样；纪年用阿拉伯数字以公元纪年；计量单位采取公制单位。

七、人名首次出现时写明官衔全称，后文再出现时，直接使用人名，不再加任何官衔与尊称。人物籍贯属海南省外的，标明省级县级行政单位名称，属海南省内的直接写县级单位，不再写明“海南省”字样。

八、原海南省琼海县、儋县、琼山县、文昌县的行政区划名称，根据国家民政部民行批（1992）132号，民行批（1994）26号，民行批（1995）77号和1993年3月3日《关于同意撤销海南省琼海县设立琼海市的批复》等批文确定为准；海口市行政区划名称，2002年10月以后按国务院国函（2002）92号《关于同意海南省调整海口市行政区划的批复》确定的为准。

九、本志组织机构简称：中国共产党海南省委员会简称省委，以此类推分别简称市委、县委、区委；海南省人民政府简称省政府，以此类推分别简称市政府、县政府、区政府；政法委员会简称政法委；最高人民法院简称最高法院；海南省高级人民法院简称高级法院；海南省第一、第二中级人民法院分别简称省一中院、省二中院；海口市、三亚市中级人民法院分别简称海口中院、三亚中院，以此类推市、县、区基层法院分别简称市、县、区法院。以使用简称为原则,根据需要适当使用全称。

十、本志记述各类案件的处理结果,均以当时的法律、法规、政策为依据,仅记录历史,不作为以后案件定性、处理及申诉的依据。

十一、记叙先进人物或人物传略,只记叙已故者。

十二、本志史料来源于海南省各级法院档案室和海南省档案馆所存档案、海南法院出版的书籍和内刊,以及海南省图书馆馆存资料,不专门注明出处。

目　录

概　述

法制与社会发展相互支持，相互推动；法制是社会发展的重要保障，社会发展促进了法制的进步。改革开放的历史，也是审判事业发展的历史。过去20年，海南法院工作经历了1991—1992年重建起步，1993—1999年开拓前进，2000—2007年平稳发展，2008—2010年快速崛起4个阶段。重温这段历史，可以知兴替，明得失，推陈出新，为海南审判事业的科学发展再续辉煌。

进入上世纪90年代，经济体制改革全面推开，商品经济迅速发展，利益格局出现新的变化，矛盾冲突增多，案件数量上升，法院的机构设置、人员状况已不适应形势的发展。因应审判工作发展变化之需，海南法院审判组织和审判机构经过了几次调整，加强了人民法庭和审判法庭（即"两庭"）的建设。1991年2月8日，海口市法院撤销，市中级法院成立并挂牌办公；同年7月，琼北、琼南中级法院撤销，海南中级法院（简称海南中院）成立并挂牌办公，下辖海口、三亚两市以外17个市、县基层法院；同年11月22日，三亚市法院撤销，市中级法院成立并挂牌办公，下辖三亚市城郊法院（简称三亚城郊法院）。1994年8月19日，洋浦经济开发区中级法院（简称洋浦中院）和洋浦经济开发区法院（简称洋浦法院）成立并挂牌办公。1993－2001年，琼海县、文昌县、琼山县、万宁县、儋县先后撤县设市，县法院随之更名为市法院；原通什市更名为五指山市，法院亦随之更名。2002年10月，海口市调整行政区划，保留秀英区，撤销原琼山市和海口市原新华区、振东区，设立海口市琼山区、龙华区、美兰区。2003年1月，原琼山市法院更名为海口市琼山区法院，原新华区、振东区法院分别更名为龙华区、美兰区法院。

2008年12月3日，海南中院更名为海南省第一中级人民法院（简称省一中院），下辖文昌、琼海、万宁、陵水、澄迈、定安、屯昌、琼中、保亭、五指山等10个市、县、自治县基层法院；同年12月10日，洋浦中院更名为海南省第二中级人民法院（简称省二中院），下辖洋浦经济开发区、儋州、临高、乐东、东方、昌江、白沙等7个市、县、自治县基层法院。这次调整，改变了省内中级法院案件数量差异巨大的局面，平衡了中级法院的司法管辖范围及工作量，方便了群众诉讼，优化了审判资源配置，对维护社会和谐稳定，保障国际旅游岛建设以及海南审判事业的科学发展，具有重大意义。

1990年，全省基层法院设置人民法庭162个，1999年调整为125个，2003年撤并为36个，2008－2010年根据需要恢复、重建了13个；截至2010年底，全省基层法院设置人民法庭54个。法院内设机构亦经过了几次调整。以高级法院为例：1991年内设机构14个，2000年为16个（另有事业机构6个），2001年为21个（另有事业机构3个），2007年为23个（另有事业机构3个），2010年底内设机构增加至30个（另有事业机构2个）。

1988—1991年，全省法院审判人员量少质弱。自1992年起，法院队伍不断壮大：

1988 年全省法院共有工作人员 1494 人,1998 年为 2445 人,2008 年为 2314 人,2010 年底为 2561 人。1995 年颁布的《法官法》规定了法官任职的学历条件,审判队伍的知识结构逐步发生变化。各级法院鼓励和支持干警参加学历教育和国家司法考试,通过大专、本科学历教育、大学后继续教育等方式和渠道,依托全国法院业余法律大学(法官学院)的教育体制,借助相关法律院校资源,对大专以下文化程度干警进行教育培训,提高队伍的职业素质,审判力量的专业化程度日趋提高。1998 年全省法院共有法官 1304 人,其中博士 2 人、硕士 53 人、大学本科 269 人,大专以下 980 人;2008 年全省法院共有法官 1237 人,其中博士 6 人、硕士 72 人、大学本科 805 人,大专以下 354 人;截至 2010 年底,全省法院共有法官 1314 人,其中博士 5 人、硕士 109 人、大学本科 934 人,大专以下 266 人。2005 年,全省基层法院选任培训人民陪审员 238 人,2010 年选任培训 406 人;2005 - 2010 年全省基层法院先后选任培训 1740 名人民陪审员,参与审理案件 17657 件,起到了补充司法资源、维护司法公正、促进司法公开、推进司法民主的作用。

全省法院注重队伍思想政治建设,通过组织学习邓小平理论、"三个代表"重要思想、科学发展观等各项专项活动,使法院工作人员树立正确的世界观、人生观、价值观和荣辱观,强化干警的政权意识,大局意识,法治意识和亲民意识;开展社会主义法治理念教育,坚定审判人员的法律信仰,忠诚审判事业,自觉践行司法为民的宗旨,公正审理案件,维护和实现社会的公平与正义,树立良好的司法形象;以党风廉政建设为核心,开展执法大检查、司法巡查、建立廉政监督卡等活动,培养法官的社会责任感和正义感,规范法官的司法行为,保持队伍的廉洁自律;根据院党组 2008 年提出的"从严治院、公信立院、文化建院、人才兴院、科技强院"工作思路,推进和加强司法文化建设,提高法院的精神风貌,努力打造一支政治坚定,业务精通,作风优良,纪律严明的法官队伍。1991—2010 年,全省法院涌现出大批"全国人民满意的好法官"、"全国劳动模范"、"全国优秀法官"、"全国三八红旗手"、"全国先进工作者"等先进模范,共有 466 人荣获最高法院、中央和省直以上机关表彰;涌现出一批"全国法院系统人民满意的好法院"、"全国模范法院"、"全国法院优秀审判庭"、"全国法院模范集体"、"全国优秀人民法庭"、"全国青年文明号"等先进模范集体,共有 266 个次集体荣获最高法院、中央和省直以上机关表彰。

在健全和完善法院组织机构,加强队伍建设的同时,各项审判工作全面推进。1991 年全省法院受理各类案件 13612 件,2010 年达到 51191 件,净增了 3.76 倍。1991 年全省法院收案范围为刑事、民事、经济、行政、海事、涉外和涉港、澳、台等 6 类,2010 年增加申诉申请再审、赔偿、行政非诉,扩展为 9 类。各级法院在履行宪法赋予的审判职责过程中,贯彻最高法院司法改革的部署,以维护司法公正、提高司法效率为目标,以加强权力制约和监督为重点,在最高法院司法改革方案的总体框架内,结合具体实际情况,积极稳妥地在体制、制度、机制、方法等方面进行司法改革,各项工作全面发展。

1998 年 3 月 1 日,按照最高法院"立案与审判、审判与执行、审判与审判监督三分立"的改革要求,告诉申诉审判庭撤销,设立立案庭和审判监督庭,前者负责各项审判案件的立案程序及申诉上访接待审查,后者负责再审案件的审理。2007 年《民事诉讼法》

修订后，民事再审申请案件大量增加，为应对立案庭职能庞杂、压力较大的局面，高级法院于2008年经省编委批准，将立案庭分为立案审判一庭和立案审判二庭（含涉诉信访办公室），前者负责立案审查，后者负责再审申请、申诉案件的复查。各级法院加强案件审判流程管理，促进立案审查阶段的诉前调解，加强信访工作，规范判后公开释明听证和执行案件听证等程序，落实法律援助制度和司法救助制度，努力化解社会矛盾，为审判工作打好基础。

1991—2010年，经济快速发展，社会结构变化，社会矛盾突出，刑事案件逐年递增：1991年全省法院受理一审刑事案件2233件，2010年达到6071件，净增了2.7倍。1990年代，各级法院围绕省委、省政府的工作大局，继续贯彻依法从重从快打击杀人、放火、抢劫、强奸等严重犯罪，依法从重从严打击经济犯罪；2001年，按照最高法院提出的“严之有据，严之有理，严之适度，严之有效”要求，使“严打”进入了法制化、规范化的轨道；2006年，开始施行“宽严相济、罚当其罪”的刑事政策，积极配合中央部署，开展“扫黄打非”、“打黑除恶”、禁毒、打击走私犯罪等专项斗争，依法惩处各类犯罪，参与社会治安综合治理，全力维护社会稳定；积极配合中央反腐工作，依法惩处贪污、贿赂等职务犯罪，办理了戚火贵等一批职务犯罪大案要案，推进反腐败斗争和廉政建设；依法惩治商业贿赂犯罪和各类经济犯罪，维护国家正常经济秩序，保障改革开放顺利进行。

1999—2010年，按照最高法院部署，各级法院推行以扩大公开审判、规范庭审功能、提高庭审质量、充分发挥合议庭职能作用等为内容的刑事审判方式改革，坚持公开审判，增强裁判文书的说理性，提高司法透明度；正确执行“非法证据排除”、“死刑案件审判程序和执行方式”、“量刑规范化”等制度；严把案件事实关、证据关、程序关和适用法律关，严格依法准确定罪量刑。结合本省实际，制定了《办理减刑假释案件实施细则》、《法院量刑指导意见实施细则》等制度、规则，规范刑事审判活动。2008年，高级法院经省编委批准将刑事审判庭分设为刑事审判一庭和刑事审判二庭，前者负责审理普通刑事案件，后者负责审理刑法分则第三、八、九章规定的经济犯罪、职务犯罪案件，细化了刑事审判分工。

自1992年起，海南房地产、知识产权、金融证券、涉外商事、企业破产、劳动争议等新类型案件不断出现，审判领域不断拓宽，民商事案件大量增加，民事审判工作进入快速发展时期。各级法院依法审理各类民商事案件，运用司法手段，促进海南房地产市场平稳有序发展，引导产业资本优化配置，保护海洋渔业生产和运输秩序，维护国家海洋权益，配合银行及时清收逾期贷款，支持政府依法治贷和农信社金融改革，保护农民利益和劳动者的合法权益，维护农村稳定、社会稳定和企业稳定，化解社会矛盾，平息利益纠纷，保障社会和谐，促进经济社会发展。

随着《民事诉讼法》的颁布实施，全省法院从民事庭审模式改革开始，进行以司法公正、司法公开、提高审判效率为目的的民事审判方式改革。1994年，高级法院设置知识产权审判庭；1995年10月17日，出台《第一审民事经济审判规程》，要求当事人当庭举证、当庭质证，法官当庭认证，强化庭审功能；1997年，在全国同级法院中首先推行一、二审案件依法公开开庭审理，对排期开庭、庭前证据交换、证据鉴定等方式进行探索和改革；2001 年，高级法院撤销民事、经济、知识产权三个审判庭，设立民事审判一庭受理原民事审判庭的案件，设立民事审判二庭受理原经济审判庭和原知识产权审判庭的案件；2005 年，制定《民事诉讼第一审庭审操作规范》，确立民事案件一审庭审模式；同年，推出"民商事一审案件适用简易程序速裁速决"的做法；2008 年，高、中级法院推行审判、监督、制约"三分立"制度，基层法院对民事案件繁简分流，人民法庭实行速立速调速执审理办法；同年，高级法院经省编委批准，设立民事审判第三庭，审理海事、知识产权和涉外、涉港、澳、台民商事案件。

1988 年，全省法院受理一审行政纠纷案件 42 件，2010 年达到 1064 件，净增了 25.3 倍。受案范围由公安行政处罚执法领域扩展到所有行政管理领域，案件种类达数十种。自 2002 年起，市、县政府为被告的行政案件由中级法院一审，高级法院二审；2005 年，规定上级法院发现下级法院因明显客观原因难以公正审判属其管辖的一审案件时，可指定其他下级法院异地管辖；2006 年，探索用和解方式解决行政纠纷；2007 年，推行"诉前提供咨询、诉中互通信息、判后相互监督"的司法与行政互动机制。各级法院运用司法手段，支持和监督行政机关依法行政，维护公民、法人和其他组织的合法权益。

2007 年，全省减刑、假释案件由刑事审判庭调整为审判监督庭管辖。2008 年，审判监督程序分为"再审事由审查"和"再审审理"两个独立阶段，立案庭负责对当事人的再审申请是否符合再审条件进行审查，审判监督庭负责对进入再审程序案件的实体审理。2009 年，高级法院经省编委批准将审判监督庭分设为审判监督一庭和审判监督二庭，前者负责本院决定再审、当事人申请引起再审的民、商事案件及行政案件的再审；后者负责刑事案件的再审和死刑缓期二年执行、无期徒刑减刑案件的审理以及依法应由高级法院审理的假释案件，指导、监督下级法院的减刑、假释工作，审理由检察机关抗诉引起的民商事及行政案件的再审。各级法院对已发生法律效力的确有错误的判决、裁定和调解协议依法实施救济，保护当事人的合法权益，保证法院裁判的正确性和合法性，维护国家法制统一。

各级法院在执行工作中，依法督促、强制债务人履行法律文书确定的义务。1999 年，全省开展"案件执行年"专项活动，加大强制执行力度，对疑难案件采取提级执行、上下级法院共同执行、指令执行、交叉执行等方法逐案突破，做好执行中的和解工作，化解矛盾。2001 年，高级法院成立执行局对全省案件执行工作实行垂直管理，建立起统一指挥、协调的执行体制。2004 年，建立"执行裁判权与执行实施权分权运行"的监督制约机制，扩大执行中当事人申请复议的范围和中级法院执行案件的管辖范围，全省法院案件执行中的评估、鉴定、拍卖等事项由诉讼技术委托中心统一管理。2008—2010 年，高级法院深化执行工作改革，在执行局内设立综合处、申诉审查处、复议监督处和协调指导处，明晰内部分工，细化职责范围；全省法院案件执行中的委托拍卖事项由高级法院统一管理、指导、监督，拍卖机构由高级法院执行局电脑随机选定；依靠党委领导，建立起执行工作联席会议制度和执行联动威慑机制；完善立案、审判、执行三个环节的协调配合；探索分段集约执行，进行执行权优化配置试点，有效缓解“执行难”。

针对审判实践中急需解决的突出问题，高级法院加强审判研究与指导，开展自主调研，寻求解决问题的方案，为法院重大司法决策提供可行性论证和理论支持。1991—2010年，向有关部门提出“进一步促进我省港航业发展”等数十项司法建议和《海南省旅游环境与资源保护条例》等立法议案；自2006年起，发布《土地承包纠纷案件研究》等数十项调研课题向全省公开招标；组织落实上级领导机关和上级法院指定、委托的近百项调研课题；完成了大量能够转化应用具有很强指导性的调研成果。1992年，创办内部学术刊物《特区法坛》，编印《常用法律司法解释汇编》；2008—2010年，编印《规章制度汇编》，出版《海南法院年鉴》、《全省法院重点调研课题论文集》、《海南法院2007-2009精品案例选》和《海南法院2008优秀裁判文书选》；2008—2010年，高级法院连续成功竞标取得最高法院向全国公开招标的重点调研课题；2010年，高级法院以《海南国际旅游岛建设的司法保障》、《中国—东盟自由贸易区建设进程中的海南定位》成功申报省哲学社会科学规划课题。自1997年起，高级法院开展多项学术活动，主办或协助最高法院举办“中国内地与澳门法律实务研讨会”、“全国部分高、中级法院均衡结案问题座谈会”、“服务国际旅游岛建设专家法治讲座”，“博鳌法学论坛”，“博鳌法治高端讲座”等贴近司法审判实际的理论学术会议。

海南建省晚，起点低，上世纪九十年代法院经费困难，设备简陋，装备短缺，全省22家法院将近一半无审判法庭，高级法院赁屋办公，基础建设和物资装备保障任务艰巨。1996年以前，因下拨经费不足，法院收取诉讼费暂不上交以弥补业务经费缺口。1996年后，实行“收支两条线管理”，收取的诉讼费扣除必要办案费用支出后上缴财政，经财政厅审核批准用于补助基层法院和购置法院装备。2001年诉讼费纳入预算管理，收取诉讼费弥补财政拨款不足的作法成为历史，诉讼费通过银行上缴财政，由财政纳入预算，统一拨款保障法院司法经费。2002年后，争取财政预算安排成为经费保障工作的重点。2008年，高级法院获得同意将预收诉讼费垫付基建资金用于弥补1994年高级法院审判大楼、综合楼等基础配套设施建设资金缺口，消除了历时15年的历史挂账，至此除高级法院建设时原欠五家银行贷款本息和招待所建设挪用干警房改大修资金欠款外，困扰法院多年的基建历史挂账问题终获解决。各级法院在项目选择、经费投入、设备配套方面，始终坚持审判工作优先，为审判工作提供必要的经费保障。

1991年，全省开始建设法院审判办公用房，至2004年新建办公用房面积13.5万平方米；高级法院和四家中院连同海口海事法院以及琼海等市、县(区)法院的审判办公综合楼相继建成。由于地方经济基础差，市县财政收入低，地方财政配套资金落实困难，“两庭”建设标准较低，进程缓慢。自2008年起，在省市县各级党委、政府的支持帮助下，法院抓住国家加大对地方司法建设转移支付力度的机遇，加紧进行“两庭”建设。截至2010年底，全省28家法院中审判综合楼已建成的20家，在建6家，未建2家(海口海事法院、美兰区法院)，拟改、扩建3家(高级法院、省一中院、琼海法院)；派出法庭已建成27家，批准立项列入中央投资项目5家，拟恢复新设17家；扭转了法院审判法庭办公用房建设落后的局面。

1991 年,法院信息化建设开始起步。至 2007 年底,法院电话通信专网、计算机信息网络、天涯法律网、广域光纤传输网络、视讯会议系统、广域程控电话虚拟网、语音通讯专网、案件数据暨电子邮件专项应用软件、高中两级法院法庭数字监控录像系统、网络防火墙等建成开通使用,远程立案、法律法规查询、文件交换、电子邮件等法院专网完成辖区全覆盖。自 2008 年起,全省法院信息化建设快速发展,高级法院完善电子设备技术审核工作程序,启用了《中国审判法律应用支持系统》;2009 年,全省基层法院及派出法庭安全防范监控系统建成,高级法院和海口中院以视频会议系统为平台建成了远程提讯室;2010 年,高级法院启动了审判、执行、信访业务、司法行政、案件质量、绩效考核等综合管理信箱系统的开发;启动了全省协同办公和电子签章系统、诉讼档案数字化处理项目以及远程呈现系统的建设。

1996 - 1998 年,经省编委批准,高级法院先后设立自收自支机构海南省诉讼证据鉴定中心(2005 年更名为海南诉讼技术委托中心)和海南省司法医院,分别有偿接受财产类证据的鉴定和法医医疗鉴定以及临床诊疗工作。2001 年,为避免"自审自鉴"之弊,司法医院连同医学鉴定业务移交司法厅管理。2008 年,高级法院撤销诉讼技术委托中心,高中两级法院分级管理对外委托鉴定,重大疑难案件逐级委托,理顺了上下级法院对外委托评估鉴定案件的管辖范围和级别,规范了司法技术辅助工作程序,严格监督评估鉴定过程,确保评估鉴定质量。

2002—2007 年,法院加强内部监督,由监察、技术、财务部门和国有资产管理部门共同组成采购工作小组,配合政府采购法院业务所需物资装备。2008 - 2010 年,高级法院加强采购工作,建立分管院长为组长的采购工作领导小组,严格执行"编制采购计划和采购工作岗位相分离",重大事项请示报告院党组,重大建设项目严格按照法定程序向社会公开招标、开标、议标、定标,全程监督,"廉政一票否决",物资装备水平稳中有升,推进了法院办公现代化。

1997 年,全省法院达到档案工作等级管理标准的仅有 3 家, 2003 年档案工作开始走向规范化,归档的档案全部完成了手工登记和计算机录入。2008 - 2010 年,各级法院配置了档案信息化硬件设备,档案管理达标工作进入新阶段,开始库藏档案数字化工作。全省司法警察以服务审判工作为核心,忠实履行职责,全力保障各类庭审活动和审判机关的安全。

海南法院的国际司法协助、区际司法互助以及外事司法交流工作始于 1991 年。高级法院于 1995 年 5 月成立外事办公室,负责全省法院与外国和港、澳、台司法界的交流,办理和指导下级法院办理涉外和涉港、澳、台法律文书的送达,办理涉外及涉港、澳、台案件调查取证以及外国和港、澳、台司法文书效力确认等司法协助事务。2001 年 7 月,外事办公室撤销,设立外事接待科。2010 年,海南国际旅游岛建设上升为国家战略,司法交流和国际与地区间的司法协作快速增长,涉外和涉港、澳、台协作确认业务单列,高级法院经省编委批准,撤销外事接待科,增设司法涉外处;自同年 12 月起,开始办理海峡两岸送达文书司法互助案件，直接与台湾地区业务主管部门联络，实现了官方确认和送达，改变了之前由各级法院自行通过民间邮寄方式确认和送达的做法。为提高法官素质，开拓法官视野，从 1993 年起，高级法院组织数十批法官出国考察、培训、研讨；受最高法院委托，协助接待十余批来访的外国最高法院法官进行司法交流。

二十年奋斗，二十年成就。在最高法院和省委的领导支持下，在社会各界的关心支持下，经过全体干警 20 年不懈努力，海南法院“两庭”建设基本实现了从简陋匮乏到规范现代化的跨越，审判事业蒸蒸日上，得到了长足发展。展望未来，任重道远。全省法院将继续忠实履行宪法法律赋予的职责，不断增强司法能力，不断更新司法理念，不断进行审判方式改革，不断满足人民群众对司法公平正义的增长需求，加强审判管理，提高审判效率，坚持为大局服务，为人民司法，促进社会矛盾化解，为经济社会的发展一如既往地提供有力的司法保障！

第一章　机构人员

20 世纪 90 年代后，随着经济体制改革的全面推进，案件数量急剧上升，法院的机构设置和人员配备逐渐不能适应形势的发展。为此，海南法院不断加强两庭建设和队伍建设，不断优化审判资源配置，为保障海南经济建设以及海南审判事业的科学发展提供优良的司法环境。在机构设置方面，2008 年对省一、二中院的调整，改变了省内中级法院案件数量差异巨大的局面，平衡了中级法院的司法管辖范围及工作量，完善了海南审判体系的构建，方便了群众诉讼。在队伍建设方面，海南法院坚持“抓党建带队建促审判”的总体工作思路，深入开展“发扬传统、坚定信念、执法为民”和“人民法官为人民”等主题实践活动，深化法院干部人事制度改革，强化教育培训，全面推进法院文化建设，队伍整体素质显著提高。

第一节　机构沿革

一、海南法院

1988 年建省前，海南是广东省的一个行政区，其审判机构只有中院和基层法院两级，设中级法院 2 个，即海南行政区中级人民法院（简称行政区中院）和海南黎族苗族自治州中级人民法院（简称自治州中院），隶属于广东省高级人民法院管辖；设基层法院 19 个，行政区中院下辖 10 个基层法院，自治州中院下辖 9 个基层法院。

1987 年 9 月 26 日，中央发出《中共中央、国务院关于建立海南省及其筹建工作的通知》决定撤销海南黎族苗族自治州，1987 年 12 月 28 日自治州七届人大二次会议宣告自治州人大结束，1987 年 12 月 31 日，自治州政府撤销；自治州中院随之撤销，其所辖 9 个县市基层法院归行政区中院管辖，行政区中院下辖的基层法院由 10 个变为 19 个。

1987 年 12 月 – 1988 年 1 月，经国务院批准，海南省陵水、乐东、东方、白沙、昌江五县实行民族区域自治，改为黎族自治县，五县法院分别更名为陵水、乐东、东方、白沙、昌江黎族自治县人民法院；琼中、保亭县法院更名为琼中、保亭黎族苗族自治县人民法院。

1988 年 4 月 13 日，第七届全国人民代表大会第一次会议通过议案成立海南省。同年 9 月 6 日，海南省高级人民法院（简称高级法院）挂牌成立。同年 12 月 30 日，根据海南的特殊情况和审判机构设置的需要，省委批准，设立琼北中院和琼南中院。琼北中院设在海口市，管辖海口市和琼山、文昌、琼海、万宁、定安、屯昌、澄迈、临高、儋县、昌江、东方 12 个市、县、自治县的上诉案件和依法应由中院管辖的一审案件；琼南中院设在通什市，管辖三亚、陵水、保亭、琼中、乐东、白沙、通什 7 个市、县、自治县和西、南、中沙群岛及其海域的上诉案件和依法应由中院管辖的一审案件，符合国家四级两审终审制度的海南省高级、中级、基层三级审判机构形成。

1990 年 3 月 10 日，根据全国人大常委会的决定和最高法院（1989）第 36 号批复，海口海事法院（简称海事法院）在海口市设立，管辖海南省所属港口、水域，包括西沙、中沙、南沙等岛屿及其海域发生的一审海事、海商案件，不受理其他类型（如刑事、民事）案件。

1990 年海南省法院组织机构示意图

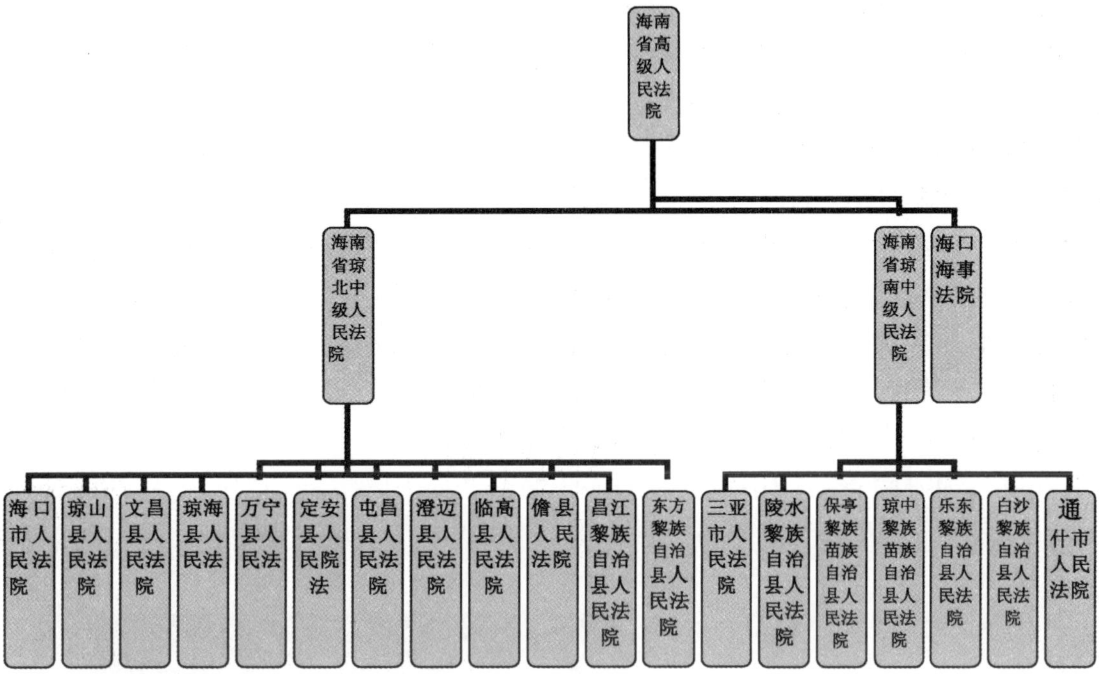

（一）高级法院

高级法院自 1988 年 9 月 6 日成立，截至 2010 年 12 月，高级法院下辖 4 个中院（省一中院、省二中院、海口中院、三亚中院），1 个专门法院（海事法院），22 个市、县、自治县、区、开发区基层法院（文昌、琼海、万宁、儋州、东方、五指山、定安、屯昌、澄迈、临高、昌江县、陵水、乐东、白沙、保亭、琼中、海口美兰区、海口龙华区、海口秀英区、海口琼山区、洋浦开发区法院和三亚城郊法院）。

（二）中级法院

1988 年 12 月 30 日，琼北中院和琼南中院成立。

1990 年，按照地方各级人大、各级政府组织法的规定和国家四级两审终审制度的要求，为与地级市的市、区两级政权相对应，海口市和三亚市先后依法设立了中、基层法院。

1990 年 9 月 15 日，最高法院批准撤销三亚市人民法院，设立三亚中院，案件管辖区域为三亚市。

1991 年 2 月 8 日，最高法院批准撤销海口市人民法院，设立海口中院。此区域的案件不再由琼北中院管辖。

1991年6月4日,因琼北中院、琼南中院受理案件锐减,为与海南实行的"小政府、大社会"和"省直接管市县"的领导体制相适应,省委和最高法院批准撤销琼北中院、琼南中院,在琼北中院基础上设立海南省琼崖中级人民法院(同年7月19日更名为海南省海南中级人民法院,以下简称海南中院),管辖除海口、三亚两市以外17个县市的案件。

1992年3月,国务院批准海南设立洋浦经济开发区,这是海南首个国家级经济开发区。1994年8月10日,经最高法院批准,设立洋浦经济开发区中级人民法院(简称洋浦中院)和洋浦经济开发区人民法院(简称洋浦法院),管辖经济开发区内的案件。这是国家首次在经济开发区内设立两级法院。

2002年10月16日,国务院批复海口市行政区划调整,撤销琼山市和海口市新华区、振东区,设立海口市秀英区、琼山区、龙华区、美兰区。2003年1月1日,原琼山市和原海口市新华区、振东区人民法院分别更名为海口市琼山区、海口市龙华区、海口市美兰区人民法院。至此,海口中院下辖秀英、琼山、龙华、美兰4个基层法院。

2008年,为贯彻中共中央总书记胡锦涛视察海南时做出的"海南要进一步深化体制机制改革,做改革开放排头兵"的指示,方便群众、方便诉讼,优化法院工作格局,突出儋州市作为海南西部地区中心城市的功能定位,省委决定调整全省中级法院的设置。经最高法院批准,将洋浦中院更名为海南省第二中级人民法院(简称省二中院),管辖区域由洋浦经济开发区扩大到儋州、临高、乐东、东方、昌江、白沙共7个区、市、县、自治县。将海南中院更名为海南省第一中级人民法院(简称省一中院),管辖区域为文昌、琼海、万宁、五指山、陵水、澄迈、定安、屯昌、琼中、保亭共10个市、县、自治县。

2004年海南中院外景。

(三)基层法院

1990 年 9 月 15 日,在三亚中院设立同时,最高法院批准设立三亚的基层人民法院——三亚市城郊人民法院(简称三亚城郊法院)。

1991 年 2 月 8 日,在海口中院设立同时,最高法院批准设立海口的基层人民法院——海口市新华区、海口市振东区、海口市秀英区人民法院。

1993 年 3 月,琼海县、儋县撤县建市,两县人民法院改称市人民法院。

1990 年前后的儋县法院。

1994 年 8 月 10 日,洋浦经济开发区人民法院(简称洋浦法院)与洋浦中院同时设立,管辖经济开发区内的案件。

1994 年，洋浦两级法院挂牌成立。

1994 年 1 月、1995 年 11 月、1996 年 8 月，琼山县、文昌县、万宁县先后撤县建市，三县人民法院改称市人民法院。

1997 年 3 月，东方黎族自治县撤县建市，县人民法院改称市人民法院。

2001 年，通什市更名为五指山市，市人民法院更名为五指山市人民法院。

1990 年前后的通什法院。

2001 年海南省法院组织机构示意图

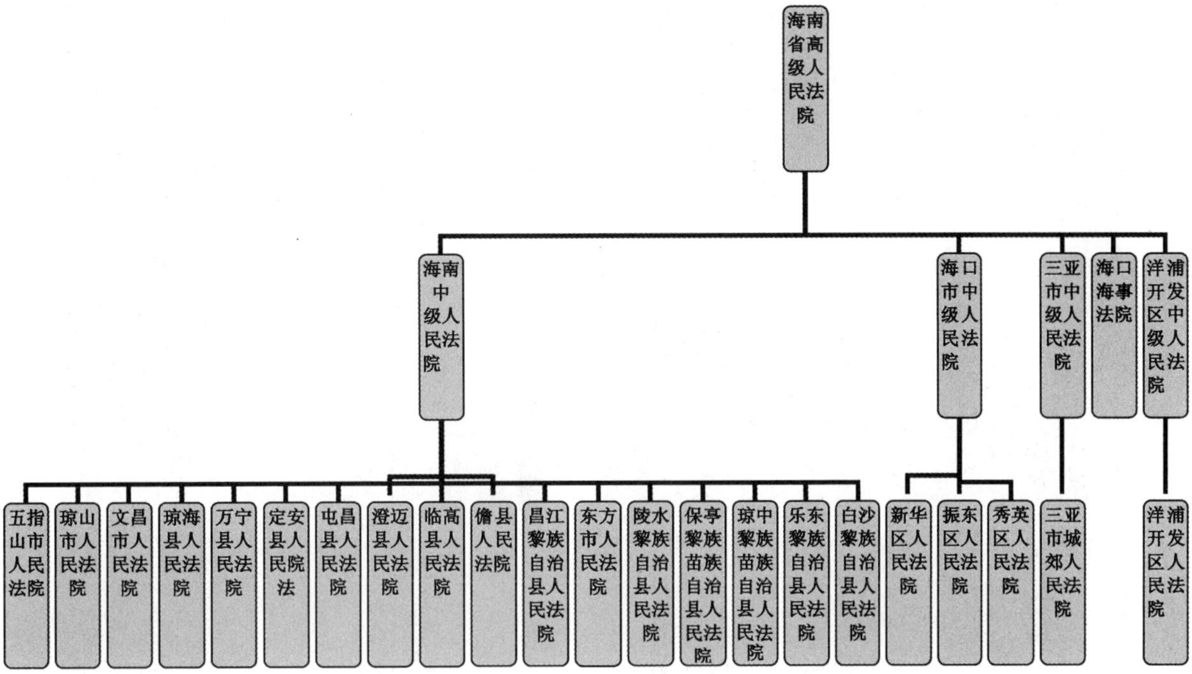

2002 年 10 月 16 日，国务院批复海口市行政区划调整：保留海口市秀英区，撤销琼山市和海口市新华区、振东区，在海口市原行政区划基础上，设立海口市秀英区、琼山区、龙华区、美兰区。龙华区辖海口市原新华区的行政区域和原琼山市的龙桥、龙泉、新坡镇；美兰区辖海口市原振东区的行政区域和原琼山市的灵山、美兰、三江、大致坡镇；琼山区辖原琼山市的府城、龙塘、云龙、旧州、三门坡、甲子、大坡镇和海口市原振东区的国兴街道及蓝天街道的米铺、道客居委会。

2003 年 1 月 1 日，原琼山市和原海口市新华区、振东区人民法院分别更名为海口市琼山区、海口市龙华区、海口市美兰区人民法院。至此，海口中院下辖秀英、琼山、龙华、美兰 4 个区法院。

2003 年新更名、成立的海口市四个基层法院。

2008 年,海南中院更名为省一中院、洋浦中院更名为省二中院后,文昌、琼海、万宁、五指山、陵水、澄迈、定安、屯昌、琼中、保亭 10 个市、县、自治县人民法院由省一中院管辖;洋浦经济开发区、儋州、临高、乐东、东方、昌江、白沙 7 个区、市、县、自治县人民法院由省二中院管辖。

2008 年 12 月,海南省第二中级人民法院授印揭牌仪式。

2010 年海南省法院组织机构示意图

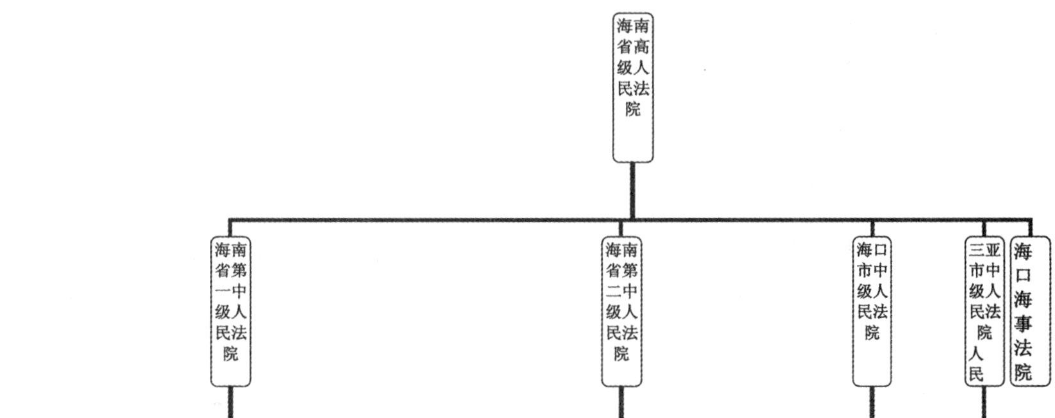

二、海南法院内设机构

(一)高级法院内设机构

1988 年 10 月 25 日,高级法院设立政治部;同年 12 月 15、19 日,先后设立纪检监察办公室和机关党委办公室;同年 12 月 31 日,设立办公室、研究室、人事处、司法行政处以及刑事、民事、经济、行政审判庭、告诉申诉庭;此之前,全国法院干部法律业余大学海南分校和海南省法院干部培训中心已于同年 10 月 18 日设立。高级法院内设机构体系基本形成。

建院之初海南省高级法院内设机构名称及成立时间表

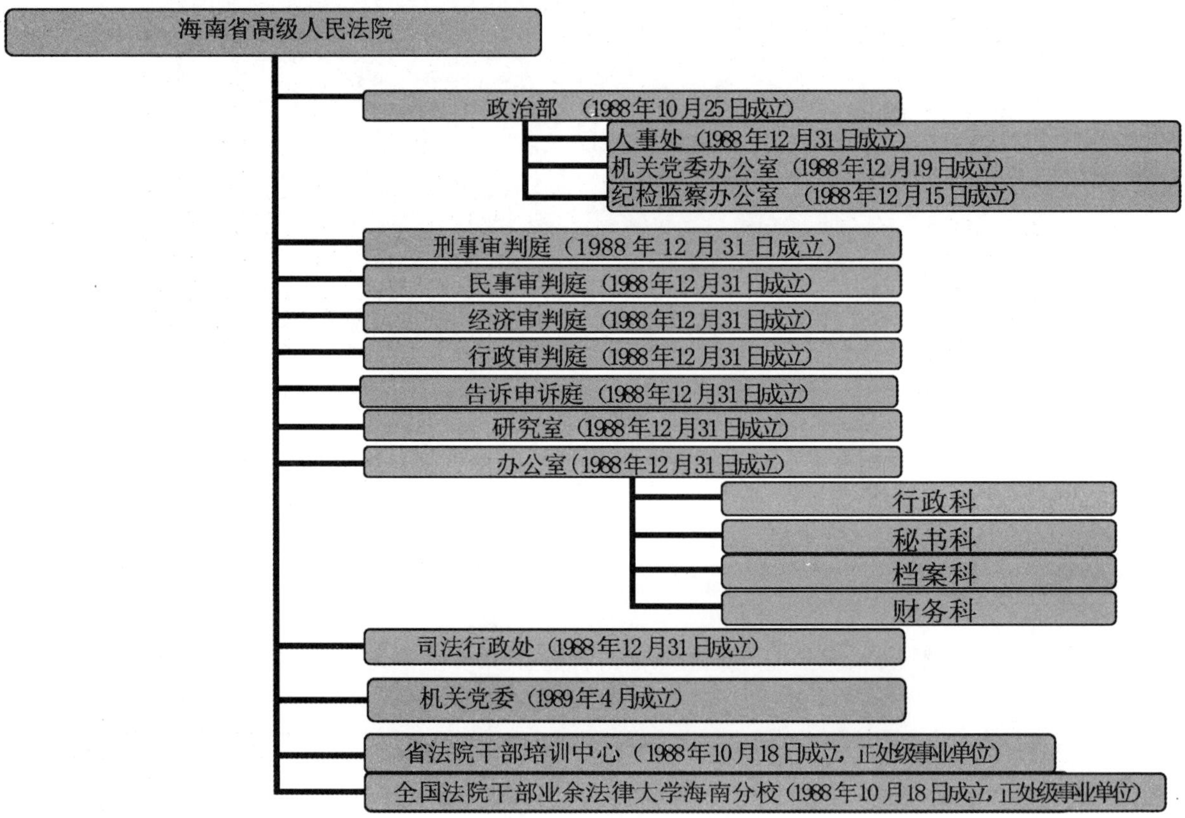

1. 机构设置

在 1990 年机构体系的基础上,1992 年 3 月 19 日,设立执行庭。1993 年 11 月 25 日,设立司法警察支队。1994 年 1 月 18 日,设立知识产权审判庭(2001 年机构改革中撤销)。1995 年 1 月 4 日,设立事业机构海南省诉讼证据鉴定中心;同年 2 月 6 日,设立事业机构海南省应用法学研究所;同年 5 月 25 日,设立外事办公室;同年 5 月 29 日,设立社会保障法庭(2001 年机构改革中撤销)。

1996 年 2 月 28 日,设立机关事务管理服务中心;同年 3 月 25 日,设立宣传教育处。

1997 年 5 月 5 日，人事处更名为组织人事处，司法行政处更名为计划财务装备处，司法警察支队更名为司法警察总队。1998 年 3 月 1 日，撤销告诉申诉庭，设立立案庭、审判监督庭。

截至 2000 年 12 月，高级法院内设机构为 16 个（不含政治部），即办公室、研究室、监察室（与纪检组合署办公）、机关党委办公室（与机关工会合署办公）、组织人事处、宣传教育处、计划财务装备处、刑事审判庭、民事审判庭、经济审判庭、行政审判庭（与赔偿委员会办公室合署办公）、知识产权审判庭、立案庭、审判监督庭（与社会保障法庭合署办公）、执行庭、司法警察总队，另有事业单位 6 个，即全国法院干部法律业余大学海南分校、海南省法院干部培训中心、机关事务管理服务中心、海南省诉讼证据鉴定中心、海南司法医院、海南省应用法学研究所。

2001 年，按照中央、省委和最高法院的部署，高级法院进行内设机构改革。7 月 30 日，设立法官培训处，与宣传教育处、组织人事处并为政治部的 3 个内设机构；撤销民事审判庭、经济审判庭，设立民事审判第一、第二庭；设立执行局，内设执行庭（执行局副局长兼任执行庭长）和执行工作处；撤销办公室内设机构行政科、秘书科、档案科、财务科；撤销计划财务装备处，设立司法行政装备管理处（简称行装处）；撤销纪检监察办公室，设立监察室；设立审判督察办公室（简称督察办）、技术处、司法警察总队；机关事务管理服务中心更名为机关后勤服务中心，与行装处合署办公。改革后高级法院内设机构为 21 个，即办公室、政治部（内设组织人事处、宣传教育处、法官培训处）、研究室、监察室、机关党委办公室（与机关工会合署办公）、审判督察办公室、立案庭、刑事审判庭、民事审判第一庭、民事审判第二庭、行政审判庭（赔偿委员会办公室）、审判监督庭、执行局（内设执行庭、执行工作处）、司法警察总队、技术处、司法行政装备处；另有事业单位 3 个，即机关后勤服务中心、全国法院干部业余法律大学海南分校、海南省法院干部培训中心。

2007 年 4 月 12 日，设立刑事审判第二庭。同年 9 月 5 日，设立党组纪检组。同年 11 月 21 日，刑事审判庭更名为刑事审判第一庭。同年 12 月 7 日，司法警察总队内设 3 个科级机构，即警务科、警政科、直属支队。

2008 年，针对内部机构设置不科学、职能交叉混淆，审判人员编制不足、法律修改后工作量增大等问题，经省编委批准，高级法院依据《人民法院组织法》和刑事、民事、行政诉讼法的规定及司法运行规律，再次对内设机构进行调整：撤销自收自支的诉讼技术委托中心、干部培训中心（天涯法律网站）和法学实务研究所；同年 6 月 6 日，在立案庭内设涉诉信访工作办公室；同年 6 月 25 日，审判督察办公室更名为审判事务管理办公室，对其职能、职责重新定位，强化了审判业务管理；技术处同时更名为司法技术处；同年 10 月 21 日，宣传教育处更名为法官管理处，法官培训处更名为教育培训处，明晰了职能，分清了职责；行政、事业分开，将合署办公的行政装备管理处和机关后勤服务中心分立；同年 12 月 23 日，执行局内设的执行庭更名为复议处；同年 12 月 30 日，设立高级法院法官进修学院（国家法官学院海南分院），内设办公室、教学科研科、学籍管理科，负责全省初任法官培训、晋升高级法官培训等岗位培训工作，节省了到省外培训耗费的大量人力、物力、财力；同日，立案庭更名为立案第一庭，审判监督庭更名为审判监督第一庭；同日，设立民事审判第三庭，审理知识产权、涉外、海事海商纠纷案件，以适应国际旅游岛建设及海南大开放大开发的形势需要；设立立案第二庭（挂牌涉诉信访办公室）、审判监督第二庭，以适应《民事诉讼法》修改后申诉、申请再审案件大幅上升的需要。2009 年 1 月 23 日，设立老干部工作处；同年 3 月 24 日，立案第一庭更名为立案审判第一庭，立案第二庭更名为立案审判第二庭；同年 8 月 17 日，办公室内设三个科级机构即院长办公室、秘书科、议案提案联络室；司法行政装备管理处内设两个科级机构即综合科、装备科。2010 年 7 月 27 日，设立国内纳入编制的首个环境保护审判庭，审理环境保护诉讼案件；设立司法涉外处、新闻宣传处；在执行局内设立综合处、申诉审查处；执行局复议处更名为复议监督处，执行工作处更名为协调指导处。

2008 年 12 月，原最高法院肖扬院长为国家法官学院海南分院奠基。

至 2010 年 12 月，高级法院内设机构有 30 个，即立案审判第一庭、立案审判第二庭（含涉诉信访办公室）、刑事审判第一庭、刑事审判第二庭、民事审判第一庭、民事审判第二庭、民事审判第三庭、环境保护审判庭、行政审判庭（含国家赔偿委员会办公室）、审判监督第一庭、审判监督第二庭、执行局（协调指导处、申诉审查处、复议监督处、综合处）、研究室、审判事务管理办公室、监察室、司法警察总队（警政科、警务科、直属支队）、办公室（院长办公室、秘书科、议案提案联络室）、政治部（辖组织人事处、教育培训处、法官管理处、老干部工作处）、新闻宣传处、司法涉外处、司法行政装备管理处（综合科、装备科）、司法技术处、机关党委、机关工会，另有2个事业单位，即机关后勤服务中心、法官进修学院（国家法官学院海南分院）

1988－2010年海南省高级法院内设机构对比表

表1－1－1

<table>
<tr><th colspan="3">建省初期</th><th colspan="4">2010年底</th></tr>
<tr><th>名称</th><th>成立时间</th><th>备注</th><th colspan="2">名称</th><th>成立时间</th><th>备注</th></tr>
<tr><td rowspan="2">政治部</td><td rowspan="2">1988.10.25</td><td rowspan="2">政治部（下设人事处、机关党委办公室、纪检监查办公室三个处级单位）</td><td rowspan="4">政治部</td><td>组织人事处</td><td rowspan="2">2001.7.30
2009.1.23批复设立老干部工作处，在组织人事处加挂“老干部工作处”牌子</td><td rowspan="2">增配1名处级领导职数、配备1名专职人员负责老干部工作</td></tr>
<tr><td>老干部工作处（成立时与组织人事处合署办公，2011年4月单设）</td></tr>
<tr><td rowspan="2">人事处</td><td rowspan="2">1988.12.31（1997.11.3省编委批复更名组织人事处）</td><td rowspan="2"></td><td>教育培训处（1996.3.25成立宣传教育处）</td><td rowspan="2">2001.7.30批复</td><td>2008.10.21宣传教育处更名为教育培训处</td></tr>
<tr><td>法官管理处</td><td>2008.10.21法官培训处更名为法官管理处</td></tr>
<tr><td rowspan="2">刑事审判庭</td><td rowspan="2">1988.12.31</td><td rowspan="2"></td><td colspan="2">刑事审判第一庭</td><td>2007.11</td><td>刑事审判庭更名为刑事审判第一庭</td></tr>
<tr><td colspan="2">刑事审判第二庭</td><td>2007.4.12</td><td></td></tr>
<tr><td rowspan="2">民事审判庭</td><td rowspan="2">1988.12.31</td><td rowspan="2"></td><td colspan="2">民事审判第一庭</td><td>2001.7.30</td><td></td></tr>
<tr><td colspan="2">民事审判第二庭</td><td>2001.7.30</td><td></td></tr>
<tr><td rowspan="2">经济审判庭</td><td rowspan="2">1988.12.31</td><td rowspan="2"></td><td colspan="2">民事审判第三庭</td><td>2008.12.30</td><td></td></tr>
<tr><td colspan="2">环境保护审判庭</td><td>2010.7.27批复</td><td></td></tr>
<tr><td>行政审判庭</td><td>1988.12.31</td><td></td><td colspan="2">行政审判庭（赔偿委员会办公室）</td><td>1994成立赔偿委员会下设办公室</td><td></td></tr>
</table>

续上表

<table>
<tr><th colspan="3">建省初期</th><th colspan="4">2010 年底</th></tr>
<tr><th>名称</th><th>成立时间</th><th>备注</th><th colspan="2">名称</th><th>成立时间</th><th>备注</th></tr>
<tr><td rowspan="4">告诉申诉庭</td><td rowspan="4">1988.12.31</td><td rowspan="4">1998 年 3 月 1 日撤销告诉申诉庭，成立立案庭、审判监督庭。
2008.6.6 批复立案庭加挂“高级法院涉诉信访办公室”牌子</td><td colspan="2">立案审判第一庭</td><td>2009.3.24 批复更名由立案第一庭更名为立案审判第一庭</td><td>2008. 12. 23 批复立案庭更名为立案第一庭</td></tr>
<tr><td colspan="2">立案审判第二庭（加挂涉诉信访办公室）</td><td>2008. 12. 30 批复增设立案第二庭（含涉诉信访办公室），2009. 3.24 批复更名为立案审判第二庭</td><td></td></tr>
<tr><td colspan="2">审判监督第一庭</td><td>2008. 12. 30 批复更名</td><td>由审判监督庭更名为审判监督第一庭</td></tr>
<tr><td colspan="2">审判监督第二庭</td><td>2008. 12. 30 批复</td><td>设立</td></tr>
<tr><td>执行庭</td><td>1992.3.19</td><td>琼编【1992】56 号</td><td rowspan="4">执行局</td><td>综合处</td><td>2010. 7. 27 设立</td><td>2001. 7 成立执行局，内设执行庭和执行工作处。2008.12.23 执行庭更名为复议处</td></tr>
<tr><td rowspan="3"></td><td rowspan="3"></td><td rowspan="3"></td><td>申诉复查处</td><td>2010. 7. 27 设立</td><td rowspan="3">2010 年 9 月 9 日复议处更名为复议监督处，执行工作处更名为协调指导处。</td></tr>
<tr><td>复议处</td><td>2001. 7 批复成立执行庭，琼编［2010］13 号文件</td></tr>
<tr><td>执行工作处</td><td>2001. 7 批复成立</td></tr>
<tr><td>研究室</td><td>1988.12.31</td><td></td><td colspan="2">研究室</td><td>2001. 7. 30 批复</td><td></td></tr>
</table>

续上表

<table>
<tr><th colspan="4">建省初期</th><th colspan="4">2010年底</th></tr>
<tr><th colspan="2">名称</th><th>成立时间</th><th>备注</th><th colspan="2">名称</th><th>成立时间</th><th>备注</th></tr>
<tr><td rowspan="4">办公室</td><td>行政科</td><td rowspan="4">1988.12.31</td><td rowspan="4"></td><td rowspan="4">办公室</td><td>院长办公室</td><td rowspan="4">2009.8.17批复成立三个内设科级机构</td><td rowspan="4">配备科级领导职数6名</td></tr>
<tr><td>秘书科</td><td>秘书科</td></tr>
<tr><td>档案科</td><td rowspan="2">议案提案联络室</td></tr>
<tr><td>财务科</td></tr>
<tr><td colspan="2" rowspan="2">司法行政处</td><td rowspan="2">1988.12.31</td><td rowspan="2">1997.5.5更名为计划财务装备处</td><td rowspan="2">司法行政装备管理处</td><td>综合科</td><td rowspan="2">2001.7.30成立司法行政装备管理处，计划财务装备处撤销，2009.8.17内设二个科级机构</td><td rowspan="2">配备科级领导职数4名</td></tr>
<tr><td>装备科</td></tr>
<tr><td colspan="2">党委办公室</td><td>1988.12.19</td><td rowspan="2"></td><td colspan="2" rowspan="2">机关党委
（机关工会）</td><td rowspan="2">2001.7.30</td><td rowspan="2"></td></tr>
<tr><td colspan="2">机关党委</td><td>1989.4</td></tr>
<tr><td colspan="2" rowspan="2">纪检监察办公室</td><td rowspan="2"></td><td rowspan="2"></td><td colspan="2">党组纪检组</td><td>2007.9.5</td><td></td></tr>
<tr><td colspan="2">监察室</td><td>2001.7.30</td><td></td></tr>
<tr><td colspan="2" rowspan="3">全国法院干部业余法律大学海南分校（简称业大分校）</td><td rowspan="6">1988.10.18</td><td rowspan="6">2003.3.20批复全国法院干部业余法律大学海南分校（海南省法院干部培训中心）更名为海南省法院干部培训中心，2008.12.30批复撤销海南省法院干部培训中心</td><td rowspan="6">海南省高级人民法院法官进修学院（国家法官学院海南分院）</td><td rowspan="2">办公室</td><td rowspan="6">2008.12.30成立</td><td rowspan="6"></td></tr>
<tr></tr>
<tr><td rowspan="2">教学科研科</td></tr>
<tr><td colspan="2" rowspan="3">海南省法院干部培训中心（附设的天涯法律网站2001年挂牌成立，于2008年12月30日撤销）</td></tr>
<tr><td rowspan="2">学籍管理科</td></tr>
<tr></tr>
<tr><td colspan="2">审判督察办公室</td><td>2001.7.30</td><td></td><td colspan="2">审判事务管理办公室</td><td>2008.6.25批复更名为审判事务管理办公室</td><td></td></tr>
</table>

续上表

<table>
<tr><th colspan="3">建省初期</th><th colspan="4">2010 年底</th></tr>
<tr><th>名称</th><th>成立时间</th><th>备注</th><th colspan="2">名称</th><th>成立时间</th><th>备注</th></tr>
<tr><td rowspan="3">司法警察支队</td><td rowspan="3">1993.10.6 批复，同年 11.25 挂牌</td><td rowspan="3">1995.7 设立司法警察支队直属队（正科级）</td><td rowspan="3">司法警察总队</td><td>警务科</td><td>1997.11.3 更名为司法警察总队 2007.12.7 内设三个科级机构</td><td></td></tr>
<tr><td>警政科</td><td rowspan="2"></td><td rowspan="2"></td></tr>
<tr><td>直属支队</td></tr>
<tr><td>技术处</td><td>2001.7.30</td><td></td><td colspan="2">司法技术处</td><td></td><td>2008.6.25 更名为司法技术处</td></tr>
<tr><td>外事办公室</td><td>1995.5.25 批复设立</td><td>2001.7.30 撤销，恢复外事接待科</td><td colspan="2">司法涉外处</td><td>2010.7.27 批复设立</td><td>设立</td></tr>
<tr><td>宣传教育处</td><td>1996.3.25</td><td>2008. 10. 21 撤销，职能分三块：法官管理，教育培训，司法宣传</td><td colspan="2">新闻宣传处</td><td>2010.7.27 批复设立</td><td>2010.7 未获省编委批准之前称为司法宣传中心</td></tr>
<tr><td>海南省高级人民法院机关事务管理服务中心</td><td>1996.2.28</td><td>琼编办【1996】26 号</td><td colspan="2">机关后勤服务中心</td><td>2001.7.30 更名为机关后勤服务中心，与行政装备管理处合署办公</td><td>2008.3.21，政事分开，编委批复从行装处脱离后单列为法人事业单位，领导职数 1 正 2 副，增加工勤人员财政预算拨款事业编制 5 名</td></tr>
<tr><td>海南省诉讼证据鉴定中心</td><td>1995.1.4</td><td>2005.12 更名为海南省诉讼技术委托中心</td><td colspan="2">琼编办【2005】121 号</td><td>撤销</td><td>2008. 12. 30 琼编【2008】88 号</td></tr>
<tr><td>海南省应用法学研究所</td><td>1995.2.6</td><td>琼编【1995】7 号</td><td colspan="2">1997 年，最高法院决定，改称中国法官协会海南法官协会法学实务研究所</td><td>撤销</td><td>2008. 12. 30 琼编【2008】88 号</td></tr>
</table>

2. 职能职责[①]

(1)审判业务机构

①立案审判第一庭

负责对高级法院办理的各类案件进行审查立案;依法审理管辖争议案件;审理不服中院、专门人民法院不予受理、驳回起诉、管辖异议的上诉案件;办理刑事案件(与纪委、检察机关沟通协调)、民事案件、行政案件的指定管辖事宜;核算案件诉讼费;办理缓、减、免诉讼费申请的审查;负责司法救助工作;根据当事人的申请依法采取诉前财产保全、诉前证据保全措施;对高级法院审理的各类案件进行审判流程管理;抗诉案件的立案审查。

②立案审判第二庭(加挂信访工作办公室牌子,对外称省高院涉诉信访办公室)

负责当事人申请再审、申诉案件的审查工作;负责涉诉信访工作。

③刑事审判第一庭

负责审判危害国家安全,危害公共安全,侵犯公民人身权利、民主权利,侵犯财产,妨害社会管理秩序,危害国防利益犯罪的第一、二审案件和死刑复核案件,负责大要案件的协调、指导工作;依法核准相关的死刑缓期二年执行案件;审理相关的因特殊情况在法定刑以下判处刑罚的案件;审理相关的涉外内审案件;办理相关的下级法院请示案件;指导、监督下级人民法院的少年法庭工作;审批中院、基层法院相关案件延长审限的申请。

④刑事审判第二庭

负责审判破坏社会主义市场经济秩序,贪污贿赂,渎职犯罪的第一、二审案件和死刑复核案件,负责大要案件的协调、指导工作;依法核准相关的死刑缓期二年执行案件;审理相关的因特殊情况在法定刑以下判处刑罚的案件;审理相关的涉外内审案件;办理相关的下级法院请示案件;审批中院、基层法院相关案件延长审限的申请。

⑤民事审判第一庭

负责审判包括涉军婚姻家庭、继承、劳动争议、不当得利、无因管理等传统民事案件;房地产案件(包括房屋买卖、租赁、预售、按揭、开发合同案件,土地使用权出让、转让合同案件、建筑工程承包合同等案件);不动产相邻关系案件、地域权案件以及其他不动产案件(包括山林、水利、草原、滩涂、铁路、机场、公路、桥梁、港口、堤坝等不动产引起的案件);农村承包合同案件;自然人之间、自然人和法人之间、自然人与其他组织间的合同、侵权案件;办理相关的申请复议案件;审批中院相关案件延长审限的申请;审理诉讼中提出的管辖异议案件;指导派出法庭工作。

⑥民事审判第二庭

负责法人之间、法人与其他组织之间的商事合同纠纷和侵权纠纷案件,证券、期货、票据、公司、保险、联营、担保、信用证纠纷等案件;办理相关申请复议案件;审理企业改制

---

①本小节内容下,民事审判第三庭、立案审判第一庭、立案审判第二庭、审判监督第一庭、审判监督第二庭的职责由海南省机构编制委员会琼编[2008]100 号文件规定。其后,高级法院根据实际工作量等情况综合考虑,以琼高法[2009]124 号文件《关于印发高院机关内设机构及事业单位职能的通知》进行了适当调整,本志记述以琼高法[2009]124 号《通知》为准。

纠纷案件;审查涉及国内仲裁纠纷、仲裁协议效力、仲裁庭管辖权、仲裁裁决的承认与执行以及仲裁其他相关案件;审理资产重组和破产案件;审批中院延长案件审限的申请。

⑦民事审判第三庭(知识产权审判庭)

负责审判知识产权的案件,海事、海商案件,涉外、涉港、澳、台民事案件;审查有关涉外仲裁条款效力问题、申请承认执行外法域仲裁裁决、外法域法院判决的请示案件。

⑧环境保护审判庭

负责审判涉及水资源污染、空气污染、放射性污染、噪声污染和环境破坏等各类民事案件(含资源环境公益诉讼案件),审理涉及因环境保护方面不服行政机关做出具体行政行为而发生的行政诉讼案件,审理行政机关因不履行环境保护职责的行政不作为行政诉讼案件,审理涉及环境资源保护方面的国家赔偿的案件,负责全省环境保护审判工作的调研和指导,确保环境保护法律、法规的贯彻执行,积极参与环境资源保护综合治理。

⑨行政审判庭(附设赔偿委员会办公室)

负责审判行政案件和行政赔偿案件;审查行政机关申请执行其具体行政行为的非诉讼执行案件;审批全省中级、基层法院延长行政案件审限的申请。依法办理应由法院赔偿委员会受理的国家赔偿案件、违法确认案件;办理赔偿委员会日常事务,执行赔偿委员会决定事项。

⑩审判监督第一庭

负责法院决定再审和当事人申请引起再审的民事案件、行政案件。

⑪审判监督第二庭

负责刑事案件的再审;审理死刑缓期二年执行、无期徒刑的减刑案件和依法应由高级法院审理的假释案件;指导、监督下级法院的减刑、假释工作;负责由检察抗诉引起的民事及行政案件的再审。

⑫研究室

开展综合性审判业务,负责提出调查研究工作的建议和计划;完成高级法院领导或上级法院指定、委托的调查研究课题的任务;协调本院审判庭和其他部门开展综合性调查研究活动;组织交流和推广调查研究成果;组织本院和下级法院参与上级法院的学术活动;总结审判工作经验,为领导科学决策和宏观指导提出意见和建议;参与立法活动,研究、征集对法律、法规、规章草案的意见;办理解答或者向上级法院请示下级法院在审判实践中遇到的具体法律适用问题等相关事宜;掌握审判工作综合情况,起草有关审判工作的规范性文件;负责司法统计、纪检监察统计工作;负责《海南省志·审判志》和海南《高级法院年鉴》编写工作;负责《特区法坛》的组稿、编辑及报刊发行工作;负责司法改革办公室的日常工作。

⑬审判事务管理办公室

负责监督案件流程管理,进行案件质量评查,组织精品案件评选,建立案例示范制度,组织优秀法律文书和办案能手的评选,承担审判委员会事务性工作,为审判委员会专职委员提供服务和进行管理。

（2）执行机构

执行局

对全省法院执行工作实行统一领导、统一管理、统一协调；监督和指导全省法院执行工作；根据最高法院的统一部署和全省法院执行工作的实际情况，组织集中执行和专项执行活动；建立和管理全省法院执行委托拍卖机构名册，监督全省法院委托拍卖工作；协调全省法院与省外法院执行争议的案件，协调省内跨中院辖区执行争议的案件；组织起草有关执行工作的规范性文件。

①执行局综合处

监督、指导全省法院执行工作；接待和办理执行信访案件；办理执行监督案件；协调和办理执行争议案件；办理省内外委托、受托执行事项；管理全省法院执行委托拍卖机构名册，监督全省法院执行委托拍卖工作，办理本院执行委托拍卖事项；参与起草有关执行工作的规范性文件及综合信息、调查研究和内勤工作。

②执行局申诉审查处

负责执行申诉信访案件的审查和督办等事项。

③执行局复议监督处

办理当事人、利害关系人对本院执行案件中有关执行行为不服提出异议的审查；办理本院执行案件中需要裁判的事项；办理对下一级法院在执行案件过程中做出的罚款、拘留决定、有关执行行为异议裁定不服申请复议的审查；因下一级法院超过执行期限未执行，申请执行人向本院申请执行案件的审查；裁定提级执行、指定执行案件。

④执行局协调指导处

执行法律和司法解释规定由本院受理的执行案件；执行本院提级执行和外省法院委托本院执行的案件；执行最高法院指定本院受理的执行案件。

（3）司法政务机构

①办公室

协助院领导组织、协调、处理司法政务；负责党组会、院务会、院长办公会的会务以及其他重要会议、重大活动的组织协调工作；督办党组会、院务会、院长办公会决定事项和省委领导、院领导批示交办的事项；负责组织党组中心组理论学习；负责重要文件、报告的起草和简报、情况反映等信息的编辑及对下领导工作；负责重大工作部署的调查研究和省综治办社会治安综合治理联络通讯工作；负责与最高法院、省委、省人大等部门联络工作；督办人大代表、政协委员的提案、建议及其来信；督查落实反馈党中央、省委、省人大、最高法院和高级法院党组重大决策部署及其上级有关领导机关批示交办的事项；负责公文处理、院党组文件处理和党政文件、电报的收发、传阅、交换工作；负责院总值班、印章管理、使用工作；负责机关档案的收集、管理、利用和对下指导工作；负责全省法院的密码管理；负责院机关的保密工作及对下级法院的指导工作；负责图书馆、互联网工作室工作以及院领导交办的其他工作。内设院长办公室、秘书科、人大代表议案提案联络室（有正式编制），其中，秘书科下设机要室、档案科、图书馆等未获正式编制的机构。

②政治部

负责全省法院队伍的组织人事管理、思想政治教育、在职培训和离退休干部的管理工作。

ⅰ政治部组织人事处

负责高级法院各类人员的调配、考核、任免、工资福利、保险、计划生育、出国政审、退休等工作;管理人事档案、人事信息的采集分析及各项组织人事制度的实施;承担直属事业单位领导班子管理工作的有关事项;负责直属事业单位职称的有关管理;负责全省法院系统的机构、编制、考录工作;协助省委组织部做好高级法院省管干部、后备干部的有关工作。

ⅱ政治部法官管理处

负责全省法官的职业化建设、初任法官审核、法官等级评审工作;对中级、基层法院人民陪审员管理工作的指导和协调工作;组织法院系统评先创优、表彰奖励工作;协同地方党委做好法院领导班子建设和领导班子成员任免工作;警衔评授、证件制作工作。

ⅲ政治部教育培训处

研究、制定并组织实施全省法院系统各类人员的培训规划、计划,负责制定相关制度和指导落实;组织外派出国留学、在职学习(培训);指导下级法院培训工作。

ⅳ政治部老干部工作处

负责高级法院及所属事业单位离退休干部的管理工作。

③纪检组

负责对高级法院党员干部执行党的纪律的监督检查,指导全省各级法院完成反腐倡廉的各项工作。

④监察室

负责领导和管理全省法院系统的监察工作,并对本院各部门及其工作人员和下级法院及其工作人员进行监察;监察、检查全省各级法院、专门法院及其工作人员执行国家法律、法规、政策以及行政纪律的情况;负责对全省各级法院、专门法院工作人员违法审判责任追究工作;调查处理法院工作人员违反国家法律、法规、政策以及行政纪律的行为;受理全省法院工作人员不服行政处分的申诉;开展对全省法院工作人员的廉政教育;制定监察工作规章制度;制定法院队伍廉政建设规划,落实党风廉政建设责任制;负责党组民主生活会工作。

⑤司法行政装备管理处

负责对全省法院财务、装备、诉讼费和基本建设情况进行调查研究,制定规划并组织实施;制定补助下级法院专项经费、业务补助经费和装备、基本建设经费的计划,并对实施情况进行监督;指导下级法院财务、装备、诉讼费、基本建设等方面的有关工作;管理本院各项经费和国有资产,监督直属事业单位的财务和国有资产的管理;编制本院的财务预算并组织实施;负责本院(含直属事业单位)基本建设规划和技术装备计划的项目申请及其协调、实施;负责编制项目资金采购计划;负责中院、基层法院装备物资采购的组织实施。内设综合科、装备科两个科级机构。

⑥司法技术处

制定和组织实施全省法院司法科学技术规划；指导全省法院通信、计算机网络、办公现代化等司法科学技术工作及相关业务交流；负责制定、审核全省法院司法科学技术项目的技术方案；负责本院信息化工作的软件、硬件系统建设、技术支持、技术服务和维护工作；为本院和下级法院审判工作提供技术咨询、技术审核服务。对法官提出的涉案技术问题进行解释或者答复，对送审案件中的鉴定文书及相关材料进行审查，提出审核意见等；负责统一办理对外委托鉴定、评估、审计，严格对外委托程序和制度规范；负责本院死刑执行中的技术监督；负责监督指导下级法院的司法技术辅助工作；建立全省法院医学、会计、房地产、建筑、质量、知识产权等专家委员会；负责全省法院司法鉴定机构名册的制定、监督和管理。

⑦司法警察总队

组织落实司法警察工作的条例、规定、办法；研究、起草并组织实施司法警察管理的规章制度和细则；负责值庭、押解、看管、安全检查，送达有关法律文书，执行传唤、拘传、拘留，处置群体上访和突发事件，参与对生效判决、裁定的执行工作，执行死刑以及法律、法规规定的其他职责；指导、监督下级法院司法警察的业务工作；检查、监督司法警察执行法律、法规的情况；协调辖区内跨地区重大警务活动；组织司法警察的教育培训；管理司法警察的装备、械具和武器；负责机关安全保卫工作。

⑧新闻宣传处

指导、协调、组织、策划并实施全省法院新闻宣传工作，负责落实及实施新闻发言人制度；组织、协调、管理重大司法活动以及大要案、典型事迹、突发事件等重要宣传报道活动暨新闻发布工作；指导、组织、协调下级法院的新闻报道工作；组织和协调各新闻媒体涉及全省法院工作的采访报道；为全省法院提供互联网信息技术服务；采编、审核、发布全省法院上网信息公布的各类信息，传递、管理基于互联网的各类涉讼信函及咨询；负责法院文化建设、情况专报、宣传栏工作；负责《人民法院报》海南记者站有关海南法院系统的新闻报道、通讯采编工作。

⑨司法涉外处

负责全省法院与外国和港、澳、台司法界的司法交流以及各项培训的组织；办理和组织、指导下级法院办理国际司法协助事务（涉外及涉港、澳、台法律文书的送达，涉外及涉港、澳、台案件调查取证，涉外民事裁决的承认与执行）；完成最高法院和省外事侨务办公室交办的涉外事务；负责国内同业交流、考察等接待工作。

⑩机关党委、机关工会

负责提出机关党的建设规划，领导所属党组织搞好党的思想建设、组织建设和作风建设，对党员进行教育、管理、监督和服务；负责审批基层党组织的设置和支部的书记、副书记、支部委员；审批所属支部发展党员和预备党员的转正；负责党内表彰奖励工作，调动党员和群众积极性、创造性；监督所属党组织和党员的党风党纪；受理党员、群众来信来访，保障党员权利不受侵犯；查处违反党纪事项；领导本院机关工会、共青团、妇委会等群众组织的工作；负责本院的统战工作；执行上级党组织交办的其他任务。

（4）司法事务机构

①法官进修学院（国家法官学院海南分院）

法官进修学院属事业单位，负责法官年度专项培训，司法警察技能专项培训，书记员业务专项培训，司法辅助技术进修培训，新法律法规适用培训；开展国内外学术和司法技能交流；承办上级主管部门交办的其他工作。经国家法官学院验收后，加挂海南分院牌子，开展法律学历教育工作，负责学籍档案管理。

②机关后勤服务中心

机关后期服务中心属事业单位，负责本院办公楼房的管理、维修；办公环境的清洁、绿化和装饰；住宅区的保安防范及配套服务；各种公用车辆的管理、维修；机关职工就餐的相关服务，招待所的经营管理，领导办公室、接待室、会客室、审判法庭、会议场所、职工文体活动和康乐健身场所的后勤服务；各类会议的接待、接洽、联络、安排等会务；各类文书材料的打印、编排、复制、印刷；机关办公耗材用品的采购、发放；本院机关职工福利及相关事务工作，以及领导交办的其他工作。

③海南省法官协会、女法官协会①

1993年6月10日，琼民登字[1993]7号文件批准成立海南省法官协会、女法官协会，1994年1月28日，海南省法官协会召开大会成立，同年4月，海南省女法官协会成立。为全省法官提供全方位服务，组织开展法学实务研究，总结审判经验，提高法官素质；维护女法官的合法权益，反映女法官的正当要求；开展与国外和港、澳、台司法界的交流。宣传法官先进事迹，推荐优秀女法官；组织会员撰写论文，举办各种形式学术研讨会；组织会员开展法制宣传教育、法律咨询活动及其他有意义的活动。

1994年1月28日，省法官协会成立大会。

①法官协会属社会团体，办事机构设于高级法院内，非高级法院内设机构，故未列入内设机构表格中。

3. 高级法院自收自支事业机构

1988 年 10 月 18 日，设立海南省法院干部培训中心和全国法院干部业余法律大学海南分校；1995 年 1 月 4 日，设立海南省诉讼证据鉴定中心；1995 年 2 月 6 日，设立海南省应用法学研究所（1997 年，经最高法院研究决定，由最高法院中国法官协会与高级法院海南法官协会联合成立法学实务研究所，将海南省应用法学研究所更名为中国法官协会海南法官协会法学实务研究所）；2001 年 5 月 26 日，设立天涯法律网站（归属业大分校）；1997 年 12 月 3 日，设立司法医学专家医院，1999 年 5 月 3 日，设立海南省司法医院，取代原司法医学专家医院，从事法医鉴定、医疗鉴定、保外就医、临床诊疗及内部保健工作（2002 年 4 月 24 日，司法医院移交海南省司法厅）；2003 年 3 月 20 日，全国法院干部业余法律大学海南分校更名为海南省法院干部培训中心（天涯法律网站）；2005 年 12 月，海南省诉讼证据鉴定中心更名为海南省诉讼技术委托中心。

2008 年 12 月 30 日，高级法院考虑到国家权力机关不应设置营利机构，为杜绝创收冲动，维护法院清正廉洁形象，撤销海南省诉讼技术委托中心、海南省法院干部培训中心、海南法官协会法学实务研究所等自收自支机构，妥善安置了被撤销机构的人员。附设于海南省法院干部培训中心的天涯法律网站调整归属于司法宣传中心（2010 年 7 月后由新闻宣传处管理），开设法律咨询和投诉等栏目，接受社会监督，推行裁判文书上网公布，成为海南法院司法公开的重要平台。

为适应工作需要，设立基建办公室、司法改革办公室、院史志办公室、司法巡查办公室等临时机构。

（二）中级法院内设机构

（各中级法院的设置及历史变迁详见第一节“海南法院的历史沿革”）

随着机构建制的逐渐完善，中、基层法院内设机构与高级法院趋同，仅根据实际情况作适当调整。

1. 省一中院内设机构

2008 年 12 月，经最高法院批准，海南中院更名为海南省第一中级人民法院，内设办公室、政治部、监察室、机关党委（含机关工会）、研究室（含审判事务管理办公室）、立案庭、刑事审判第一庭、刑事审判第二庭、民事审判第一庭、民事审判第二庭、民事审判第三庭、行政审判庭（含赔偿委员会办公室）、执行局、审判监督庭、司法行政技术处、法警支队；2010 年 9 月，审判事务管理办公室从研究室分立，司法技术处从司法行政技术处分立，成为临时设置的独立机构；2010 年底，设立环境保护审判庭。

2. 省二中院内设机构

2008 年 12 月，经最高法院批准，洋浦中院正式更名成立海南省第二中级人民法院，内设办公室（司法技术处）、政治部、监察室、研究室、立案庭、刑事审判第一庭、刑事审判第二庭、民事审判第一庭、民事审判第二庭、行政审判庭（赔偿委员会办公室）、审判监督庭、执行局（执行庭）、审判事务管理办公室、司法警察支队、司法行政装备管理处、机关党委（机关工会）。2010 年 7 月，设立环境保护审判庭。

2010 年海南省高级法院内设机构示意图

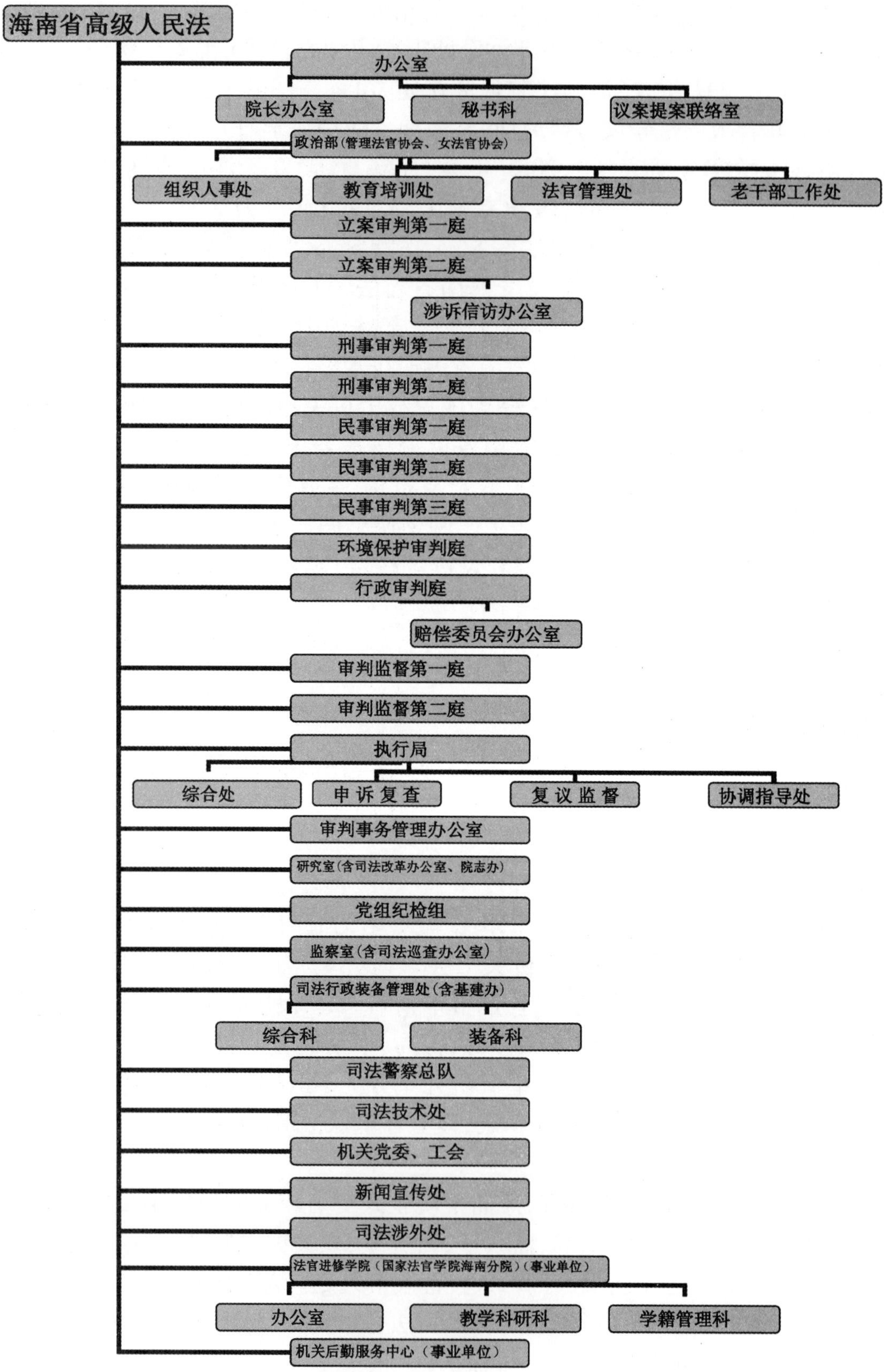

3. 海口中院内设机构

1991 年 6 月，海口中院内设机构有：刑事审判庭、民事审判庭、经济审判庭、告诉申诉审判庭、行政审判庭、执行庭、研究室、政治处、办公室、监察室。

1997 年，海口中院进行机构改革，内设机构共有 17 个：赔偿委员会办公室、刑事审判第一庭、刑事审判第二庭、民事审判第一庭、民事审判第二庭、经济审判第一庭、经济审判第二庭、行政审判庭、审判监督庭、执行庭、办公室、研究室、纪检监察室、政治处、司法行政处、法警支队、法医技术室。

截至 2010 年底，海口中院内设办公室、政治部、监察室（与纪检组合署办公）、研究室、立案庭（与涉诉信访工作办公室合署办公）、刑事审判第一庭、刑事审判第二庭、民事审判第一庭、民事审判第二庭、民事审判第三庭、行政审判庭（与赔偿委员会办公室合署办公）、审判监督庭、执行局、书记官处、审判委员会办公室、司法警察支队、技术装备处、机关后勤服务中心。

4. 三亚中院内设机构

2001 年 12 月经市委批准进行机构改革，内设机构职级由正科级升格为副处级，共设 14 个副处级职能机构。

2010 年，设立环境保护审判庭，在立案庭设立旅游诉讼服务中心，执行庭更名为执行局，审判督察办公室更名为审判管理办公室。

截至 2010 年底，三亚中院内设办公室、政治部、监察室。研究室、立案庭、刑事审判庭、民事审判第一庭、民事审判第二庭、环境保护审判庭、行政审判庭（赔偿委员会办公室）、审判监督庭、执行局、审判管理办公室、司法警察支队、技术室。

（三）基层法院内设机构

基层法院内设机构参照高级法院、中级法院，根据实际情况适当调整。有些法院机构调整较频繁，有些法院的机构沿革无详细史料，有些已经在当地市县志中作了记叙，故本处不再记叙基层法院内设机构的具体情况。

三、海南法院的历任领导

(一) 高级法院历任院领导及庭、处、室领导

海南省高级法院历任院领导(含厅级非领导职务)任职表

表 1 - 1 - 2

<table>
<tr><td rowspan="24">1991 — 1999
高级法院领导</td><td>田忠木</td><td>男</td><td>汉</td><td>湖北汉川</td><td>院长</td><td>1991.05</td></tr>
<tr><td rowspan="2">杨富年</td><td rowspan="2">男</td><td rowspan="2">汉</td><td rowspan="2">湖北巴东</td><td>副院长</td><td>1988.10</td></tr>
<tr><td>巡视员</td><td>1996.07</td></tr>
<tr><td>童振华</td><td>男</td><td>汉</td><td>湖北黄冈</td><td>副院长</td><td>1993.03</td></tr>
<tr><td rowspan="2">钟玉瑜</td><td rowspan="2">男</td><td rowspan="2">汉</td><td rowspan="2">儋县</td><td>副院长</td><td>1992.07</td></tr>
<tr><td>兼政治部主任</td><td>1993.09</td></tr>
<tr><td rowspan="2">贺伦麒</td><td rowspan="2">男</td><td rowspan="2">汉</td><td rowspan="2">湖南醴陵</td><td>副院长</td><td>1993.09</td></tr>
<tr><td>审委会专职委员</td><td>1991.07</td></tr>
<tr><td>庞亚贵</td><td>男</td><td>汉</td><td>广东</td><td>审委会专职委员</td><td>1991.07</td></tr>
<tr><td>姚静轩</td><td>男</td><td>汉</td><td>北京</td><td>副院长</td><td>1993.09</td></tr>
<tr><td rowspan="2">毕志强</td><td rowspan="2">男</td><td rowspan="2">汉</td><td rowspan="2">山东桓台</td><td>政治部主任</td><td>1991.07</td></tr>
<tr><td>副院长</td><td>1993.09</td></tr>
<tr><td rowspan="2">舒慧明</td><td rowspan="2">男</td><td rowspan="2">汉</td><td rowspan="2">江西于都</td><td>副院长</td><td>1996.04</td></tr>
<tr><td>巡视员</td><td>1998.08</td></tr>
<tr><td>黄卫国</td><td>男</td><td>汉</td><td>广东台山</td><td>副院长</td><td>1996.06</td></tr>
<tr><td>张子连</td><td>男</td><td>汉</td><td>山东曲阜</td><td>副院长</td><td>1996.10</td></tr>
<tr><td>娄小平</td><td>男</td><td>汉</td><td>山东邹平</td><td>副院长</td><td>1998.08</td></tr>
<tr><td>张庆俐</td><td>女</td><td>汉</td><td>湖北武汉</td><td>纪检组组长</td><td>1998.08</td></tr>
<tr><td>朱春花</td><td>女</td><td>汉</td><td>琼山</td><td>纪检组组长</td><td>1997.09</td></tr>
<tr><td>周传义</td><td>男</td><td>汉</td><td>山东平阳</td><td>助理巡视员</td><td>1996.07</td></tr>
<tr><td>陈愿钢</td><td>男</td><td>汉</td><td>琼海</td><td>助理巡视员</td><td>1998.06</td></tr>
<tr><td rowspan="8">2000 — 2007
高级法院领导</td><td>曾浩荣</td><td>男</td><td>汉</td><td>浙江金华</td><td>院长</td><td>2000.01</td></tr>
<tr><td rowspan="2">毕志强</td><td rowspan="2">男</td><td rowspan="2">汉</td><td rowspan="2">山东桓台</td><td>政治部主任</td><td>1991.07</td></tr>
<tr><td>副院长</td><td>1993.09</td></tr>
<tr><td>李言静</td><td>男</td><td>汉</td><td>山东海阳</td><td>副院长</td><td>2005.01</td></tr>
<tr><td>张子连</td><td>男</td><td>汉</td><td>山东曲阜</td><td>副院长</td><td>2001.03
(从 1996 年起挂职)</td></tr>
<tr><td>张光琼</td><td>男</td><td>汉</td><td>文昌</td><td>副院长</td><td>2005.01</td></tr>
<tr><td rowspan="2">朱春花</td><td rowspan="2">女</td><td rowspan="2">汉</td><td rowspan="2">琼山</td><td>纪检组组长</td><td>1997.09</td></tr>
<tr><td>副院长</td><td>1998.08</td></tr>
</table>

续上表

	姓名	性别	民族	籍贯	职务	任职时间
2000 — 2007 高级法院领导	娄小平	男	汉	山东邹平	副院长	1998.08
	傅　勤	男	汉	云南昭通	副院长	2007.06
	张庆俐	女	汉	湖北武汉	纪检组组长	1998.08
					巡视员	2007.01
	徐祖斌	男	汉	河南罗山	政治部主任	2005.6.24
	姚静轩	男	汉	北京	巡视员	2000.02
	尹鲁先	男	汉	江西永新	审委员专职委员	2000.07
	曲鹏远	男	汉	山东黄县	审委会专职委员	2000.07
	马　升	男	汉	吉林永吉	审委会专职委员	2000.07
	周传义	男	汉	山东平阳	副巡视员	1996.07
	姜　文	男	汉	黑龙江五常	副巡视员	2001.07
	陈忠友	男	汉	吉林辽源	副巡视员	2005.09
	李庶成	男	汉	湖北潜江	审委会专职委员	2005.09
	贾　沛	男	汉	河北井陉	审委会专职委员	2006.09
2008 — 2010 年高级法院领导	董治良	男	汉	云南保山	院长	2008.01
	田湘利	男	汉	江苏如东	副院长	2008.09
	刘　诚	男	汉	安徽界首	副院长	
	孙明宇	男	汉	辽宁辽中	副院长	2008.09
	张光琼	男	汉	文昌	副院长	2005.01
	傅　勤	男	汉	云南昭通	副院长	2007.06
	张家慧	女	汉	重庆	副院长	
	徐祖斌	男	汉	河南罗山	政治部主任	2005.6.24
					巡视员	2009.05
	张甲天	男	汉	陕西乾县	纪检组长	2008.09
	蔡建新	男	汉	福建霞浦	政治部主任	2009.05
	曲鹏远	男	汉	山东黄县	审委会专职委员	2000.07
	林　荣	男	汉	万宁	审委会专职委员	2008.09
	吴剑平	男	汉	江西进贤	审委会专职委员	2009.08
	罗毅刚	男	汉	湖南湘潭	审委会专职委员	
	曾繁深	男	汉	临高	审委会专职委员	
	柏　伟	男	回	安徽寿县	副巡视员	2008.08
	冯清献	男	汉	河南南阳	副巡视员	2009.08
	卢　芒	男	汉	湖南长沙	副巡视员	2009.08
	王康寒	男	汉	安徽霍邱	副巡视员	2010.04
	李腾芳	男	汉	湖南湘阴	副巡视员	2010.04
	徐宏伟	男	汉	山东淄博	副巡视员	
	王　军	女	汉	山东招远	副巡视员	
	赵　立	男	汉	河南确山	审委会专职委员	
	皮修雁	男	汉	湖南澧县	审委会专职委员	

海南省高级法院历任庭、处、室领导任职表

表1－1－3

部门	职务	任职时间	姓名	任职时间	姓名	任职时间	姓名
办公室	主任	1988.12	张鹏飞	1990.06	谭洪涛	1998.05	傅名剑
		2010.07	张西克				
政治部	主任	1991.07	毕志强	1993.09	钟玉瑜（副院长兼）		
		1998.02	周传义（负责人）	2005.06	徐祖斌	2009.05	蔡建新
政治部	副主任	1992.12	邱源清	2003.11	徐宏伟	2006.11	冯清献
		2009.11	王康寒	2010.07	傅名剑		
政治部组织人事处	处长	1988.12	张子连	1993.06	张庆俐	2000.01	姜文
		2003.11	王军				
政治部宣传教育处	处长	1998.07	屈建民	2001.08	武家水	2005.09	徐亚辉
		2007.11	王宣海				
政治部法官管理处	处长	2008.03	王宣海	2009.02	陈容舟		
政治部法官培训处	处长	2001.08	吴坤炳				
政治部教育培训处	处长	2009.04	王书琼				
告诉申诉审判庭	庭长	1988.12	黄卫国	1992.07	曲鹏远		
立案庭	庭长	1998.02	曲鹏远	2001.01	王非	2006.12	徐亚辉
涉诉信访工作办公室	主任	2006.06	邹汉江				
立案审判第一庭	庭长	2009.03	刘嘉				
立案审判第二庭	庭长	2009.03	皮修雁				
刑事审判庭	庭长	1989.03	刘卿	1992.07	黄卫国	1998.07	贾沛
		2006.12	罗毅刚				
刑事审判第一庭	庭长	2007.11	罗毅刚	2010.12	郑兰清		
刑事审判第二庭	庭长	2007.11	宋家法	2010.12	罗毅刚		
民事审判庭	庭长	1988.12	陈愿刚	1996.06	符敬荣	1998.02	李庶成
经济审判庭	庭长	1988.12	吴邦海	1990.10	许前飞	1994.07	袁英
		1995.04	尹鲁先				
知识产权审判庭	庭长	1995.04	袁英				
民事审判第一庭	庭长	2006.04	张家慧				
民事审判第二庭	庭长	2003.11	吴剑平	2010.12	赵立		
民事审判第三庭	庭长	2009.03	高江南				
环境保护审判庭	庭长	2010.12	曲永生				
行政审判庭	庭长	1992.07	陈启明	2001.11	赵立	2010.12	张家慧
赔偿委员会办公室	主任	1999.07	胡正浩				
审判监督庭	庭长	1998.07	吴剑平	2001.11	卢芒		
审判监督第一庭	庭长	2009.03	卢芒	2010.12	张红菊		

续上表

部门	职务	任职时间	姓名	任职时间	姓名	任职时间	姓名
审判监督第二庭	庭长	2009.03	钱志勇	2010.12	王样国		
执行(庭)局	庭长	1993.06	马升				
	副局长	2001.11	肖廷金(副局长兼庭长)			2006.12	王非
		2007.07	张柏桢	2009.02	熊大胜		
执行局执行工作处	处长	2001.08	王书琼	2009.04	吴坤炳		
执行局复议监督处	处长	2010.10	李华敏				
执行局协调指导处	处长	2010.10	吴坤炳				
执行局申诉审查处	处长	2010.10	曹绪海				
执行局综合处	处长	2010.10	戴义斌				
审判事务管理办公室（原审判监督办公室）	主任	2003.11	柏伟	2009.08	王非		
研究室（含司法改革办公室）	主任	1988.12	李绍仁	1990.02	马升	2000.06	孙建华
		2005.09	汪海鹏	2009.08	张西克	2010.10	吴风华
党组纪检组	组长	1997.09	朱春花	1998.06	张庆俐	2008.12	张甲天
党组纪检组	副组长	2009.02	李莉	2009.04	陈国平		
监察室(原监察办公室)	主任	1988.12	朱春花	1998.07	姜文	2002.11	徐宏伟
		2003.11	袁正东	2009.04	陈国平		
司法行政装备管理处（原计划财务装备处、司法行政处）	处长	1991.01	陈启明	1993.11	李庶成	1996.12	李冀英
		1997.11	李冀英	2001.08	陈忠友		
		2005.10	张柏桢	2007.07	王非	2009.09	刘振呈
司法警察总队（原司法警察支队）	政委	1993.12	符新垣	1999.04	冯清献	2006.11	谢正中
		2008.03	徐祖斌(第一政委)				
	队长	2006.11	李腾芳				
(司法)技术处	处长	1998.07	王非	2003.11	李莉		
		2009.08	何跃飞				
技术处法医室	主任	2001.09	秦洪志				
诉讼证据鉴定中心（诉讼技术委托中心）	主任	1997.03	胡卫星	2001.08	谷宝奎	2004.04	曾令宏
		2006.01	何跃飞				
机关党委	书记	1992.12	毕志强	1994.10	钟玉瑜	2002.05	毕志强
		2005.08	李言静	2008.03	徐祖斌	2009.01	田湘利
	专职副书记	1992.12	周传义	1997.02	邱源清	2001.08	李翼英
		2009.01	王宣海				
	工会主席	2002.04	李翼英		冯伟汉		
	工会专职副主席	1994.01	邢定仕	1998.08	田千军		
党委办公室	主任	1997.04	王书琼	2000.06	冯山		

续上表

部门	职务	任职时间	姓名	任职时间	姓名	任职时间	姓名
新闻宣传处（原司法宣传中心）	主任（处长）	2008.10	张西克	2010.01	傅名剑	2010.10	严献文
司法涉外处（原外事办公室）	主任	1996.02	谷宝奎				
	处长	2010.10	钱冰				
机关后勤服务中心（原机关事务管理中心）	主任	1996.02	李庶成	2005.09	张柏桢	2007.07	王非
		2009.02	刘水芳				
法学实务研究所	所长	1997.09	钟玉瑜（兼）	2001.01	王康寒		

（二）中院历任院长、副院长①

海南省各中院历任院长、副院长任职表

表1－1－4

	单位名称	职务	姓名	性别	籍贯	民族	任职时间
省一中院（含前身海南行政区中院、琼北中院、海南中院）	广东省海南行政区中级人民法院	院长	符气浓	男	文昌	汉	1983.09－1988.07
		副院长	陈加耀	男	文昌	汉	1988.01－1988.08
		副院长	何子景	男	琼海	汉	1988.01－1988.08
		副院长	孙学智	男	黑龙江绥化	汉	1988.01－1988.08
		副院长	庞亚贵	男	广东湛江	汉	1988.01－1988.07
	琼北中院	院长	庞亚贵	男	广东湛江	汉	1988.07－1991.07
		副院长	符国宪	男	文昌	汉	1988.08－1991.07
		副院长	李技唐	男	海口	汉	1988.08－1991.05
		副院长	孙忠志	男	吉林	汉	1988.12－1991.08
		副院长	张辉	男	内蒙古	汉	1991.05－1991.08
	海南中院	院长	聂志云	男	陕西三原	汉	1991.07－1998.08
		院长	施文	男	吉林四平	汉	1998.08－2001.03
		院长	田湘利	男	江苏如东	汉	2001.03－2008.11
		副院长	张辉	男	内蒙古	汉	1991.08－1996.12
			王传照	男	琼中	苗	1991.08－2001.07
			符国宪	男	文昌	汉	1991.07－1993.09
			孙忠志	男	吉林	汉	1991.08－1995.04
			符策良	男	文昌	汉	1993.09－2006.04
			姜湘凡	男	湖南新化	汉	1995.12－2008.09

①法院变革造成名称变化的，在表格中标出法院名称。

续上表

	单位名称	职务	姓名	性别	籍贯	民族	任职时间
省一中院（含前身海南行政区中院、琼北中院、海南中院）	海南中院	副院长	张光琼	男	文昌	汉	1997.03－2001.07
			曾繁深	男	临高	汉	2001.07－2005.03
			李卫星	男	河南濮阳	汉	2002.07－2007.05
			曾令宏	男	澄迈	汉	2006.04－2008.09
			李国庆	男	河北保定	汉	2006.03－2008.09
			许波	男	文昌	汉	2007.05－2008.09
			凌杰泉	男	湖南宁乡	汉	2007.07－2008.09
	省一中院	院长	张子连	男	山东曲阜	汉	2008.11－2010.01
			陈启明	男	陕西乾县	汉	2010.01－
		副院长	姜湘凡	男	湖南新化	汉	2008.09－2009.12
			曾令宏	男	澄迈	汉	2008.09－
			李国庆	男	河北保定	汉	2008.09－
			许波	男	文昌	汉	2008.09－
		挂职副院长	凌杰泉	男	湖南宁乡	汉	2008.09－
省二中院	洋浦中院	院长	许前飞	男	河南	汉	1994.08－1997.01
			张辉	男	内蒙古	汉	1997.01－1999.07
			张光琼	男	文昌	汉	2001.07－2005.02
			曾繁深	男	临高	汉	2005.02－2007.01
	省二中院	院长	贾沛	男	河北井陉	汉	2008.11－2010.01
			林荣	男	万宁	汉	2010.01－
		副院长	徐振华	男	湖北通山	汉	2009.03－
			张光亲	男	文昌	汉	2009.03－
			刘　辉	男	万宁	汉	2009.03－
海口中院	海口市法院	院长	吴乾煜	男	琼海	汉	1987.06－1988.07
			何子景	男	琼海	汉	1988.08－1990.10
	海口市法院、海口中院	院长	吴邦海	男	天津	汉	1990.11－1996.12
		副院长	郑志富	男	海口	汉	1988.04－1996.09
			谢春和	男	海口	汉	1987.07－2003.09
			何惠楠	男	琼海	汉	1989.06－1999.04
			张宝安	男	河北文安	汉	1991.06－1992.09
	海口中院	院长	许前飞	男	河南孟津	汉	1996.12－2003.03
			屈建民	男	陕西佳县	汉	2003.03－2007.06
			张韵声	男	黑龙江五常	汉	2007.09－2010.09
		副院长	王前生	男	湖北汉阳	汉	1993.03－2003.09
			罗毅刚	男	湖南湘潭	汉	1999.01－2007.01
			张韵声	男	黑龙江五常	汉	1999.08－2001.12

续上表

	单位名称	职务	姓名	性别	籍贯	民族	任职时间
海口中院	海口中院	副院长	谢庄	男	四川南部	汉	1999.08－2003.05
			王绍裕	男	琼海	汉	2003.09－2009.10
			李荣阳	男	山东荣成	汉	2003.09－2008.08
			孟励	男	河南民权	汉	2004.04－2011.03
			李成	男	重庆市	汉	2008.04－2010.12
			田丽霞	女	内蒙古商都	汉	2008.12－2010.05
			陈亮	男	河南上蔡	汉	2009.01－
三亚中院	三亚中院	院长	李信义	男	陵水	汉	1991.11—1996.10
			陈愿钢	男	琼海	汉	1996.10—1998.06
			田湘利	男	江苏如东	汉	1998.06—2001.03
			刘诚	男	安徽界首	汉	2001.03—2006.12
			曾繁深	男	临高	汉	2007.01—
		副院长	黄家琏	男	万宁	汉	1991.11—1995.07
			沈成华	男	四川成都	汉	1991.11—1999.07
			田湘利	男	江苏如东	汉	1996.12—1998.06
			刘万富	男	黑龙江	汉	1991.11—1996.10
			赵军	男	贵州贵阳	汉	1996.10—1998.10
			刘诚	男	安徽界首	汉	1998.10—2001.03
			林尤一	男	文昌	汉	1998.06—2001.04
			蓝家珍	男	陵水	黎	1999.10—2007.06
			陈大利	男	乐东	汉	2002.10—2003.08
			朱永盛	男	保亭	黎	2003.06—2008.08
			陈文平	男	湖北罗田	汉	2004.10—2008.07
			胡录耀	男	海南陵水	黎	2008.07－
			谢敏	男	万宁	汉	2008.07－
			黎少云	男	乐东	汉	2010.10－

（三）基层法院历任院长①

海南省各基层法院历任院长任职表

表 1－1－5

单位	姓名	性别	籍贯	民族	任职时间
儋州法院	林茂廷	男	儋州	汉	1976.05－1990.04
	任永锡	男	儋州	汉	1990.04－1998.03
	肖廷金	男	湖北武汉	汉	1998.03－2001.03
	李国庆	男	河北保定	汉	2001.03－2006.02
	张一敏	男	陕西咸阳	汉	2006.02－
定安法院	王光崇	男	定安	汉	1988.03－1993.04
	林诗良	男	定安	汉	1993.04－1998.03
	黎家庆	男	琼海	汉	1998.03－2003.03
	卓　云	男	万宁	汉	2003.03－07.01
	钟爱萍	女	海口	汉	2007.01－09.03
	李静云	女	琼海	汉	2009.03－
文昌法院	符策良	男	文昌	汉	1983.05－1990.04
	张德桑	男	文昌	汉	1990.05－1993.04
	林明献	男	文昌	汉	1993.05－1998.04
	袁正东	男	文昌	汉	1998.08－2003.03
	吴　杰	女	安徽	汉	2003.03－2006.12
	包允贤	男	昌江	汉	2006.12－
琼海法院	王家政	男	琼海	汉	1979.10－1993.05
	冯增云	男	琼海	汉	1993.05－1994.10
	吴达海	男	琼海	汉	1996.05－1998.04
	罗华汉	男	万宁	汉	1998.04－2006.02
	张光亲	男	文昌	汉	2006.02－2009.03
	林　鹏	男	文昌	汉	2009.03－
万宁法院	林志和	男	万宁	汉	1973－1990
	翁育飞	男	万宁	汉	1990－1998
	卓　云	男	万宁	汉	1998－2003
	李　彪	男	乐东	汉	2003－2010.12
	戴义斌	男	湖北	汉	2010.12－

①部分法院沿革造成名称变化的，标明法院名称，法院名称无变化的不标明法院名称。

续上表

单位	姓名	性别	籍贯	民族	任职时间
屯昌法院	符之潮	男	海口	汉	1984.06－1990.04
	梁振仕	男	文昌	汉	1990.04－1996.04
	韩风光	男	文昌	汉	1996.04－2003.03
	符　兴	男	文昌	汉	2003.03－2006.02
	魏劲松	男	湖南长沙	汉	2006.02－
澄迈法院	曾祥翰	男	澄迈	汉	1982.03－1990.02
	曾金花	女	澄迈	汉	1990.03－1998.03
	王志刚	男	天津	汉	1998.03－2002.02
	林鹤年	男	临高	汉	2002.02－2010.12
	符宣今	男	东方	汉	2010.12 代院长－
五指山法院	黄永清	男	五指山	黎	1987.02－1990.03
	罗华汉	男	万宁	汉	1990.02－1998.03
	林建松	男	昌江	黎	1998.02－2002.03
	马利克	男	河南郑州	回	2002.03－2006.02
	林　鹏	男	文昌	汉	2006.02－2009.03
	朱以弟	男	澄迈	汉	2009.03－
保亭法院	林德魁	男	三亚	黎	1987.05－1998.02
	林道河	男	文昌	汉	1998.03－2003.03
	胡曙光	男	四川青神	汉	2003.04－2006.12
	符敬强	男	白沙	黎	2007.01－
陵水法院	李世开	男	澄迈	汉	1988－1993.02
	吴乾珊	男	琼海	汉	1993.03－1998
	邓昌柏	男	陵水	黎	1998－2002.02
	包允贤	男	昌江	汉	2002.03－2007.01
	潘文壮	男	文昌	汉	2007.01－2010.12
	吴清钰	男	乐东	汉	2010.12－
琼中法院	陈宏德	男	琼中	黎	1980.06－1992.06
	方敏华	男	万宁	汉	1998.02－2003.03
	林文东	男	琼中	黎	1992.06－1998.02
	张光亲	男	文昌	汉	2003.03－2006.02
	吴清钰	男	乐东	汉	2006.02－2010.12
	蔡海锋	男	琼海	汉	2010.12 代院长－
洋浦法院	贾沛	男	河北井陉	汉	1994－1997
	李卫星	男	河南濮阳	汉	1999－2004
	曾广东	男	江西	汉	2004－2008
	汪海鹏	男	江苏灌南	汉	2009.07－

续上表

单位	姓名	性别	籍贯	民族	任职时间
临高法院	韩群峰	男	文昌	汉	1984－1993
	秦国忠	男	临高	汉	1993－1998
	林鹤年	男	临高	汉	1998－2002
	李剑飞	男	陵水	汉	2002－2005
	符　兴	女	文昌	汉	2005－2006
	陈祥智	男	海口	汉	2006－
乐东法院	陈会逢	男	琼山	汉	1984.03－1991.03
	王宝桂	男	琼山	汉	1991.03－1998.03
	李　彪	男	乐东	汉	1998.03－2003.03
	陈学东	男	定安	汉	2003.03－2010.12
	吴育森	男	万宁	汉	2010.12－
东方法院	杨信雄	男	乐东	黎	1990.10 止
	黎君贤	男	儋州	汉	1990.10－1992.03
	卢焕新	男	乐东	黎	1992.03－1993.05
	王文蕃	男	陵水	黎	1995－1998.07
	李永强	男	万宁	黎	1998.07－2003.02
	曾　雄	男	澄迈	汉	2003.02－2007.01
	吴曼江	男	儋州	汉	2007.01－2009.11
	张柏桢	男	陕西宝鸡	汉	2009.11－
昌江法院	林建松	男	昌江	黎	1987.04－1998.02
	林文东	男	琼中	黎	1998.03－2006.11
	何　泮	男	文昌	汉	2007.01－2011.12
白沙法院	符敬荣	男	白沙	黎	1987.07－1989.08
	李秀淦（代院长）	男	琼海	汉	1989.08－1990.06
	李秀淦	男	琼海	汉	1990.06－1992.07
	黎明亮	男	儋州	汉	1993.05－2003.02
	刘　辉	男	万宁	黎	2003.02－2009.03
	梁寿松	男	昌江	汉	2009.03－
海口美兰区法院（含前身振东区法院）	符甘森（原振东区法院）	男	海口	汉	1991.06
	伍树雄	男	海口	汉	2002.12
	黄　晓	男	万宁	汉	2006.12
	石　鑫	男	河南新乡	汉	2010.09
海口秀英区法院	陈忠友	男	吉林省吉林市	汉	1991.06－1997.09
	伍树雄	男	琼山	汉	1997.09－2003.02
	黄　晓	男	万宁	汉	2003.02－2006.10
	刘海霞	女	吉林省吉林市	汉	2006.10－2009.04
	叶尊本	男	万宁	汉	2009.04－

续上表

单位	姓名	性别	籍贯	民族	任职时间
海口龙华区法院（含前身新华区法院）	王玉忠（新华区法院代院长）	男	儋州	汉	1991.06－1993.05
	王玉忠（新华区法院）	男	儋州	汉	1993.05－2002.08
	王绍裕（新华区法院代院长）	男	琼海	汉	2002.08－2002.12
	孟　励	男	河南商丘	汉	2002.12－2004.03
	何霖吉	男	河北威县	汉	2004.03－2010.10
	袁卫衡	男	湖南湘潭	汉	2010.08 代院长－
海口琼山区法院	吴多贵	男	海口	汉	1974.02－1990.04
	冯　山	男	海口	汉	1990.05－1998.02
	孙积昌	男	海口	汉	1998.03－2002.01
	孟　励	男	河南商丘	汉	2002.03－2002.11
	闫俊奎	男	山西新绛	汉	2002.12－2008.10
	郭朝阳	男	江西万安	汉	2008.10－
三亚城郊法院（含前身三亚法院）	李信义（三亚法院）	男	陵水	汉	1987.11－1991.11
	赵　军	男	黑龙江	汉	1991.11－1996.08
	田湘利	男	江苏	汉	1996.08－1998.03
	符气全	男	海口	汉	1998.03－2002.10
	胡录耀	男	陵水	黎	2000.10－2006.02
	陈文平	男	安徽	汉	2006.02－2009.11
	钱志勇	男	河南	汉	2009.11－

四、专门法院

（一）海事法院

为适应我国海上运输和对外经济贸易事业发展的需要，1984 年 11 月全国人大常委会做出《关于在沿海港口城市设立海事法院的决定》。最高法院以法（交）函[1989]36号文件于 1990 年 3 月正式批准成立海口海事法院（简称海事法院），管辖海南省所属港口和水域以及西沙、中沙、南沙、黄岩岛等岛屿和水域内发生的一审海事、海商案件，不受理其他类型（如刑事、民事）案件。海事法院属省直副厅级单位，审判业务受高级法院指导和监督，对海口市人大常委会负责并报告工作。1994 年，为及时解决海事、海商纠纷，海事法院在海口秀英港、海口新港、三亚港、洋浦港、八所港等重要港口设立了司法联络员。1995 年，为适应沿海市、县渔业发展的需要，海事法院在洋浦经济开发区设立了派出法庭，而后于 1996 年又在三亚市设立了派出法庭，就近审理发生在两个法庭所辖港口、水域的各类海事纠纷案件。2000 年，因洋浦、三亚海事、海商案件数量偏少，法庭人员配置紧张，司法成本高等原因，两个派出法庭的运作中止。2002 年，在全省政府机构改革中，洋浦、三亚派出法庭的建制被撤销，设置了三亚巡回法庭。2009 年，随着建设海南国际旅游岛战略的提出与推进，海洋经济和旅游经济获得空前发展，临海市县渔业日益繁荣，海洋司法保障需求增大，海事法院人员编制得到扩充，派出法庭的恢复重建具备了条件；经省机构编制委员会批准，海事法院三亚派出法庭、洋浦派出法庭恢复设置，同时还设立了琼海博鳌派出法庭和东方八所派出法庭，受理法庭所辖港口、水域各类海事、海商纠纷案件。

至2010年底，海口海事法院设立立案庭、海事审判庭、海商审判庭、执行局、三亚海事法庭、洋浦海事法庭、博鳌海事法庭、八所海事法庭，以及政治部、办公室、研究室、法警支队、纪检监察处（尚未获得正式编制）等正处级机构13个。

海口海事法院历任院长、副院长①

表1－1－7

职务	姓名	性别	籍贯	民族	任职时间
院长	施　文	男	吉林四平	汉	1990.03－1998.09
	孙明宇	男	辽宁辽中	汉	2000.06－2008.11
	彭晓敏	男	山东泗水	汉	2009.03至今
副院长	金兆华	男	湖北仙桃	汉	1990.03－2004.06
	曹树忠	男	湖北黄石	汉	1993.11－2003.10
	葛荣平	男	江苏沙洲	汉	2004.06－2011.06
	王雪林	男	湖南益阳	汉	2006.11－2010.08

1990年海事法院成立。

① 海事法院名称无变化，故表格不标明法院名称。

海事法院成立之初的海商审判庭。

(二)广州军区海南军事法院

军事法院是国家设在军队的审判机关,其履行的军事审判职能是国家审判工作的重要组成部分。1956年6月,海南军区军事法院(广州军区海南军事法院的前身)组建成立,1969年12月“文化大革命”期间被撤销,1980年1月恢复重建,1985年更名为广州军区海口军事法院,1999年3月更名为广州军区海南军事法院(简称海南军事法院)沿有至今。海南军事法院内部职责划分同地方法院一样,主要分为立案、审判、执行三阶段,分别由专人负责,未设置相应的机构。

海南军事法院的主要职能职责包括审判、法制教育和涉军维权工作。

审判——审理涉军刑事案件并试行审理涉军民事案件。刑事案件包括海南省军区所属部队及总后勤部驻琼部队、总装备部驻琼部队的副团职、专业技术八级、文职干部副处级以下人员(包括现役军官、文职干部、士官、士兵、在编职工以及由军队管理的离、退休人员)涉嫌犯罪可能判处无期徒刑以下刑罚的案件。2001年开始试行审理的民事案件,包括双方当事人都是现役军人、部队管理的离退休干部、军队在编职工或者军内法人的案件;申请宣告军人失踪或死亡的案件,申请人向军事法院提出的,军事法院可以受理。

法制教育——海南军事法院积极开展法制教育,组织部队学习宪法、国家基本法以及关于国防、军队职能和社会主义市场经济等法律法规,强化官兵法律意识和法纪观念,提高部队依法办事能力,维护部队和社会的和谐稳定。

涉军维权——1998年,在中央政法委和解放军总政治部的统一部署下,海南军事法院协调省委政法委成立了涉军维权工作领导小组,由政法委书记任组长,省军区副政委、政法委常务副书记、高级法院院长任副组长,制定下发了《关于建立维护国防利益和军人军属合法权益工作机制的意见》和《海南省维护国防利益和军人军属合法权益工作暂行规定》，加强组织领导，规范涉军维权工作。2006－2010年，海南军事法院依靠海南各级法院，帮助官兵及其家属解决涉法问题240起，避免和挽回经济损失6千万元。海南各级法院重视涉军民事案件的审理和执行工作，发挥审判职能，成立"涉军案件合议庭"，依法妥善处理涉军纠纷案件，对涉军纠纷案件在法律允许的基础上做到快立、快审、快结、快执行，依法维护部队和军人军属的合法权益，为加强国防和军队建设创造了良好的法制环境。高级法院立案审判第二庭加强对涉军纠纷案件的指导和监督，对涉军纠纷案件进行全程跟踪，使军人军属权益在立案、审理、执行等各个环节都能得到有效保护。地方各级法院还走入部队，开展法律宣传和咨询活动，为强化官兵法制观念和促进部队安全稳定发挥了积极作用。

广州军区海南军事法院历任院长

表1－1－8

姓名	任职时间	姓名	任职时间	姓名	任职时间
李瑞祥	1980.01－1986.07	王相本	1986.07－1993.03	何霖吉	1993.03－1998.03
贺光平	1998.03－1999.09	周　豪	2000.06－2001.06	王贺清	2003.03－2004.03
曹绪海	2004.03－2007.03	杨礼文	2007.03－2008.02	何湛川	2008.02－

2007年12月，董治良视察海口中院涉军案件合议庭。

省法官协会与军事法院每年联合举办“送法下基层”活动。

五、人民法庭

人民法庭是法院依照其组织法设在乡村、社区、工矿区、农场的派出机构，依法行使派出法院的一审职能，也称派出法庭。1989 年，高级法院下发《关于各市县增设人民法庭如何审批问题的批复》，规定各市县增设派出法庭由所属中院审批，同时抄报高级法院。截至 1990 年底，全省法院共设派出法庭 162 个，其中农场法庭 48 个。

1992 年 2 月，高级法院下发《关于成立人民法庭工作指导小组的通知》，成立派出法庭工作指导小组，办公机构设在民事审判庭。截至 1992 年 6 月 10 日，全省共设派出法庭 161 个，其中，乡镇法庭 105 个，企业法庭 56 个。

1999 年 7 月，最高法院发布《最高人民法院关于人民法庭若干问题的规定》，明确了派出法庭的任务、设置、组成人员及职责。该规定明确要求，派出法庭的设置和撤销由基层法院逐级报高级法院审批，改变了原来由中院审批的做法。经过调整，全省设置派出法庭 125 个。同年 9 月，高级法院将全省 125 个派出法庭裁减、合并、调整为 39 个。

2000 年 4 月，高级法院下发《全省人民法庭达标活动规划》，要求用三年时间，使全省法庭达到最高法院《关于人民法庭若干问题的规定》提出的人员配备、基本设施、业务建设和基础工作之标准。

2003 年 1 月，海口市行政区划调整，琼山市法院撤销，变更为海口市琼山区法院。根据高级法院《关于同意海口市人民法院设立人民法庭的批复》，原琼山市法院永兴、龙塘、灵山、三门坡等 4 个派出法庭，分别变更为海口市秀英区法院永兴法庭、龙华区法院龙泉法庭、美兰区法院灵山法庭、琼山区法院三门坡法庭。同年 6 月，高级法院批复同意撤销乐东法院三平法庭，其统辖范围由乐东法院管辖；撤销澄迈法院福山法庭，其统辖的红光农场、福山镇划归老城法庭管辖，其余辖区由澄迈法院管辖；撤销白沙法院邦溪法庭，其统辖范围划归七坊法庭管辖。经此调整，全省派出法庭的数量由39个减为36个。

2004年4月，派出法庭达标活动结束，36个派出法庭先后达标，其业务建设得到加强，队伍素质得到提高，涌现出了琼海法院塔洋法庭等一批优秀的派出法庭。琼海法院塔洋法庭年结案率达100%，调解率达75%，连续十年无错案，执结率达90%以上，2003年荣获最高法院、司法部联合授予的“全国人民调解工作模范人民法庭”称号；2004年获得最高法院和中央人民广播电台联合举办的“2004中国十佳人民法庭”评选活动“金天平奖”。

琼海法院塔洋法庭连续荣获最高法院授予“人民满意的好法庭”等多项荣誉称号。

王胜俊视察塔洋法庭与高级法院、省一中院、琼海市、琼海法院同志合影。

2004 年，为贯彻落实全国法院加强基层建设工作会议精神，促进派出法庭各项建设再上新台阶，高级法院印发不定期简报《人民法庭建设》，介绍省内外法院派出法庭建设新动态及其经验、做法等信息，为派出法庭干警提供建言献策、研讨法庭工作的园地。

2005 年 11 月，高级法院根据最高法院《关于加强人民法庭专项建设若干问题的通知》和《关于全面加强派出法庭工作的决定》，下发《海南省人民法庭工作管理办法》，就派出法庭的队伍管理、业务管理、硬件管理和基础管理等做出具体规定。

2006 年 4 月，高级法院下发《关于建立人民法庭定点联系指导制度的通知》，调整了派出法庭领导小组成员，对定点派出法庭进行联系指导。

2008 年 8 月 8 日，为适应城市化进程加快致交通事故纠纷增多的司法需求，龙华区法院设立了交通事故巡回法庭。同年 12 月，高级法院颁布《"司法为民"工作措施》和《服务海南经济社会科学发展大局工作意见》，各级法院结合实际，设立"旅游法庭"、"瓜菜法庭"、"渔排法庭"、"交通法庭"、"医疗法庭"和"假日法庭"，就地立案，就地审理调解，就地结案，为群众提供便捷、公正、高效的司法服务。

2008 年，陵水渔排法庭在水上开庭审理案件。

2006年5月，城郊法院南山旅游巡回法庭法律咨询。

2010年，大年初一董治良看望旅游巡回法庭值班干警。

2008 年 12 月，高级法院印发《关于人民法庭设立巡回审判点和诉讼联络员的的若干意见》，规定派出法庭应在距法庭驻地超过 20 公里交通不便地区或发生纠纷较多的地点设置巡回审判点，在辖区各乡镇、农场及纠纷较多的村(居)民委员会设立诉讼联络员。

2009 年，为更好地服务经济社会科学发展大局，方便群众诉讼，高级法院恢复重建了海口龙华区法院新坡法庭、秀英区法院西秀法庭、琼山区法院云龙法庭，文昌法院东路法庭、东方法院东河法庭、万宁法院东澳法庭、五指山法院毛阳法庭、澄迈法院中兴法庭、屯昌法院南坤法庭、陵水法院本号法庭、乐东法院九所法庭、白沙法院邦溪法庭、三亚城郊法院吉阳法庭等 13 个派出法庭。

2010 年 3 月，为服务国际旅游岛建设，高级法院下发《全省法院设立旅游诉讼服务中心的通知》，同月底，全省设立了 27 个旅游诉讼服务中心和 27 个以派出法庭为主体的旅游巡回法庭。同年 7 月，海事法院增设洋浦、博鳌、八所等 3 个海事派出法庭，海口海事法院三亚巡回法庭更名为“海口海事法院三亚法庭”。截至年底，全省共设立人民法庭 49 个，海事派出法庭 4 个，专业派出法庭(即龙华区法院交通事故法庭)1 个。

2010 年 3 月,保亭法院成立旅游诉讼服务中心。

2010 年 3 月,昌江法院成立旅游诉讼服务中心。

海南省派出法庭情况表

表 1－1－6

1999 年 10 月撤并后（39 个）

所属法院	法庭名称
定安法院	龙门法庭
	居丁法庭
澄迈法院	永发法庭
	福山法庭
	老城法庭
琼海法院	中原法庭
	塔洋法庭
	泮水法庭
文昌法院	清澜法庭
	文教法庭
	锦山法庭
万宁法院	和乐法庭
	兴隆法庭
陵水法院	椰林法庭
	新村法庭
保亭法院	金江法庭
屯昌法院	南吕法庭
	新兴法庭
琼中法院	湾岭法庭
	长征人民法庭
临高法院	新盈法庭
	多文法庭
儋州法院	东成法庭
	白马井法庭
	雅星法庭
东方法院	新街法庭
	感城法庭
昌江法院	乌烈法庭
白沙法院	七坊法庭
	邦溪法庭
乐东法院	黄流法庭
	三平法庭
琼山市法院	永兴法庭
	龙塘法庭
	三门坡法庭
	灵山法庭
三亚城郊法院	崖城法庭
	天涯法庭
	藤桥法庭

2003 年撤并后（36 个）

所属法院	法庭名称
定安法院	龙门法庭
	居丁法庭
澄迈法院	永发法庭
	老城法庭
琼海法院	中原法庭
	塔洋法庭
	泮水法庭
文昌法院	清澜法庭
	文教法庭
	锦山法庭
万宁法院	和乐法庭
	兴隆法庭
陵水法院	椰林法庭
	新村法庭
保亭法院	金江法庭
屯昌法院	南吕法庭
	新兴法庭
琼中法院	湾岭法庭
	长征法庭
临高法院	新盈法庭
	多文法庭
儋州法院	东成法庭
	白马井法庭
	雅星法庭
东方法院	新街法庭
	感城法庭
昌江法院	乌烈法庭
白沙法院	七坊法庭
乐东法院	黄流法庭
秀英区法院	永兴法庭
龙华区法院	龙泉法庭
琼山区法院	三门坡法庭
美兰区法院	灵山法庭
三亚城郊法院	崖城法庭
	天涯法庭
	藤桥法庭

2010 年度（54 个）

所属法院	法庭名称
澄迈法院	永发法庭
	老城法庭
	中兴法庭
定安法院	龙门法庭
	居丁法庭
琼海法院	中原法庭
	塔洋法庭
	泮水法庭
文昌法院	清澜法庭
	文教法庭
	锦山法庭
	东路法庭
万宁法院	兴隆法庭
	东澳法庭
	和乐法庭
陵水法院	椰林法庭
	新村法庭
	本号法庭
保亭法院	金江法庭
五指山法院	毛阳法庭
琼中法院	湾岭法庭
	长征法庭
屯昌法院	南吕法庭
	新兴法庭
	南坤法庭
东方法院	新街法庭
	感城法庭
	东河法庭
临高法院	新盈法庭
	多文法庭
昌江法院	乌烈法庭
白沙法院	七坊法庭
	邦溪法庭
乐东法院	黄流法庭
	九所法庭
儋州法院	东成法庭
	雅星法庭
	白马井法庭
秀英区法院	永兴法庭
	西秀法庭
琼山区法院	三门坡法庭
	云龙法庭
龙华区法院	龙泉法庭
	交通法庭
	新坡法庭
美兰区法院	灵山法庭
海事法院	三亚法庭
	洋浦法庭
	八所法庭
	博鳌法庭
三亚城郊法院	崖城法庭
	天涯法庭
	藤桥法庭
	吉阳法庭

六、审判组织

审判组织的职责、人员构成由《人民法院组织法》和《刑事诉讼法》、《民事诉讼法》、《行政诉讼法》规定,包括审判委员会(简称审委会)、合议庭、独任审判三种类型。

(一)审判委员会

2001 年,高级法院出台《海南省高级人民法院审判委员会工作规则》,对审委会工作做出具体规定。2008 年,针对法官素质不一,裁判尺度不统一,发回重审、启动再审、指令再审不规范等问题,为强化制度管理,提高审委会工作效率和审判质量,避免"关系案"、"人情案",高级法院进一步完善了审委会工作规则,规定二审发回重审和改判案件、复查决定再审的案件,必须经审委会讨论决定;并依据业务量不断增加的实际,增加审委会开会时间,提高审判效率,确保案件不在审委会积压。

(二)合议庭

我国法律规定,合议庭负责对各类案件的审理。1991 –2010 年,海南法院不断完善和加强合议庭职责,建立公正、高效、有序的审判运行机制,提高审判质量和效率,确保司法公正。1993 年,高级法院出台《民事、经济、海事案件主审法官负责制》明确了主审法官的职权、责任,主审法官与合议庭、庭长、院长之间的职责关系及奖惩等,规定主审法官对自己主办的案件负全面责任。2000 年,高级法院出台《海南省法院审判长选任暂行规定》,明确了审判长的任职条件、选任规则及其职责,加强了合议庭的职责。2002 年,《最高人民法院关于人民法院合议庭工作的若干规定》颁布实施,细化了合议庭的职责。同年,高级法院发文要求各级法院严格执行最高法院上述规定。2009 年 12 月 14 日,最高法院下发《最高人民法院关于进一步加强合议庭职责的若干规定》,强化合议庭职责,明确提出合议庭成员平等参与案件审理,防止个人专断。同年,高级法院发文要求各级法院厘清合议庭内部、外部的权责关系,确保合议庭全体成员平等参与案件的审理、评议和裁判,依法履行审判职责,充分发挥合议庭的整体效能。

(三)独任审判

独任审判是法院对某些简单的一审案件由一名审判员独自进行审理并做出裁判的制度,只适用于某些特定案件。根据刑事、民事、行政诉讼法的规定,在民事诉讼和刑事诉讼的简易程序中,可以适用独任审判;行政诉讼无简易程序,不适用独任审判。2010 年 4 月,根据最高法院司法改革工作的部署,海南部分基层法院开始试行适用简易程序审理行政案件(详见第六章行政审判)。

2009年，全国部分法院贯彻落实“审判委员会制度改革实施意见”座谈会在海口召开。

第二节 人员

一、法院工作人员构成

（一）全省法院人员构成

1．全省法院工作人员构成情况

1988年底，全省法院共有工作人员1494人；其中，为适应建立高、中、基层三级审判机构的需要，新进人员219人（含选调干部，选调工人，军队转业干部，大中专毕业生，社会招干）。1994年，房地产泡沫破灭后，审判机关和其他机关一样，人员流失严重。

1998年，全省法院工作人员2445人。其中，法官1304人，书记员361人，法警83人，其他697人。

2008年，全省法院工作人员2314人。其中，法官1237人，书记员336人，法警182人，其他559人。

随着国际旅游岛建设上升为国家战略，海南审判事业的发展进入了快车道，自2008年起，全省法院年收案递增15%以上，案多人少的矛盾突出。在省委、省政府支持下，全省法院统一招考进人，增加办案力量，有效缓解了法官断层和办案力量不足的困难。到2010年底，全省法院共有工作人员2561人。其中：法官1314人，书记员372人，法警257

人,其他 618 人。

2. 全省法院法官构成情况

1998 年,全省有 1304 名法官,其中,各级法院院长 27 人,副院长 78 人,庭长、副庭长 408 人,审判员 381 人,助理审判员 410 人。女 202 人,占 15.49%;少数民族 167 人,占 12.81%;共产党员 997 人,占 76.46%;博士 2 人,占 0.15%;硕士 53 人,占 4.06%;大学本科 269 人,占 20.63%;大专及以下 980 人,占 75.16%。年龄 35 岁以下 524 人,占 40.18%;36 -40 岁 212 人,占 16.26%;41 -45 岁 219 人,占 16.79%;46 岁以上 349 人,占 26.77%。

2008 年,全省法院有 1237 名法官,其中,各级法院院长 25 人,副院长 68 人,审委会委员 94 人,庭长、副庭长 299 人,审判员 581 人,助理审判员 170 人。女 239 人,占 19.32%;少数民族 57 人,占 4.61%;共产党员 1031 人,占 83.35%;博士 6 人,占 0.48%;硕士 72 人,占 5.82%;大学本科 805 人,占 65.08%;大专及以下 354 人,占 28.62%。年龄 35 岁以下 94 人,占 7.60%;36 -40 岁 286 人,占 23.12%;41 -45 岁 379 人,占 30.64%;46 岁以上 478 人,占 38.64%。

2010 年,全省法院有 1314 名法官,其中,各级法院院长 28 人,副院长 69 人,审委会专职委员 127 人,庭长 122 人,副庭长 200 人,审判员 504 人,助理审判员 264 人。女 302 人,占 22.98%;少数民族 159 人,占 12.10 %;共产党员 1074 人,占 81.74%;博士 5 人,占 0.38%;硕士 109 人,占 8.30%;大学本科 934 人,占 71.08%;大专及以下 266 人,占 20.24%。35 岁以下 161 人,占 12.25%;36 -40 岁 238 人,占 18.11%;41 -45 岁 353 人,占 26.87%;46 岁以上 562 人,占 42.77%。

3. 全省法院书记员构成情况

2010 年,全省法院有书记员 372 人,其中,女 183 人,占 49.19%;少数民族 34 人,占 9.14%;共产党员 162 人,占 43.55%; 35 岁以下 271 人,占 72.85%;36—40 岁 50 人,占 13.44%;41—45 岁 30 人,占 8.06%;46 岁以上 21 人,占 5.65%;硕士 14 人,占 3.76%;大学本科 306 人,占 82.26%;大专及以下 52 人,占 13.98%。

4. 全省法院司法警察构成情况

全省法院共有 28 个警队(1 个法警总队,5 个法警支队,22 个法警大队),2010 年全省共有法警 257 人,其中,女 33 人,占 12.84%;少数民族 33 人,占 12.84%;共产党员 164 人,占 63.81%;35 岁以下 85 人,占 33.07%;36—40 岁 48 人,占 18.68%;41—45 岁 26 人,占 10.12%;46 岁以上 98 人,占 38.13%;大学本科 107 人,占 41.63%;大专及以下 150 人,占 58.37%。

2008 年 9 月，法警在高级法院 20 周年院庆仪式上。

5. 全省法院其他人员（司法政务、司法事务人员等）构成情况

2010 年，全省其他人员（司法政务、司法事务人员等）共 618 人，其中，女 202 人，占 32.69%；少数民族 43 人，占 6.96%；共产党员 389 人，占 62.94%。35 岁以下 192 人，占 31.07%；36－40 岁 101 人，占 16.34%；41－45 岁 98 人，占 15.86%；46 岁以上 227 人，占 36.73%。博士 1 人，占 0.16%；硕士 52 人，占 8.41%；大学本科 290 人，占 46.93%；大专及以下 275 人，占 44.50%。

（二）高级法院工作人员的构成

1988 年，高级法院建院初期，在最高法院和全国各地法院支持下，吸收了来自全国 15 个省市的法律人才 21 人，从省直机关单位调入干部 17 人，从省内法院调入干部 4 人，接收国家分配来的法律专业大中专应届毕业生 17 人，共调入国家干部 59 人，另向省外法院借调干部 35 人，截至年底，全院共有 96 人；其中，具有大专以上文化程度的占 84%，中共党员占 83%；96 人中，法官 57 人，具有大专以上文化程度的 56 人。

经过 10 年发展，截至 1998 年底，高级法院的法官由 57 人增加到 91 人，其中，院长 1 人，副院长 4 人，庭长、副庭长共 17 人，审判员 25 人，助理审判员 44 人；在 91 名法官中，女性 20 人，占 21.98%；少数民族 9 人，占 9.89%；中共党员 82 人，占 90.11%；博士 2 人，占 2.20%；硕士 31 人，占 34.07%；35 岁以下 26 人，占 28.57%；36－40 岁 18 人，占 19.78%；41 岁（含）以上 47 人，占 51.65%。

2008 年，建省初期调入的法官进入退休高峰期，法官比例仅占 36.7%，办案力量青黄不接。在省委支持下，高级法院面向全国招录具有司法资格的法学硕士学位以上研究生，采取将副科级审判人员任命为助理审判员的措施，初步缓解了办案法官不足的状况。

截至2010年底,高级法院的法官由1998年的91人增至106人,其中院长1人,副院长4人,审委会专职委员2人,庭长8人,副庭长13人,审判员46人,助理审判员32人;女性28人,占26.42%;少数民族7人,占6.6%;中共党员94人,占88.68%;博士3人,占2.83%;硕士14人,占13.21%;大学本科81人,占76.41%;大专8人,占7.55%;年龄35岁以下16人,占15.09%,36-40岁24人,占22.64%,41-45岁23人,占21.70%;46岁以上43人,占40.57%。

(三)各工作人员的构成

1.省一中院

1991年,全院共有干警187人,其中,法官117人,书记员35人,法警6人,其他29人。

2001年,全院共有干警221人,其中,法官143人,书记员20人,法警16人,其他42人。

2008年,全院共有干警228人,其中,法官126人,书记员34人,法警21人,其他47人。在126名法官中,院长1人,副院长4人,庭长9人,副庭长15人,审判员73人,助理审判员24人。女性23人,占18.25%;少数民族13人,占10.32%;中共党员115人,占91.27%。硕士研究生4人,占3.17%,大学本科100人,占79.37%;大专及以下22人,占17.46%。35岁以下的7人,占5.55%,36-45岁的62人,占49.21%,46岁(含)以上的57人,占45.24%。

截至2010年底,全院共有干警226人,其中,法官127人,书记员24人,法警20人,其他55人。在127名法官中,院长1人,副院长3人,审委会专职委员3人,庭长6人,执行局局长1人,副庭长15人,执行局副局长2人,审判员61人,助理审判员35人。女性34人,占26.77%;少数民族13人,占10.24%;中共党员111人,占89.40%。硕士研究生3人,占2.36%,大学本科108人,占85.04%;40岁以下的27人,占21.26%,41岁(含)以上的100人,占78.74%。

2.省二中院

截止2010年底,二中院共有干警132人,其中,法官55人,书记员37人,法警14人,其他干警26人。

在法官的人员构成方面,院长1人,副院长3人,审判委员会专职委员3人,庭长4人,副庭长8人,审判员6人,助理审判员30人;女性12人,所占比例21.82%;少数民族3人,占5.45%;共产党员49人,占89.09%;大学本科45人,占81.81%;硕士研究生9人,占16.36%;博士1人,占1.82%;年龄在35岁以下13人,占23.64%;36-40岁11人,占20%;41-45岁17人,占30.91%;46岁以上14人,占25.45%。

3.海口中院

1988年,海口中院的前身有法官55人,其中,院长1人,副院长2人,庭长7人,副庭长12人,审判员13人,助理审判员20人;女性10人,占18.18%;汉族55人,占100%;中共党员39人,占70.91%;大学本科1人,占1.82%,大专20人,占36.36%;年龄35

岁以下 24 人，占 43.64%，36－40 岁 10 人，占 18.18%，41 岁以上 21 人，占 38.18%。

1991 年 6 月 8 日海口中院挂牌成立，全院共有干警 123 人，其中，法官 46 人，书记员 21 人，法警 2 人，其他 54 人。在 46 名法官中，院长 1 人，副院长 4 人，庭长 4 人，副庭长 7 人，审判员 8 人，助理审判员 22 人。女性 7 人，占 15.22%；汉族 46 人，占 100%；中共党员 40 人，占 86.96%。无硕士研究生；大学本科 6 人，占 13.04%；大专及以下 40 人，占 86.96%。35 岁以下 14 人，占 30.43%，36－45 岁 23 人，占 50%，46 岁（含）以上 9 人，占 19.57%。

1998 年，全院共有干警 144，其中，法官 84 人，书记员 18 人，法警 16 人，其他 26 人。其中，院长 1 人，副院长 3 人，庭长 9 人，副庭长 19 人，审判员 19 人，助理审判员 33 人。女性 17 人，占 20.24%；少数民族 1 人，占 1.19%；中共党员 60 人，占 71.43%。硕士研究生 2 人，占 2.38%；大学本科 38 人，占 45.24%；大专及以下 44 人，占 52.38%。35 岁以下的 33 人，占 39.29%；36－45 岁的 30 人，占 35.71%；46 岁（含）以上的 21 人，占 25%。

2008 年，全院共有干警 213 人，其中，法官 114 人，书记员 18 人，法警 17 人，其他 64 人。在 114 名法官中，院长 1 人，副院长 3 人，审委会专职委员 3 人，庭长 9 人，副庭长 16 人，审判员 39 人，助理审判员 43 人。女性 41 人，占 35.96%；少数民族 3 人，占 2.63%；中共党员 85 人，占 74.56%。硕士研究生以上学历 39 人，占 34.21%，大学本科 68 人，占 59.65%；大专及以下 7 人，占 6.14%。年龄 35 岁以下的 32 人，占 28.07%，36－40 岁的 33 人，占 28.95%，41 岁以上的 49 人，占 42.98%。

截至 2010 年底，全院共有干警 239 人，其中，法官 126 人，书记员 13 人，法警 28 人，其他 72 人。在 126 名法官中，院长 1 人，副院长 3 人，审委会专职委员 2 人，庭长 6 人，副庭长 15 人，审判员 46 人，助理审判员 53 人。女性 48 人，占 38.10%；少数民族 4 人，占 3.17%；中共党员 98 人，占 77.78%。硕士研究生（含）以上学历 51 人，占 40.48%；35 岁以下的 29 人，占 23.02%，36－40 岁的 45 人，占 35.71%，41 岁（含）以上的 52 人，占 41.27%。

4. 三亚中院

1992 年，三亚中院共有 63 人，其中，法官 29 人，书记员 13 人，法警 7 人，其他 14 人。在 29 名法官当中，院长 1 人，副院长 3 人，庭长 5 人，审判员 8 人，助理审判员 12 人；女性 4 人，占 13.79%；少数民族 9 人，占 31.03%；中共党员 22 人，占 75.86%。大学本科 1 人，占 3.45%，大专及以下 28 人，占 96.55%。35 岁以下的 12 人，占 41.38%，36－40 岁的 3 人，占 10.34%，41 岁（含）以上的 14 人，占 48.28%。

1998 年，全院共有 81 人，其中，法官 34 人，书记员 27 人，法警 5 人，其他 15 人。在 34 名法官当中，院长 1 人，副院长 3 人，庭长 4 人，副庭长 3 人，审判员 10 人，助理审判员 13 人；女性 4 人，占 11.76%；少数民族 10 人，占 29.41%；中共党员 28 人，占 82.35%。硕士研究生 1 人，占 2.94%；大学本科 16 人，占 47.06%；35 岁以下的 14 人，占 47.17%；36－45 岁的 16 人，占 47.06%；46 岁以上的 4 人，占 11.76%。

2008 年,三亚中院共有 86 人,其中,法官 55 人,书记员 3 人,法警 5 人,其他 23 人。

至 2010 年底,三亚中院共有干警 102 人,其中,法官 54 人,书记员 3 人,法警 7 人,其他 38 人。在 54 名法官当中,院长 1 人,副院长 3 人,审委会专职委员 2 人,庭长 7 人,副庭长 2 人,审判员 37 人,助理审判员 2 人。女性 11 人,占 20.37%;少数民族 9 人,占 16.67%;中共党员 48 人,占 88.89%。硕士 10 人,占 18.52%,大学本科 41 人,占 75.93%;大专及以下 3 人,占 5.56%。35 岁以下的 3 人,占 5.56%,36－40 岁的 13 人,占 24.07%,41 岁(含)以上的 38 人,占 70.37%。

5.海事法院

1991 年,全院共有干警 21 人,其中,法官 8 人,书记员 7 人,法警 2 人,其他人员 4 人。在 8 名法官中,院长 1 人,副院长(兼庭长)1 人,庭长 1 人,副庭长 0 人,审判员 3 人,助理审判员 2 人;女性 0 人;汉族 8 人,占 100%;中共党员 8 人,占 100%;硕士研究生 0 人,大学本科 3 人,占 37.5%;35 岁以下的 3 人,占 37.5%,36－45 岁的 3 人,占 37.5%,46 岁(含)以上的 2 人,占 25%。

1998 年,全院共有干警 38 人,其中,法官 21 人,书记员 5 人,法警 5 人,其他人员 7 人。在 21 名法官中,院长 1 人,副院长 2 人,庭长 2 人,副庭长 4 人,审判员 6 人,助理审判员 6 人;女性 1 人,占 4.76%;汉族 21 人,占 100%;中共党员 17 人,占 80.95%;硕士研究生 7 人,占 33.33%,大学本科 11 人,占 52.38%;大专及以下 3 人,占 14.29%。35 岁以下的 10 人,占 47.62%,36－45 岁的 7 人,占 33.33%,46 岁(含)以上的 4 人,占 19.05%。

2008 年,全院共有干警 42 人,其中,法官 20 人,书记员 5 人,法警 5 人,其他人员 12 人。在 20 名法官中,院长 1 人,副院长 2 人,审判委员会专职委员 1 人,庭长 3 人,副庭长 1 人,审判员 6 人,助理审判员 6 人;女性 3 人,占 15%;汉族 20 人,占 100%;中共党员 16 人,占 80%;硕士研究生 5 人,占 25%,大学本科 14 人,占 70%;35 岁以下的 8 人,占 40%,36－45 岁的 7 人,占 35%,46 岁(含)以上的 5 人,占 25%。

至 2010 年底,全院共有干警 59 人,其中,法官 29 人,书记员 7 人,法警 7 人,其他人员 16 人。在 29 名法官中,院长 1 人,副院长 2 人,审判委员会专职委员 1 人,庭长 4 人,副庭长 2 人,审判员 9 人,助理审判员 10 人;女性 8 人,占 27.59%;汉族 28 人,占 96.55%;中共党员 23 人,占 79.31%;硕士研究生 10 人,占 34.48%,大学本科 19 人,占 65.52%;35 岁以下的 13 人,占 44.83%,36－45 岁的 8 人,占 27.59%,46 岁(含)以上的 8 人,占 27.59%。

二、法院工作人员招考和录用

1988－1993 年,海南法院补充人员一直采用个别选调的方式。随着审判事业的不断发展和法律人才严重不足情况的出现,根据高、中、基层法院的现实需求,1994 年海南首次面向社会通过笔试、面试、考察等程序公开招录法院工作人员。从 2003 年起,全省法院按照最高法院和省委组织部的统一部署，每年均招录一批工作人员，各级法院需求的人才通过一年一度的公务员招录考试来解决。经过不断实践、总结和研究，法院考试录用工作从计划、组织到实施，逐渐成熟完善。2008－2010年，全省法院招录工作对人才的需求向质量型转变。新招录的473人中，95%以上年龄在28周岁以下，大学本科以上学历的比例为93%，其中，硕士研究生137人，占23%，相当部分从事过机关、律师、大专院校工作，具有实践经验。高级法院招录的71人中，获得硕士学位并通过司法考试取得法律职业资格A证的研究生58人。高学历人才的招录，优化了法院审判人员的年龄和知识结构，为法院补充了优良的新鲜血液，为法院的发展建设奠定了良好的人才基础。

至2010年底，全省法院已先后12次面向社会公开招录法院工作人员。按人数看，1994年招录128人，1996年招录86人，1998年招录29人，2003年招录16人，2004年招录103人，2005年招录47人，2006年招录72人，2007年招录97人，2008年招录162人，2009年招录126人，2010年上半年招录116人，下半年招录39人，共公开招录1020人；按职位看，从2003年到2010年下半年共招录777人，其中法官65人、书记员416人、计算机30人、文秘43人、档案12人、统计5人、法官助理1人、司法警察103人、法官后备88人、财会6人、人力资源管理1人、法医2人、翻译2人、行政管理1人、政工（纪检）2人；按法院看：2005－2010年下半年共招录658人，其中，高级法院95人、省一中院31人、定安法院14人、文昌法院34人、琼海法院25人、万宁法院14人、陵水法院22人、保亭法院12人、屯昌法院8人、琼中法院15人、五指山法院14人、澄迈法院22人、省二中院65人、白沙法院17人、乐东法院9人、临高法院14人、洋浦法院17人、昌江法院22人、东方法院22人、儋州法院24人、海口中院28人、海口龙华区法院14人、美兰区法院28人、秀英区法院24人、琼山区法院25人、三亚中院14人、城郊法院21人、海事法院8人。

全省法院强化窗口意识、责任意识和服务意识，把严谨细致的作风和优质高效的服务理念贯穿到招录工作中，尤其是自2008年起，设置专人负责招录电话，耐心解答考生提问和消除考生疑虑；网上报名审核阶段，对考生提交的关键信息逐个打电话进行提示、沟通、核对、确认，防止考生误填误报；在资格复审、体能测试、专业加试现场，提供饮水、药品和复印机等便利措施；需要通知考生参加面试、体检等重要招录活动时，先用商务领航系统群发短信，再打电话逐一确认，遇有手机换号、停机的考生进行网上搜索并联系其亲友、同学查找，想方设法将招考消息通知到每名考生，为考生提供人性化服务。

2003－2010年海南省法院系统招录公务员情况表

表1－2－1

年度		法官	书记员	计算机	文秘	档案	统计	法官助理	司法警察	法官后备	财会	人力资源管理	法医	翻译	行政管理	政工（纪检）人员	合计
2003年		11		5													16
2004年			103														103
2005年		11	25	2	6	2	1										47
2006年		6	42	5		1	1	1	16								72
2007年		1	67	9		2			18								97
2008年		17	52	2	14	1			34	40	2						162
2009年		9	65	3	9	3	2		19	13	3						126
2010年	上半年	6	49	3	13	1			13	27	1	1		1			115
	下半年	4	13	1	1	2	1		3	8			2	1	1	2	39
小计		65	416	30	43	12	5	1	103	88	6	1	2	2	1	2	777

三、法官的选举和任免

根据《宪法》、《人民法院组织法》，海南省各级人民法院、海口海事法院的院长、副院长、审判委员会委员、庭长、副庭长、审判员、助理审判员的任免程序如下：

海南省高级人民法院院长由海南省人民代表大会选举和罢免，副院长、审判委员会委员、庭长、副庭长和审判员由本院院长提请海南省人民代表大会常务委员会任免。

海南省第一中级人民法院、第二中级人民法院院长，由海南省人民代表大会常务委员会根据主任会议的提名决定任免，副院长、审判委员会委员、庭长、副庭长和审判员由高级人民法院院长提请海南省人民代表大会常务委员会任免。

海口市、三亚市中级人民法院院长由海口市、三亚市人民代表大会选举和罢免。副院长、审判委员会委员、庭长、副庭长和审判员由本院院长提请海口市、三亚市人民代表大会常务委员会任免。

海口海事法院院长由海口市人民代表大会选举和罢免，副院长、审判委员会委员、庭长、副庭长和审判员由本院院长提请海口市人民代表大会常务委员会任免。

洋浦开发区法院院长、副院长、庭长、副庭长、审判员等法律职务由高院院长提请省人大常委会任免。

三亚城郊法院院长、副院长、庭长、副庭长、审判员等法律职务由三亚市人大常委会任免。

在民族自治地方设立的地方各级人民法院院长，由民族自治地方各级人民代表大会选举和罢免，副院长、审判委员会委员、庭长、副庭长和审判员由本院院长提请本级人民代表大会常务委员会任免。

各级法院的助理审判员由本院院长任免。

四、法院工作人员的教育、培训

法院工作人员的教育、培训是审判队伍建设的关键。建省后，各级法院注重对审判人员的教育和培训，造就了一支政治合格、作风顽强、业务过硬的审判队伍。

（一）政治思想教育

全省各级法院坚持以马克思列宁主义、毛泽东思想、邓小平理论、“三个代表”重要思想和科学发展观为指导思想，把握审判队伍的政治方向；以共产主义人生观和社会主义法治理念为世界观和方法论，塑造审判人员的司法人格。

1992年，全省法院在各级党委的统一领导下，组织广大干警认真学习邓小平南巡讲话和中共十四大文件，紧密联系实际，进一步明确邓小平建设有中国特色社会主义理论的历史地位和重要作用，提高坚持党的“一个中心，两个基本点”的基本路线的自觉性。

2000年，根据最高法院院长肖扬的指示，各级法院按照“三个代表”重要思想的要求，进一步全面加强政治思想建设和组织建设，确保审判工作有力地促进社会经济的发展和精神文明建设，有效地保护最广大人民群众的合法权利。

2005年，开展以实践“三个代表”重要思想为主要内容的保持共产党员先进性教育活动，一是抓住法官与当事人、诉讼代理人关系这个环节进行整改，二是严格审限管理，解决案件久拖不决、久执不结的问题，三是开展裁判文书专项整改，四是开展明察暗访，整顿纪律作风。

2008年，按照中央政法委、最高法院、省委的统一部署，各级法院深入开展学习贯彻党的十七大精神、胡锦涛和中央政法委书记周永康在全国政法工作会议上重要讲话的“大学习、大讨论”活动。通过举办领导干部研讨班、就地宣讲、培训和召开座谈会征求各界意见等多种形式，在提升法院领导干部对法院工作指导思想与时俱进的认识，提升全体干警以“三个至上”①为指导的思想意识，增强人民法官做中国特色社会主义事业和中国特色社会主义司法制度的建设者、捍卫者的执政党意识等6个方面取得了明显成效。

高级法院把学习实践活动和业务培训结合起来，领导带队组成6个宣讲团，分别深入到全省27个法院举行宣讲23场，受训人数达2400人，是建省后法院系统思想教育最深入、最具实际效果、最触动灵魂的一次。在学习和实践活动中，党组对照审判业务、司法政务和队伍管理存在的问题进行剖析，提出学习、实践科学发展观促进海南法院科学发展，受到最高法院党组书记、院长王胜俊和最高法院党组副书记、常务副院长沈德咏的高度评价。王胜俊在《海南高级法院领导班子分析检查报告》上做出重要批示：“请党组同志阅。海南高级法院在深入学习实践科学发展观活动中，在肯定成绩的同时，对存在

①“党的事业至上、人民利益至上、宪法法律至上”简称“三个至上”。

问题和原因进行认真分析,虽然文字不多,但很深刻、很到位,涉及指导思想、工作思路、司法理念、司法改革以及队伍建设等问题。这表明他们的大学习、大讨论和学习实践活动取得了实际成效,否则不可能有这样的深刻认识和反思。这些也很值得我们思考。我们在下一步工作中,要引导各级法院和广大干警(包括最高人民法院)向深层次进行分析,以进一步解放思想,转变观念,促使对'三个至上'和社会主义法治理念的政治认同、理论认同、感情认同和实践认同,保障审判机关为大局服务、为人民司法。"沈德咏在王胜俊批转的海南高级法院《报告》上批示:"请院学习实践活动办公室认真参阅海南高级法院的分析检查报告并遵王院长批示精神认真做好我院分析检查报告的起草工作";随后,沈德咏在海南高级法院《关于印发学习实践科学发展观活动整改落实方案和整改落实分工方案的通知》上批示:"海南高级法院开展深入学习实践科学发展观活动,注意紧密联系法院工作实际,突出实践特色,工作抓得很实、很细,值得我们学习。请院学习实践活动办公室认真参阅海南高级法院的'分析检查报告'和'整改落实分工方案'两个文件,进一步做好相关工作。"最高法院领导的重要批示是对海南法院工作有力的鼓励和鞭策。

面对新形势,全省法院坚定不移地做中国特色社会主义事业的建设者和捍卫者,始终围绕"党的事业至上、人民利益至上、宪法法律至上",始终围绕省委提出的"重塑特区意识、重振特区精神",始终以审判和执行工作为主要任务,以队伍建设为为重点,以司法改革为动力,以基层建设为基础,最大限度地满足人民群众日益增长的司法需求,最大限度地实现公平正义,为构建和谐海南、平安海南、法治海南提供有力的司法保障。

为加强全省法院队伍建设,高举中国特色社会主义伟大旗帜,坚持"三个至上"的指导思想,造就一支旗帜鲜明、思想坚定、作风过硬的法院干部队伍,使海南法院工作在新的历史时期取得新的进展,根据最高法院《关于当前进一步加强人民法院队伍建设的意见》的精神,结合海南法院的具体情况,高级法院于2008年9月19日制定《海南省高级人民法院关于落实〈最高人民法院关于当前进一步加强人民法院队伍建设的意见的〉实施意见》。《意见》分为9大主题:一、把"大学习大讨论"活动进一步引向深入;二、切实把领导班子建设作为关键环节抓紧抓好;三、把法官职业化建设深入推进;四、把教育培训工作抓好抓实;五、把司法考评体系进一步完善;六、把巡视制度建立起来;七、把警示教育列入长期教育计划;八、把党建工作列入重要议程;九、把法院文化建设放在应有位置。

自2008年起,高级法院每年对新进人员进行上岗前思想教育,院领导均到会与之谈心并提出要求:首先,政治上要对党忠诚,对法律忠诚,对人民的利益和事业忠诚;第二,个人品质基本要站得住脚;第三,要有基本的业务素质功底;第四,要培养较强的动手办事能力和协调组织能力。

(二)法律业余大学教育

1985年,最高法院创办了全国法院干部业余法律大学,按照其办学章程,最高法院设总校,各高级法院设分校,各中院设分部,各基层法院设教学班。据此,1988年高级法院成立之初即成立了法律业大海南分校暨海南省法院干部培训中心,成为全省法院教育培训的重要基地。

1988 年到 2001 年,法律业大海南分校本着“一边办学,一边建设”的宗旨,不断加强教师队伍建设,加大办学设施的投入,先后配备了专职教师 16 名,兼职教师 13 名,教学管理人员 4 名,形成了备课、讲课、作业批改、教学研究、业务学习、学员考勤、教师岗位责任制等一整套教学管理制度,摸索出适合成人业余学习的教学特点和规律,有效促进了教学质量的提高。13 年里,法律业大海南分校共招收学历生和专业证书生 1246 名,其中,1017 名顺利毕业取得法律大专文凭;法律业大海南分校还与中南政法学院、武汉大学、北京大学、海南大学合作,举办远程教育“专升本”班, 422 名学员完成“专升本”学业,取得了法律本科学历。

1993 – 1994 年,海南法院业大毕业典礼。

(三)短期业务培训教育

1. 专项培训

根据最高法院的统一部署,高级法院从 2002 年开始对 40 周岁以上、未达到本科学历的法官进行“专项培训”,每期历时 1 年,经考试合格,发给结业证书取得法官续职资格。全省各级法院 2002 年有 154 名法官、2003 年有 109 名法官、2004 年有 69 名法官通过了专项培训,取得了结业证书。

2. 法官轮训

2007 年,高级法院首次对基层法院的法官举办了为期 1 个月的轮训。培训内容以《基层人民法院法官培训教材》和《法官行为规范(试行)》为主,结合实际,分“综合知识”、“刑事审判”、“民事审判”、“行政审判”4 个单元进行,每单元安排一周时间,全省

800多名基层法官参加了最高法院统一组织的轮训考试验收,及格率为98.58%。

2010年,按照最高法院部署,高级法院对全省419名中、基层法院副院长、全省法院中层正职领导和人民法庭庭长进行了为期7天的轮训。轮训内容为"社会主义法治理念"、"领导能力"、"处置群体性事件能力"等课程。当年,还对全省法院政工干部、新招录人员进行了专项培训。

3. 岗位培训

为提高法院干部整体素质,高级法院加大岗位培训力度,对全省法院干警进行大规模培训,要求全员参加,每个法院干部1年至少参加3次培训,培训内容"因岗而异"、"因人而异","分岗分类",形成"多渠道、多类型、多形式"的培训模式,受训者各得其所,学到了与其实际工作相关的新知识,得到了提高。

在培训过程中,请来最高法院和高级法院领导、知名高等院校法学院院长、博导、教授为学员们讲课,授课教师有深厚的法学理论功底或丰富的审判实践经验,很受学员欢迎。根据《法官培训条例》、《海南省法官培训办法》和《关于切实加强培训考核的通知》,对参加培训的不同类型的学员,规定了不同的考核办法:对全省基层法院院长培训班和高级法官晋级资格培训班的学员,采取"撰写论文"的考核办法;对法官续职资格培训班的学员,采取"撰写案例分析"的考核办法;对书记员培训班的学员,采取"听打电脑录入和笔录"的考核办法。

2000年前,法律业大海南分校先后举办刑事、民事、经济、行政、知识产权、少数民族干部、军队转业干部和书记员等各类岗位培训50多期,受训人数近5000人次。2001年,全省法院举办各类岗位培训达88期,受训人数4987人次;2002年举办培训101期,受训人数5436人次;2003年举办18期,受训人数2360人次;2004年举办103期,受训人数5150人次;2005年举办39期,受训人数13035人次;2006年举办223期,受训人数6960人次;2007年举办39期,受训人数4910人次;2008年举办38期,受训人数4810人次;2009年举办50期,受训人数5850人次;2010年举办113期,受训人数8494人次。

4. 司法考试培训

2006年,高级法院开始举办司法考试培训班,每期时间约3个月,采取集中授课、分散学习、强化班集中的方式进行,当年298名干警参加培训,通过司法考试41名;2007年308名干警参加培训,通过司法考试69名;2008年283名干警参加培训,通过司法考试70名;2009年291名干警参加培训,通过司法考试73名,2010年136名干警参加培训,通过司法考试54人,全省法院五年来通过司考人数增加到308人,有效缓解了法官断层问题。

5. 司法能力培训

自2004年起,高级法院以庭审和裁判文书的培训、考核为突破口,加强审判队伍司法能力建设,连续3年组织庭审培训232场,受训6960人次,考核了232名审判长以上法官,考核内容包括驾驭庭审的能力和制作裁判文书的能力,按8:2的比例计算总分;培训成效显著,受到省人大代表和政协委员的高度评价,最高法院政治部为此在2004年12

月的《政工通讯》上，向全国推广了海南法院庭审培训的经验。2007 年，高级法院以法律适用能力为重点，采取学员发言、分组讨论、专家点评的形式举办了两期典型案例研讨班，将研讨成果在《特区法坛》发表，扩大培训面。

2008 - 2010 年，高级法院连续开展以资深法官为教官、就地开示范庭、庭审观摩点评、当庭确证试点、上级法院对下级法院对口包点指导等方式进行的提高司法能力的培训，开展“百万案件评查”活动，将培训寓于审判工作中，随时发现问题，随时指导纠正，与之前集中授课式的培训相比，形式更生动，成效更明显，提高了年轻法官动手操作的能力。

6. 出国出境培训

2006 年 11 - 12 月间，高级法院副院长张光琼（前排右三）率团赴欧洲考察法院管理等项目。

高级法院还有计划、有目的地组织输送省内法官出境、出国培训交流，扩大视野，以适应日益发展的审判工作需要。（详见第十三章“司法交流”部分）

（四）高学历教育

1998 - 1999 年，全国法律业大海南分校与中国政法大学联合举办研究生班，培养出 31 名法律研究生；输送 80 名干警到中国高级法官培训中心和国家法官学院举办的研究生班学习，均取得研究生学历。2004 - 2010 年，高级法院推荐了各级法院 180 名审判人员到海南大学攻读在职法律硕士学位；2008 年推荐 3 人到香港城市大学攻读法律硕士学位。

2008 年 12 月，坐落在三亚市凤凰路、占地面积 40 亩、建筑面积 3 万平方米的高级法院法官进修学院(国家法官学院海南分院)成立。全省法官年度专项培训、司法警察技能专项培训、书记员业务专项培训、司法辅助人员业务技能进修培训、人民陪审员法律业务培训、新法律法规的适用培训均在此进行。海南法院第一次有了集现代化教学手段、现代化网络设备为一体的多媒体、多功能、大规模培训基地,实现了司法培训条件全面升级和质的飞跃。国家法官学院海南分院的成立,对于提高全省法院教育培训工作水平和法官队伍的整体素质具有积极意义。

国家法官学院海南分院。

五、法院工作人员的管理

(一)初任法官资格考试

1995 年,高级法院庆祝《法官法》正式施行。

1995 年《法官法》实施，海南省首次任命法官。

1992 年，最高法院决定在海南法院试点实施《法官条例》和法官资格考试，省委和高级法院先后成立了试点领导小组和考试工作领导小组。1993 年，全省法院 1333 人参加初任审判员、助理审判员试点考试，其中 1242 人取得法官资格；1995 年，全省法院 305 人参加初任审判员、助理审判员全国统考，其中 187 人取得法官资格；1997 年底，全省法院 211 人参加初任审判员、助理审判员全国统考。自 2002 年起，国家实行统一的司法考试制度，司法资格成为选任法官的必要条件之一。

（二）人员分类管理

2002 年，最高法院发布《关于法官队伍职业化建设的若干意见》，提出法官职业化目标，要求推进法官职业化建设，逐步实现法院工作人员的分类管理。法院工作人员分类管理是实现法官职业化的重要内容，主要包括确定法官名额比例、试行法官助理制度、对书记员实行聘任制和单独序列管理以及法院工作人员的职能分类等。

1. 确定法官员额比例

2003 年，高级法院在充分征求意见的基础上，对中、基层法院和海事法院各类人员的编制数额进行审核，确定了中、基层法院法官、书记员、司法警察、行政人员的编制比例。

2. 聘任制书记员制度

2003 年 10 月 20 日，中共中央组织部、人事部、最高法院联合下发《人民法院书记员管理办法（试行）》，明确对新招收书记员实行单独序列、聘任制和合同管理，聘任制书记员不再具有国家工作人员身份。全省法院先后招录了三批聘任制书记员。之后，书记员作为审判辅助人员与法院其他岗位需要的人员一起招录。

3. 试行法官助理制度

2005 年,根据《最高人民法院关于在部分地方人民法院开展法官助理试点工作的意见》,高级法院成为最高法院确定的全国高级法院法官助理试点单位。由于该法官助理制度所涉相关政策不配套,处于试行探索阶段。

4. 法院人员职能分类

根据最高法院《关于加强法官队伍职业化建设的若干意见》,在试行聘任制书记员制度和法官助理制度之后,2007 年 10 月,高级法院出台《海南省高级人民法院法官、法官助理、书记员分类管理的若干规定(试行)》,明确法院各类审判业务人员的选任条件、选任途径、选任程序、职务级别晋升等方面内容,规范法官、法官助理、书记员的分类管理,解决不同类型人员的"进口"问题和职务、级别晋升的问题。人员交流方面,法官助理、书记员通过国家司法考试,符合法官任职资格条件并参加国家法官学院任前培训结业后,经考核合格可选任为法官。在各业务庭之间交流。司法警察实行单独序列管理,人员流动相对较少。司法行政人员在司法行政后勤部门流动和交流。2008 年,依照法院人员"参照公务员管理"和"政事分开"的原则,高级法院党组研究决定并经省编委批准,撤销了诉讼技术委托中心、法学实务研究所、法院干部培训中心等自收自支机构,妥善安置了聘用人员,转岗安排了调入人员,将政、事分离,理顺了行政管理和事业管理的人事关系,推行后期服务社会化和聘用人员派遣制,实现了平稳过渡。

六、干部选拔任用

为建立公开、平等、竞争、择优的选人用人机制,高级法院严格按照《干部任用条例》和《法官法》的要求,开展干部选拔任用工作。一般干部的选拔任用,采取民主推荐、组织考察、党组讨论决定、公示等程序;中层领导干部的选拔任用,自 1997 年 11 月起实行竞争上岗(除任职条件有特殊要求外),由党组研究制定选拔任用方案、报名及资格审查、统一考试、民主测评、确定考察对象、组织考察、党组讨论决定以及公示、试用等程序。2000 年,高级法院通过竞争上岗选拔任用县、处级干部 6 人;2001 年选拔任用 4 人,2003 年选拔任用 5 人,2005 年选拔任用 10 人,2006 年选拔任用 11 人,2009 年选拔任用 25 人,2010 年选拔任用 20 人。

为准确把握干部选拔任用条件,认真执行干部选拔任用程序,高级法院先后制订了《党组议事规则》、《政治部议事规则》、《海南省高级人民法院干部人事管理暂行办法》、《海南省高级人民法院助理审判员晋升审判员办法》、《海南省高级人民法院助理调研员晋升调研员办法》等干部任免制度。2008 – 2010 年,高级法院先后开展了大规模"制度检查落实年"活动,对高级法院既有的 224 项规章制度进行"废、改、立",修改了《党组议事规则》、《政治部议事规则》,制订了《机关庭室部门领导竞争上岗实施方案》、《机关晋升处级非领导职务工作实施方案》、《中共海南省高级人民法院党组会议讨论任用干部投票表决办法(试行)》等重要人事制度,对干部考核、晋升的条件和程序、党组票决办法等作出相应规定，使干部人事工作进一步走向制度化、规范化。在干部选拔工作中，公开岗位、公开资格条件、公开报名、公开竞争，公开笔试、面试成绩和得票数；抓好考试、演讲答辩、考核、民主测评等环节，使被选拔干部充分显示其业绩成效和业务才干，脱颖而出；充分做到公正、公平，实现职位和人才的优化组合。

2010 年 10 月 15 日，董治良视察中层干部竞岗考试笔试现场。

七、审判长选任

2000 年，高级法院根据《人民法院改革五年纲要》，颁布《海南省法院审判长选任暂行规定》、《海南省基层人民法院独任审判员选任暂行规定》，统一核定了全省各法院的审判长配备数额，统一组织选拔考试，通过严格考试、庭审观摩、案件评查、综合素质考察和民主测评等程序公开选拔，按照德才兼备、人尽其才的原则，切实把法律专业水平较高、思想品德较好、工作作风扎实的优秀法官选拔到审判长岗位上来，全省各级法院共选任审判长 159 名，独任审判员 102 名。

八、岗位交流和挂职锻炼

（一）岗位交流

建立和实行干部交流制度，是培养锻炼干部，优化领导班子结构，提高领导干部素质和能力的重要途径。2001 年机构改革期间，高级法院对 125 名干部进行了岗位调整，其中有 13 名中层领导干部。

自 2006 年 8 月中央组织部关于《党政领导干部交流工作规定》实施至 2009 年 6 月，全省法院交流领导干部 191 人。从交流原因看：因工作需要交流 160 人，因锻炼提高领导能力 15 人（新提拔担任院长易地交流 5 人，其他 10 人），因在同一法院或同一职位工作时间较长交流 14 人（未满 10 年 8 人，10 年以上 6 人），其他原因交流 2 人；从交流范围看：在本院内设机构之间交流 116 人，在法院和其他部门之间交流 18 人，在同级法院之间交流 8 人，在上下级法院之间交流 42 人，其他交流 7 人；从职务看：院长 14 人，副院长 20 人，其他党组成员 9 人，本院内设机构领导干部 148 人；从职级看：正厅级 4 人，副厅级 2 人，正处级 26 人，副处级 29 人，正科级 50 人，副科级 57 人，科员以下 23 人；从性别看：男 168 人，女 23 人；从年龄看：35 岁以下 2 人，36－45 岁 106 人，46－55 岁 76 人，56 岁以上 7 人；从学历看：博士 4 人，硕士 25 人，本科 127 人，大专 33 人，其他 2 人；从专业结构看：法律专业 166 人，其他专业 25 人；从政治面貌看：中共党员 179 人，民主党派 2 人，无党派 10 人。

（二）干部挂职锻炼

为落实省委、最高法院关于人才发展的战略，全省法院采取干部挂职锻炼的方式，加强对年轻干部的培养锻炼。2007 年，高级法院制定了《关于干部挂职锻炼的实施意见》等相关规定，明确了干部挂职的对象、条件、程序、管理，积极推进法院干部挂职锻炼工作。2008 年，高级法院选派 9 名年轻法官下基层挂职任副院长，基层法院推荐 11 名年轻法官到高级法院挂职。2009 年，高院中层领导干部竞争上岗，在高级法院下派挂职的 9 名年轻法官在竞争上岗中有 3 名获任中层副职领导，4 名晋升副处级职务。同年，高级法院又下派 4 名年轻干部到基层法院挂职，接受基层法院 3 名年轻法官到高级法院挂职。高级法院还与对口帮扶的新疆塔城中院互派年轻法官挂职锻炼。2010 年高级法院又下派 3 名年轻干部到基层法院挂职，接受基层法院 8 名年轻法官到高级法院挂职。通过挂职锻炼，使年轻法官丰富了阅历，积累了基层和机关工作经验，增强了学习意识、服务意识、大局意识、提高了综合能力。

考虑到新录用人员普遍缺乏基层工作经历和审判工作经验，2009 年，高级法院在澄迈法院老城法庭、琼海法院塔洋法庭、万宁法院兴隆法庭、陵水法院新村法庭、三亚城郊法院天涯法庭等 5 个派出法庭建立“高级法院年轻干部培训基地”，于当年派出 2 批共 12 名年轻干部到人民法庭称职锻炼；2010 年，高院机关又派出 2 批共 13 名年轻干部到人民法庭挂职锻炼。

王胜俊视察年轻干部培训基地陵水法院新村法庭时与干警合影留念。

（三）考核

2010 年 12 月，高级法院制定《岗位目标管理考核办法（试行）》。在院党组领导下，岗位目标管理考核委员会下设审判业务、审判综合和行政后勤三个考核组，各考核组在其管辖的部门设立考核小组，部门负责人任小组长。首先进行分级考核，即由三个考核组分别对审判业务、审判综合和行政后勤各部门的工作及其负责人进行考核，再由考核小组对本部门人员进行考核。在分级考核的同时进行分类考核，即根据不同的工作岗位、工作性质和工作职责分类考核：审判业务部门按法官、法官助理、书记员分类考核，审判综合和行政后勤部门按公务员、事业工勤人员岗位目标职责分类考核，考核结果作为奖惩、培训、升任、免职、降职、辞退以及调整等级和工资的依据。

九、人民陪审员

根据十届全国人大常委会《关于完善人民陪审员制度的决定》，最高法院、司法部《关于人民陪审员选任、培训、考核工作的实施意见》，最高法院《关于人民陪审员管理办法（试行）》，2005 年 1 月，高级法院会同司法厅制定了《关于人民陪审员选任工作方案》，首次在全省大规模选任人民陪审员。全省 22 个基层法院利用公告栏、电视台、广播电台、报纸、向社会公告人民陪审员的名额、条件、推荐（申请）期限、程序，收到单位、基层组织推荐或者个人申请的材料 667 份，各级法院与同级司法局对被推荐人或申请人进行审查、考察，确定人民陪审员的人选并报当地人大任命，共选任人民陪审员 238 名，其中，研究生以上学历 5 人，大学本科学历 117 人，大专学历 116 人；公务员 108 人，科技人员 5 人，医务人员 11 人，教育工作者 33 人，企业人员 44 人，社会团体成员 37 人；城市居民 185 人，农村居民 53 人；妇女 71 人；少数民族 29 人。在 238 名人民陪审员中，龙华区法院 20 名，占该院法官总数的 31%；美兰区法院 17 名，占该院法官总数的 26%；秀英区法院 17 名,占该院法官总数的 35%;琼山区法院 17 名,占该院法官总数的 28%;城郊法院 20 名,占该院法官总数的 34%;洋浦法院 3 名,占该院法官总数的 60%;琼海、文昌、万宁、儋州法院各 12 名,分别占 4 家法院法官总数的 30%、32%、25%、16%;东方、乐东、澄迈、陵水、临高、昌江、屯昌、定安、五指山、琼中、白沙、保亭法院各 8 名,分别占 12 家法院法官总数的 22%、21%、25%、24%、22%、25%、24%、25%、40%、20%、33%、30%。

之后,高级法院于 2005 年 4 月举办了两期人民陪审员培训班,238 名人民陪审员参加了培训。培训内容为人民陪审员履行职责所必备的审判业务知识和技能,包括法官职业道德、审判纪律、司法礼仪、法律基础知识等,使用教材是最高法院政治部和国家法官学院组织编写的《人民陪审员培训教材》;向学员印制发放《人民陪审员工作手册》,在《手册》中建立了人民陪审员任职培训、年度绩效考核登记等制度,将人民陪审员出勤、陪审能力、审判纪律、廉政自律情况纳入岗位责任制考核指标;经过培训,获任的 238 名人民陪审员掌握了基本的法律知识和审判技能,司法水平和司法能力达到了预期目标,于 2005 年 5 月 1 日正式上岗。

各基层法院根据其工作情况和人民陪审员的数量,由立案庭统一排期,采取随机抽签方式选取人民陪审员参与审判活动。2005 年,人民陪审员参与审理各类案件 1589 件;2006 年,人民陪审员参与审理各类案件 3269 件;2008 年,人民陪审员参与审理各类案件 5464 件,参与申诉、执行听证案件 84 件,参与重大执行活动 21 次;2009 年,人民陪审员参与审理各类案件 6402 件,参与申诉、执行听证案件 85 件,参与重大执行活动 24 次。

2010 年,根据最高法院《关于人民陪审员增选工作的通知》,全省开展 5 年一次的基层法院人民陪审员换届工作。高级法院政治部经过调研,根据各基层法院管辖的地域面积、人口数量、民族状况、法官名额、案件数量及特点等因素,核定全省人民陪审员名额,对人民陪审员换届和选任的条件、程序等做出具体规定;各中、基层法院也成立了相应机构,广泛利用报纸、广播电视、网络等媒体进行宣传,共发布为期 1 个月的选任公告 6600 份,接受报名 511 人,经资格审查、集中培训和考试,符合条件 442 人,后提请人大常委会任命 406 人。这 406 名人民陪审员中,中共党员 322 名,占 79.3%;男性 235 名,占 57.9%,女性 171 名,占 42.1%;本科以上学历 215 名(研究生 6 名),占 53%,大专 166 名,占 40.9%,高中 25 名,占 6.1%;党政机关人员 141 名,占 34.7%,工、青、妇、科研院校等群众团体工作人员以及各行业协会成员 148 名,占 36.5%,离退休人员、农民工等其他人员 117 名,占 28.8%;30 岁以下 131 名,占 32.3%;31－40 岁 141 名,占 34.7%;41－50 岁 105 名,占 25.9%;51 岁以上 29 名,占 7.1%。各基层法院建立起人民陪审员信息库,将已被推荐尚未获任和被陆续合理推荐的人员录入信息库,提前做好考察工作,加强沟通联络,一旦需要,能及时补选。

截至 2010 年底,全省 22 个基层法院为人民陪审员统一定制了工作服,规范了庭审着装和礼仪;人民陪审员参与庭审活动的经费,均列入地方财政预算,由地方财政部门专项拨款。

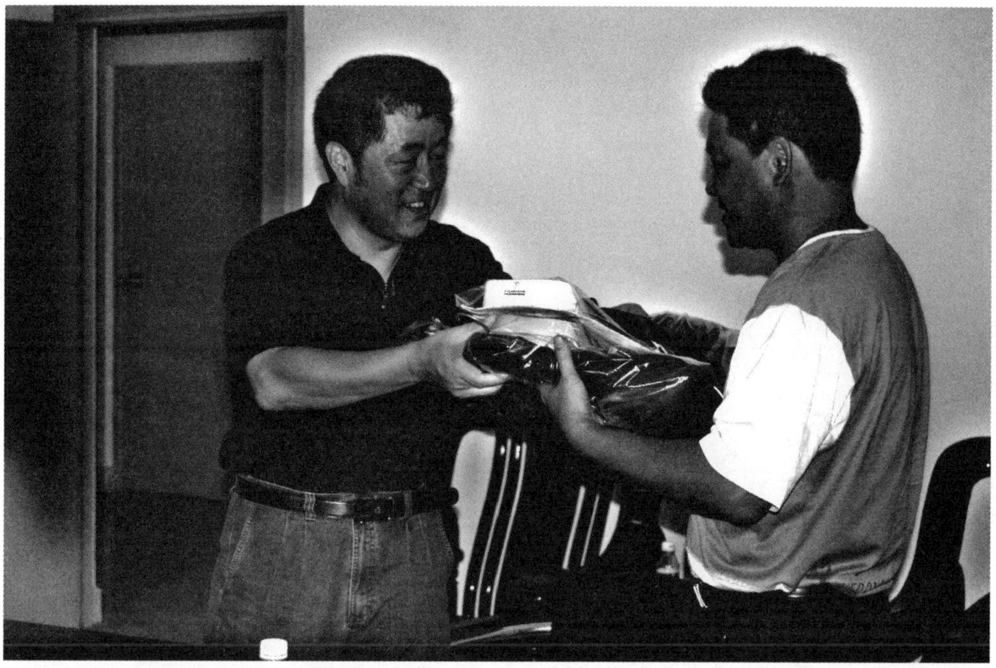

2010年，儋州法院为人民陪审员发放工作服，左为儋州法院院长张一敏。

第三节　历年受表彰机构、人员及主要先进事迹

一、历年受表彰机构

1990－2010年，全省法院共有266个次集体荣获最高法院、中央和省直以上机关表彰。

1990年，全省法院1个单位受省直机关表彰，高级法院1个先进集体受省直机关年度嘉奖。1991年，全省法院1个集体受省直机关表彰，3个集体获高级法院记集体三等功，33个集体被评为先进集体。1992年，全省法院1个单位受省直机关表彰，高级法院4个部门被评为机关年度先进集体。1993年，全省法院1个集体受省直机关表彰，3个集体获高级法院记集体三等功，27个集体被评为先进集体。1994年，全省法院2个集体获高级法院记集体二等功，高级法院4个部门被评为机关年度先进集体。

1994 年,高级法院授予刑事审判庭“严打”先进集体称号和集体二等功。

1995 年,新华区法院获最高法院记集体一等功。1996 年 6 月,中央组织部授予琼山市法院党支部“全国先进基层党组织”称号;全省法院 1 个单位受最高法院表彰。1998 年,最高法院授予高级法院刑事审判第一庭“全国法院优秀审判庭”;白沙法院、乐东法院刑事审判庭获全省法院系统集体三等功。1999 年,中宣部、全国人大内司委、团中央、教育部、司法部授予城郊法院少年法庭“全国未成年人保护工作先进集体”;最高法院授予新华区法院“全国法院模范集体”,给儋州法院记集体一等功,授予高级法院“全国法院档案管理一级单位”。2000 年,最高法院、团中央命名城郊法院、新华区法院为“全国法院系统青少年维权岗”;最高法院授予新华区法院“全国法院系统人民满意的好法院”。2001 年,最高法院、团中央授予文昌法院、昌江法院“全国法院系统优秀青少年维权岗”;最高法院授予高级法院“全国法院普通密码管理一级单位”;省创建青年文明号活动组委会授予海口中院书记官处“海南省青年文明号”。2002 年,团中央授予海口中院书记官处“全国青年文明号”;

最高法院授予海事法院和昌江法院“全国法院系统人民满意的好法院”,授予海口中院法警支队“人民满意的法警队”,授予昌江法院、定安法院“全国法院系统指导人民调解工作先进法院”,授予城郊法院崖城法庭、白沙法院七坊法庭“全国法院系统指导人民调解工作先进法庭”。

2003 年,团中央授予海南中院立案庭“全国青年文明号”;全国妇联授予海口中院书记官处“全国巾帼文明岗”;最高法院授予海南中院、海口中院“全国法院调研工作先进集体”,授予昌江法院“全国模范法院”;中央政法委、中央社会治安综合治理委员会授予海南中院刑事审判第一庭“全国‘严打’整治斗争先进集体”。2004 年,最高法院、司法部授予琼海法院塔洋法庭“人民调解工作模范人民法庭”称号;省创建青年文明号活动组委会授予澄迈法院老城法庭“海南省青年文明号”；最高法院授予澄迈法院执行庭“人民法院执行工作先进集体”，授予海口中院行政审判庭“人民法院行政审判工作先进集体”，授予高级法院“全国法院财务管理工作先进单位”和“全国法院信息化建设工作先进单位”，授予昌江法院“全国少年法庭先进集体”。2005年，团中央授予澄迈法院老城法庭“全国青年文明号”；最高法院授予高级法院纪检监察室“全国法院纪检监察工作先进集体”；最高法院、中央人民广播电视台授予琼海法院塔洋法庭“2004中国十佳人民法庭评选‘金天平’奖”；最高法院授予海南中院政治部“全国法院政治工作先进集体”，授予琼海法院塔洋法庭“全国优秀人民法庭”；最高法院、团中央授予澄迈法院老城法庭、海南中院立案庭、海口中院书记官处“全国青年文明号”；省创建青年文明号活动组委会授予澄迈法院永发法庭、白沙法院执行庭、三亚中院立案庭、美兰区法院书记官室“海南省青年文明号”；省社会治安综合治理委员会和人事劳动保障厅联合授予琼山区法院“社会治安综合治理先进单位”。2006年，全国维护妇女儿童权益协调组授予龙华区法院民事审判第一庭“全国维护妇女儿童权益贡献奖”；最高法院授予白沙法院“全国优秀法院”，授予高级法院法官培训处“全国法院教育培训工作先进集体”称号；省创建青年文明号活动组委会授予儋州法院东城法庭、保亭法院立案庭、琼中法院立案庭、白沙法院七坊法庭、屯昌法院南吕法庭“海南省青年文明号”。2007年，全国创先争优活动领导小组授予海口中院书记官处“2006年度全国学习型先进班组”；根据最高法院《关于表彰全国法院知识产权优秀裁判文书评选活动获奖个人和集体的决定》，高级法院(2006)琼民二终字第29号民事判决书获三等奖，海口中院(2005)海中法民三初第1号民事判决书获鼓励奖；最高法院、团中央授予海南中院立案庭、海口中院书记官处、澄迈法院老城法庭“2006年度法院系统全国青年文明号”；最高法院授予高级法院刑事审判第二庭“全国刑事审判先进集体”，授予海口中院民事审判第三庭“审理企业破产案件工作先进集体”，授予海口中院民事审判第二庭“全国法院民商审判工作先进集体”；最高法院、司法部授予琼山区法院三门坡法庭“全国法院指导人民调解工作先进集体”；最高法院授予美兰区法院、文昌法院“全国法院人民陪审员工作先进单位”；2007年11月，最高法院机关服务局、全国法院机关后勤服务协作组授予高级法院机关服务中心“2007年度全国法院机关后勤工作先进集体”；最高法院授予高级法院立案庭、海口中院立案庭“全国法院涉诉信访工作先进集体”。

2008年，最高法院授予琼海法院“全国优秀法院”，授予高级法院刑事审判庭、海口中院刑事审判第一庭“全国法院刑事审判工作先进集体”，授予白沙法院“全国模范法院”，授予高级法院民事审判第二庭“全国法院知识产权审判工作先进集体”；最高法院、共青团中央授予海口中院立案庭、海口中院书记官处、澄迈法院老城法庭“2007年度法院系统全国青年文明号”；最高法院授予高级法院民事审判第一庭“全国法院民事审判工作先进集体”；中央社会治安综合治理委员会办公室授予文昌法院“全国核查纠正监外执行罪犯脱管漏管专项行动先进集体”；最高法院授予高级法院法警总队“全国法院司法警察工作先进集体”，授予海南中院审判监督庭“全国法院审判监督工作先进集体”，授予海南中院“全国法院调研工作先进集体”,授予琼中法院执行庭“全国法院执行工作先进集体”,授予海口中院纪检监察室“全国法院纪检监察工作先进集体”;省创建青年文明号活动组委会授予陵水法院新村法庭“海南省青年文明号”。2009 年,全国妇联授予琼中法院“全国巾帼文明岗”称号;中宣部、司法部、全国普法办授予高级法院“全国‘五五’普法中期先进集体”;中央政法委、解放军总政治部授予美兰区法院“维护国防利益和军人军属合法权益工作先进单位”;省人事劳动保障厅、社会治安综合治理委员会联合授予高级法院刑事审判第一庭“2007－2008 年度省社会治安综合治理先进集体”;高级法院授予刑事审判第一庭“全省法院党风廉政建设先进集体”。2010 年,最高法院授予白沙法院“全国法院文化建设示范单位”;全国妇联、全国维护妇女儿童权益暨平安家庭创建协调组授予高级法院“全国维护妇女儿童权益先进集体”;中央政法委、最高法院授予文昌法院“全国集中清理执行积案活动先进集体”;最高法院授予秀英区法院“全国优秀法院”;高级法院分别授予昌江县法院、文昌市法院、秀英区法院“全省优秀法院”;高级法院立案审判第二庭等 9 个集体为先进集体二等功;高级法院授予刑事审判第二庭“全省法院党风廉政建设先进集体”。

二、先进集体事例

先进集体一:“全国优秀法院”琼海法院

琼海法院位于红色娘子军的故乡、美丽富饶的万泉河畔,辖区内有 12 个乡镇和 6 个国营农场,管辖面积 1810 平方公里,总人口 47 万。该法院以“公正与效率”为工作主题,创新工作思路和方法,抓管理,抓规范,司法公开、文化建设等各项工作均走在前列,受到了上级法院和市委的高度肯定。在海南中院的考核中,2006－2007 年位居辖区 16 个法院前茅,2008 年被最高法院评为“优秀法院”,被高级法院评为“全省法院系统优秀法院”,6 个业务部门被高级法院评为“先进集体”,法院干警受省、市表彰 22 人次;2009 年,被最高法院评为“全国法院文化建设示范单位”,2010 年,被最高法院评为“全国司法公开示范法院”;该法院派出的塔洋法庭于 2004 年获最高法院、司法部授予“人民调解工作模范人民法庭”称号,2005 年,获最高法院、中央人民广播电视台授予“2004 中国十佳人民法庭评选‘金天平’奖”,获最高法院授予“全国优秀人民法庭”称号。

一、以和谐社会为目标,争创一流的审判业绩

琼海法院按照构建和谐社会的要求,积极采取“调”、“协”、“和”等措施平息矛盾,解决纠纷。2007－2008 年,年度结案率均达 99% 以上,审判工作实现了结案率高、执结率高、调解率高、和解率高和上诉率低、上诉改判率低、发回重审率低、上访缠诉率低。

1. 抓调解,化解民商纠纷。坚持做到每案必调,把调解工作贯穿案件审理的全过程。立案调、送达调、庭前调、庭后调,以真心、诚心、耐心的工作态度做好调解工作。探索出了行之有效的冷处理调解法、换位思考调解法等“调解七法”。2007 年,一次性成功调解了具有较大影响的64件同类型银行职工借款合同纠纷案件和1件近九旬老妪追索赡养费纠纷案件。

2.抓协调,化解行政争议。为化解行政机关在行政执法过程中产生的行政纠纷,法院通过沟通、协调方式促其自行纠错,化解行政争议。琼海公共汽车公司诉琼海市交通规费征稽所违法征收交通规费一案,经过法官主持沟通协调,双方自愿达成协议,征稽所退还多征收的公路建设基金22.68万元。

3.抓和解,化解"执行难"。推行"人性化执行"理念,维护民族和谐。苗族当事人盘德轩与大甲农场土地侵权纠纷一案,考虑到争议地上种植的槟榔是盘家生活的主要来源,法院未简单强制执行,通过多方斡旋,多次做工作,使双方达成执行和解,有效地维护了各方利益。为解决好交通肇事赔偿等四类"刑附民"案件,法院经多方协调,设立执行困难群众救助基金10万元,化解社会矛盾。

4.抓"三农",促进农村和谐。随着博鳌亚洲论坛的世界影响逐渐扩大,外来客商到琼海进行热带农产品交易逐年增加,反季节瓜菜已成为琼海农村经济发展的支柱产业。为更好地服务于琼海农村经济发展,法院积极推广夜间法庭、假日法庭、田间法庭、果园法庭,不收诉讼费用,快速以非诉方式解决纠纷,有效保护了外来投资者和本地瓜菜农的合法权益。2008年,琼海法院曾仅用1个小时即顺利调结1件经销合同纠纷案,来自广东的原告避免了来回奔波诉讼之苦,被告既避免了财产被查封,又减轻了利息负担。此种做法,为瓜菜农挽回了经济损失,促进了农村和谐稳定,得到了高级法院的充分肯定并在全省法院推广。

二、以绩效管理为载体,建立一流的管理制度

自2006年起,琼海法院实行科学化、规范化管理,不断提高审判质量和效率。

1.规范流程管理,审判流程管理取得较大进展。针对审判流程管理不规范的弊端,及时制定《审判流程管理制度》,以统一立案、排期开庭和审限跟踪为核心,对案件实行从立案、审理到执行的全程跟踪管理。建立审限预警制度和告诫制度,强化审限意识,杜绝案件超审限;全力推进网络办案系统工程,实行网上立案、网上分案、网上审批;审判流程管理制度的实施,使每年的结案率达到99%以上,案件执结率达到90%以上,案件审限内结案率达100%,案件办案周期平均缩短至23天以下。

2.规范质量管理,案件质量评查取得较大起色。一是完善《案件质量评查办法》,抽调专门人员组成检查组进行质量评查,一案一表,对发回重审、改判、申诉案件逐案评查分析,评查结果与表彰奖励、职务晋升挂钩。二是设置三条案件"检测线"跟踪案件质量:即对上诉案件和发回重审、改判的案件逐案进行评查分析,评查通报;对申诉、再审案件每季度进行一次评析,提出整改建议;对归档案件卷宗全面检查。三是开展"四大竞赛"、"五大检查"等业务竞赛,提高办案质量,抓好裁判文书的规范制作,每年开展评选优秀裁判文书活动。

3.规范考核管理,岗位目标考核取得较大成效。完善《目标管理考核办法》,把结案率、调解率、执结率等25项指标层层分解到部门和个人,层层签订责任状,实行年终考核,从德、能、勤、绩、廉等5个方面进行综合评定,量化打分,考核结果与评先评优挂钩,做到奖优罚劣、奖勤罚懒。《目标管理考核办法》实施后,全院人员工作的积极性、主动性大大增强,促进了审判工作健康发展。

三、以公正廉洁为抓手,建设一流法院队伍

琼海法院以"领导班子不出问题,案子不出问题,队伍建设不出问题"为目标,建设高素质的职业化队伍,为高质高效完成各项任务提供人才保证和智力支持。

1. 加强廉政建设,确保司法廉洁。完善《廉政说明制度》、《廉政提醒制度》、《廉政谈话制度》、《廉洁司法保证金制度》等15项制度,设置"高压线",从源头上预防腐败。通过组织法官宣誓、院长上廉政党课、邀请纪检部门领导进行廉政宣讲、在法院局域网上开辟廉政教育栏目、征集廉政文章、廉政格言及法律箴言、建立法官廉政档案、发放廉政监督卡、设置廉政举报电话、对新提拔的干部进行任前诫勉谈话、对干警进行廉政谈心、推行廉政监察员制度等形式,增强干警廉洁奉公的认同感,扎实推进廉政建设,树立人民法官清正廉洁的良好形象。

2. 加强业务培训,提高司法能力。以岗位培训、能力培训和学历培训为重点,坚持业务培训,提高法官适用法律的能力、驾驭庭审的能力和制作裁判文书的能力。安排专项经费,满足业务用书和业务培训的需要,选派法官分批前往国家法官学院进行系统研修,组织干警参加本科、研究生学历教育,本科以上学历的干警已占全院人员的85%以上。

3. 重视以人为本,注重解决干警实际问题。想方设法,积极主动帮助干部解决子女入学难的问题,多方筹措,帮助近60名干警以团购方式解决住房问题。

四、以"司法公开试点"为契机,强化司法公开

2010年,琼海法院被列为"全国司法公开试点法院"。院党组高度重视,精心组织,周密部署,严格执行《司法公开示范标准》,按照依法公开、及时公开、全面公开的原则,树立"以公开促公正,以公开促和谐"的审判理念,采取得力措施,全面落实司法公开工作。

1. 抓重点,抓落实,司法公开工作初显成效。从增强公开的透明性、针对性、实效性出发,细化岗位职责,制定防控措施,使司法程序、人员管理、岗位职责、法官言行、监督制约等环节有章可循,做到以制度管人,以制度管事,以制度管案,保障审判权、执行权和领导干部的权力规范有序运行。

在立案阶段,将立案标准、收费标准、司法救助标准、审判流程示意图公布上墙,让当事人一目了然,方便其参加诉讼;将释明诉讼风险、解答诉讼疑问等内容制作成便携式卡片发放,为群众了解相关诉讼情况提供方便;设立电子触摸屏,当事人可及时查询案件审理情况;完善诉讼指导制度,规定立案审查时必须做到:对于当事人起诉材料、手续不齐全的,一次性完整告知当事人应当提供的材料和手续,能够当场补齐的,指导当事人及时补齐;行政案件原告起诉的被告不适格的,明确告知原告予以变更;不符合立案条件的案件,及时说明进行诉讼指导;对当事人申诉的案件,实行公开听证;采取诉讼保全措施后,及时告知当事人其相关权利与义务;实行远程立案、电话立案、上门立案,方便当事人参加诉讼。将减缓免诉讼费的范围、对象、条件、程序和批准时限公开,对经济特别困难或者无民事行为能力、限制民事行为能力需要特殊保护的儿童和妇女，依法减、缓、免交诉讼费；对民事、行政案件中有充分理由证明自己合法权益受到侵害，但经济确有困难、符合司法救助条件的当事人依法实行减缴、缓缴或免缴诉讼费，使经济确有困难的当事人能够及时行使诉讼权利。

在审理阶段，由电脑自动排期，随机确定案件承办人和合议庭成员，通过电子显示屏、网站等形式公开承办案件的法官、合议庭成员、开庭时间、开庭地点等信息，以利当事人监督和群众旁听；应当公开审理的案件，一律公开审理，所有证据在法庭上公开举证、公开质证，公开率达到100%。

在执行阶段，将执行案件的立案标准、收费标准、执行风险、执行规范、执行程序等信息公布上墙，方便当事人了解。将查封、扣押、冻结、划拨等重大执行信息及时告知双方当事人，充分尊重当事人的司法知情权、参与权与监督权。

积极推行裁判文书上网制度，制订《裁判文书上网公布管理办法》，以公开促公正、以公正求公信，不断提升司法公信力。

公开判后释明听证程序，将判后释明听证的概念、申请判后释明听证的范围、判后释明听证的组织形式、当事人应提供的材料以及处理结果等内容，以书面方式告知当事人，方便当事人明白解惑。

2. 搭建“法院开放日”平台，让群众走近法院。增强透明度，增进群众对法院工作的了解，让群众亲身感受阳光司法：将“法院开放日”活动制度化，成立活动领导小组，提供组织保障，由院长担任领导小组组长，其他院领导担任副组长，政工室、审务办负责人为小组成员，领导小组下设办公室，负责“法院开放日”活动的具体工作；明确开放内容，即让参观者(1)参观立案大厅、接访大厅和审判庭，介绍案件从立案、审理到执行的程序，介绍法庭设置及功能；(2)观看专题宣传片、参观院史荣誉陈列室，介绍法院基本情况及宣讲该院先进事迹和先进人物；(3)参加旁听案件审理；(4)参观被告人羁押室；(5)参加法律知识讲座等普法活动；(6)了解法院组织体系、工作机构及职能；(7)与法官座谈，提出对法院工作的意见和建议；明确开放时间和参加人员，每年3月、5月、7月、9月、11月的第一个正常工作日为“法院开放日”；重大案件或社会关注的其他案件开庭或执行时，以及法院其他重大活动时，可适时增加开放时间。

3. 打造审务公开平台，满足公众知情权。在网站、媒体、其他信息平台公开重要审判工作会议、工作报告、专项报告等信息；建立与媒体及其主管部门的固定联络沟通机制，定期或不定期召开新闻发布会、通气会、座谈会或研讨会，及时向社会发布大案要案等信息，满足社会公众知情权，提高审判透明度，促进审判公正；公开投诉电话和网址，及时受理当事人和群众对法院干警违法审判、工作作风问题的投诉和举报；法院工作人员违反司法公开规定，损害当事人合法权益的，坚决依法查处。

五、以丰富多彩的文化建设推动法院科学发展

琼海法院坚持把文化建设摆在突出位置，用新的思维方式、新的有效载体营造先进的、浓厚的思想文化氛围，努力建设富有地域特色的法院文化并使之拓展到司法活动中，自觉为大局服务，为人民司法，不断开创法院工作的新格局。

1. 全面高效规划部署，确保文化建设不流于形式。一是高度重视，齐抓共建，2009年成立了文化建设领导小组，院长负责指挥统揽全局，政工室牵头抓，监察室、办公室、审务办等职能部门配合抓，工会、妇委会、青委会积极发挥作用，兼职工作人员达到11人；二是加大物质保障力度，拨出必要经费用于建设文化设施和开展文体活动；三是通过新闻媒体、法院内网、内部刊物等信息平台加强宣传力度，充分调动干警参与文化建设的积极性、主动性和创造性。

2. 活动丰富多样，推动文化建设迈上新台阶。一是塑造院魂，增强队伍凝聚力，将体现先进司法理念的"便民服务、公正司法"和"研法、修德、爱民、守正"确定为法院精神和院训；创办《万泉法苑》，设经验交流、理论研讨、法官文苑等版块，为干警打造法律文化交流、展现个人风采的园地。二是创立"法官导诉制度"，从2009年5月起，在审判综合大楼一楼大厅入口处设立导诉台，为前来诉讼的当事人和来访群众进行诉讼指导、法律释疑、引导其查询案件办理情况，帮助当事人解决在诉讼过程中遇到的实际困难；推行"院长接访日制度"，从2009年5月起，每周三上午为院领导接访日，由院长、副院长和审委会专职委员轮流接访；创立便民服务网络。三个派出法庭分别协助辖区行政村建立调解委员会，与辖区司法办、各调解委员会建立联动调解机制，使人民调解组织遍布辖区乡村、农场，形成覆盖面广、反应迅速的司法调解网络，发挥乡村基层组织熟悉乡情民意的优势，用最短时间把矛盾纠纷化解在基层、调处在萌芽状态；创立领导包点挂钩制度，39名法官、6名书记员及4名人民陪审员深入12个乡镇、4个农场分包179个村委会，将驻村法官的姓名、电话号码制成版面挂在村委会，群众足不出户就能享受到法律服务。三是加强制度建设，通过科学、精细的规章制度规范各项工作，约束干警行为，先后制定《值班法官行为规范》、《工作例会制度》、《新闻发布制度》等20项制度，落实原有规章制度，使案件质量管理工作有据可依。四是严格遵守《法官行为规范》，抓好司法礼仪建设，强化法官对公正裁判的角色感知，规范行为，塑造人民法官的形象。五是积极筹措资金，成立基建办，抓好基础设施建设，营造良好的审判环境和法院文化氛围，增强公众对法院的认同感和满意度；按照标准化、现代化、科技化的要求，设计建造塔洋法庭审判综合楼，该楼有标准的审判庭、立案室、信访接待室、调解室、庭史展厅、办公室，首层大厅LED显示屏滚动播放排期开庭公告等信息，网络办案系统已开通使用。

先进集体二："全国法院模范集体"新华区法院

海口市新华区法院（2002年10月更名为龙华区法院）位于海口市中心城区，辖区面积54平方公里，人口24万。该院以司法公正为中心，狠抓队伍建设，全面开展审判、执行等各项工作，取得优异成绩：1993年，被评为海口市文明单位，被高级法院评为全省法院系统先进集体，多次被评为海口市先进基层党组织、党风廉政建设先进单位和海口市社会治安综合治理先进单位，1995年，荣立全国法院集体一等功，1996年，被评为海南省文明单位和海口市文明标兵单位，1998 年，被评为海口市职业道德建设先进单位和新华区现代文明机关，1999 年，被最高法院授予“全国法院模范集体”称号。2000 年，被最高法院、团中央命名为“全国法院系统青少年维权岗”，被最高法院授予“全国法院系统人民满意的好法院”称号，2006 年荣立全省法院集体二等功。

一、抓好班子建设，规范决策程序

（一）狠抓领导班子建设。从建院起，该院就注重领导班子的规范化建设，加强民主化、科学化决策和管理，不搞“一言堂”，制订《院领导班子职责权限、决策程序的规定》等规章制度，班子分工明、职责清、凝聚力强，成为全院的核心。班子成员以身作则，自觉过好权力关、金钱关、人情关，模范执行审判纪律，形成了正气。

（二）加强对干警的素质教育。该院坚持开展“讲学习、讲政治、讲正气”活动，每周组织干警进行政治学习，提高其思想素质，在工作任务重、经费紧张的情况下，对干警进行岗位培训、岗位练兵，鼓励干警深造，给予时间和经费上的保证，培养他们学习的自觉性，年年进行考核干警，着力提高干警的执法水平和理论水平。

（三）建立和完善各项规章制度。将各项规章制度汇编成册发放到干警手中，实行岗位责任制，上下班坚持考勤，设立纪检监察室，建立干部廉政档案，聘请 12 名人大代表担任执法监督员，进行科学化管理。

（四）深化改革，引进公开、公平竞争的用人机制。对中层领导干部和部分审判员逐年分批进行岗位轮换，提高干部的综合管理能力和业务水平；试行“绩效评估、公开竞争上岗”，大胆提拔使用年轻干部，激发干警勤奋、敬业、向上的精神。

二、艰苦创业，抓好基本建设

建院初期，克服经费短缺、资金不足的困难，一手抓审判、一手抓基本建设，想方设法筹资，于 1993 年动工，至 1994 年建起了审判办公大楼和宿舍楼并装备了办公设施，其后，又筹资购买 1 幢宿舍楼，解决了干警的住房问题，营造了良好的工作环境。

三、坚持司法公正，严肃执法

（一）在审判工作中，坚持司法公正，强调审判质量和效率，结合审判改革，制订“审判规范化管理规定”、“案件督办制”等切实可行的措施；对院长、庭长监督审批的程序等作出明确规定，对即将超审限的案件挂牌警告，对超审限案件的责任人坚决处理。1999 年，严重超审限办案的一名审判人员受到了撤职处分，给干警敲响了警钟。经过整顿纪律，落实规章制度，案件得以及时审结，案件质量逐年提高。

（二）作为审判方式改革的试点法院，较早开展审判方式改革，进行有益探索，强调当庭举证、质证、认证，推行公开审判，曾获得全省庭审观摩比赛第一名；强化合议庭职责，逐步将民事、经济案件的审判权下放给优选合议庭，从 1998 年起，除法律规定由审委会讨论的案件外，案件审批权全部下放给合议庭或独任审判员，同时加强了院长、庭长对案件的指导和监督，审判方式改革走在了全省前列。此外，在全省率先成立小额债务巡回法庭，采取简易、快捷方式，审理小额债务纠纷案件，方便群众诉讼；在全省法院中较早成立少年法庭,推行“两条龙工作体系”,[①]卓有成效地开展青少年犯罪的预防、教育、挽救工作,受到最高法院嘉奖;1997 年被评为“海南省首届未成年人保护先进单位”。

(三)强化服务意识,把握大局,为党的中心工作服务:针对辖区社会治安状况,积极参与社会治安综合治理,开展“严打”斗争,从重从快打击涉枪、涉毒、两抢一盗等犯罪,震慑犯罪分子,维护社会稳定;发挥审判职能,为经济建设服务,在审理海南发展银行关闭清算组涉及的借贷案件、海南“房地产热”导致的大量房地产纠纷案件中,面对行为超前、法律滞后的状况,在上级法院指导下,努力探索审判新路子,开展卓有成效的审判工作,及时、妥善处理了大批纠纷案件;采取有力措施,加大执行力度,认真解决“执行难”问题,为特区建设和发展做出了贡献。

先进集体三:全国法院集体一等功单位儋州法院

儋州法院所在的儋州市属省辖县级市,面积 3300 平方公里,人口 83 万,是海南西部经济、文化、交通中心。儋州法院围绕党的中心工作,一手抓审判,一手抓党风廉政建设,维护社会稳定,服务经济建设,成绩突出,1996 年,被省委、省政府评为“严打”先进集体,荣立全省法院系统集体二等功;1997 年,被高级法院评为“97 法官形象年活动”先进集体;被省妇联评为“海南省妇女权益保障先进单位”;连续 2 年被评为先进党支部;1999 年荣立全国法院集体一等功。

一、建设一支强班子,带出一支硬队伍

(一)党组成员以身作则,率先垂范,树立“进取、拼搏、务实”的精神,凡是要求干警做到的,自己首先做到;坚持参加重大疑难案件的审理,参加重大案件的执行,组织庭审观摩;带头执行规章制度,遏制奢侈浪费,早上班,晚下班,加班加点工作,节假日主动值班坚守岗位;团结协作,密切配合,重大问题的决策坚持集体研究决定,不搞“一言堂”,党组决定的事不折不扣地执行;党组成员之间经常交心通气,自觉开展批评和自我批评,互相尊重、互相支持、互相监督、互相理解;廉洁自律,“管好自己的嘴,不该吃的不吃;管好自己的手,不该拿的不拿;管好自己的腿,不该去的地方不去”,发挥了党支部的坚强堡垒作用。

(二)用制度管人,用制度规范审判工作程序,实行《岗位目标责任制》,奖优罚劣,领导“一岗双责”,一手抓审判,一手抓党风廉政建设;选拔任用中层干部实行“绩效评估,竞争上岗”,对重点岗位进行轮岗、换岗,增强队伍活力;坚持“办一案,回头看”,对案件进行自查、互查、抽查、评查,发现问题及时查处,予以纠正;公开审判,公开审务活动,聘请人大代表、政协委员为执法监督员对法院执法执纪情况进行监督;高标准,严要求,提高了干警的政治素质,形成了爱岗敬业,为民服务的良好风气。原行政庭副庭长李汉儒几十年忘我工作,罹患肝癌后,忍受病痛折磨坚持办案,病情危重时仍牵挂着手头没办完

①“两条龙”工作体系是指审判工作与教育矫正少年犯相结合的工作方式,公检法司稳定增长部门为政法一条龙,工会、妇联、团委、教育局、宣传部门、就业安置部门为社会一条龙。

的案件，被追记个人一等功。曾荣立个人三等功的老法官林明相，同样抱病奉公，边化疗，边办案，兢兢业业，无私奉献。

二、以改革推动审判工作开展

自1993年开始审判方式改革，发挥庭审功能，增强庭审透明度，制定民事、经济案件一审庭审规则，实行"公开审判，当庭举证、当庭质证、当庭辩论、当庭调解、当庭宣判"；坚持院长、庭长主持开庭办案，其参与审理办结的案件，占全院结案数的64.9%；开展庭审观摩活动，提高审判员驾驭庭审的能力；加大合议庭的权责，使合议庭不只有审的权力，同时有判的权力，除重大疑难和合议庭意见不一致的案件外，法律文书由审判长签发；院长、庭长参加重大疑难案件的庭审或旁听开庭，与合议庭讨论案情，及时解决审判问题，使结案率大幅提高。

三、服务大局，严肃执法

一是围绕全市中心工作，严厉打击严重刑事犯罪和严重经济犯罪活动，严肃执法，维护社会稳定。1996年，该市盗抢机动车辆、盗窃耕牛现象十分严重，一度造成"车加两锁，人牛同窝"的怪现象，法院与公安、检察机关及时开展专项斗争，惩处罪犯，震慑犯罪，安定了人心。各类案件均在法定时限内快审快结，到案发地召开公判大会，扩大教育面，打防并举，走访各金融单位和厂矿企业，对企事业单位存在的内部管理措施松懈、防范思想麻痹、以及银行信贷管理中存在的问题提出司法建议，促进综合治理。二是强化服务意识，扩大服务领域，积极为企业排忧解难，为当地经济发展提供法律保障和服务。三鑫水泥厂300多万元货款未能收回，造成生产经营困难。该院及时组成合议庭，一个月内审结该厂起诉的24件案件，收回货款200多万元；针对银行、信用社发放贷款时手续不全、担保审查不细等问题，多次召开座谈会提出司法建议，组织巡回法庭协助银行、信用社清理超期呆滞贷款1千多万元。三是组织业务学习，不断提高干警的业务水平，对审结的各类案件进行检查评查，严把案件质量，实现司法公正。四是改善环境，文明执法。本着"为民、利民、便民"的宗旨，公布《告诉、申诉当事人须知》，公开《当事人缴纳案件受理费的计算方法》等16项制度，为群众的诉讼活动提供方便和指导；设立"院长接待处"，每周二为院长接待日，密切与群众的联系，及时解决群众反映的问题。审务公开，增强执法的公开性和透明度，促进公正裁判；立审分离、审执分离、审监分离，规范办案程序，严肃办案纪律，以群众满意为标准改进审判作风。五是整治院容院貌，栽花种草，美化、净化、硬化和亮化路面，建立荣誉室、图书资料室、法官活动中心、升旗台、灯光球场等文体活动场所，丰富干警的业余生活。良好的办公和生活环境增强了干警的凝聚力，树立了文明执法的形象，1997、1998连续两年被评为儋州市文明示范单位。

先进集体四：全国模范法院昌江法院

昌江法院所在的昌江黎族自治县是海南西部一个仅有23万人口，经济文化落后，交通不便，条件艰苦，以黎族为主的省级贫困县。在上级法院和县委的领导支持下，昌江法院以邓小平理论、"三个代表"重要思想和科学发展观为指导,围绕"公正与效率"主题,加强审判管理和队伍建设,为社会稳定发展服务,为广大黎族群众服务,各项工作年年跃上新台阶。2001 年被最高法院、共青团中央授予"全国法院系统优秀青少年维权岗",2002 年被最高法院授予"全国法院系统人民满意的好法院"称号,2003 年被最高法院授予"全国模范法院"称号,2004 年获得最高法院授予"全国少年法庭先进集体"表彰。

一、加强队伍建设 全面提高队伍建设

一是讲政治,建设过硬领导班子。注重理论学习,联系法院工作实际,不断提高党组的决策能力与决策的科学性;党组成员以身作则,处处起表率作用,团结奋进,经常谈心交心,"心往一处想,眼往一处看,劲往一处使",过好金钱、人情、权势关,不辱使命,秉公执法,工作到位,工作到位,在干警中威信高。

二是建设政治坚定、爱岗敬业的法官队伍。坚持每周五下午集体学习制度,联系法院工作性质、任务和特点,进行大局观念、服务宗旨、执业道德教育,开展向先进模范学习、"一教育三整顿"、"作风转变年"以及警示教育等活动,抓住身边的典型、事例和问题,有的放矢,增强教育的针对性和有效性;同时,努力为干警解决住房、家属子女上学、就业等问题;有力的思想政治工作,调动了法官工作的积极性。

三是把廉政建设作为队伍建设的第一要务来抓。建立《党风廉政责任制》、《干警业外行为监督管理办法》、《规范法官及其他工作人员与当事人、诉讼代理人关系奖惩若干规定》等 14 项党风廉政建设制度,大会小会反复强调,把"廉"字烙进干警脑海中,注重制度的落实和监督。

四是抓好教育,培养业务精通的法官队伍。经常举办专题培训班、研讨班,提升干警适用法律的能力和执法水平,解决审判实践中的难点问题,培养干警的法律逻辑思维能力;组织干警参加在职学习接受高学历教育,2004 年,40 岁以下法官全部达到法律本科学历。

二、发挥审判职能 为改革发展稳定服务

在审判和执行工作中,把握大局意识,从稳定社会出发,想方设法多做当事人的工作,调解矛盾,化解纠纷,追求办案的法律效果与社会效果统一。建设银行昌江支行与昌江县民贸公司借款合同纠纷一案,被执行人无履行还款能力,依法律规定完全可将已查封的民贸公司铺面拍卖抵债,考虑到强制拍卖将导致民贸公司几十名员工下岗,为此,组织双方多次协调,最终达成以民贸公司大楼顶层库房评估抵债的协议,既维护了申请人的合法权益,又避免了民贸公司员工失业。

增强服务意识,主动上门服务,走出院门利用早晚时间深入黎苗村寨巡回办案,农忙时节到田间地头开庭,开展普法活动。乌烈法庭到没有照明电的海尾镇大安村巡回办案,干警用摩托车灯光照明,审结 19 件案件;农民符成龙长期住在离家 60 多里远的坡地种植瓜菜,因拖欠债务被告上法庭,合议庭成员带着原告,顶着烈日奔走几十里山路到其辣椒地开庭,符成龙深受感动,当即与原告达成和解;在离法庭较远交通不便的 12 个村寨设立起诉箱,委托村委会代收群众起诉书,一旦群众起诉,即电话通知法庭,法庭 2 日内即派员前往审查起诉，符合条件的当即立案审理，使偏远村寨的群众纠纷起诉不出村寨。这一做法得到了高级法院的肯定，2010 年，全省基层法院推广了在边远山区村寨设立起诉箱的做法，效果良好。

认真抓好少年法庭工作，形成对青少年帮教的社会合力。为使少年犯罪帮教改造工作得到全社会重视，建议县委建立起了未成年刑事案件司法工作体系，形成公、检、法、司四家配套、有利于贯彻"教育为主惩罚为辅"原则的司法机制；与共青团县委和县教科局联合发出《关于教育、挽救失足青少年若干意见》，形成社会合力；选派了 4 名审判业务骨干到各中学任法制副校长，在各中学设立法制专栏和中学生法律咨询箱，主动占领学校这一预防未成年犯罪的阵地，控制未成年犯罪的源头。

三、围绕"公正与效率"不断强化审判管理

积极探索审判管理新路子，建立健全管理制度。形成卓有成就的司法管理机制，实现审判流程科学化、审判质量管理规范化、审判效率管理制度化、目标管理具体化、监督机制严密化。先进的管理理念和管理制度，使昌江法院充满生机和活力，有效地提高了审判质量和效率。自 1999 年起，案件受理数逐年上升，但结案率达 99.4%，当事人服判率为 97%，无错案和超审限案件，连年被评为海南一中院辖区目标管理先进单位。

三、历年受表彰人员

1991－2010 年，全省法院共有 466 人荣获最高法院、中央和省直以上机关表彰。

1991 年，全省法院 2 名干警记个人二等功、19 名干警记个人三等功、61 名干警被评为先进工作者。1992 年，全省法院 1 名干警受省直机关表彰；27 名干警被评为年度先进工作者。1993 年，全省法院 2 名干警记个人二等功、18 名干警记个人三等功、62 人被评为先进工作者。1994 年，全省法院 4 名干警记个人一等功、3 名干警记个人二等功、6 名干警记个人三等功、2 名干警受省直机关表彰。1995 年，最高法院授予琼山法院、昌江法院、海南中院各 1 名法官"全国法院模范"，全省 2 名干警获省政府授予"海南省先进工作者"。1996 年，最高法院追授高级法院经济庭助理审判员王永平"全国法院模范"，省委追授王永平"海南省优秀共产党员"。1997 年，团省委授予振东区法院 1 名法官"海南杰出青年卫士奖"；团中央等 14 个部门联合授予海南中院 1 名法官"全国青年杰出卫士奖"，团省委授予海南中院 1 名法官"海南杰出青年卫士奖"，省青年联合会、海南日报等单位授予海南中院 1 名法官"海南十佳青年"；全省法院 1 名干警受中央直属机关表彰；最高法院授予海口中院 1 名法官"全国法院模范"。1998 年，最高法院授予海南中院 1 名法官"全国法院青年法官标兵"、1 名法官"全国法院优秀法官"称号、授予琼山法院 1 名法官"全国优秀女法官"称号；振东区法院 1 名法官获全省法院系统个人三等功；海南中院、海口中院、振东区法院、昌江法院、定安法院、琼中法院、儋州法院、保亭法院、洋浦法院各有 1 名法官获"97 法官形象年"表彰并记个人三等功。1999 年，最高法院授予三亚中院 1 名法官"全国青年法官标兵"和"全国法院模范"称号，全省法院 3 名干警受最高法院表彰,团省委授予白沙法院1名法官"海南省优秀青年卫士"。

2000年,三亚中院1名法官获最高法院、人民日报、中央电视台联合评出的首届"全国十大人民法院满意的好法官"称号,最高法院授予海口中院2名法官"全国法院系统人民满意的好法官"称号,全省法院2名干警受最高法院部门表彰;省政府授予高级法院1名法官"海南省先进工作者";团省委等12部门授予儋州法院1名法官"海南省优秀青年卫士";团省委授予海口中院1名法官"海南省杰出青年卫士"。2001年,1名干警受中央直属机关表彰,1名干警受最高法院表彰;省委授予海口中院1名法官"海南省优秀共产党员";最高法院授予海南中院1名法官"全国法院'严打'整治斗争先进个人"、授予三亚城郊法院、万宁法院各1名法官"全国法院系统指导人民调解工作先进个人"、授予屯昌法院、海口中院各1名法官"全国法院系统人民满意的好法官"、授予海口中院1名司法警察"人民满意的司法警察"称号;省委、省政府为在"参加整顿琼山市公安队伍中成绩突出"的高级法院1名法官记个人二等功;团省委等13家单位授予高级法院1名法官"海南省杰出青年卫士";高级法院给1名法官记个人二等功、给海南中院1名法官记个人三等功。2003年,最高法院授予高级法院1名法官"全国'严打'整治斗争先进工作者",最高法院和省委分别授予海口中院刑一庭庭长陈援朝"全国模范法官"、"海南省优秀共产党员";高级法院给陈援朝记个人一等功,给本院1名法官记三等功。2004年,中央保密委、国家保密局授予高级法院1名干警"全国先进保密工作者",全国妇联授予海口中院1名法官"全国三八红旗手";全省法院1名干警受中央直属机关表彰,5名干警受最高法院表彰;最高法院授予儋州法院、三亚城郊法院各1名法官"人民法院行政审判工作先进个人"、龙华区法院1名法官"全国少年法庭先进个人"。2005年,省综治委和人劳厅授予高级法院1名法官"社会治安综合治理先进工作者",洋浦中院院长获"亚洲管理创新百名杰出人物"称号,最高法院授予文昌法院1名法官"全国优秀女法官"、海口中院1名干警"全国法院纪检监察工作先进个人"、屯昌法院1名干警"全国法院政治工作先进个人"、城郊法院1名法官"全国人民法院优秀法官"、海南中院1名法官"全国法院赔偿审判工作先进个人"、1名法官"全国法院赔偿审判工作先进个人";高级法院1名干警获国家法官学院授予"中国审判案例要览突出贡献奖";全省11名法官受最高法院部门表彰;省政府授予高级法院1名法官"海南省先进工作者";省妇联分别授予海南中院1名法官、三亚城郊法院1名法官"省维护妇女儿童权益法律工作者"。2006年,全国妇联授予文昌法院1名法官"全国三八红旗手"称号;最高法院授予海事法院1名法官"全国优秀法官"、龙华法院1名法官"全国优秀女法官"、高级法院1名干警"全国法院教育培训工作先进个人"称号;海事法院1名法官获最高法院、人民日报、中央电视台、法制日报联合举办的"2005中国法官十杰"评选"银法槌奖"。2007年,高级法院机关服务中心1人获最高法院授予"2007年度全国法院机关后勤工作先进工作者";人民法院出版社授予高级法院1人"2006年度全国法院文化建设先进个人";最高法院分别授予高级法院立案庭、海南中院立案庭各1名法官"全国法院涉诉信访工作先进个人"称号,授予海南中院1名法官"全国法院民商审判工作先进个人"、1名法官"全国优秀女法官"称号；最高法院、司法部授予万宁法院1名法官“全国法院指导人民调解工作先进个人”；团省委授予高级法院1名法官“五四青年奖”。2008年，最高法院授予海事法院1名法官“全国模范法官”、海口中院1名法官“全国优秀法官”、三亚城郊法院1名法官“全国优秀女法官”、海南中院1名司法警察“全国法院司法警察工作先进个人”称号；授予万宁法院、三亚城郊法院各1名法官“全国法院刑事审判工作先进个人”、海口中院1名法官“全国法院知识产权审判工作先进个人”、龙华区法院1名法官“全国法院民事审判工作先进个人”、高级法院1名法官“全国法院审判监督工作先进个人”、海南中院1名干警“全国法院纪检监察工作先进个人”、城郊法院1名法官“全国法院执行工作先进个人”称号；省委政法委、省综治委授予高级法院1名法官“先进个人”称号。2009年，全国妇联分别授予省一中院、海口中院各1名法官“全国三八红旗手”称号；最高法院授予城郊法院1名法官“全国优秀法官”、1名法官“全国优秀女法官”、高级法院1名法官“全国审判业务专家”、1名法官“全国集中清理执行积案活动先进个人”，授予海口中院、陵水法院、临高法院各1名法官“全国法院办案标兵称号，授予高级法院1名法警“司法警察警衔荣誉章”；全国争创活动领导小组授予白沙法院1名法官“全国知识型职工先进个人”；全国妇联授予定安法院1名法官“全国巾帼建功标兵”；中宣部、司法部、全国普法办授予定安法院1名法官“全国‘五五’普法中期先进个人”；2010年，全国妇联、全国维护妇女儿童权益暨平安家庭创建协调组分别授予海口中院、定安法院、文昌法院、保亭法院、儋州法院各1名法官“全国维护妇女儿童权益先进个人”；国务院授予海口海事法院1名法官“全国先进工作者”；高级法院授予8名法官全省优秀法官并记二等功、3名干警先进个人并记二等功。

第二章　立案审判

人民法院的立案机构承担各类案件的立案审查，指定管辖，核算案件诉讼费，审查诉讼费缓、减、免的申请，司法救助，根据当事人申请依法采取诉前财产、诉前证据的保全措施，进行审判流程管理、申诉复查等项工作。

第一节　立案

一、立审分立原则

1988年，高级法院成立后，省内各级法院开始建立统管型的告诉申诉审判庭，负责立案、信访和申诉复查工作。截至1989年12月底，全省三级22个法院除屯昌、保亭法院外，均建立了告诉申诉审判庭；至此，立案工作开始由告诉申诉审判庭负责，申诉案件由原审判庭审理改为统一由告诉申诉审判庭审理。为适应告诉申诉审判工作职能的转变，高级法院制订发布了《海南省高级人民法院告诉申诉审判庭办理刑事申诉案件的暂行规定》、《海南省高级人民法院告诉申诉庭办理民事、行政、经济纠纷申诉案件暂行规定》等文件。

1991年10月6日－12日，中南地区法院告诉申诉工作研讨会在海口召开，中南地区河南、湖北、湖南、广西、海南五省（区）高级法院，西南地区云南、贵州、四川三省高级法院和陕西、山东两省高级法院的代表以及上述11省（区）省会城市中院，深圳法院，其他部分地级市中级、基层法院60余名代表参加了会议。与会代表围绕贯彻最高法院“把改进和加强告诉申诉工作作为法院工作改革的一个重要课题”指示精神，就告诉申诉工作的性质、地位和作用，“立审分开”，告诉申诉职能的“延伸”，如何解决“上访老户”问题，《民事诉讼法》正式颁布给告诉申诉工作带来的影响，完善审判监督程序以及告诉申诉的业务范围等课题进行了深入讨论。1992年7月23日，全省法院第二次告申工作会议在海口召开，研究新形势下告申工作面临的新情况、新问题，高级法院田忠木院长出席会议并讲话，告诉申诉庭庭长黄卫国做工作报告，海南中院、儋县法院、新华区法院介绍了经验。这两次会议的召开，表明司法实务界已意识到“告诉属于提出诉求、申诉是提出纠错请求”的区别，为后来的“立审分离”打下了基础。

1997年5月5日，高级法院印发经省编委审核并经省委批准的《海南省高级人民法院机关机构改革方案》，全省法院撤销了告诉申诉审判庭，设立立案庭。

2008年3月13日，全省法院立案审判暨涉诉信访工作会议在兴隆召开。会议传达第十九次全国高级法院院长工作会议、全国法院立案审判暨涉诉信访工作座谈会、省综治工作会议和全省法院院长会议精神，安排部署了2008年立案审判和涉诉信访工作的主要任务。海口中院、海南中院、三亚城郊法院、万宁法院在会上介绍了立案审判和涉诉信访的工作经验。4月10日，高级法院举办“全省法院《关于民事申请再审案件受理审查工作细则(试行)》培训班”，各级法院分管立案工作的副院长、立案庭庭长和高级法院、中院的审判监督庭庭长参加了培训。

审判监督程序中的立审分立，是立审分立原则的重要内容。2007年修订的《民事诉讼法》将审判监督程序分为再审事由审查和再审审理两个独立阶段，明确了再审事由审查程序的独立法律地位，为审判监督程序坚持立审分立原则提供了充分的法律依据。针对海南大部分法院未严格执行审判监督立审分立原则的实际，董治良在全省法院院长会议上强调了再审案件立审分立的原则并提出明确要求：一是从2008年5月1日起，全省法院实行审判监督程序立审分立，立案庭负责再审事由审查，决定案件是否进入再审程序；审判监督庭负责进入再审程序案件的审理，完成纠错或弥补原审程序中的瑕疵，不再承担再审事由审查的职责；防止关系案、人情案带来的再审案件纠错随意性，维护司法廉洁公正，维护既判力。二是基于上述职责的变化及修改后的《民事诉讼法》对涉诉信访审查工作提出的再审事由法定化、审查程序法定化要求，可以预见立案审判暨涉诉信访工作任务将成倍增加，各级法院要为立案庭调整充实审判力量，创造有利于工作的物质条件，确保立案审判暨涉诉信访工作顺利开展，由高级法院立案庭进行监督、指导，适时组织检查验收。

为应对《民事诉讼法》修改后带来大量申请再审与申诉案件的实际情况，2008年12月，经省编委批复，高级法院将立案庭更名为立案第一庭，增设立案第二庭(加挂涉诉信访办公室牌子)。

2009年3月，立案第一庭、立案第二庭分别更名为立案审判第一庭、立案审判第二庭，同时增加了审判力量。立案审判第二庭专门负责当事人申请再审、申诉案件的复查及涉诉信访工作。

2010年6月，为加强立案、审判、执行业务部门的配合协调，形成合力解决执行难问题，高级法院出台《关于加强立审执部门协调配合工作机制的若干规定》：一是加强部门协调配合形成解决执行难的合力；立案、审判和执行部门须树立法院工作“一盘棋”思想，加强部门之间的协调、协作与配合，做到彼此兼顾；高级法院和各中院对辖区法院的执行工作实施统一协调、统一调度和统一指挥。二是规范协调管理工作。立案庭对行政案件执行立案进行审查，应当就行政裁判文书是否具有可执行性等问题，与行政庭和执行机构先行沟通后再决定是否予以立案。

二、审判流程管理

审判流程管理在整个法院管理中具有主导性地位，是法院管理的重中之重。1999年，最高法院在《人民法院五年改革纲要》中提出“建立符合审判工作特点和规律的审判管理机制”后,审判管理工作受到重视并被置于司法改革的显要位置;同年,高级法院制定《海南省高级人民法院关于民事、经济、行政上诉案件移送与受理有关工作程序的规定》,规范了案件移送受理的期限;同年4月,三亚中院制定《加强审限管理的若干规定》,对案件实行审理流程登记制度、督办制度,若因法定事由不能在审限内审结,应提前两周写出延期申请报告呈送领导批准,报告应详述法定事由规定的具体情况,将审限结案作为考核指标。2000年,高级法院印发《海南省高级人民法院审判案件审限监督暂行规定》,同年4月通知要求全省法院对上级领导机关批办、督办未有结果的案件、超审限案件、超期羁押的刑事案件等组织开展“清理积案”活动;同年1月,海南中院建立审判流程管理机制,由立案庭将立案审查、排期开庭、文书送达、审限跟踪、结案归档等程序性工作有序组织起来,实施全程管理,将管理目标锁定在保障审判的程序公正和高效上。具体做法:一是在法定期限内统一编制登记案号予以立案;二是预排案件的承办法官、开庭时间、开庭地点、出庭书记员,并将排期情况公示;三是由法警队统一负责送达;四是审限从案件移送业务庭之日起计算;五是案件需延长审限,经庭长审核后报分管院长审批(刑事、行政案件延长审限报高级法院审批),送立案庭备查;六是案件审结法律文书送达后,须在2个月内将案卷材料整理、装订,由承办法官检查签名后归档。2001年,高级法院制定《海南省高级法院立案庭关于审理本庭上诉案件的有关程序规定》,规范上诉案件的审判程序。2002年,高级法院印发《海南省高级人民法院关于案件审判流程管理暂行规定》。

经过10余年改革和发展,审判管理体系逐渐成熟。截至2010年,形成了由审判事务管理办公室(简称审务办)主管,以审判流程管理、案件质量评查、审判绩效考评、违法审判责任追究四大制度为主,审判公开制度、案例指导制度、审判委员会监督指导制度、中级、基层法院案件繁简分流制度和派出法庭速立速裁速执制度为辅的审判管理体系。与立案庭职责相关的具体做法主要有:(1)强化审判流程管理。2008年12月29日,高级法院制定《海南省人民法院案件审判流程管理规定》,将审限的中止、扣除、延长、届期作为重点监督环节,审限过半发出催办函,审限不足1月发出督办卡,审务办对立案庭每月报来的执行审判流程管理的情况进行分析,以季度为限,对审判庭和法官的审判效率进行排名通报。(2)落实审判公开制度。通过建立和完善裁判文书公开、裁判理由释明、再审立案公开听证和办案进度公开查询等制度,进一步拓宽司法公开渠道,扩大司法公开范围。(3)规范民商事案件繁简分流和速裁机制。2008年,高级法院出台《基层法院民商事案件繁简分流规定》和《人民法庭速裁速调办法》,适用简易程序和速裁方式快速化解纠纷,提高司法效率。

各级法院结合各自的实际情况,制定审判流程管理制度,加强对案件审理和执行各时间节点的管理、控制,有效提高了工作效率。屯昌法院充分利用审判流程管理网络办案系统,将审判信息输入工作和执行审判流程管理的情况列入业绩考核中,责任到人,法院、法庭两级联网,院长、专委、庭长均能在电脑上跟踪各分管业务庭审判人员对案件的审理、执行情况和进度,看到立案、排期开庭、合议、审判、送达、归档等环节的相关信息,“不出立案门,全知法院事”。琼山区法院实行“四表一规范”,制定《行政审判流程管理暂行规定》，严格审限管理，2009－2010 年审理的 36 件行政诉讼案件，平均审限二月，无超审限案件。秀英区法院细化各流程操作规程，对排期、审限管理、跟踪催办督办过程均有具体要求，构建了内部以立案庭、监察室负责，外部以当事人监督的体系，杜绝了超审限案件。

2010 年 9 月 9 日，全省法院审判流程管理现场交流会。

三、诉讼收费制度

1989 年，最高法院以《人民法院诉讼收费办法》代替了《民事诉讼收费办法（试行）》，为加强诉讼费管理工作，联合财政部制定了《关于加强诉讼费用管理的暂行规定》，构建起了 1989－1996 年的诉讼费管理制度、诉讼费坐收坐支制度，明确了各级法院依法收取的诉讼费属于国家规费的性质。考虑到当时财政困难，拨给法院的业务经费不能完全满足审判工作需要，法院依法收取的诉讼费暂不上缴财政以弥补业务经费不足；另外，还确定了高级法院诉讼费统筹制度、财务监督制度，用于调剂解决发达地区与边远山区收费不均衡导致的经费困难问题。1995 年 2 月，参考其他高级法院对再审案件收费的情况，为控制无理缠诉的申诉案件，高级法院制定《海南省高级人民法院民事、经济纠纷案件当事人申请再审交纳受理费办法（试行）》，从 3 月 1 日起实施。该办法确定了交纳受理费的案件范围、收费标准（原则上减半收取）、受理费用负担，规范了收费程序：再审复查案件的收费，严格按一、二审诉讼费标准管理；立案后，通知当事人交费数额按终审判决诉讼费减半收取，将诉讼费直接交到高级法院在银行的诉讼费统一账户，后到高级法院财务科领取收据交给告诉申诉审判庭。截至 1996 年 12 月 11 日，共收取再审复查案件受理费 1041370 元，未发现申诉人对申诉收费有异议，有效控制了部分无理缠诉案件。1996年1月16日,财政部、最高法院联合发布《人民法院诉讼费用暂行管理办法》(以下简称《暂行管理办法》),《关于加强人民法院诉讼费用管理的暂行规定》同时废止。《暂行管理办法》的实施,标志着法院诉讼费用的收取、使用、管理、监督、检查与之前相比有了较大改变和发展:(一)《暂行管理办法》明确规定各级法院收取诉讼费用,要严格按照国家统一规定执行,任何部门和单位均不得另行制定收费办法,不得自行增加收费项目、扩大收费范围、提高或降低收费标准;诉讼费用的缓交、减交、免交由分管院长批准;诉讼费用的收取实行确定收费部门(即审判业务部门)同具体收费部门(即财务部门)相分离的原则。(二)诉讼费实行"收支两条线管理",收取的诉讼费扣除该案必要的办案费用支出后,应按期将结余及时上交同级财政专户,由财政部门按核定的数额拨付,并与预算内资金结合使用;在沿用《暂行规定》的高级法院统筹制度外,又规定了最高法院统筹制度。这一时期,诉讼费"坐收坐支"向诉讼费"收支两条线"制度转变。

1998年12月3日,财政部等7部委发布《关于进一步加强落实"收支两条线"规定工作的通知》,确立了贯彻落实"收支两条线"的两个标准。据此,高级法院与财政厅联合制定下发《全省法院诉讼费管理暂行办法实施细则》,召开会议部署落实"收支两条线"的规定:成立全省法院诉讼费管理、审计、监督专门机构;组织对全省法院诉讼费、基建和财务的审计大检查。1999年7月22日,财政部和最高法院联合发布《人民法院诉讼费用管理办法》,诉讼费用收取制度实行收缴分离,法院按受理案件适用的诉讼费标准确定具体数额后,以书面形式通知当事人缴纳,当事人凭法院开具的交费通知到指定银行交费,以银行开具的收据作为预交诉讼费用凭据,到法院换领诉讼费用专用票据。派出法庭收取诉讼费用,同样实行收缴分离;个别不便由指定银行收取诉讼费用的特殊地区,可由派出法庭直接代收,但需经省级财政部门和高级法院批准。2007年12月,高级法院会同财政厅制定《海南省诉讼费管理实施办法》(以下简称《实施办法》),自2008年1月1日起施行,废止了《海南省人民法院诉讼费用管理实施细则》(琼财行【2000】277号)。《实施办法》规定诉讼费收取实行"法院开票、银行代收、财政统管"收缴分离的管理办法,诉讼收费票据改为《海南省非税收入一般缴款书(诉讼费专用缴款书)》;诉讼退费单笔未达到当月预提备用金的50%,由法院财务部门退付;单笔退费达到备用金的50%,由财政部门从国库退付。

2008年,为方便当事人诉讼,解决群众反映诉讼费缴纳手续繁琐的问题,高级法院会同财政厅制定了《〈海南省诉讼费管理实施办法〉补充规定》,实行通过银行卡收取诉讼费,全省各级法院和派出法庭,凡具备安装终端消费刷卡设备的,实行刷卡缴费;没有银行卡的当事人由法院统一办卡代为刷卡交费。美兰区法院设立银行刷卡首日,立案25件,代当事人刷卡缴费5万多元,受到了好评。

四、案件管辖制度

建院初期,各审判庭自行收案、立案、审判,"立审合一",缺乏监督和制约;案件的管辖也不规范，一些收费案件存在上下级法院之间、同级法院之间，甚至各业务庭之间争管辖权的现象。1993 年，高级法院决定将立审分开，制定相关制度，统一了立案标准，确定由告诉申诉庭收案立案；规范了案件的管辖范围，撤销了对审判秩序影响较大的经济纠纷调解中心，严明审判纪律，制止了争夺管辖权的现象。

1999 年 4 月，高级法院制定《关于民事、经济、行政上诉案件移送与受理有关工作程序的规定》，进一步规范民事、经济、行政上诉案件立案程序，保护当事人的诉权。针对1995 年高级法院社会保障法庭成立后，社会保障非诉执行案件不断增加的情况，2000 年3 月 15 日，高级法院与人劳保障厅联合下发《关于社会保险非诉执行案件实行属地管辖的通知》，对社会保障非诉执行案件的管辖问题做出了具体规定。2001 年 6 月，高级法院（经院审委会第 549 次会议讨论）通过了《关于申诉案件的处理规定》，就案件申诉的范围、申诉案件的管辖、申诉受理、申诉复查等做出明确规定。申诉管辖坚持立审分立、归口管理、分级负责原则：提起再审程序前，由立案庭审查处理；提起再审程序后，由审判监督庭审理；申诉一般由作出生效裁判的法院审查处理，申诉人对该处理结果不服继续向上一级法院申诉的，由上一级法院审查处理；其他机关交办的申诉案件，由接受交办的法院负责处理；越级申诉的，一般转交有关法院处理。

2008 年 3 月，根据最高法院《关于调整高级人民法院和中级人民法院管辖第一审民商事案件标准的通知》，高级法院随之下发《关于调整全省各级人民法院管辖第一审民商事案件标准的通知》①（琼高法［2008］57 号），对全省各级法院管辖第一审民事案件的标准进行了调整：

一、高级法院管辖下列第一审民商事案件：诉讼标的额在 1 亿元以上的第一审民商事案件；诉讼标的额在 5000 万元以上且当事人一方住所不在本法院辖区或者涉外、涉港澳台的第一审民商事案件。

二、各中级法院管辖下列第一审民商事案件：诉讼标的额为 800 万元以上、不满 1 亿元的第一审民商事案件；诉讼标的额为 500 万元以上、不满 5000 万元且当事人一方住所不在本法院辖区或者涉外、涉港澳台的第一审民商事案件。

三、各基层法院管辖下列第一审民商事案件：诉讼标的额不满 800 万元的第一审民商事案件；诉讼标的额不满 500 万元且当事人一方住所不在本法院辖区或者涉外、涉港澳台的第一审民商事案件；洋浦法院管辖本辖区的第一审民商事案件。

四、婚姻、继承、家庭、物业服务、人身损害赔偿、交通事故、劳动争议等案件，以及群体性纠纷案件，一般由基层法院管辖。

五、对重大疑难、新类型和在适用法律上有普遍意义的案件，可以依照《民事诉讼法》第三十九条的规定，由上级法院自行决定由其审理，或者根据下级法院报请决定由其

①琼高法［2009］249 号文件对琼高法［2008］57 号通知做出局部调整：涉外、涉港澳台的婚姻、家庭、继承、劳动争议、物业服务、人身损害赔偿、交通肇事纠纷案件，诉讼标的不满 500 万元的，可由基层人民法院管辖；洋浦经济技术开发区人民法院管辖第一审涉外、涉港澳台民商事案件，按照最高人民法院的现行规定执行。

审理。

六、实行专门管辖的海商海事案件、集中管辖的涉外民商事案件和知识产权案件，按现行规定执行。

针对省内部分沿海法院错误受理海事案件的现象，同年12月，高级法院印发《关于严格执行海事法院专门管辖有关案件的规定的通知》，就海事法院与地方法院在案件管辖、管辖不明以及管辖错误等问题的处理做出明确规定。同年，高级法院修订了《海南省高级人民法院关于财产保全暂行规定》，规范保全行为。

五、立案调解

立案调解是指法院在当事人提起民事诉讼后至立案移送相关业务庭审理之前，应一方当事人请求或者征得双方当事人同意，组织当事人在平等自愿的基础上进行的调解，包括立案审查阶段的诉前调解和立案后至移送相关业务庭审理前的庭前调解。

2008年12月，高级法院制定《关于进一步加强指导人民调解工作促进诉讼调解与人民调解有机衔接的意见》，在三个方面有所创新：一是完善调解的培训指导，要求基层法院及其派出法庭在立案庭设置调解指导员，负责人民调解的指导和联络等日常性工作，接受人民调解员有关法律问题的咨询；二是明确人民调解员的业务培训由基层法院及其派出法庭组织，可灵活采取授课、座谈、研讨、旁听开庭、个案指导等多种形式，力求实效；三是完善涉及人民调解协议的受案范围、审理方式，明确涉及人民调解协议的案件应当适用简易程序或速裁方式审理，并且应先进行调解，其间经征得各方当事人同意，法院可邀请原调解该纠纷的人民调解员参加。该《意见》对法院诉讼调解与人民调解的有机衔接起到了较好促进作用，各中级、基层法院认真贯彻《意见》，结合本地实际制定了实施细则。2009年4月8日，全省法院立案工作会议在海口召开，高级法院向各级法院下发《立案调解工作规则》，主要内容是：

一、立案调解包括立案审查阶段的诉前调解和立案后至移送相关业务庭审理前的庭前调解。

二、各级法院受理的各类民事案件均可进行立案调解，基层法院适用简易程序尤其是采取速裁方式审理的民事案件，应优先进行立案调解；派出法庭可采取随诉随立、先调后立、速调速执等多种方式审理民事案件，化解纠纷，调解应坚持自愿、合法原则。

三、五种情形民商事案件不能调解：当事人拒绝调解的；无法及时与当事人及其法定代理人取得联系的或一方当事人下落不明的；适用特别程序、督促程序、公示催告程序、破产还债程序的案件；婚姻关系、身份关系确认案件；其他依案件性质不能进行调解的案件。

四、立案调解过程中发现民商事案件具有下列情形之一的，应当及时移送审理：案件涉及国家利益、社会公共利益和第三人利益的；案件需要审计、评估、鉴定的；需要法院调查取证或当事人申请法院调查取证的；当事人一方或双方明确表示不再调解的。

该《规则》要求法院在立案调解阶段，严防当事人利用虚假诉讼实现非法目的，即对于合同纠纷、债务纠纷等容易发生虚假诉讼的案件，立案调解时应认真审查当事人的诉讼主体资格和法律关系，防止虚假诉讼。《规则》还对调解期限、送达、调解书的制作等环节提出明确要求。高级法院受理的原告海航酒店控股集团有限公司、北京燕京饭店有限责任公司、亚太国际会议中心有限公司诉被告山西晋泽饭店投资管理有限公司股东出资纠纷一案，案件诉讼标的额较大，双方当事人情绪对立，立案审判第一庭办案法官充分了解案情后，认为该案存在调解的可能性，三次赴山西召集双方当事人对该案进行协调，并邀请山西省政府有关领导帮助做当事人的工作，最终促成双方当事人达成了调解协议，诉讼标的额上亿的案件通过法院立案调解得到了妥善处理，双方当事人对高级法院的调解工作均表示满意。

2002－2010年海南省法院申诉申请再审案件情况表

表2－1－1

年度	旧存	收案	结案	审结案件											未结
				驳回	撤诉	裁定或决定			终结	其他	其中		审查时间		
						本院决定再审	提起再审	指令再审			听证	不满三个月	三个月以上	六个月以上	
2002	10	1183	899	716	23	54	25	33	2	46	764	729	140	30	294
2003	294	877	1004	739	46	68	42	33	8	68	655	722	120	162	167
2004	167	1054	1022	753	36	33	29	77		94	360	820	132	70	199
2005	199	1144	1139	769	46	93	32	58	2	139	255	986	101	52	204
2006	204	1230	1146	811	47	58	11	54		165	126	1030	79	37	288
2007	288	1236	1290	948	68	47	26	52	2	147	212	1067	150	73	234
2008	234	1469	1328	908	55	66	19	35	106	139	81	909	253	166	375
2009	375	1447	1486	1132	30	43	17	18	106	140	99	1297	149	40	336
2010	336	1567	1665	1478	41	41	20	32	14	39	16	1594	66	5	238

第二节　信访工作

一、信访制度建设

（一）来访申诉听证制度

1996年之前，高级法院针对申诉案件的再审立案审查没有立法程序，只是书面审，审理过程中当事人没有参加诉辩的权利，存在不公开、不透明的弊端。经过审判实践论证，1996年11月15日开始对申诉案件实行了纳入审判程序的“申诉复查听证制度”，弥补了当时我国再审程序立法的空白,最高法院给予了充分肯定。

1997年10月,最高法院咨询委员会名誉主任王怀安在海南考察时,对申诉听证制度表示“举双手赞成”,称赞道“你们找到了在再审程序中进行改革的一个合法的形式,有效地保护了当事人的申诉权,是一个创造”、“这一改革版权是你们海南高院的”。他高度评价“申诉复查听证制度是我国法制建设中保护当事人申诉权的新路子,是方向,希望坚持下去,搞出新成果”。①

1998年10月,最高法院在海口召开了《全国部分高级法院再审审判方式改革座谈会》,12省与会代表通过现场观摩复查听证会,对已经受理申诉案件的复查方式“申诉复查听证制度”进行了经验交流。

1998年10月,高级法院针对社会反映“告状难”、“申诉难”的呼声,又对申诉案件是否受理的审查方式,实行了“有诉必理”原则的“信访听证制度”,即来访申诉不设门槛,一律纳入合议庭公开听证程序,打开了老百姓“告状难”、“申诉难”的“大门”。《人民日报》、《新华社内参》、《法制日报》、《人民法院报》、《民主与法制》、新华社《瞭望》新闻周刊、新闻联播节目、《海南日报》都进行了专题报导。

1999年9月,最高法院召开《全国法院立案工作座谈会》,高级法院在大会作了“申诉听证制度”的经验介绍,受到了与会者的积极反响。会议充分肯定了申诉复查听证制的做法,②认为该做法体现了申诉复查的平等原则,增加了复查的透明度,实践中取得了积极的审判与社会效果。会议要求有条件的法院,应积极试行推广。

肖扬、沈德咏、王怀安等领导对曲鹏远③论述“申诉听证制” 的文章《只要有人“击鼓”鸣冤,法官必须“升堂”问案》先后作了批示。1999年9月,最高法院向全国高级法院传真了上述领导批示,要求全国法院予以推广。

2000年4月,最高法院把“复查听证制度”和“信访听证制度”归纳统称为“申诉听证制度”并向全国法院发《简报》,通报《最高人民法院推行“申诉听证制度”的来龙去脉》。这项改革被最高法院和全国法院称为“海南经验”。

2000年8月,海南省委书记杜青林也对最高法院推行海南法院“申诉听证制度”的“海南经验”给予了高度评价,批示“省高院实行人民群众来信来访申诉听证制度,是一件得民心、顺民意的大好事”、“弘扬了审判机关公正、公平的职业道德,有力地解决了老百姓告状难的问题。”此间全国各级法院有近20省、市法院的考察团来海南进行了学习考察,给予了一致好评。

2001至2002年,国家法官学院增设“申诉听证制度”课程,数次邀请曲鹏远讲课,讲稿编入学院教材。

---

①见1997年12月最高人民法院咨询委员会转发王怀安主任考察海南法院的讲话参阅文件和2000年4月最高法院《立案信访简报》(2000)第六期《最高人民法院推行“申诉听证制”的来龙去脉》。

②见最高法院法(1999)186号《关于全国法院立案工作座谈会纪要》。

③曲鹏远,男,1951年11月18日出生,历任海南省高级人民法院刑事审判庭副庭长,告诉、申诉审判庭庭长,立案庭庭长,审判委员会专职委员(副厅级)。

2003 年 2 月,《宪政论丛》第 3 卷发表了曲鹏远撰写的论文《申诉复查程序与申诉复查听证制度》,中国社会科学院法学研究所宪法学专家在书中评价海南法院的“申诉听证制度”对“司法申诉权的宪法权利保障 ,不仅具有丰富的实践意义,而且也为宪法学的理论研究开拓了新课题”。①

2007 年《民事诉讼法》修订后,最高人民法院发布的司法解释《关于受理审查民事申请再审案件的若干意见》将“申诉听证制度”纳入了受理申请再审案件的法定审查程序。

1998 年 10 月,最高法院在海口召开全国部分高级法院再审审判方式改革座谈会,12 省与会代表就“申诉复查听证制度”进行了经验交流。

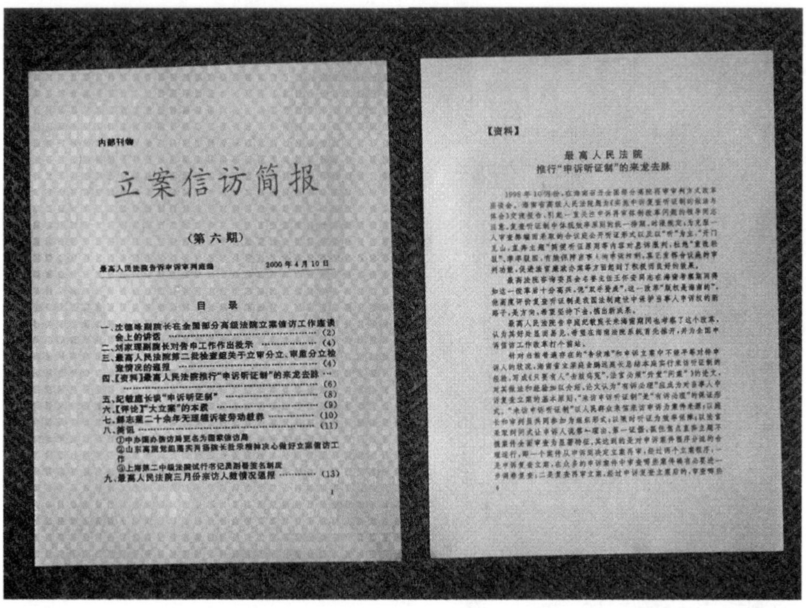

2000 年 4 月 10 日,最高法院推广“申诉听证制度”的正式文件。

①《宪政论丛》第 3 卷封底的内容简介,2003 年 1 月法律出版社出版。

2000 年,高级法院制定《人民群众来信处理办法》、《关于加强人民群众来信来访工作的决定》,建立起“领导阅信,来信必阅,每信必复”的处理人民群众来信机制。同年,高级法院出台《海南省高级人民法院人民群众来访申诉听证制度》,将行政化的调卷复查纳入双方当事人公开听证的法律程序,建立健全“人民群众来访申诉听证”制度并向全省法院推广。具体作法:一是“有诉必理,来信必复”。凡到高级法院申诉的,立案庭对来访申诉人安排公开听证,一般来访申诉案件实行预约听证,在每周三的“来访申诉听证日”进行,急案随来随听,重大案件专案专听,来一个听一个,听一个解决一个,来信申诉者均能得到高级法院复信。二是“当场举证,限时听证,当场评议”。要求来访申诉人在 30 分钟内将申诉理由的主要证据当场举出,法官审查其基本理由和基本证据,不搞全案审查,不追求细枝末节;来访申诉人举证结束后,听证法官当场评议,属申诉无理的,法官耐心对其进行息诉服判教育,不转办、不交办;评议认为应予或可予复查的,将评议结果书面回复申诉人并予立案,按程序应由下级法院复查的则发出交办函。三是“庭长负责,责权同一”。由立案庭庭长或副庭长率数名法官组成申诉听证主体,共同听证、评议,庭长或副庭长尽职尽责,主持决定评议结果,改变了过去一般由信访员接访,以转信为主、上“支”下“推”、久拖不办的弊端。四是“跟踪落实,限期答复”。听证评议结束后,评议结果认为应予复查或可予复查,属高级法院管辖的,立案庭于当日或三日内立案并通知来访申诉人;按程序属下级法院管辖的,则发出有具体复查意见的交办函,要求下级法院限期报告复查结果,从程序上解决来访申诉人在下级法院的复查立案问题,保证“听证”结果的落实。五是“信访责任追究”。高级法院向全省法院发出通知,规定对于接访中办人情案或不负责任草率驳回、或不予受理案件,经本院或上级法院再审予以改判、纠正的同时,依法追究有关接访责任人的责任。2007 年修订的《民事诉讼法》将听证制度作为一项新内容予以吸收。2008 年 12 月 29 日,高级法院(经院审委会第 917 次会议讨论通过)修订了《关于加强人民群众来信来访工作的决定》。

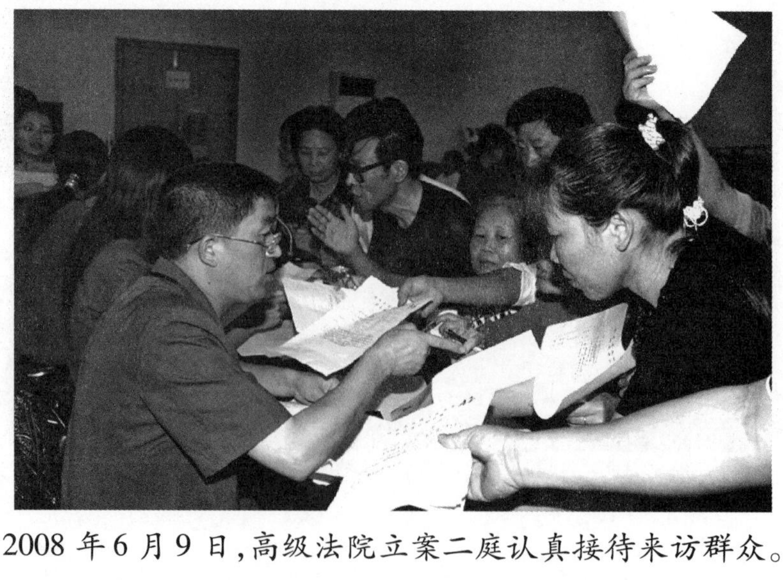

2008 年 6 月 9 日,高级法院立案二庭认真接待来访群众。

(二)判后释明制度

判后释明是法院民事、行政案件判决、裁定生效后(2 个月内),根据当事人申请,院长召集部分资深法官组织听证会,听取审判法官向当事人就案件认定的事实、适用法律及判决的理由做出解释,让当事人服判息诉的一种做法;是人民法院贯彻“公正司法,一心为民”精神,实行司法公开的新举措。2006 年 4 月 6 日,高级法院制定了《关于实行判后释明听证的规定》。该《规定》明确了申请释明听证的范围、时限、程序和处理结果:案件判决、裁定生效后 2 个月内,根据当事人的申请,由院长、副院长或者审委会专职委员主持,立案庭正、副庭长、审判庭正、副庭长及主持人指定的其他资深法官组成释明听证主体,先由申请人陈述申请释明的事项及理由,后由承办法官进行释明,其后由主持人和参与释明听证的其他成员询问和发表意见;合议庭于听证会后 5 个工作日内,就案件判决裁定正确与否做出评议并做出处理决定:认为原判正确,释明听证时已对申请释明的事项做出释明,应向当事人送达《释明意见书》;认为案件存在错误或有严重瑕疵,符合复查条件决定立案复查的,应书面通知有关当事人;一次释明不够未能说明清楚需再次举行释明听证会的,应通知申请人择日再行听证;听证合议庭对当事人反映案件可能存在违法审判或有违纪情况的,应转交纪检监察部门调查处理。2008 年 9 月 26 日,董治良在高级法院建院 20 周年庆祝大会上的讲话《二十载艰苦奋斗成绩斐然 十七大精神指引再创辉煌》中,强调要进一步落实判后释明制度。同年 12 月,高级法院出台《海南省高级人民法院关于听证程序的规定》,明确了当事人申请释明的期限、申请释明案件的类型、申请释明的法定情形、法院处理申请释明的工作流程、释明公开听证的程序,进一步规范和完善了判后释明听证制度。2009 年,高级法院院长先后接访听证、判后释明 112 件 385 人。

2008 年,高级法院进行判后释明听证。

（三）信访工作的规范

1991－2010年，高级法院陆续制定规范性文件，推进信访制度建设。2006年，出台《海南省各级人民法院院长接访听证规定》，规定每星期三为各级法院院长接访听证活动日，要求各级法院院长或副院长、审委会专职委员与审判人员组成合议庭，对一些重点案件进行接访听证，从来信和上访申诉案件中挑选重点、疑难案件，听取申诉人陈述其申诉意见，而后作出客观公正的处理，切实解决群众反映的申诉难、执行难等问题。《规定》规范了法院接访听证制度；强化了领导的责任，要求按照审判工作规律进行，重点在"听证"；明确了院长接访听证工作的属地管理和分级负责原则，将院长接访听证案件的情况列入其年度考核内容，杜绝敷衍了事把矛盾上交，建立起法院与群众沟通交流的稳定平台。

2008年12月29日，为进一步规范院长接访听证、判后公开释明听证和执行案件听证等听证程序，高级法院审判委员会第917次会议通过了《海南省高级人民法院关于听证程序的规定》

2010年4月，高级法院制定《海南省高级人民法院院领导接待日暂行规定》，实行院领导接待日制度，规定每周四或周五为院领导预约接访时间，重大复杂疑难涉诉信访案件由院长、副院长或审委会专职委员轮流接待来访，亲自审查处理。院领导接待案件的范围：上访时间长、息诉难度大的案件；上访人坚持要求院领导亲自接访的案件；案件存在瑕疵需院领导协调解决的案件；上级法院或领导机关督办影响较大的案件。院领导接待日实行预约接访，当事人提出申请后，由信访办公室负责审查，符合条件的提前预约，通知当事人于规定时间来访。院领导接访的案件实行首办责任制，即由首次接访的院领导指导承办部门办理，确保案件最终化解。

2010年5月，高级法院立案审判第二庭草拟了《涉诉信访诉访分离若干问题意见》、《申诉信访统计通报考评办法》、《立案信访大厅各岗位职责暂行规定》、《立案信访大厅法官轮值暂行规定》、《立案信访大厅信访接待员岗位职责》等十项涉诉信访工作制度，向省人大、省委政法委、省信访局和各级法院征求意见后，经审委会讨论通过印发全省法院执行。

涉诉信访制度体系的构建，为化解涉诉信访难题打下了坚实基础。《关于涉诉信访诉访分离若干问题的意见》，建立了诉访分离的工作机制，明确了"诉"与"访"的标准，通过不同方式解决当事人的诉求；合理配置三级法院的职责，明确"访"类案件的责任分工，启动"诉"类案件审查程序前，设立释明前置程序，通过法律释明和判后答疑，强化原审法院的信访责任意识；对当事人再申诉的"访"类案件，指定由异地法院审查，平衡上下级法院涉诉信访案件不均的矛盾，充分利用审判资源，确保涉诉信访案件得到公正、高效处理。《立案信访大厅服务指南》、《立案信访大厅信访接待员岗位职责》、《立案信访大厅导诉员岗位职责》、《立案信访大厅法官轮值暂行规定》，强化了法官的信访责任意识；《关于涉诉信访首办责任制的暂行规定》明确了涉诉信访的首办责任，提高了处理初信初访的质量；《涉诉信访统计通报考评工作办法》强化了统计通报对中级、基层法院涉诉信访工作的督促力度。

二、重要信访工作措施

（一）立案信访窗口建设

2008年，全省三级法院立案庭进行"文明窗口"、"咨询窗口"、"查询窗口"建设，在依法及时立案的同时，解答信访人和申诉人的法律咨询、做好服判息诉工作；由专人帮助当事人查询审理各类案件的流程；建立受理重大案件的报告制度，避免造成工作被动；严把管辖关、起诉条件关、诉讼收费关；采取措施，应对《民事诉讼法》2007年修改后中、高级法院受理申诉案件剧增的问题；认真落实"四定一包"工作责任制，齐抓共管，标本兼治，确保奥运期间信访稳定：一是细致排查信访重点案件，高级法院先后8次召开重信重访和重点案件汇报会，指导督促各级法院对重信重访和重点敏感案件进行拉网式全面梳理，排查摸清底数，逐件登记建档，将排查出来的重点案件列出清单逐级报上级法院和高级法院，全省法院共排查出重信重访重点案件159件。二是对排查出来的重点案件制定矛盾化解方案，有群体上访风险的，制定应急控制预案，确保有效控制事态；奥运期间实行"零报告"制度，中级、基层法院每天向高级法院立案庭报告情况，针对重点人物、重点案件情况及以事故苗头，研究应对措施。三是高级法院领导多次带领案件承办人到信访人所在市县走访案件当事人，掌握信访工作主动权。四是加强信访工作力量，每天由一名庭领导带一名法官在信访前台值班，随时处置信访问题，奥运期间增派一名法官到信访前台为上访人答疑解惑，消除上访人对法院的对立情绪。以案结事了为标准，每个信访案件都有明确的责任领导和直接责任人，按既定解决方案结合实际解决问题；排查出来的159件重点案件，成功化解142件；省委政法委转交高级法院处理的中央联席办挂牌督办的20件重信重访案件化解18件，另2件实为同案两个当事人，因两个上访人下落不明，已将情况上报省委政法委；最高法院交办的涉诉进京上访老户案件4件全部化解结案；中央政法委交办的21桩案件已化解20件；基本做到案结事了。同年，全省法院处理来信来访21536件次，同比下降26.42%；高级法院处理信访件4121件次，同比下降38.03%；集体上访批次同比下降27%。

2009年11月30日，高级法院召开"全省法院'立案信访窗口'建设工作会议"，部署开展"立案信访窗口"规范化建设，高级法院立案大厅的改造随即进行。新的立案信访大厅于2010年8月7日揭牌启用，接待面积580多平方米，设置"诉讼引导、立案审查、立案调解、救助服务、查询咨询、材料收转、判后答疑、信访接待、综合业务"等九个窗口，配备了案件信息查询、电子叫号、LED大屏幕显示等高科技设备，立案大厅宽敞明亮，整洁大方，设施齐备，功能齐全，达到最高法院规定的"立案信访窗口"规范化建设基本要求，高级法院原立案信访接待场所面积狭小、设施简陋、功能不全的状况已彻底改变。

2010 年 8 月 7 日,高级法院立案信访大厅揭牌启用仪式。

(二)信访工作

从 2001 年开始,涉诉信访数量逐步增加,积累的未结申诉案件越来越多,信访问题日益突出。为了进一步加强涉诉信访工作,消化申诉积案,减轻信访压力,2001 年 4 月,全省法院工作会议专门部署全省法院集中清理申诉案件,自当年 6 月 1 日起对 4 月 30 日以前的 835 件未结申诉案件进行清理;2003 年 3 月 11 日,曾浩荣在全省法院工作会议上强调"领导办信访"和处理申诉案件等工作;2009 年 9 月 25 日,高级法院召开"全省法院涉诉信访暨重点案件化解工作汇报会",立案审判第一、第二庭、民事审判第一、第二、第三庭、执行局、刑事审判第二庭、行政庭、审判监督第一庭和各级法院主管涉诉信访工作的院长、立案庭长、上级领导机关监督案件的承办人共 150 余人参加了会议;会议分析了全省法院涉诉信访工作面临的形势,要求各级法院启动信访问责制,落实涉诉信访工作一把手工程,确保涉诉信访责任落到实处;要求各级法院深入排查辖区内的矛盾纠纷,对排查出的重点敏感案件稳控到位,化解到位,依法妥善处理到位,确保矛盾化解在萌芽状态,化解在基层,化解在群众之中。

为贯彻落实中央政法委《关于开展集中清理涉诉信访积案活动的工作方案》和最高法院《关于开展集中清理涉诉信访积案活动的工作方案》,2010 年 4 月 19 日,"全省法院集中清理涉诉信访积案会议"召开,决定从 2010 年 3 月 –2011 年 6 月底,在全省开展集中清理涉诉信访积案活动,化解 2009 年底以前未息诉罢访的涉诉来信来访。2009 年的来信来访在高位运行,总量为 22138 件,比前年增加了 2.8%;各级法院要进一步加大调解工作的力度,充分调动社会各方面积极因素,采取各种确实可行、积极有效的措施,做到合理诉求解决到位,思想教育疏导和错误瑕疵纠正弥补到位,实际困难妥善帮扶到位,违法上访依法处理到位。院领导强调,案件质量是有效杜绝涉诉信访积案的源头,清理涉诉信访积案关键要落实审判制度,提升审判质量;案件质量上去了,涉诉申诉自然就下来了;此次集中清理涉诉信访积案的范围,除2009年底以前未息诉罢访的涉诉来信来访,还包括各级党委、纪委、人大、政法委交办和法院2010年受理的涉诉信访积案;4月28日前,要彻底摸清本辖区未息诉罢访涉诉信访积案的底数和基本情况,争取年底化解70%,2011年全国"两会"前化解80%,2011年6月底完成中央政法委和最高法院布置的涉诉信访积案化解任务。

2009年,海南省法院立案信访窗口建设工作会议。

三、其它信访措施

2003年5月,为应对"非典",高级法院要求全省法院在当地党委和政府的配合下,告知、劝阻拟进京上访人员,采取有效措施妥善处理信访工作;最高法院通知要求高级法院代为接谈不服本院终审、再审裁判或经复查驳回的申诉或申请再审案件。

2005年,信访工作实行动态跟踪管理,规范了接访、处访工作的程序;群众来信来访首先由接待大厅的信访接待人员进行电脑登记备案,能够即时答复的,由信访接待人员即时给予解释答复;不能即时答复的或群众直接来信的,将情况登记后按信访事项分类归口:属相关庭室事项的2日内转到相关审判业务庭,属于申诉案件的依法进行立案审查,保证群众信访反映的问题"事事有着落,件件有回音",使领导批示及时落到实处;定期对全省法院信访情况分类统计、分析,逐步形成相互监督、制约,相互促进的信访工作机制。

为应对日益严峻的涉诉信访形势,破解信访难题,高级法院不断创新涉诉信访工作机制,采取了一系列行之有效的措施,如2009年信访积案清理,2010年百万案件评查、"进京访案件"化解工作、院领导包案处理、带案下访及在省政府信访室定期接访,以及发放司法救助金(详见本章第三节)等。

四、重大接访活动

从2005年起,每年5月,高级法院按照省委政法委的统一部署,集中开展“大接访”活动,拓宽诉讼渠道,化解社会矛盾。肖若海和董治良于2008年“大接访”活动前后,亲自带案赴各市县下访,成功调处了众多积案;此后历年“大接访”活动中,又亲自带案赴海口、定安、澄迈等9个市县下访,成功调解了诸如海南通澳经济开发投资有限公司五起历经十余载的“重大重点历史遗留”案件。领导率先垂范,干警积极努力,使重大接访活动收到了良好效果。2008－2010年,全省法院涉诉信访工作出现了新局面,结案数、结案率每年均创历史新高,涉诉信访形势总体平稳,涉诉信访成绩突出:高级法院立案审判第二庭连续被评为“先进集体”,先后有30人次受到省级以上表彰,2007年被评为“全国立案信访先进集体”,2009年荣立全省法院系统集体三等功,2006－2010年连续被评为“省直机关精神文明单位”、“海南省青年文明号”、“省直机关巾帼文明岗”,被推荐参加2010年全国法院“巾帼文明岗”评选,2010年获“全省信访工作先进单位”称号、“省直机关2008－2010年度文明单位”称号,2010年荣立全省法院系统集体二等功。

1996－2001年海南省法院来信来访处理情况表

表2－2－1

年度	上访老户上访(人)	集体上访(人)	非诉来信(人)	来访(人)	其中		
					解答法律询问	转处	其他
1996			2625	3787	3301	1550	926
1997			2241	3738	2687	2094	869
1998	176	242	1591	3370	2303	2051	607
1999	230	172	1086	5436	3113	1494	1915
2000	512	1539	1516	7008	5360	2316	848
2001	239	257	1883	7929	6436	2170	1206

2010 年 12 月 30 日，当事人给高级法院立案庭送锦旗。

2002－2010 年海南省法院来信来访处理情况表

表 2－2－2

年度	来信（件）	其中					来访（人）	其中					来访中							
		告诉	申诉、申请再审	执行	其他	非诉		告诉	申诉、申请再审	执行	其他	非诉	上访老户		集体上访		遣返来访人员		院长接待	
													次数	人数	次数	人数	次数	人数	次数	人数
2002	7956	2607	1599	1758	1349	643	15338	6943	1923	2985	2238	1249	280	495	29	115	34	38	645	1232
2003	6913	2120	1653	1612	1090	438	26643	16920	2051	2764	3779	1129	263	367	26	224	162	222	712	1343
2004	18261	1791	6559	5315	3089	1507	40436	4825	6502	6364	11042	11703	583	1221	22	1002	16	133	1108	1668
2005	8359	1863	1850	1646	2671	329	25316	4850	3060	4597	10988	1821	168	235	35	1763	182	175	1098	3028
2006	9362	1664	2666	2148	2379	505	24522	3777	2967	3845	12280	1653	196	236	35	1208	879	769	687	1269
2007	7949	1033	1994	2085	2309	528	21321	3596	2649	2940	10555	1581	1158	1285	29	1117	7	11	1416	2571
2008	5366	1178	1303	1515	1069	30	16170	2375	1473	1921	8963	1438	419	544	26	351	3	27	628	1502
2009	4828	425	1639	1522	1032	210	17310	3598	2576	2258	7732	1146	498	481	23	1322	1	4	1337	3182
2010	4410	256	1881	1047	826	400	16885	2370	2782	1857	8590	1286	370	376	15	300	3	5	1358	3031

第三节 司法救助

司法救助是人民法院承担社会责任，为解决部分涉诉当事人的经济困难而采取的一种过渡性救助举措，包括刑事司法救助、涉诉信访救助和诉讼费的缓、减、免三部分。2007年7月，高级法院制定了《关于对死刑案件经济确有困难的被害方予以司法救助的规定》（琼高法【2007】158号），对救助范围、救助申请的审查条件、救助申请的审批程序、救助金额等做出了明确规定。

涉诉信访救助资金是经省政府批准设立的、用来司法救助的专项资金，以解决涉法涉诉信访案件中部分经济确有困难的当事人"法律之外、情理之中"的问题，促其息诉罢访。2008年7月，根据中央政法委、财政部《关于开展建立涉法涉诉救助资金试点工作的意见》和省委政法委、财政厅《关于开展建立涉法涉诉救助资金工作的意见》精神，高级法院印发了《涉诉救助资金审批办法》（琼高法办【2008】19号），规定了涉诉救助资金的救助范围，即刑事案件中因案件未侦破或者犯罪嫌疑人、被告人确实没有经济赔偿能力，致使受害人或者受害人赡养、抚养的直系亲属遭受严重生活困难的；执行案件中因一方当事人未到案或缺乏履行能力，致使另一方当事人遭受严重生活困难的；举报人、证人、鉴定人因举报、作证、鉴定受到打击报复，造成严重生活困难，无法通过法律途径获得赔偿的；政法部门在执法过程中有一定过错或瑕疵，但当事人通过现行法律、政策无法取得国家赔偿的；涉诉案件当事人不服处理决定长期上访，反映的问题有一定合理性，上访人愿意接受救助息诉罢访的；以及其他确需救助的情形。该《审批办法》还对救助数额的确定、救助资金审批的程序以及救助资金发放手续等做出规定，并明确指出属于《国家赔偿法》等其他法律、法规赔偿、补偿、救助范围的，不适用涉诉救助资金。同年，高级法院推广琼海法院、文昌法院和东方法院的经验，以三亚现场会为契机，指导全省法院积极争取各级政府财政支持，建立司法救助基金制度，一定程度上缓解了涉诉上访压力。全省法院当年共发放司法救助金人民币515.53万元，对涉及282件案件的454位特困当事人实施了司法救助；三亚两级法院主动向党委汇报执行工作，争取到司法救助专项基金近400万元，解决需要司法救助的执行案件48件73人。截至2010年，在各级政府大力支持下，全省大多数法院已建立起特困群体救助基金（资金）制度。

全省法院还通过对下岗、破产企业职工所涉土地纠纷、房屋拆迁、劳动争议、工伤事故等案件的诉讼调解、执行和解、先予给付执行，加大了对弱势和困难群体合法权益的保护。

诉讼费缓、减、免是保证有特殊困难的诉讼当事人"打得起"官司的一种司法救助方式。对城市特困居民、农民当事人作为一方当事人参加诉讼需预交诉讼费用的，法院可根据其申请，决定缓交、减交或免交诉讼费用，尤其对下岗、失业人员和农村"五保户"、城镇低保人员等特殊困难群体，拓宽司法救助范围；对医疗、交通、工伤等侵权纠纷案件，追讨赡养费、抚养费、最低生活保障金、劳动争议等债务纠纷案件的当事人，依照规定实行诉讼费的缓、减、免；对涉及特困居民、农民当事人的案件，全省法院做到快立案、快审理、快结案、快执行；申请追索赡养费、抚养费、抚育费、抚恤金、医疗费以及劳动报酬要求先予执行的，法院依法裁定并立即执行；对涉及特困居民、农民当事人的某些特殊简易案件，采取电话受理、上门立案、就地审理的方式为当事人提供诉讼方便。2002－2006 年，全省各级法院共为弱势群体缓交、减交、免交诉讼费人民币 4235.01 万元；2008 年，全省各级法院依法为经济确有困难的当事人缓交、减交、免交诉讼费 326 件，共计人民币 466.54 万元。

全省各级法院认真落实法律援助制度，保障当事人的辩护权、代理权，依法为符合法律援助法定条件的当事人指定承担法律援助义务的律师事务所和律师进行辩护或代理诉讼；对因经济困难而没有委托辩护人的刑事被告人，指定有法律援助义务的律师事务所和律师为其提供法律辩护。

2000－2010 年海南省法院减交、免交、缓交诉讼费情况表①

表 2－3－1

年度	减交诉讼费		免交诉讼费		缓交诉讼费	
	件	金额(万元)	件	金额(万元)	件	金额(万元)
2000	21	48.31825	18	4.4036	745	1938.483
2001	16	31.3612	30	18.2758	627	1369.6837
2002	112	360.1595	76	32.1304	972	1522.0422
2003	97	118.8884	71	36.4693	523	1026.0303
2004	46	68.306	147	67.0244	516	306.1573
2005	57	38.1255	141	65.7353	595	327.2541
2006	37	59.5782	118	60.0918	488	251.075
2007	17	39.5053	83	22.4593	341	583.39
2008	12	10.7679	86	15.1017	228	440.6669
2009	13	50.7714	153	18.4801	810	253.4408
2010	53	10.9052	267	37.1814	534	383.4704

①1991－1999 年无数据可查。

第三章 刑事审判

1991－2010年，全省法院充分发挥刑事审判职能，正确执行国家刑事法律和党的刑事政策，依法公正审判刑事案件。全省法院共审结一审、二审刑事案件78175件，判处罪犯80370人，年均案件审结率97.60%，新收一审刑事案件逐年递增，20年增长了2.7倍。

第一节 程序和制度

刑事审判程序是人民法院审判刑事案件的步骤、方式、方法的总和。我国《刑事诉讼法》规定了4种基本审判程序：第一审程序、第二审程序、特殊案件复核程序（包括死刑复核程序和《刑法》第六十三条第二款规定的在法定刑以下判处刑罚的案件的复核程序）以及审判监督程序。

一、公开审判

公开审判是我国《宪法》规定的一项原则，也是人民法院“二五改革纲要”和“三五改革纲要”所确定的重要司法改革任务。1999年，最高法院《人民法院五年改革纲要》将“全面落实公开审判制度”作为一项重要内容；2007年6月，最高法院下发《关于严格执行公开审判制度的若干规定》，规定了公开审判案件的范围。

全省法院一直全力推进公开审判制度：2003年，高级法院实行二审死刑案件一律开庭审理，比最高法院《关于进一步做好死刑案件第二审开庭审理工作的通知》要求自2006年7月1日起所有死刑二审案件一律开庭审理提前了两年多时间。2006年，高级法院加大二审案件开庭审理力度，规定刑事二审案件一律开庭审理。2010年，高级法院与省检察院共同发文，规定死刑、抗诉、拟判无罪、重大改判的二审案件开庭审理，其余二审案件书面审理；规定检察机关二审阅卷期限为40天，提高了二审案件审判效率。

2006 年 6 月 6 日，高级法院刑事审判庭公开审判死刑二审案件。

二、普通程序简化审理

随着"严打"斗争深入进行，大量案件起诉到法院，刑事审判任务繁重，有限司法资源与不断增加的审判任务之间的矛盾日益突出，迫切需要对刑事审判方式进行改革。2003 年 3 月，最高法院、最高检察院、司法部颁布《关于适用普通程序审理"被告人认罪案件"的若干意见（试行）》，规定在现有刑事诉讼法框架内，对事实清楚、证据充分、被告人作有罪供述的刑事案件采用普通程序简化审理，快速审结案件。这一庭审方式的启动，一定程度上实现了繁简分流、节省了诉讼资源、及时保护了被害人的利益、提高了诉讼效率。

三、量刑规范化

量刑规范化是司法改革的重要内容，增强了量刑的公开性和透明度，规范了法官的自由裁量权，使量刑趋向均衡，减少"同案不同判"现象，有利于被告人认罪服法，减少案件的上诉、改判和发回重审率。按照最高法院的要求和部署，高级法院于 2009 年 6 月 1 日成立量刑规范化试行指导小组，确定海口中院、龙华区法院、儋州法院、文昌法院、三亚城郊法院为试点法院，进行新增 15 种罪名的试点工作。

2010 年 4 月，最高法院量刑规范化检查组到海南检查验收试点工作，观摩了海口中院量刑规范化示范庭审，分别在海口市和儋州市召开了 6 省 32 家法院代表参加的量刑规范化试点工作汇报交流会和社会各界量刑规范化工作座谈会。同年 9 月 20 日，高级法院制定《海南省法院量刑规范化实施细则》印发全省执行。同年 9、10 月，高级法院举办两期"量刑规范化专题培训班"，组织全省刑事审判人员学习最高法院两个指导文件及

《海南省法院量刑规范化实施细则》。同年9月17日，最高法院在三亚市召开“全国法院量刑规范化改革工作会议”，总结试点经验。会后，根据中央政法委第14次全体会议的重要精神，从2010年10月1日开始在全国法院全面推行量刑规范化工作。

第二节　各类案件的审判

刑事案件案由以《刑法》规定的罪名为主，1997年《刑法》修订，罪名有所增加。海南法院的刑事案件集中在危害社会治安的犯罪、毒品犯罪和经济犯罪、职务犯罪三类。

一、危害社会治安犯罪案件的审判

建省以后，海南对“两抢一盗”等严重影响社会治安的刑事犯罪案件始终保持高压态势，针对侵犯财产犯罪和侵犯人身暴力性犯罪突出的情况，全省各级法院坚决贯彻依法从重从快严打的方针，在省委统一部署下，与公安、检察机关密切配合，开展多次集中打击行动，依法严惩了一大批严重刑事罪犯。

法院积极参与社会治安综合治理。（摄于建省之初）

1991年，按照中央提出的“稳定压倒一切”的要求和全国法院第15次工作会议提出的任务，全省各级法院充分发挥审判职能作用，依法严惩了一批危害社会治安的刑事犯罪分子。针对淫秽物品和嫖娼卖淫毒化社会风气、危害群众身心健康、犯罪活动严重的情况，法院配合有关部门，积极开展“抓黄”和除“六害”斗争，认真贯彻《关于惩治走私、制作、贩卖、传播淫秽物品的犯罪分子的决定》，对各种制作、贩卖、传播淫秽物品的犯罪分子和嫖娼卖淫犯罪分子，坚决从严打击，推动“扫黄”和除“六害”斗争的深入开展。

1992年，全省各级法院按照中共中央、全国人大常委会、国务院、最高法院《关于进一步加强人民法院参与社会治安综合治理工作的意见》，把审判工作与社会治安综合治理结合起来，着力开展对缓刑、管制、免刑人员回访，对青少年罪犯回访以及判决后回访工作，防止矛盾激化。同年，全省法院积极参与社会治安综合治理宣传活动，开展法制宣传32场，召开公判大会69场，宣判刑事案件228件，旁听群众42.56万人。

1993年，全省各级法院坚持依法从重从快的方针，对重大盗窃、杀人、抢劫等犯罪分子，特别是惯犯、累犯、流窜犯和犯罪集团的首要分子，依法该判处死刑的判处死刑、该重判的重判，决不心慈手软。同时，根据省委的统一部署，相继开展了除“七害”、“扫黄”、反盗窃等专项斗争。通过集中打击和专项斗争，摧毁了一些带有黑社会性质的流氓犯罪团伙，严惩了一批严重危害社会治安秩序的犯罪分子。

1994年，全省开展打击涉枪犯罪专项斗争。高级法院对涉枪犯罪案件进行调研，召开审理涉枪犯罪案件工作会议，加强指导。各级法院对非法制造、买卖、运输枪支、弹药、爆炸物，盗窃、抢夺和私藏枪支、弹药、爆炸物，以及使用枪支、弹药、爆炸物进行杀人、抢劫等严重刑事犯罪分子，在法定刑幅度内从重量刑。有23名情节特别严重的涉枪犯罪分子被依法判处无期徒刑和死刑，专项斗争取得了成效。同年，为贯彻执行《海南省社会治安综合治理条例》，高级法院制定《社会治安综合治理实施细则》，采取多种形式积极参与社会治安综合治理。通过公开审判，开展法制宣传教育；针对办案中发现有关单位在管理上存在的漏洞，提出司法建议；对未成年人罪犯贯彻教育、感化、挽救方针，寓教于审，惩教结合。

1995年，全省各级法院继续贯彻落实政法工作要“竭尽全力维护社会稳定”的方针，突出打击重点，狠抓大案要案的审判，会同公安、检察机关相继开展了“打拐禁娼”、“缴黑枪”、“反盗窃”等专项斗争，锋芒始终指向杀人、抢劫、重大盗窃、非法制造买卖枪支、流氓犯罪集团和强迫引诱容留妇女卖淫等严重危害社会治安的犯罪分子。通过专项斗争和集中打击，摧毁了一批带有黑社会性质的刑事犯罪集团，严惩了一批首要分子和惯犯、累犯、流窜犯。11月24日、12月7日和12月29日，海口中院、海南中院、三亚中院分别召开公判大会，一批严重刑事犯罪分子被判刑。

1996年，全省法院继续贯彻“严打”方针，突出重点，严厉打击群众反映最强烈的抢劫犯罪和黑社会性质犯罪团伙。如罗绪跃抢劫集团作案20余起，开枪杀死3人、重伤1人，赃款高达130余万元；符建岛抢劫集团1个月内持枪抢劫20余次，被害群众达80余人，该两个犯罪集团中的15名罪犯被判处死刑。同年，各级法院严厉打击引诱、容留妇女卖淫犯罪，促进“扫黄”、“打非”深入开展，净化社会环境。全省法院共召开公判大会137场次，公开宣判刑事案552件，案犯1231人，146名流氓、盗窃、抢劫等严重刑事犯罪集团的犯罪分子被判刑。

1996 年“严打”活动新闻发布会。

1997 年，全省开展了春季“严打”斗争，重点打击杀人、抢劫、爆炸、投毒、绑架勒索等暴力犯罪以及涉枪涉毒、车匪路霸和带黑社会性质的有组织犯罪，摧毁流氓、抢劫等严重刑事犯罪集团 17 个，判处集团犯罪分子 72 人，判处重大盗窃案犯 416 人，其中，判处 5 年以上有期徒刑的 306 人。如对号称“南霸天”的王英汉重大流氓集团、抢劫集团等一批犯罪集团的成员依法予以严惩，有力地打击了犯罪分子的嚣张气焰。

1997 年，高级法院公开宣判毒品犯罪大会。

1998 年，修订后的《刑法》开始实施，全省各级法院围绕贯彻执行“两法”，始终把维护社会稳定作为首要任务，坚持严打方针不动摇，把打击锋芒对准直接危害社会治安和人民群众生命财产安全的杀人、抢劫、重大盗窃、故意伤害、绑架勒索、爆炸等暴力犯罪、涉枪犯罪、带黑社会性质的集团犯罪以及地方恶势力和车匪路霸。审结严重刑事犯罪案件1178件2077人,其中,判处5年以上有期徒刑1157人。如震惊全省的"丁村血案"、三亚黄运行等12人抢劫集团案,都得到及时审判和从重判处。全省各级法院共召开大型公判会56场次,弘扬法制,震慑犯罪,鼓舞了群众。同时,"寓教于审、惩教结合",对少年犯及缓刑犯做好教育、感化、挽救工作,依法从轻判处未成年罪犯238人。

1999年,党的十五届三中全会召开后,全省法院及时对农村犯罪问题进行专题调研,对涉农案件高度重视,一方面严惩犯罪分子,另一方面维护农民利益。

2000年,全省各级法院依法从重从快严厉打击各种暴力犯罪、团伙犯罪、涉枪涉毒犯罪和严重危害国家安全、危害公民生命和财产安全的各类刑事犯罪活动。重点打击故意杀人、抢劫、爆炸、绑架、重大伤害、重大盗窃以及毒品犯罪,成功审理了蒙文腾等人买凶杀害检察官案等一批恶性暴力犯罪案件。王不雷、李军锋、陈国伟等8人多次在高速公路上结伙持枪抢劫运输车辆,抢劫瓜菜商,严重破坏海南绿色通道畅通,社会影响极为恶劣,终被严惩。

2001年4月,全国社会治安工作会议决定开展"严打"整治斗争,两年内实现社会治安明显好转。根据最高法院和省委政法委的部署,高级法院召开全省法院"严打"整治斗争工作会议,制定下发了2001、2002年"严打"整治斗争工作方案,重点打击三类犯罪:组织犯罪、带黑社会性质的团伙犯罪和流氓恶势力犯罪;爆炸、杀人、抢劫、绑架等严重暴力犯罪;涉枪、毒品、街头抢夺、入室盗窃和盗窃机动车犯罪等严重影响群众安全的多发性犯罪。同年,高级法院会同省检察院、公安厅、司法厅发布《敦促犯罪分子投案自首的通告》。全省各级法院积极行动,从重从快,依法审结了李镇坤、张纯烈两个特大团伙贩毒案,林弟等黑恶势力犯罪团伙案,琼山公安局交警吴亚弟持枪杀人案等一批严重危害社会治安的暴力犯罪案件,组织了近90场公判大会,震慑了犯罪分子,教育了广大群众。最高法院院长肖扬专程到海南视察"严打"整治斗争工作,法院干警受到了鼓舞。

2005年2月6日,高级法院在"严打"斗争中开庭审理案件。

2002年，全省各级法院开展“打黑除恶”专项活动，依法审结了公安部和最高法院挂牌督办的王录雄等12人组织、领导、参加黑社会性质组织，实施故意伤害、绑架、抢劫、非法持有枪支弹药等严重暴力犯罪涉黑案件。针对“两抢”犯罪高发、频发的状况，高级法院制定下发了《关于全省法院开展打击“两抢”和盗抢机动车辆犯罪的专项审判活动的紧急通知》，各级法院加强审判工作，加大惩治力度，全年共审结“两抢”案件592件915人。

2003年，全省各级法院开展声势浩大的“严打”整治斗争，依法严惩杀人、抢劫、绑架、“两抢一盗”和涉枪、涉毒等严重刑事犯罪，继续开展“打黑除恶”专项活动，审理“两抢”案件699件1175人，审理了公安部和最高法院挂牌督办的海再文等17人组织、领导、参加黑社会性质组织案，陈树雄涉黑恶势力犯罪案，李文君涉黑社会组织犯罪案，陈定强杀人碎尸案等一批大案，全力维护地方社会安定和人民群众生命财产安全。

2004年，全省各级法院继续深入开展“打黑除恶”专项活动，建立健全“严打”斗争经常性工作机制，依法审结了梁定法黑社会团伙案、羊定科等故意杀人、抢劫、非法持有枪支弹药案、刘京等8人团伙抢劫、盗窃、万绿园杀人练胆案等一批严重危害社会治安的犯罪案件；全省组织公判大会10场，3万人旁听了公判会，对全省社会治安的稳定起到了积极推动作用。

2005年，继续贯彻“严打”方针，按照中央和省委确定的重点，严厉打击杀人、“两抢一盗”犯罪，维护社会稳定。审结的案件中，故意杀人、抢劫、故意伤害、绑架等暴力犯罪案件1305件1925人；依法审理邢成汉等抢劫案，“1·8”北部湾海上特大抢劫案，冯俊德故意杀人案等大案。

2006年，继续严厉从重打击严重危害社会治安的杀人、抢劫、爆炸、毒品、抢夺及带有黑社会性质的犯罪，维护社会稳定。依法审理了董洪建、帅水林等抢劫、故意伤害案，谢其俊、王旗意等抢劫、强奸案，李坤明故意伤害、抢劫案，李道渊、谢才武等故意杀人、抢劫、盗窃案，黄富广、黄相源贩卖毒害案，陈志勇、沈其雄贩卖毒害案，吴长富走私、贩卖、运输毒品案等有重大社会影响大案要案，对其中的首要分子依法判处了极刑。

2007年，根据省委政法委和最高法院部署，高级法院指导全省各级法院继续开展“打黑除恶”专项斗争，依法严厉打击“两抢一盗”和黑恶势力犯罪、毒品犯罪以及其他严重危害社会治安的犯罪。全省共审结故意杀人、抢劫、故意伤害、绑架等暴力犯罪案件1021件1638人，涉毒犯罪案件1011件1235人。在严厉打击犯罪的同时，强调严格执法，对法律规定不构成犯罪或者不应承担刑事责任的案件，依法宣告无罪。如戴石羡玲犯走私珍贵动物罪一案，被告人走私进口的冠螺，案发时属国家禁止进出口的珍贵动物，但该案侦查期间，国家取消了对冠螺限制进口的规定，根据“罪刑法定”和“从旧兼从轻”原则，高级法院依法宣告被告人戴石羡玲无罪。同年，最高法院收回了死刑核准权。高级法院召开全省刑事审判工作座谈会，要求高、中级法院刑事审判人员深刻理解中央刑事政策，严格掌握和统一死刑适用的标准，确保死刑只适用于极少数罪行极其严重的犯罪分子。为配合最高法院复核死刑案件，各级法院在硬件设施和人员方面做足努力，保障最高法院审判人员到海南提讯被告人、询问证人及补充调查工作顺利进行；最高法院要求查证案件中某个具体问题时，迅即补充查证、核实或解释说明；当年报请最高法院复核的死刑案件均获依法核准，无发回重审或改判。同年，高级法院将刑事审判庭一分为二，设置刑事审判第一庭和刑事审判第二庭（详见第一章第一节机构）。

2008 年，根据最高法院和省委政法委的部署，高级法院指导全省法院坚持“严打”方针，依法严厉打击严重危害社会治安的杀人、抢劫、爆炸、毒品等犯罪，维护社会稳定。依法审结了姚道等 3 人绑架抢劫案、刘明、刘政杨等 21 人抢劫盗窃案、周本纵火焚烧海南卷烟厂案、在全国有影响的杨柳等 5 名被告人利用高校招生诈骗、破坏计算机信息系统案等一批恶性案件。全省法院按照“社会治安一票否决制”的要求，由一把手负总责，做好息诉罢访和依法纠错工作；完善警务装备，严格警务管理，提高法警应急处置能力，全力保障司法安全；和政法各部门共同努力，实现了海南在全国“两会”、博鳌亚洲论坛、奥运火炬传递、建省办经济特区 20 周年纪念、奥运会、改革开放 30 周年纪念等重大活动期间的社会稳定，无重大政治事件和治安事件、无集体进京上访事件的“三个零”目标。

2009 年，全省法院积极开展处置“积压命案”（即 2008 年 1 月 1 日前发案，4 月 1 日后侦破的故意杀人、故意伤害、抢劫、强奸等致人死亡重大暴力犯罪案件）审判工作，在保证案件质量的同时，做到快审快结，依法审结了王生辉、王芳阳抢劫、故意杀人案等一批严重危害社会治安的恶性案件。

2010 年，按照省委政法委“社会治安环境整治年”的部署，全省法院积极参与打黑除恶、打击“两抢一盗”、禁赌禁毒等专项斗争，加强旅游景区、工业园区、铁路、港口、学校周边、航天城等治安重点区域的整治，为国际旅游岛建设营造良好的治安环境；审结故意杀人、故意伤害、绑架、黑社会性质组织犯罪等严重危害社会治安的刑事案件 2614 件（含公安机关侦破的积压命案 110 件）；审结“两抢一盗”案件 1507 件 1553 人；巩广海等人抢劫杀人案、王成华故意杀人案、胡石丰等 13 人抢劫盗窃案、黎文华等 11 人贩卖运输毒品案的主犯均受到法律严惩。

二、毒品犯罪案件的审判

海南首例毒品犯罪案件发生在 1990 年，尔后，案件数量逐年上升，2010 年为 1693 件，约占刑事案件的 1/4。自 2008 年起，外籍人员入境走私毒品、雇用内地人员走私毒品案件增多，k 粉、摇头丸、麻古等新型合成毒品蔓延范围广、速度快，毒品犯罪增长，危害后果严重，形势严峻。

全省法院始终将毒品犯罪作为重点打击对象，重视对重大贩毒案件的审理，依法严惩毒品犯罪中的主犯。1995 年“6 · 26”国际禁毒日，在海口市、三亚市同时召开严厉打击毒品犯罪宣判大会，首次对贩毒罪犯判处死刑。1996 年，重点打击毒品犯罪，审理毒品犯罪案件 286 件，判处 441 人，缴获鸦片 43 克、海洛因 1200 克，高级法院于 6 月 18 日在海口市体育馆召开公判大会，对李云新、刘国传、翁永红、邱乐雄、何学伟等 5 名贩毒罪犯判处死刑。1997 年，审理毒品犯罪案 110 件、案犯 159 人，缴获海洛因 753 克。1998

年，受理一审毒品犯罪案377件566人，审结376件554人，其中被判处5年以上徒刑72人；“6.26”国际禁毒日在海口市、三亚市公开集中宣判了一批毒品罪犯，法院干警走上街头，进行以“拒绝毒品，珍爱生命”为主题的宣传教育活动，让群众认识毒品对个人、家庭和社会的危害。1999年“6.26”国际禁毒日，在海口、三亚、琼山等8个市县召开建省以来规模最大的对毒品罪犯的专项宣判大会，依法严惩65名贩卖、运输毒品等涉毒罪犯，各级法院配合宣传部门制作电视专题片，及时报道宣判大会情况和典型案例，教育群众，震慑犯罪。2002年，全省法院继续打击毒品犯罪，审理了建省以来贩毒数量最大的张瑞发等6人贩卖、运输毒品案等一批毒品犯罪案件，张瑞发等被告人贩卖海洛因25.98613千克，数量巨大，3名主犯被依法严惩。2004年，审结了周某贩卖、运输毒品案等一批毒品犯罪案件。2005年，审结张立周等被告人贩卖2万余克海洛因案等涉毒犯罪案627件833人。2007年，审理了依比不拉木等11名被告人重大贩毒集团案等一批大案。2009年，审结了被告人刘达成等贩卖运输毒品案等一批毒品大案。2010年，海口中院审理印度尼西亚籍被告人迪卡入境走私毒品案，迪卡在马来西亚吉隆坡受雇吞下带包装物的毒品400克乘飞机到桂林，再转车到广州交货，之后又受雇从吉隆坡携带夹藏海洛因993.1克的箱子乘飞机到海口，被依法判处无期徒刑。

2008年“6.26”国际禁毒日，高级法院工作人员进行宣传教育活动。

审理毒品案件，毒品的成分、含量与定罪量刑密切相关，但毒品含量的鉴定经历了一个变化过程：1994年，最高法院《关于禁毒决定的解释》第19条规定查获的毒品应有纯度鉴定；1997年修订后的《刑法》第357条第2款规定查获的毒品不以纯度折算；2007年，最高法院、最高检察院、公安部《办理毒品犯罪案件适用法律若干问题的意见》规定查获的毒品应有纯度鉴定。此后，毒品纯度成为定罪量刑的重要情节，各级法院审理毒品案件时均予以注意，对涉案毒品进行含量鉴定，做到罚当其罪。海口中院审理的王开文等 12 人贩卖毒品一案，主犯参与贩卖毒品 4250 克海洛因被判处死刑，其上诉辩称涉案毒品含量低，高级法院二审期间委托公安机关对涉案毒品进行鉴定，经定量分析，证实查获的大部分毒品海洛因含量极低，有的仅为 0.33%、1.32%，据此依法改判主犯死刑缓刑二年执行。

三、经济犯罪、职务犯罪案件的审判

1992 年，全省各级法院坚持“一要坚决，二要慎重，务必搞准”的方针，坚决打击贪污、贿赂、挪用公款等严重经济犯罪活动，清除腐败分子，促进廉政建设。全年通过审判经济罪犯，为国家和集体挽回经济损失人民币 313 万元。

1993 年，审判了薛根和等 8 名被告人建国以来全国最大的贪污案，办案人员奔波数万公里，调查 500 余人，取得证据材料 900 多份，追回赃款赃物折合人民币 680 余万元，薛根和、陈贻全、熊道先、赵东方、杨绍琼等 5 名案犯被依法判处死刑，另 3 名案犯张德全、熊元龙、戴开业被判处有期徒刑。最高法院对此案的审理予以高度评价，最高法院院长任建新为此专门题词：“运用法律武器，严惩经济犯罪”。

审判了原省计划厅厅长姜巍受贿案，姜巍收受贿赂 12 万余元，美金 1000 元，被依法判处无期徒刑，剥夺政治权利终身。最高法院把这两起案件作为反腐败斗争取得阶段性成果的标志，向社会通报，促进反腐败斗争深入开展。全省各级法院共为国家和集体挽回经济损失人民币 8600 余万元。

1994 年，国家治理整顿经济秩序，海南房地产泡沫破裂，全省各级法院新收经济犯罪案件上升 24.3%。其中，贪污案件上升 25%；挪用公款案件上升 93.8%；受贿案件上升 43.5%；审结万元以上一审经济犯罪大案 81 件，为国家、集体挽回经济损失 5546.23 万元。审理了原省政府副秘书长李善有受贿、诬告陷害案，李善有被判处死刑，缓期两年执行，剥夺政治权利终身。审理了于某特大诈骗案，于明军诈骗 3 千多万元，被依法判处无期徒刑，剥夺政治权利终身。

1995 年，全省各级法院抓好经济犯罪、职务犯罪大要案审判工作，一是依法判处广大群众关注、社会影响大的贪污、贿赂、挪用公款犯罪案件 153 件 211 人；二是依法判处严重破坏经济秩序的虚开增值税专用发票，生产、销售伪劣商品，金融诈骗等案件 13 件 16 人；为国家、集体挽回经济损失 7200 余万元。

1996 年，全省各级法院依法严厉打击危害特区经济秩序的偷税抗税、走私贩私、金融诈骗和投机倒把等犯罪活动，共审结这几类案件 164 件，判处犯罪分子 211 人，其中，犯罪数额万元以上的贪污贿赂大案 41 件，为国家、集体挽回经济损失 2143 万元。高级法院建立了全省大要案登记报告制度、量刑统一平衡制度和案件督办制度，集中宣判了几批大案要案，向人民群众昭示党和政府反腐败的决心，增强群众反腐倡廉的信心。

1997 年，全省各级法院依照《刑法》和全国人大常委会《关于惩治破坏金融秩序犯罪的决定》等法律，重点惩处破坏金融秩序和税收征管秩序，以及贪污、贿赂、挪用公款犯罪,审结此类案件共 112 件,判处犯罪分子 148 人,其中,犯罪数额 10 万元以上的 43 人。

1998 年,全省各级法院严厉打击严重破坏金融管理秩序、金融诈骗、合同诈骗、涉税、涉假币犯罪等破坏社会主义市场经济秩序的犯罪案件,共受理 34 件 59 人,审结 32 件 54 人,为国家、集体挽回经济损失 4491 万元。公开审理了戚火贵受贿、巨额财产来源不明案。全年上缴国库的罚没款项达 1573 万余元,挽回经济损失 2.1 亿元。

1998 年,高级法院公开审判戚火贵案。

1999 年,全省各级法院继续重点打击走私、金融诈骗、骗汇套汇、破坏税收监管等破坏经济秩序犯罪,依法从重从严惩处贪污、贿赂、挪用公款、徇私舞弊等犯罪,5 名厅处级腐败官员被依法判处刑罚;中国银行椰树门中心办事处职员蓝穗青伙同崔林杰变造银行存折冒领他人存款 24.5 万元案,蓝穗青犯金融凭证诈骗罪被依法判处无期徒刑,罚金 15 万元,崔林杰犯同罪被依法判处有期徒刑五年,罚金 5 万元。

2000 年,全省各级法院共审结走私、购买运输假币罪、金融诈骗、合同诈骗等破坏经济秩序犯罪案件 88 件 160 人,挽回经济损失 3299 万元。审理了公安厅原副厅长路景林受贿、巨额财产来源不明、滥用职权案,三亚海关原关长贵兴、周启贵受贿案,港澳国际投资集团、海南国际投资集团原董事长李耀祺等人贪污、挪用公款、受贿案,林明等人非法经营、职务侵占、挪用公款、骗汇、行贿案等一批严重经济罪案,为国家挽回经济损失 2632 万元。

2000 年，高级法院公开开庭审理李耀琪案。

2001 年，全省各级法院根据全国整顿规范市场秩序工作会议精神，重点打击偷税、漏税、合同诈骗、商业欺诈、非法传销等破坏市场经济秩序的犯罪活动，依法审结郑楚明、林传辉特大虚开增值税专用发票案等破坏市场经济秩序案件 59 件 141 人，为国家挽回经济损失 2273 万元。还依法审理了省烟草专卖局原局长陈罗荣等人贪污、受贿案，省人民银行原副行长喻瑞祥贪污、挪用公款案等一批严重经济罪案，为国家挽回经济损失 2168 万元。

2002 年，审理了海南省首例擅自发行公司债券案，被告人海南赛格国际信托投资公司未经批准，采取超额发行，重复发行、变相发行的手段擅自发行公司债券，数额巨大，后果严重。对此类新类型案件的审理，有效规范了省内金融、证券市场的正常秩序。

2003 年，全省各级法院依法审理的重大案件有：省工商局原局长马招德受贿案，省供销合作联社原主任谢崇林贪污、受贿、挪用公款案，海口市公安局原副局长赵林受贿、巨额财产来源不明案，谢开崇等人金融凭证诈骗案及陈涛、陈师职务侵占、伪造国家机关、事业单位印章案等一批经济犯罪、职务犯罪大要案。

2004 年，全省各级法院依法审理的重大案件有：海南珠江建设集团原董事长赵玉南诈骗案，受害 32 人涉案金额 1197 万元的赖凤兰集资诈骗案，以及涉案被告人 40 余人、涉案金额 260 亿元的最高法院指定管辖的海南华银国际信托投资公司金融凭证诈骗、非法吸收公众存款、私分国有资产案等一批严重经济犯罪和职务犯罪案件。

2005 年，全省各级法院依法审理的重大案件有：海南电视台原台长鹿松林受贿案，临高县原县委书记吴光华索贿受贿案，范起明票据诈骗、贷款诈骗案等一批贪污、贿赂职务罪案和破坏市场经济秩序的大要罪案。

2006 年,全省各级法院按照中央统一部署,开展反商业贿赂专项活动,成立“治理商业贿赂领导小组办公室”,将审理商业贿赂犯罪案件的情况上报最高法院,全年共受理商业贿赂犯罪案件 7 件;审理了科技厅原厅长刘须钦贪污、受贿、滥用职权案,省纺织工业总公司原总经理、省政府国有资产监督管理委员会原副主任刘连琏受贿、贪污、巨额财产来源不明案,省彩票管理中心原主任李家福受贿、信用证诈骗、挪用公款、单位行贿案。

2007 年,全省各级法院审理的重大案件有:涉案 6300 万元的海南锦绣大地生物公司种植仙人掌合同诈骗案等一批破坏社会主义市场经济秩序的犯罪案件和职务犯罪案件。

2008 年,全省各级法院审理的重大案件有:大连证券公司等六家非银行金融机构及石雪等 29 人金融凭证诈骗案,琼海金贸公司王清友等 10 人虚开增值税发票案等一批经济罪案;以及文昌市原市委书记谢明中受贿、巨额财产来源不明案,大连证券公司石雪贪污、挪用、金融凭证诈骗案,海南华银国际信托投资有限公司夏鼎钧贪污案等职务犯罪案件。

2009 年,全省各级法院审结重大案件有:吴日光等 8 人虚开增值税专用发票抵扣税款发票案,原省国资委副主任王俊武受贿案。还依法及时高效地审理了社会影响较大的海口市城建系统陈立奇等 12 人受贿窝案(12 案 12 人)和海南省税务系统陈谟林等 23 人受贿窝案(21 案 23 人),注意罚当其罪,量刑平衡,避免同案不同判。

2010 年,全省各级法院审结的重大案件有:东方市原市长谭灯耀、原市委副书记吴苗受贿案,高级法院原审判员肖介清受贿索贿案等贪污贿赂、渎职犯罪案件 173 件 260 人,审理了符传军、岳广喜在虚拟网上交易的新类型合同诈骗案,涉案金额达 1 亿元的林川同诈骗案、涉案金额 5000 万元的白秀华走私普通货物案。

贪污、受贿、挪用公款、行贿等职务犯罪案件社会关注度高,影响较大,大要案多,窝案串案多,犯罪者为党政机关、司法机关、行政执法部门和经济管理部门的国家工作人员;此类案件涉及的专业性和政策性较强,言辞证据多、间接证据多,直接证据不易取证,为确保审判质量,法院加强与纪委、检察院反贪部门沟通协调,强调证人证言和犯罪嫌疑人口供等证据的合法性、内容的关联性;贯彻“宽严相济”的刑事政策,执行最高法院和最高检察院《关于办理职务犯罪案件认定自首、立功等量刑情节若干问题的意见》,考虑影响定罪量刑的各种法定、酌定情节,不以犯罪数额作为定罪量刑的唯一依据和基准点,做到罪、责、刑相适应;重视案例指导和业务交流,2010 年,高级法院制定《全省法院刑事大案要案报告制度》,意在把握相同案件的证明标准和量刑尺度,对全省法院受理的职务犯罪案件进行量刑平衡,实现公正判决。

1991 –2010 年海南省法院受理、审结刑事案件情况表

表 3 –2 –1

年度	一审案件			二审案件	
	新收案件件数	审结案件(含旧存)件数	结案率	新收案件	审结案件(含旧存)
1991	2233	2249	97.32%	318	341
1992	2057	2089	98.58%	321	341
1993	1758	1746	97.65%	278	267
1994	2043	2057	98.66%	259	275
1995	2225	2216	98.36%	312	313
1996	3872	3819	97.70%	528	513
1997	2564	2564	96.61%	581	591
1998	3031	3081	98.72%	650	651
1999	2847	2869	99.38%	543	560
2000	2989	2988	99.37%	548	545
2001	3408	3406	99.39%	644	638
2002	3436	3423	99.02%	443	446
2003	3970	3969	99.13%	594	571
2004	3872	3876	99.21%	600	552
2005	3965	3959	99.07%	674	696
2006	4089	4082	98.93%	594	514
2007	4428	4414	98.70%	583	581
2008	4924	4956	99.48%	613	727
2009	5551	5522	99.01%	664	660
2010	6071	6093	99.46%	769	774
合计	69333	69378	98.82%	10516	10556

1991 –1997 年海南省法院各类刑事案件收结案情况表①

表 3 –2 –2

危害公共安全罪

年度	收案	结案	结案情况					未结
			判决	撤诉	移送	终结	其他	
1991	120	122	108				14	1
1992	77	76	71				5	1
1993	75	69	54	1			14	2
1994	85	87	82		2		3	
1995	77	73	57	2	1		13	3
1996	124	126	113	2	3		8	2
1997	78	78	74	2			2	2

①1997 年《刑法》进行了修订,《刑法》修订前后罪名发生了变化,故各类案件的统计分为 1997 年前后两个阶段。

破坏社会主义经济秩序罪

年度	收案	结案	结案情况					未结
			判决	撤诉	移送	终结	其他	
1991	36	36	27				9	4
1992	39	40	34	1			5	1
1993	24	24	22				2	1
1994	23	22	15				7	1
1995	26	22	18				4	4
1996	54	54	51				3	2
1997	29	30	26	1	1		2	1

侵犯公民人身权利、民主权利罪

年度	收案	结案	结案情况					未结
			判决	撤诉	移送	终结	其他	
1991	327	325	290				35	12
1992	306	315	266	9	2	1	37	7
1993	276	272	219	7			46	15
1994	322	332	284	6	7	2	33	9
1995	334	332	259	2	15		56	11
1996	622	608	521	4	16	1	66	26
1997	430	423	376	16	9		22	32

侵犯财产罪

年度	收案	结案	结案情况					未结
			判决	撤诉	移送	终结	其他	
1991	1433	1465	1333				132	30
1992	816	814	708	3	9		94	9
1993	734	728	635	3			90	12
1994	1377	1386	1235	2	9		140	13
1995	1512	1514	1328	3	8		175	12
1996	2531	2495	2289	4	20	3	179	48
1997	1530	1543	1450	32	6	1	54	36

妨害社会管理秩序罪

年度	收案	结案	结案情况					未结
			判决	撤诉	移送	终结	其他	
1991	194	204	182				22	3
1992	176	176	164				12	5
1993	156	154	141				13	2
1994	149	150	129	3	1		17	2
1995	204	206	176	1	3		26	1
1996	448	440	396	1	7		36	9
1997	420	416	392	4	3		17	14

妨害婚姻、家庭罪

年度	收案	结案	结案情况					未结
			判决	撤诉	移送	终结	其他	
1991	39	38	24				14	3
1992	30	32	20	11			1	1
1993	26	25	12	9		3	1	2
1994	32	32	9	14	3	1	5	2
1995	25	25	8	10	1		6	2
1996	26	27	17	2	1		7	1
1997	27	28	8	10			10	0

渎职罪

年度	收案	结案	结案情况					未结
			判决	撤诉	移送	终结	其他	
1991	47	49	29				20	3
1992	87	87	64				23	3
1993	37	39	28	1			10	1
1994	47	49	32		2		15	1
1995	45	38	26	1	2		9	4
1996	65	67	48			1	18	2
1997	49	46	35	4	1		6	5

注：此上结案均含旧存。

1997 年刑法修订后 1998 – 2010 年海南省法院各类刑事案件收结案情况表

表 3 – 2 – 3

破坏社会主义市场经济秩序罪

年度	收案	结案	结案情况							未结
			判决	调解	检察院撤诉	自诉人撤诉	驳回自诉	移送	终止	
1998	33	32	27		4			1		2
1999	51	51	40		10				1	2
2000	90	88	80		8					4
2001	64	59	52		6				1	9
2002	67	72	66		6					5
2003	52	55	52		2			1		2
2004	71	70	68		2					3
2005	65	63	61		2					5
2006	66	65	63		1				1	6
2007	77	75	73		1		1			8
2008	75	80	78						2	2
2009	82	82	80		2					2
2010	105	107	106		1					2

侵犯公民人身权利、民主权利罪

年度	收案	结案	结案情况							未结
			判决	调解	检察院撤诉	自诉人撤诉	驳回自诉	移送	终止	
1998	543	566	513	5	24	9	11	4		9
1999	540	541	489		22	17	8	3	2	8
2000	611	613	570	3	16	6	6	6	6	6
2001	728	733	687	1	27	11	3	4		1
2002	791	786	744	1	21	13	4	2	1	8
2003	1021	1014	970	3	20	9	7	3	2	16
2004	1108	1117	1085	3	15	8	6			8
2005	1103	1101	1061	3	22	9	3	2	1	10
2006	994	990	962	1	12	5	8	2		14
2007	960	953	930		7	4	3	4	5	23
2008	961	975	948	1	7	4	8	4	3	9
2009	1165	1148	1127	2	5	4	6	2	2	25
2010	1304	1316	1300	2	3	1	6	3	1	16

侵犯财产罪

年度	收案	结案	结案情况							未结
			判决	调解	检察院撤诉	自诉人撤诉	驳回自诉	移送	终止	
1998	1689	1702	1652		42	2	1	5		15
1999	1539	1550	1497		49			4		4
2000	1474	1474	1455		16			2	1	4
2001	1750	1750	1708		35	3		4		4
2002	1683	1679	1655	1	20		2	1		13
2003	1814	1820	1794	1	20	1	2	1	1	6
2004	1522	1523	1501		14	5	2		1	7
2005	1531	1527	1507	2	12			1	5	11
2006	1645	1655	1634	1	13	1	5		1	8
2007	1517	1517	1500		11	2	2		2	9
2008	1672	1676	1662		9	2	2	1		6
2009	1921	1912	1904		6	1		1		15
2010	1905	1911	1904	1	4	1		1		4

妨害社会管理秩序罪

年度	收案	结案	结案情况							未结
			判决	调解	检察院撤诉	自诉人撤诉	驳回自诉	移送	终止	
1998	507	519	497		17			4	1	3
1999	504	507	493		12			1	1	
2000	544	541	532		8			1		3
2001	560	560	552		8					3
2002	607	604	595		8			1		1
2003	637	635	624		9		2			3
2004	723	726	721		5					
2005	837	835	827	1	7					2
2006	898	897	893		3		1			3
2007	1402	1397	1392		4		1			6
2008	1674	1677	1673		4					2
2009	1831	1831	1828		1				2	4
2010	2098	2099	2096		1			2		4

危害公共安全罪

年度	收案	结案	结案情况							未结
			判决	调解	检察院撤诉	自诉人撤诉	驳回自诉	移送	终止	
1998	125	127	121		5			1		1
1999	113	112	107		5					2
2000	130	132	131		1					
2001	157	157	152		3			2		
2002	171	165	159		3		2	1		3
2003	256	258	252		6					1
2004	257	256	250		4			1	1	2
2005	285	285	283		1				1	2
2006	314	307	306		1					3
2007	298	299	299							2
2008	349	351	350		1					1
2009	358	358	356		1			1		1
2010	441	442	441		1					

注：以上结案均含旧存。

1998－2010年海南省法院刑事案件被告人判决生效情况表

表3－2－4

年度	本期生效判决人数		宣告无罪		免刑	给予刑事处罚	五年以上有期徒刑	不满五年	拘役	缓刑	管制	单处附加刑		并处附加刑	
	件	人	证据不足	其他								罚金	其他	罚金	其他
1998	2624	4102	11	11	40	4040	1409	2320	133	164	9	5	0	1920	606
1999	2572	3963	16	10	37	3900	1337	2347	99	108	2	7		2384	622
2000	2521	3753	10	14	25	3704	1131	2309	124	128	9	3		2362	512
2001	3052	4544	11	7	13	4513	1635	2704	81	86	6		1	2919	650
2002	2957	4356	10	8	9	4329	1402	2788	52	81	5	1		2405	562
2003	3533	5157	13	8	32	5104	1350	3397	120	225	4	8		2526	584
2004	3527	4869	3	6	31	4829	1118	3203	164	334	7	3		2178	471
2005	3527	4910	8	9	27	4866	967	3414	174	287	11	5	8	2226	407
2006	3549	5178	8	13	43	5114	1069	3461	192	375	14	3		2575	440
2007	3997	5750	8	4	28	5710	1103	3918	178	494	6	11		2870	456
2008	4516	6513	2	5	68	6438	1267	4172	270	693	22	17		3517	574
2009	4908	6961	2		68	6891	1286	4460	274	806	31	34		3631	535
2010	5386	7848	4	3	52	7789	1354	5170	273	937	19	36		3575	593

1991－2010年海南省法院未成年人犯罪情况表

表3－2－5

年度	人数	宣告无罪	免予刑事处分	给予刑事处分	其中					
					五年以上有期	不满五年徒刑	拘役	有期徒刑、拘役缓刑	管制	单处附加刑
1991	188									
1992	162									
1993	81									
1994	150									
1995	161									
1996	276		5	271	104	131	3	29		4
1997	215		1	214	54	122	3	35		
1998	212		1	211	57	129	8	14	2	1
1999	238	2	2	234	61	150	13	10		
2000	182		2	180	32	119	15	13	1	
2001	248			248	61	164	9	11	3	
2002	283		1	282	68	182	10	22		
2003	338			338	83	220	14	19	2	
2004	335	1		334	62	198	31	43		
2005	315			315	46	205	21	41	2	
2006	358		7	351	50	217	17	63	3	1
2007	445		5	440	60	256	25	99		
2008	569		5	564	84	323	24	129	4	
2009	665		5	660	85	372	37	160	3	3
2010	659			659	85	369	43	157	3	2

1995 年 6 月,高级法院刑事审判庭合议庭合议案件。

第三节 其他刑事审判工作

在完成刑事审判任务的同时,海南法院延伸审判职能,进行法制宣传教育,积极参与社会治安综合治理。

1996 年,全省各级法院召开公判大会 137 场(次),宣判刑事案件 552 件;进行法制宣传 96 场(次),以案讲法,开展法制宣传;向有关单位和部门发出加强管理、健全制度等方面的司法建议 217 份(条)。高级法院认真做好刑事审判方式改革试点工作,确定了 6 个试点法院,举办刑事审判方式改革培训班,聘请参与修改刑事诉讼法的专家授课,全省 85% 以上的刑事审判干部参加了培训。同年,高级法院制定下发《关于向上级法院移送案件时必须随案移送本院审判委员会讨论笔录的通知》、《关于全省经济犯罪案件量刑平衡问题的通知》、《关于试点法院试行一审公诉案件庭审程序的通知》、《实施修改后 <刑诉法> 一审公诉案件庭审程序(试行)》等规范性文件。

1997 年,全省各级法院贯彻执行《海南省社会治安综合治理条例》,把综合治理纳入重要议事日程,加强少年犯审判工作,成立少年法庭,建立跟踪考察、回访制度,“寓教于审,惩教结合”,预防和减少青少年犯罪。通过公开审理、公开宣判、以案讲法、新闻报道、电视法庭等形式开展法制宣传,增强审判工作的透明度,扩大办案的社会影响,向有关单位和部门发出司法建议,促其堵塞漏洞、规范管理。高级法院举办修订后的刑法、刑事诉讼法培训班,购置书籍,邀请知名专家、学者授课,提高刑事审判干部的业务理论水平和准确、熟练适用法律的能力。

全省法院从 1998 年开始在刑事审判庭内设立少年法庭,2010 年,秀英区法院成立独立建制的少年法庭,集中审理海口市未成年人犯罪案件。

2010 年 11 月 30 日，海口市少年法庭在秀英区法院成立。

王胜俊视察海口市少年法庭。

1998 年，高级法院会同公安厅、省检察院、司法厅发布《关于敦促在逃犯罪分子限期投案自首的通告》，开展追捕负案在逃、批捕在逃、劳改脱逃专项行动，精心组织，及时审判，依法处理了一批逃犯；与省检察院、公安厅制定《关于盗窃罪数额认定标准问题的规定》，细化我省认定盗窃犯罪的数额标准。2008 年，还向有关单位提出司法建议 62 件。

1999 年，各级法院坚持“寓教于审、惩教结合”，切实做好少年犯及缓刑犯的教育、感化、挽救工作，依法从轻判处未成年人罪犯238人，对少年犯及缓刑犯进行回访、帮教，防止、减少重新犯罪。还根据我省经济发展的实际状况，制定《关于挪用公款罪数额认定标准问题的规定》，细化我省认定挪用公款犯罪的数额标准。

2001年5月21日，为规范司法鉴定工作，高级法院制定《海南省高级人民法院司法鉴定工作若干问题的暂行规定》。

2002年7月，高级法院召开会议，就未成年人侵财类犯罪案件上升、犯罪低龄化等问题进行研讨，介绍海南中院和昌江法院审理未成年人犯罪案件的经验做法。

2003年，高级法院进行审判方式改革，在全国高级法院中率先实行二审死刑案件一律开庭审理。为加强刑事案件的审限管理，于11月26日制定了《海南省高级人民法院关于刑事附带民事诉讼案件立案受理和审理程序问题的通知》。

2006年5月，高级法院、海南中院、洋浦中院、海口中院、三亚中院的刑事二审案件全部开庭审理（此前，海口中院从1998年起已对其受理的刑事二审案件全部开庭审理）。同年，高级法院制定《刑事公诉案件第一审普通程序庭审操作规范（试行）》，《刑事公诉案件第二审普通程序庭审操作规范（试行）》，《海南省法院治理商业贿赂专项工作实施方案》，与省检察院联合下发《关于刑事二审案件开庭审理有关事项的通知》。

1991－2007年，高级法院受理的减刑、假释案件由刑事审判庭审理；各中院受理的减刑、假释案件由刑事审判第二庭审理。2008年，根据最高法院调整审判职能的要求，减刑、假释案件改由审判监督庭审理。

2008年，高级法院与省检察院联合下发《海南省高级人民法院、海南省人民检察院刑事二审开庭案件阅卷管理办法》规定了检察院二审期间的阅卷期限，杜绝超审限、超期羁押现象；同年12月，与省检察院、公安厅、司法厅联合下发《关于办理减刑、假释案件的实施细则》。全省法院在各级政府的大力支持下设立了司法救助基金，对无法通过执行获得赔偿的刑事附带民事案件经济困难的当事人实施司法救助，共为282件案件454名经济困难的当事人发放救助金515.6万元。对根据法律规定不构成犯罪或者不应承担刑事责任的案件，也坚持依法宣告无罪。全省法院全年共宣告无罪6人。

2009年6月1日，高级法院作为全国法院量刑规范化改革9个试点之一，提出《量刑规范化试点工作方案》，确定了5家试点法院，开始进行5个罪名的量刑规范化试点。各试点法院根据最高法院要求，以《量刑指导意见》和《程序指导意见》为试点样本，与公安、检察、司法机关沟通协调，贯彻依法原则、宽严相济原则、灵活性与平衡性相统一原则以及协调配合原则，采用量刑规范化方式审理规定的5个罪名案件，以此方式审理的案件上诉率、抗诉率和改判率明显降低。为做好审理黑社会性质组织犯罪案件工作，高级法院制定了《关于建立办理黑社会性质组织犯罪案件通报制度的工作意见》（琼高法[2009]66号），《关于贯彻<海南省办理黑社会性质组织犯罪案件通报制度工作细则>的实施意见》（琼高法[2009]367号）；为配合省委政法委组织的处置积压命案专项行动，制定了《关于全省“处置积压命案专项行动”有关案件审判管辖问题的通知》（琼高法[2009]308号）和《关于严格执行大要案专报制度的通知》（琼高法[2009]10号）。

2010年9月，最高法院在三亚召开全国法院量刑规范化改革工作会议。高级法院根据最高法院的部署，在省内全面推行量刑规范化工作，继续对全省刑事审判人员进行量刑规范化专题培训，加深对最高法院两个指导文本和《高级法院〈人民法院量刑指导意见(试行)〉实施细则》的理解，掌握量刑规范化的原则、步骤、方法、量刑情节的适用以及常见罪名的量刑起点和基准刑的确定方法，使量刑规范化工作正确开展。

2010年9月，全国法院量刑规范化改革会议在三亚召开。

全省法院在刑事审判工作中，准确把握法律和政策，严格执行最高法院、最高检察院和公安部、国家安全部、司法部《关于办理死刑案件审查判断证据若干问题的规定》和《关于办理刑事案件排除非法证据若干问题的规定》，注重对刑事案件证据的审查判断，强调定罪证据必须确实、充分且具有排他性，以确保案件审判质量。高级法院审理董明星等人敲诈勒索、抢劫一案时认为，4名被告人中有3名被告人参与犯罪的证据不足，决定发回重审，中院经重审发现认定3名被告人参与犯罪的证据存在诸多疑点无法排除，向检察院提出，检察院最终撤回了对3名被告人的起诉。

第四章　民事审判

随着民事审判与经济审判分立，海南民事审判以审理婚姻、家庭等传统民事案件为主；随着特区建设的发展和改革开放的深入以及国家法制的逐步完善，各种经济关系衍生，审判领域不断拓宽，土地确权纠纷、房地产纠纷、金融纠纷、破产纠纷、损害赔偿纠纷、债权债务纠纷、涉农纠纷、知识产权纠纷、涉外民事纠纷等新类型疑难复杂案件不断出现，案件审判难度明显加大。全省各级法院充分发挥民事审判职能，正确执行党的各项政策、落实民事法律，依法公正审判民事案件。

第一节　程序和制度

民事诉讼法规定了审判民事案件的程序制度。海南法院在此基础上有自己独创性的做法。

一、庭前准备程序

《民事诉讼法》对庭前准备活动作了原则性规定。2001 年，高级法院根据《最高人民法院关于民事经济审判方式改革问题的若干规定》，规范了全省民事经济案件的庭前准备程序；2005 年 6 月 13 日，高级法院（经院审委会第 759 次会议讨论）通过《民事诉讼第一审普通程序开庭前准备工作操作规范》，进一步规范了民事案件的庭前准备工作程序。

二、庭审方式

1988 年，高级法院制定《海南省高级人民法院民事审判庭暂行工作规则》，规范法官的庭审行为；1989 年，高级法院制定《关于当事人举证和人民法院查证事实要点的意见》、《海南省高级人民法院关于重申在审理民事案件中贯彻执行＜民事诉讼法＞有关问题的意见》，规范庭审活动；1993 年，为进一步规范庭审活动，高级法院制定《经济、民事、海事案件一、二审庭审规则》，经试点试行后，在全省推行；同年，高、中级法院和海事法院试行高级法院制定的《民事、经济、海事案件主审法官负责制》，明确了主审法官的职权，主审法官与合议庭、庭长、院长间的职责关系，以及主审法官必须对其承办的案件全面负责。1995 年 10 月 17 日，高级法院在总结经验的基础上制定了《海南省高级人民法院第一审民事经济审判规程》，该《审判规程》强化了庭审功能、强调当事人的举证责任、强调落实合议庭的职权；要求实行直接开庭和限期举证、指导举证制度，规范当庭举证、质证、认证三个环节;强调证人出庭;扩大合议庭的权力,倡导当庭宣判。1997 年,高级法院率先推行一、二审案件全部依法公开开庭审理,在排期开庭、庭前证据交换等方面进行了有益探索,启动了证据鉴定、书记官制度等方面的改革。1999 年,高级法院按最高法院的部署,根据《民事诉讼法》第二审程序的相关规定,结合海南省民事经济审判工作的实践,在一审庭审方式的基础上制定了《海南省人民法院第二审民事经济审判规程(试行)》。2005 年,高级法院重新制定了《民事诉讼第一审庭审操作规范》。上述举措,反映了海南法院与时俱进,依法围绕程序正义进行民事审判方式改革,取得了阶段性成果。

2006 年 1 月,海口中院公开审判民事案件。

三、推行当庭确证、优势证据胜诉原则

当庭确证是民事案件开庭审判最重要的一环,是保证案件审判质量的关键。公开审判实施多年,仍有群众不甚满意,究其原因是当庭举证、当庭质证做到了,然而当庭确证没有做到:哪个证据属优势证据予以采纳,哪个证据缺乏真实性或排他性不予采纳,并非当庭确认而是在休庭后合议时确认,造成当事人认为法院存在暗箱操作,对裁判不服上诉上访,审判公开的效果被打了很大折扣。2009 年,高级法院院长多次在会议上强调当庭确证的重要性和优势证据胜诉的审判原则,要求审判法官提高驾驭庭审的能力,当庭确证,真正实现审判公开,让败诉方心服口服,胜诉方胜得明白;他指出,由于当前司法能力不足,全面落实当庭确证制度可能存在一定困难,各级法院应坚持推行这一制度,不断提高法官的司法能力,保证公开公正法律原则的普及和落实。高级法院于是将“推行当庭确证制度,确立优势证据胜诉原则”作为民事审判工作的重点,在 2010 年将“民事审判中运用优势证据原则存在的问题及解决思路”列为全省法院重点调研课题进行专题研

究。2010年7月,省一中院开始在辖区试行其制定的《关于民事、行政案件审判公开确认证据的规定(试行)》。

四、合议庭制度

1988年,高级法院制定《海南省高级人民法院民事审判庭暂行工作规则》,规定民事案件合议前须让合议庭成员阅卷,由承办人写出审理报告;改判、发回重审的案件裁判前要与原审法院交换意见;涉外、涉港澳台案件或省内有重大影响的案件,必要时应征求有关部门的意见;一审、再审、提审和二审改判案件的法律文书由院长审批,二审案件调解书、维持原判和审委会讨论决定的判决书由庭长审批。1990年,制定《海南省高级人民法院经济审判庭工作制度(试行)》,对经济案件合议庭制度做出具体规定。1995年10月,按照最高法院还权于合议庭的审判方式改革要求,高级法院《第一审民事经济审判规程》规定优选合议庭有权对指定的案件做出裁判,裁判文书由审判长签发。1997年,修订后的《海南省各级法院第一审民事经济审判规程》规定,对事实清楚、法律关系明确、是非责任分明、合议庭意见一致的案件,判决书由审判长签发,庭长、院长有权对合议庭进行监督和指导。放权给合议庭的审判方式改革由于法官的司法能力存在差距,导致适用法律的尺度不统一,部分案件出现错误,引起社会诟病,损害了司法公信,后来被逐步停止。2007年,洋浦中院出台了《合议庭评议案件规则》,专门对合议庭职责、评议案件程序、方式、内容作了规定,特别是对承办人起草的法律文书形式、内容的评议,对确保文书质量的案件质量起到了积极作用。

高级法院民事审判第三庭合议庭合议案件。

五、简易程序

为提高司法效率，海南法院适用《民事诉讼法》规定的简易程序，推行民事案件繁简分流，逐步完善适用简易程序的相关内容。基层法院在审查立案时，综合考虑当事人所诉案件事实和法律关系的繁简、争议程度以及标的额大小等因素，对案件实行繁简分流，分别确定适用的审理程序。

1996年，高级法院制定《简易程序运作规程》。1999年，为推行适用简易程序审理简单民事、经济纠纷案件，高级法院结合基层法院的审判实践，制定了《海南省法院适用简易程序审理民事、经济纠纷案件规程》，对简易程序的适用范围、审查起诉和受理、庭前准备、开庭审理等作出具体规定。2008年12月29日，依照最高法院《关于适用简易程序审理民事案件的若干规定》，高级法院制定《关于基层人民法院民事案件繁简分流的若干规定（试行）》，规定除起诉时被告下落不明的，发回重审的，共同诉讼中一方或双方当事人人数众多的，法律规定应适用特别程序、审判监督程序、督促程序、公示催告程序和企业法人破产还债程序的，在本辖区内有较大社会影响的，争议标的额在100万元以上的，新类型或法律关系复杂的等七种情形之外，其他案件均可考虑适用简易程序进行审理。各基层法院和派出法庭到田间地头、厂矿企业巡回办案，就地审理，调解纠纷，化解矛盾；对偏远地区或行动不便的当事人实行预约立案、上门立案、电话立案；对农村、社区基层的简单民事纠纷采取先审后立，先调后立，即收即调即执的做法，使案件审理更加简化，更加高效便民。2009年，全省法院适用简易程序审结民事案件15488件，占民事案件结案数的75.02%。

六、速裁制度

速裁制度是指对简单民事案件在简易程序基础上进行再简化的一种审理方式。2003年，最高法院印发《关于落实23项司法为民具体措施的指导意见》，要求各级法院建立和完善民事案件繁简分流机制，严格执行最高法院《关于适用简易程序审理民事案件的若干规定》，依法高效、快捷地审理民事案件，提高诉讼效率。《关于落实23项司法为民具体措施的指导意见》指出，采用速裁机制既要方便当事人诉讼，也要充分保护当事人的诉讼权利，尊重当事人的程序选择权，充分体现诉讼民主和当事人意思自治的原则。

2004年11月底，龙华区法院建立速裁法庭，对简易案件试行速裁案件审理程序，审理的案件实现零投诉、零申诉、零上访；该法院2005年采用速裁程序审理简易民事案件234件，调解、撤诉195件，判决38件，驳回起诉1件，调解率达84%；当庭宣判233件，且绝大多数宣判当天即送达裁判文书；调解结案的半小时左右审结并立即送达法律文书，上诉率不足1.3%，申请执行率6.8%，同样实现零投诉、零申诉、零上访。龙华区法院试行速裁程序的结果，证明速裁程序是审理简单民事案件更为便利、更具效率的纠纷解决方式。2006上半年，速裁制度在全省各级法院推行。2008年6月，三亚城郊法院设立农民工权益速裁法庭之日即受理了两起劳务报酬纠纷案，当场批准当事人缓交诉讼费的申请，用时仅半小时。同年底，高级法院制定《海南省高级人民法院关于人民法庭对民事案件速裁的若干规定(试行)》，进一步规范和完善简单民事案件的速裁制度。

七、巡回审判

2008年12月29日，高级法院制定《关于人民法庭设立巡回审判点和诉讼联络员的若干意见》，规定基层法院派出法庭应在辖区内距法庭驻地20公里以上交通不便或发生纠纷较多的乡镇、农场、村民委员会、居民委员会设立巡回审判点，负责立案、代收诉讼费用、送达有关诉讼文书、调查取证、调解、开庭、接待群众来访、接受群众法律咨询、指导人民调解委员会工作、进行法制宣传和方便群众诉讼的其他事务性工作，还应根据案件实际情况需要不定期进行巡回审理。

2008年7月17日，法官深入果园巡回办案。

根据该《意见》，海南法院创建了三亚旅游法庭、海口交通事故巡回法庭和渔排巡回法庭、瓜菜巡回法庭等优秀司法服务品牌，速立速调速裁纠纷，满足基层法治需求。2009年，全省基层法院巡回办案5836次，审结案件4102件，当场调处纠纷942起。

八、调解制度

审判工作中的调解是指通过审判人员进行政策和法律教育和耐心、细致的思想工作，在明辩双方是非责任的基础上，使当事人握手言和，协商解决纠纷。以调解方式结案既有利于纠纷的迅速解决和避免“执行难”问题的出现，又有利于维护“改革、发展、稳定”的大局。海南法院在民事审判中，贯彻“能调则调，当判则判，调判结合，案结事了”的原则，将调解贯穿于诉讼全过程，妥善化解社会矛盾。调解案件时，注意把握四个原则：一是依法调解。严格按照《民事诉讼法》和《最高人民法院关于民事经济审判方式改革问题的若干规定》，遵循自愿、合法和查明事实、分清是非的原则，杜绝“以压促调、以诱促调，以拖促调”的违法现象。二是保护无过错方利益。体现公平正义，改变过去往往以牺牲权利人的利益促成调解结案的做法，既做无过错方宽容、谅解的工作，又做促进有过错方觉悟、匡正的工作，切实保护无过错当事方的利益。三亚市印刷厂与龙腾彩印公司加工承揽合同纠纷一案，合议庭考虑到双方过去合作良好，耐心劝说调解，使过错方龙腾彩印公司主动降低存在质量问题商品的价格，与三亚市印刷厂达成调解结案。三是既保护国有企业又兼顾双方当事人的利益。对当事人一方为国有企业的案件，加大调解工作力度，既顾及对方当事人的利益，又促其“放水养鱼”，帮助国有企业脱困。四是把调解贯穿于民事审判全过程。福建一建海南公司与三亚海圣建设公司建筑安装工程合同纠纷一案，案件审理中，双方对工程造价争议较大，委托有关部门进行鉴定既费时又费力，法院及时调解，使双方在工程造价上达成共识，为整个案件的妥善处理奠定了良好基础。

海南法院曾于1993年成立经济纠纷调解中心，该调解中心虽起过快速处理经济纠纷的作用，但由于越权管辖的作法，出现了争案件管辖干扰审判管理的现象，有损公平正义，不久后即被撤销。

2000年，高级法院贯彻执行最高法院《关于充分发挥审判职能作用，为经济发展提供司法保障和法律服务的意见》，结合实际制定相应措施，要求审判人员审理案件时耐心、细致作当事人的思想工作，在明辩是非责任的基础上促使当事人握手言和，调解结案。2007年，全省法院按照“构建和谐社会”的要求，以人为本，将调解贯穿诉讼全过程，通过协助调解、委托调解、领导参与调解等方式，较好地实现诉讼与人民调解的对接，使一大批复杂疑难案件成功以调解方式结案。2007年8月17日，全省民事审判工作座谈会暨调解经验交流会在万宁兴隆召开，进一步推广了民事调解的做法和经验。

2008年，高级法院经过调研制定《关于进一步加强指导人民调解工作，促进诉讼调解与人民调解有机衔接的意见》，规定基层法院及派出法庭设调解指导员负责指导人民调解和联络调解等日常工作，对调解指导员的选任、职责、人民调解的程序以及与诉讼调解的衔接做出具体规定；制定《海南省高级人民法院“司法为民”工作措施》，加强调解工作，构建“大调解”格局。同年，高级法院成功调解了海南航空集团股份公司12名飞行员辞职引发的25件劳动争议纠纷上诉案件，受到省委和最高法院的充分肯定。

2010年，高级法院制定《海南省人民法院立案调解规则》，推行民事案件审理全程调解，规范立案调解工作，将调解关口前移，缓解诉讼案件大幅增加的压力；为加强司法调解与人民调解、行政调解、仲裁调解等非诉纠纷解决机制的衔接，高级法院与司法厅等相关部门联合发布《关于开展人民调解协议司法确认工作的意见》等一系列诉调衔接文件，指导人民调解和其他调解工作,依法确认人民调解协议的效力和其他调解协议的效力。

同年,高级法院成功调解了海南通澳经济开发投资有限公司(简称通澳公司)与五指山市政府出资纠纷一案:1997 年 2 月,通什市(现五指山市)政府与通澳公司签订《兴建通什淡水净化厂工程合同书》,双方约定:通什市政府将 83.4 亩土地出让给通澳公司兴建通什淡水净化厂及配套设施,出让期限为 70 年,出让价格每亩 1000 元,共计 83400 元;通什淡水净化厂总投资额 11500 万元,通澳公司承担 75% 计 8500 万元,通什市政府承担 25% 计 3000 万元;水厂投产后,所获利润首先偿购买水厂设备使用比利时政府的贷款 400 万美元及利息;该贷款本息还清后,水厂营业利润或亏损按双方出资比例分配或分摊。合同签订后,通澳公司开工兴建淡水净化厂,通什市政府未投入其应投入的资金。经双方协商,通澳公司退出合作,向通什市政府移交水厂项目资产。经上海长江立信会计师事务所海南分所和五指山市审计局对通澳公司投入淡水净化厂的资产进行审计,确认通澳公司投入淡水净化厂资产总额为 72798084.29 元,其中,进口设备 43479084.29 元,在建工程 17415000 元,土地三通一平 11904000 元。双方对通澳公司兴建淡水净化厂的投资补偿问题进行多次协商未能达成一致,通澳公司遂于 2006 年向高级法院提起诉讼,请求五指山市政府返还其投入款。高级法院审理该案后,为促进地方发展,维护投资者的合法权益,根据省委书记卫留成、省长罗保铭的指示多次组织双方调解;最高法院将该案发回重审后,政法委书记肖若海和高级法院院长董治良赴五指山市协调该案,高级法院副院长张光琼和审委会专职委员吴剑平指导合议庭积极进行调解,终使五指山市与通澳公司于 2010 年 7 月 14 日签订了和解协议:五指山市政府将原通什淡水净化厂项目所占 76.7 亩土地变更为居住用地并将土地证办至通澳公司名下;通什淡水净化厂地上建筑物及机器设备归通澳公司所有;与淡水净化厂有关的一切债务由通澳公司承担;通澳公司向五指山市政府支付建设淡水净化厂向外国政府贷款的本息、股权补偿款及借款共计 42225470.85 元;南圣河南北岸挡土墙工程 798 万元列入通澳公司对淡水净化厂的投资额一并处理。五指山市政府与通澳公司对调解结果表示满意,对海南法院司法为民的精神和较高的司法水平表示赞赏。该案入选了最高法院评选的“2009 年——2010 年全国法院优秀调解案例名单”。

九、审判业务指导

1. 制定指导性文件

高级法院先后制定《关于设立巡回审判点和诉讼联络员的通知》、《关于进一步加强指导人民调解工作 促进诉讼调解与人民调解有机衔接的意见》、《关于加强涉及农民工权益案件审判工作的意见》、《关于处理“外嫁女”请求分配农村集体经济组织征地补偿款纠纷案件若干问题的意见(试行)》、《关于民事司法鉴定的指导性意见》、《法院清收不良贷款专项活动工作方案》等指导性文件,指导全省民事审判工作。

2. 个案指导

高、中级法院主要通过答复请示等方式指导下级法院审理案件，对重要复杂的请示案件，接受请示的业务庭庭长召集副庭长、审判长等审判业务骨干听取汇报，共同讨论研究后做出答复。

3. 案例研讨

高级法院通过召开案例研讨会对下级法院进行指导。

4. 庭审观摩

为解决下级法院开庭不规范、庭审质量不高的问题，高级法院组织资深法官到基层法院观摩开庭、点评和指导。2004 年，高级法院两次组织全省法院进行刑事、民事、行政案件开庭观摩和执行听证庭审观摩培训 103 场，受训人数 5150 人(次)，平均每名法官经历 3.6 次庭审培训，在这次建省以来最大规模的庭审培训活动中，选出一批“示范庭”制成光盘作为培训教材，对提高下级法院的庭审质量起到了较大作用。

十、其他便民措施

2007 年，高级法院在全省法院民事审判工作会议上，要求各级法院贯彻司法为民、便民利民的司法理念，注重提升司法形象，提出了 10 项措施：一是改进和完善便民立案工作；二是落实当事人权利义务告知制度；三是探索在乡村建立收案联络员制度，由收案联络员代为收案，调处纠纷；四是进一步健全和落实司法救济制度，确保符合救助条件的人打得起官司；五是积极推广旅游法庭、瓜菜法庭、码头法庭、夜间法庭、巡回法庭等司法服务品牌，方便群众及时解决纠纷；六是实行预约办案制度，方便对因特殊情况无法在法院正常工作时间参加诉讼的当事人；七是坚持人民法庭 24 小时值班制度，随时处置突发涉诉案件；八是全面落实诉讼风险告知制度，增加诉讼透明度；九是积极推行判后释明听证制度；十是采取切实有效的措施，缓解“执行难”问题，确保能够实现的胜诉权益及时完全执行到位。

第二节 各类案件的审判

一、收结案情况

1988 年，高级法院正式成立时，民事审判与经济审判分立，尚未形成大民事审判的格局，全省法院全年共受理各类民事案件 5624 件，审结 4719 件，结案率 85.4%；审结的民事案件调解率 55.5%；共受理一审经济纠纷案件 1012 件，审结 954 件，结案件诉讼标的额达 1.29 亿元。

1991－2010年海南省法院一审民商事案件收结案情况表

表4－2－1

年度	收案	结案（含旧存）	结案情况					
			判决	调解	撤诉	移送	终结	其他
1991	6180	6119	2526	2719	493	191	29	161
1992	6059	6507	2889	2652	650	161	35	120
1993	5710	5842	2566	2361	627	123	50	115
1994	6705	6486	2829	2518	707	193	140	99
1995	8241	8251	3935	2907	944	170	197	98
1996	8709	8792	4831	2569	961	146	135	150
1997	9648	9695	4952	3442	915	165	98	123
1998	10256	10206	5665	3062	1042	139	10	288
1999	10707	11042	6151	3106	1315	133	4	333
2000	12596	12595	6751	3361	1473	125	11	874
2001	11728	11700	6320	3245	1646	98	13	378
2002	14794	14492	7364	2697	1722	90	736	1883
2003	13369	13586	7392	2633	2206	85	149	1121
2004	13551	13461	6537	3065	2249	154	180	1276
2005	13311	13213	6487	3418	2214	111	49	934
2006	13816	13766	6798	3491	2260	125	52	1040
2007	14237	14111	6917	3367	2541	118	31	1137
2008	15382	15573	6999	4469	2584	121	186	1214
2009	24974	24858	8631	10881	3641	240	58	1407
2010	24580	24627	9768	9152	4100	266	50	1291
合计	244553	244922	116308	75115	34290	2954	2213	14042

1991－2010年海南省法院二审民商事案件收结案情况表

表4－2－2

年度	收案	结案（含旧存）	结案情况					
			维持	改判	发回重审	调解	撤诉	终结	其他
1991	925	988	411	359	137	0	36	0	45
1992	1089	1180	479	381	162	56	51	0	51
1993	905	942	425	246	120	67	51	0	51
1994	996	998	449	282	125	61	39	0	42
1995	1140	1153	476	343	137	81	70	0	46
1996	1380	1386	511	477	162	76	104	0	56
1997	1396	1397	529	494	152	66	123	0	33
1998	1423	1420	483	529	143	62	134	0	69
1999	1555	1538	623	479	136	73	144	0	83

续上表

年度	收案	结案（含旧存）	结案情况						
			维持	改判	发回重审	调解	撤诉	终结	其他
2000	1641	1651	646	560	142	81	162	2	58
2001	1771	1760	704	508	136	84	188	0	140
2002	1951	1929	877	543	155	83	186	0	85
2003	2099	2130	985	524	192	101	196	0	132
2004	2224	2215	998	521	181	134	226	0	155
2005	2181	2167	896	454	221	133	227	0	236
2006	2474	2471	1111	504	221	156	251	0	228
2007	2790	2717	1146	462	215	196	295	0	403
2008	2732	2822	1363	523	231	240	174	0	291
2009	3680	3676	1731	578	239	303	314	0	511
2010	4155	4009	2048	663	201	427	230	0	440
合计	38507	38549	16891	9430	3408	2480	3201	2	3137

1991 –2010 年海南省法院主要民商事案件新收案情况表

表 4 –2 –3

年度	新收案件	房地产	金融	婚姻家庭	债权债务	损害赔偿	海事海商	知识产权	涉农	破产	涉外
1991	6180	176	9	3028	596	310	44	0	154		3
1992	6059	202	4	3033	732	287	37	0	82		10
1993	5710	359	20	2716	728	302	64	2	111		14
1994	6705	605	78	2885	760	333	129	11	112		13
1995	8241	717	48	3027	1666	377	136	11	130		30
1996	8709	775	48	3165	1551	430	216	13	84	16	55
1997	9648	699	57	3304	1834	476	188	18	109	11	52
1998	10256	557	45	3538	2242	568	148	2	100	16	17
1999	10707	532	19	3414	2390	649	150	7	106	6	20
2000	12596	648	18	3684	2385	867	1153	3	98	13	22
2001	11728	528	38	3873	2187	1003	154	13	86	16	12
2002	14794	341	140	3721	1516	773	256	26	171	4	28
2003	13369	757	179	3803	1413	904	90	19	190	21	9
2004	13551	684	255	3530	1055	1025	79	37	170	8	30
2005	13311	568	222	3631	848	1219	44	47	240	8	19
2006	13816	815	421	3639	941	1312	77	35	227	7	37
2007	14237	1072	120	3647	986	1030	233	47	275	10	40
2008	15382	856	151	4002	1001	1142	101	67	218	24	40
2009	24974	882	911	4141	1387	1280	103	53	355	11	20
2010	24580	1593	392	4819	1079	1473	66	27	320	6	30

1988－1990年，全省民事案件收案数量持续增长，居各类收案之首。1990年，为贯彻落实中共中央关于“治理经济环境，整顿经济秩序，全面深化改革”的方针和全省依法治贷工作会议精神，维护国家资金安全，及时清收逾期贷款，各级法院把审理借贷合同纠纷案件列为法院审判工作的重要任务。在收贷工作中，法院与银行协作，各尽其职，严格依法办事。高级法院与海南省人民银行联合发出《关于依法收贷的联合通知》，要求各金融机构要对各项贷款进行全面清查，制定依法收贷的工作方案，采取行之有效的措施，清理回收。自此开始，全省法院系统从依法收贷到依法管贷，再到依法治（银）行，帮助全省金融机构收回了约80亿元的贷款。同年，高级法院制定了《海南省高级人民法院经济审判庭工作制度（试行）》，将经济审判庭划分办案组和业务指导组。1992年8月，全省民事案件质量评查暨涉台民事审判工作会议召开。

1994年，高级法院经济庭聘请中国政法大学校长等专家，在海口举办“五法①培训班”，全省法院经济审判人员、金融系统干部、省政府相关部门领导等400多人参加了培训。2000年，民事审判的一项重大变革是实行了大民事审判格局，民事审判庭、经济审判庭、知识产权审判庭合并为民事审判第一庭和第二庭。改制后的民一庭受理原民事审判庭的案件，民二庭受理经济审判庭和知识产权庭的案件。

2001年，高级法院围绕审判公开进行了一系列改革，建立当事人权利义务和诉讼流程告知制度；向社会公开法官个人信息，全面落实回避制度；推行公开鉴定评估制度，对鉴定单位的确定、鉴定依据和鉴定过程实行公开监督，鉴定结果公开听证。当事人对该制度满意和基本满意率达98.5%。2002年4月1最高法院出台的《关于民事诉讼证据的若干规定》正式施行，高级法院派人参加最高法院举办的学习研讨班，并组织全省法院干警集中学习。同年，高级法院下发《关于抓紧审理涉拖欠农民工工资案件的紧急通知》，把拖欠农民工工资案件作为重点案件来处理，共审理拖欠工程款和拖欠农民工工资案件379件，执行270件，执行标的额252.1万元。

2008年，全省法院慎重审理涉“三农”案件，国务院下放农垦管理权给海南省，全省法院研究涉农垦的土地纠纷、劳动合同纠纷及企业破产案件的司法对策，努力使农垦顺利成为海南科学发展的新增长极。全省法院妥善审理了涉山林、土地、池塘等承包合同案件，维护土地承包经营权合法、自愿、有偿流转；对反季节瓜菜生产、运输、购销为内容的合同纠纷案件，集中力量快立快审快判快执，保障了现代热带高效农业“绿色通道”畅通无阻。同年，高级法院围绕保障金融债权，防止国有资产流失，通过调研，向新华社海南分社内参提出建议，直接推动最高法院出台了《关于审理涉及金融不良债权转让案件工作座谈会纪要》；围绕生态立省战略，提出了建立环保法庭和环保公益诉讼基金的建议。

2009年，高级法院出台《关于服务海南经济社会科学发展大局工作意见》，从服务农垦管理体制改革、服务国家重点项目、服务农村改革发展、积极应对金融危机等方面提出

①指《反不正当竞争法》、《担保法》、《商业银行法》、《票据法》、《保险法》。

了35条指导意见，受到省委省政府以及社会舆论的好评。为保障农垦体制改革的顺利推进，高级法院向省委、省政府提出了《关于妥善处理海南农垦系统群体性劳动争议纠纷案件的司法建议》，得到省委、省政府主要领导的高度重视。为统一全省法院的裁判尺度，高级法院制定《关于审理海南农垦系统群体性劳动争议纠纷案件的指导意见》。同年，全省法院落实司法为民措施，积极参与社会治安综合治理，坚持调解优先、促进和谐的办案原则，调撤率①43.6%，同比提高12.33个百分点。高级法院和山西高院携手调解海航集团与山西晋泽饭店投资管理公司投资纠纷，得到了最高法院的充分肯定和当事人的高度赞许。

2010年，海南法院依靠党委领导，各方合力，多措并举，促进社会矛盾化解。肖若海和董治良带人先后4次深入12个市县督导检查信访工作并带案下访，共接待当事人60余人，先后解决了38件积压多年的“骨头案”，消解社会矛盾，为构建和谐社会做出突出贡献。

2008年5月22日，董治良在儋州大接访时成功调解案件，使当事人满意而归。

当年，全省一审民事案件调撤率达55.59%，不少法院的调撤率达到80%以上。各级法院成功调解了海南大学旅游学院系列案、海航集团与中铁十四局、十七局、葛洲坝水电局等工程款纠纷遗留案件15宗以及各县市遗留的涉政府机关为债务人的27宗案件，得到省委的充分肯定。应国际旅游岛建设需要，海南法院系统设立了27个旅游诉讼服务中心，开通“便民司法快车”，巡回办案，将法庭搬到旅游景区、集贸市场，就地审判、就地结案。全年共巡回办案5244件次，当场审结案件3087件，调处非诉纠纷1155件。同年2月，第三次全国涉外商事海事审判工作会议在海口召开。会议期间，最高法院党组

①调撤率指在一定时期内，例如一个月、一季度或一年内，民事案件以调解方式结案和当事人撤诉的案件占全部结案数的百分比。

副书记、常务副院长沈德咏就新形势下人民法院如何深入推进社会矛盾化解、社会管理创新、公正廉洁执法三项重点工作,更好地发挥司法职能作用,为经济社会发展大局服务等问题,在海南法院进行调研,并听取高级法院党组汇报全省法院的工作。在高级法院党组汇报会上,沈德咏对海南各级法院在坚持为大局服务、为人民司法、业务建设、队伍建设、基础装备建设等方面取得的明显成效予以高度评价,并对高级法院提出的2010年的工作思路给予充分肯定。出席第三次全国涉外商事海事审判工作会议的最高人民法院副院长万鄂湘也参加了高级法院党组工作汇报会。同年12月,反垄断民事诉讼国际研讨会在琼海召开,最高法院副院长奚晓明出席了会议。

2010年2月,第三次全国涉外商事海事审判工作会议在海口召开。

2010年12月2日,反垄断民事诉讼国际研讨会在琼海召开。

二、各类案件的审判

《民事案件案由规定(2000年)》规定了4大类共计300条具体案由,《民事案件案由规定(2008年)》规定了10大类共计361条具体案由。海南法院审理的民事纠纷主要集中在婚姻家庭纠纷、房地产纠纷,金融纠纷,权属、侵权及损害赔偿纠纷(含一般人身伤害纠纷、医疗纠纷、名誉侵权纠纷),债权债务纠纷,涉农案件,劳动争议,合同纠纷,知识产权纠纷,不正当竞争和垄断纠纷,破产案件,涉外(含涉港澳台)纠纷,适用特别程序审理的案件,交通运输纠纷等14类上。

(一)婚姻家庭纠纷案件的审判

在2001年修订《婚姻法》以及相关司法解释颁布后,全省法院组织审判人员学习上述法律。高级法院要求各级法院收集在适用《婚姻法》过程中遇到的疑点问题以及典型案例。各级法院提出了如"探视权"的行使及程序,夫妻财产如何在法律上定位,如何定位有配偶者与他人同居、重婚与偶发性婚外性行为之间的界限等问题。高级法院针对这些问题提出指导性意见,明确认定标准,收到了较好的效果,切实保护了妇女、儿童和老人等弱势群体的合法权益。

2002－2010年,海南法院审理婚姻家庭纠纷案件的调撤率为58.95%,有力促进了我省社会的和谐发展。收结案情况详见下表。

2002－2010年海南省法院一审婚姻家庭、继承案件收结案情况表

表4－2－4

年度	收案	结案(含旧存)	结案情况					
			判决	调解	撤诉	移送	终结	其他
2002	3743	3710	1860	1397	421	15	1	16
2003	3822	3850	1888	1415	516	11	3	17
2004	3554	3545	1485	1529	462	15	4	50
2005	3660	3662	1382	1726	482	17	5	50
2006	3673	3664	1389	1745	474	16	5	35
2007	3681	3690	1407	1708	524	9	1	41
2008	4046	4056	1374	2071	562	27	2	20
2009	4205	4217	1538	2103	531	12	2	31
2010	4894	4884	1697	2638	491	22	2	34
合计	35278	35278	14020	16332	4463	144	25	294

1991 -2010 年海南省法院一审抚养、扶养、赡养案件收结案情况表

表4 -2 -5

年度	抚养、扶养、赡养	
	新收案	结案(含旧存)
1991	70	62
1992	53	55
1993	51	51
1994	48	48
1995	71	77
1996	63	56
1997	83	85
1998	82	78
1999	66	73
2000	88	93
2001	104	103
2002	116	113
2003	124	126
2004	247	246
2005	350	350
2006	391	384
2007	404	409
2008	416	411
2009	406	406
2010	546	556

(二)房地产纠纷案件的审判

1. 收结案基本情况

1994、1998、2007、2010 年全省房地产案件收结案数量为四个突出的增长点。原因为:1993 年,国家实施宏观调控后,金融机构压缩对房地产项目发放贷款,海南“房地产热”迅速降温,由此引发大量房地产纠纷;从 1999 年起,国务院及相关各部委以海南为试点处置积压房地产,盘活了大量烂尾楼,海南房地产业开始复苏并进入新一轮的发展周期,至 2007 年原沉寂的债权人伺机现身维护权益,随之而来的纠纷也迅速增长;2010 年,“国际旅游岛”正式上升为国家战略,引发海南房地产价格暴涨,随后,国家对房地产的调控力度加大,导致纠纷成倍增长。

1991－2010年海南省法院一审房地产案件收结案情况表

表4－2－6

年度	收案		结案（含旧存）	结案情况					
	收案数	所占年收案总数比例		判决	调解	撤诉	移送	终结	其他
1991	176	2.85%	180	128	22	11	8	0	11
1992	202	3.33%	223	141	43	18	7	1	13
1993	359	6.29%	311	182	68	37	12	0	12
1994	605	9.02%	549	327	131	55	20	4	12
1995	717	8.70%	715	497	112	69	22	1	14
1996	775	8.90%	784	564	103	76	21	3	17
1997	699	7.25%	738	495	142	74	16	2	9
1998	557	5.43%	605	396	112	74	14	0	9
1999	532	4.97%	551	346	83	93	2	0	27
2000	648	5.14%	632	419	81	100	13	0	19
2001	528	4.50%	545	328	84	113	7	0	13
2002	341	2.30%	301	213	23	50	1	0	14
2003	757	5.66%	769	526	51	172	11	0	9
2004	684	5.05%	690	495	47	120	8	1	19
2005	568	4.27%	555	372	58	100	12	0	13
2006	815	5.90%	829	526	77	141	16	1	68
2007	1072	7.53%	1086	758	85	162	20	1	60
2008	856	5.56%	825	540	110	135	14	0	26
2009	882	3.53%	907	593	123	150	24	0	17
2010	1593	6.48%	1565	887	415	165	38	0	60
合计	13366	5.47%	13360	8733	1970	1915	286	14	442

2. 审理原则和规范性文件

20世纪90年代初，海南作为全国唯一的特区省处于改革前沿，政策优惠，市场交易活跃，境内外企业蜂拥而至，前来寻找商机开发建设。在政府的引导下，房地产市场逐渐兴起并成为支柱产业，也成为地方经济增长点和投资热点。以土地使用权出让、转让、抵押、商品房开发、联营开发、现房买卖、预售、项目转让、房地产中介等为内容的房地产市场在此期间，在摸索中初步形成体系。但由于房地产是新兴产业，其市场的建立和培育还处于初级阶段，在发展中不断凸现出很多新情况、新问题，而当时房地产立法严重滞后，已有的法规、规章、政策对房地产活动规定得不具体、不明确，有的未作规定，甚至有的计划经济下被认为违法性质的行为已被突破为普遍的交易活动；行政机关的管理方式、手段也远远不能适应形势需要。种种情况造成的不规范的一、二、三级房地产交易活动一时间使海南不动产市场处于无序状态。随着1993年6月国家宏观调控政策的实施,房地产大量潜在的问题充分暴露出来。大量房地产案件涌入法院。1994－1998年是海南房早期房地产纠纷案件最多的五年。1995年,高级法院受理了一宗当时全国最大诉讼标的额的案件,案件受理费高达153万元;1996年,高级法院民一庭收缴的案件受理费达2000万元。房地产纠纷案争议标的大、影响大、法律关系复杂、案件类型新,加之立法滞后和法律缺乏足够审判经验,这造成海南法院的房地产审判工作存在突出的问题,例如,因缺乏统一的执法尺度和处理结果,故对种类房地产案件的定性、行为效力和处理结果都依赖于法官的认识。法官认识不一致时,上下级法官之间、同级法院之间、甚至同一法院各审判庭之间、不同合议庭之间就同一类案件的处理结果均不相同,甚至大相径庭。这样的审判结果使执行工作无所适从,也影响了法律的严肃性,动摇了司法公信力和司法权威。因此,不等不靠及时研究制定审理房地产案件的基本原则,成为当时民事审判的中心任务

针对海南房地产超常发展时期遗留的一系列问题,高级法院本着既贯彻当时政策和法律的基本精神,又从实际出发、实事求是、合情合理解决特定历史时期遗留问题的指导思想,提出了审理海南房地产开发经营纠纷案件应当遵循的三条原则:一是有利于房地产超常发展时期遗留问题的解决。审理房地产开发经营纠纷案件不拘泥于形式,应根据当时法律和政策的规定,结合实际情况,合情合理地解决纠纷。二是有利于保护海南房地产市场的稳定和发展。对开发经营中手续不完备、买卖交易未登记的,不轻易判决合同无效,允许当事人在诉讼中完善手续,在取得管理部门认可、批准或补办登记手续后,可认定合同有效。三是有利于进一步规范今后的房地产市场。通过正确审理房地产开发经营纠纷案件,增强当事人特别是房地产开发公司的法律意识,促进政府管理职能部门加强管理、依法行政,引导和规范我省房地产市场。

高级法院为处理海南房地产纠纷发布了一系列规范性文件。在高级法院的统一部署下,1994年1月,由高级法院民事审判庭牵头,组成了由高级法院民事审判庭、海南中院民事审判庭、海口中院民事事审判庭人员参加的房地产审判工作调研小组,陈国庆担任组长。调研小组对海南房地产运行、房地产纠纷形成以及法院审理房地产纠纷案件的情况进行了深入、全面的调查后,向高级法院提交了《关于海南房地产市场发展情况的调查及审理房地产开发以营纠纷案件的意见》。据此,高级法院经审判委员会讨论决定下发了《关于审理＜房地产管理法＞实施前的房地产经营纠纷案件的意见》(琼高法[1994]121号文),这是处理海南房地产超常规发展历史遗留问题的指导性意见,在当时被称为审理房地产纠纷案件的"十七条"。在上述《意见》的实施过程中,调研小组又提交了《如何审理商品房预售、转预售案件》、《审理房地产管理法实施前房地产开发经营案件的原则》、《房地产开发经营中的建设项目转让》等多篇调研成果,特别是论证了房地产项目转让是土地使用权转让的特殊形式的观点。高级法院在此基础上于1995年8月提出解决海南房地产超常规发展时期遗留问题的五条原则性意见:一是在审理案件中,既要尊重历史、照顾现实,又要依法办案,正确处理二者关系,不搞一刀切。二是在有

利于维护真正投资者合法权益的前提条件下，对当事人意思表示真实且具备有效实质要件（包括诉讼中完备的实质要件），仅形式要件欠缺的房地产开发经营行为，可以认定有效，责令补办登记手续。三是房地产开发经营合同被确认有效且能继续履行的，应判令继续履行；确实不能继续履行的，可予以解除。对因合同解除引起的法律后果，应按公平合理原则妥善解决。四是判令继续履行合同的案件，应考虑宏观调控的影响，比照情势变更原则对合同进行相应的变更。五是诉讼中实质要件仍不具备的房地产开发经营行为，应依法认定无效。根据以上第二条意见，全省各级法院在审理房地产经营纠纷案件中，又将原有关在诉讼中补办认可、批准、登记手续的处理意见进一步放宽为判决确认行为有效并责令限期完善有关手续。为帮助政府相关业务主管机关加强和规范对房地产市场的管理工作，高级法院于 1994 年 12 月向省委呈报了《关于海南房地产市场及房地产纠纷的调查》报告，1994 年 12 月 8 日，省委书记、省长阮崇武对报告作了特别批示“这篇调查对全省各级政府都有普遍参考价值，建议省委发各地和有关厅局参阅”，省委据此以琼阅[1994]2 号文向全省转发了该调查报告，从而促使政府及其主管部门整章建制加强管理，出台了一系列规范房地产市场及处理房地产遗留问题的政策。高级法院上述一系列工作为出台相关司法解释打下了基础：1995 年 3 月，建设部颁布了《城市房地产开发管理暂行办法》，首次从国家政策层面确认了项目转让的合法性；1995 年 12 月，最高法院以海南法院“十七条”为蓝本，出台了《关于审理 <房地产管理法> 施行前房地产开发经营案件若干问题的解答》，以规范全国房地产审判工作。

1995 年 1 月 1 日，中国《房地产管理法》颁布实施，海南高院要求各级法院严格依照上述法律规定审理此后发生的房地产纠纷案件。1999 年 7 月，国务院批准《处置海南省积压房地产试点方案》，高级法院出台《关于做好积压房地产案件审判工作的通知》（琼高法[1999]114 号），进一步完善法院房地产审判工作。2009 年，最高法院出台《关于当前形势下进一步做好房地产纠纷案件审判工作的指导意见》。为贯彻落实这一《意见》，高级法院要求各级法院在审理房地产纠纷案件中把握以下原则：一是有利于促进房地产业健康发展。要运用市场经济观念来判断哪些行为有利于房地产业的发展，哪些行为妨碍房地产业的发展。对于有利于房地产业健康发展的，均应予以保护，对妨碍房地产业发展的，则不予保护。二是依法维护合同效力原则。审理房地产案件应当尊重合同双方当事人的意思自治，只要当事人的约定不违反法律法规的强制性规定，不损害国家利益、公共利益和他人合法权益，就应当维护合同的效力，一方当事人以法律没有规定为由否认合同效力的，不予支持。因合同履行发生纠纷，只要合同能够履行的，就应当全部履行；能够部分履行的，应当部分履行，不宜以赔偿损失来代替合同的履行。三是公平保护当事人合法权益原则。既要制止不公平竞争和转嫁风险的行为，也要制止破坏公平竞争的地方保护主义。在处理具体案件时，要做到合法合理，根据违法、过错情况，确认民事责任，使当事人承担的民事责任与违法、过错情况相适应。2010 年，高级法院出台《关于审理商品房买卖合同纠纷案件的指导意见（试行）》，对“国际旅游岛”上升为国家战略后，房地产市场出现的商品房认购、预售合同的法律性质、效力、违约责任以及小产权房等问题,做出具体明确规定,有效地维护了市场诚信,保护了消费者的合法权益。

3. 具体审判工作

1988－1993 年,海南省房地产业的超常规发展催生诸多房地产经营的超前行为,与政策法律滞后形成矛盾。法院审理房地产纠纷时,对于凡不属于法律、法规禁止的就不予限制;法律无明文规定或规定不明确但有政策规定的,依照政策妥善处理;法律无规定、也无政策规定的,参照法理或惯例处理。

1994－1996 年,国家治理整顿经济过热,抑制市场投机,海南省房地产开发经营纠纷案件持续上升,且诉讼标的额大、涉及范围广、法律关系复杂、利益冲突尖锐和遗留问题多。1995 年以后,随着《城市房地产管理法》、《城镇国有土地使用权出让和转让暂行条例》、《城市商品房预售管理办法》等相关法律规范颁布实施,房地产纠纷案件的审理从无法可依逐渐过渡到有法可依。宏观调控后,海南房地产市场价格大幅度回落。一些房地产开发商、炒家为推卸风险责任,主张合同无效、退地退房要钱,引发了大量房地产开发经营纠纷。海南法院按市场经济的要求理解和适用法律,房地产案件的审理取得良好的法律和社会效果。如"松雷大厦"期房预售、转售合同纠纷案。

"松雷大厦"案:"松雷大厦"位于海口市海甸岛沿江三路。1992 年 4 月,正值海南房地产超常规发展时期,开发商以每平方米 1700 元的价格预售该楼,此后不到一年的时间里,该楼被分别加价转售 11 次,价格飙升至每平方米 3950 元。1993 年底,因受宏观调控的影响,买受人未能依约交付到期购房款,引发一系列纠纷。该案是海南房地产超常规发展过程中产生的新类型案件。从严格意义上说,当事人之间签订的预售、转预售合同,因没有及时履行登记手续,也没有缴纳有关税费,有的甚至不符合转预售条件,依法应认定无效。但是,由于当时的法律法规不健全,政府管理也不严格,房地产开发经营活动都存在着这样或那样的形式缺陷,诉讼至法院的此类纠纷,90% 以上都是如此。如果一律按无效合同处理,显然脱离了海南特区经济行为超前、法律法规滞后的实际,不利于房地产市场秩序的稳定。就本案而言,按无效合同处理,一是会造成房地产商的重大经济损失;二是在房地产市场回落的形势下,影响松雷大厦的重新销售,阻碍房地产市场的流通;三是大厦不能出售,开发商无力退款,各买受人所得利润也难全部返还,判决难以执行;四是牵一发而动全身,必将威胁众多房地产商的生存发展,不利于房地产业的稳定和繁荣;五是会造成国家投入资金的停滞,发挥不了应有的经济效益。鉴于此,高级法院在审理中把依法办案与海南实际紧密结合,把原则性与灵活性有机结合,虽认定合同无效,但没有简单地按无效合同处理,而是努力促成当事人和解,实现了政治、经济和法律效益的高度统一。1994 年 10 月 21 日,省委书记、省长阮崇武对本案的审理作出批示:"这是一个很好的典型案例,应在各市县基层法院加以宣传学习"。

1996 年,全省各级法院审理房地产案件诉讼标的金额达 42 亿元,制裁了房地产交易中牟取暴利的行为,使一批已停工的项目恢复建设,一批闲置房屋交付使用,为当事人挽回经济损失 10 亿多元。

1999 年 7 月,国务院批准《处置海南省积压房地产试点方案》。针对积压房地产问题,全省各级法院积极采取对策:一是加强领导。高级法院成立审理积压房地产案件指导小组,由田忠木担任组长,负责指导协调工作。各中院分管民事审判工作的副院长担任联络员,负责协调指导本院及所辖基层法院的积压房地产案件的审判工作。二是加强积压房地产案件审判机构建设。各级法院成立房地产案件专门业务审判庭,抽调得力骨干审理房地产案件。三是突出快审，强化办案质量意识。一审案件一般在4个月内审结，二审案件一般在2个月内审结。四是抓细抓实。凡房地产抵押借贷案件由民事审判庭受理。避免原来出现的房地产抵押合同效力在不同审判庭认定标准不一、判决结果不同的现象，使执法标准能做到统一、平衡。五是把依法办案和适用地方法规、规章、试点方案，把依法独立审判和接受党委领导、人大监督、取得政府支持有机结合起来。试点方案、地方法规、规章，充分反映了海南房地产市场的实际情况，是法律基本原则的具体运用，各级法院在办案中优先适用，用活用足。对案件审理中的重大疑难问题、影响社会稳定的问题，各级法院及时向党委、人大汇报，取得他们的支持。六是统一管理该类案件的诉讼费。积压房地产案件受理费、保全费缓交审批权由高级法院统一掌握，当事人提供了足额可靠担保的，应准予其缓交，但在判决书、调解书执行中予以清结。

2000年，高级法院召开紧急会议，研究讨论设立专门法庭，加大对积压房地产案件审判工作力度的问题。会议进一步提高了对涉积压房地产案件审判工作重要性的认识，在高级法院、海南中院、海口中院、三亚中院设立4个专门法庭，在其他房地产案件较多的法院的民事审判庭设立专门的合议庭，全力审判积压房地产案件；全省各级法院从立案、审判、执行等各个环节注重时间观念，确保涉积压房地产案件审判工作顺利结束。

2001年，按照省委省人大的要求，高级法院积极配合省政府处置海南积压房地产试点工作，把审理积压房地产纠纷案件作为民事审判的重点，成立专门审判法庭，减半收取确权案件诉讼费。全省法院共受理此类案件743件，标的额34.4亿元，审结685件，结案标的额31.06亿元。

2002年，建设部部长汪光焘与最高法院副院长沈德咏就处置海南积压房地产中涉及司法问题进行了座谈，形成了会议纪要：一、最高法院尽最大努力支持配合解决海南积压房地产问题，尽快研究制定有关查封期限的司法解释，以进一步规范和完善执行措施。二、在处置海南积压房地产中，各商业银行将涉及积压房地产的债权转让给海南省资产管理公司后，海南省资产管理公司可以行使债权人的权利。在债务人无力还债的情况下，海南省资产管理公司可以向法院申请债务人破产，在破产程序中处置积压房地产。三、对于涉及积压房地产的执行案件，如已查封的涉案标的物无法以原评估价进行变价的，债权人可以向法院申请按市场价进行重新评估，并由法院依法执行。

2007年，全省各级法院积极配合省政府的积压房地产处置工作，充分考虑海南房地产热时的客观情况，讲求办案的经济效益和社会效益，有力地推动了海南积压房地产市场的盘活和流通。全省法院共审结涉积压房地产案件18件，标的额2.8亿元，涉及土地面积430亩，房产面积30.5万平方米。

2010年，“国际旅游岛”战略正式出台后，房价暴涨，开发商违约导致纠纷的案件大量增长，其中，商品房销售合同纠纷案件增幅最大。为此，高级法院准确预判，及时应对，加大调研力度，出台一系列相关审判指导意见下发全省法院执行，如《关于审理商品房买卖合同纠纷案件的指导意见(试行)》等，有效保证了案件妥善审理。全省法院全年共审结房地产纠纷案件3185宗，同比金融纠纷案件的审判上升40.49%，标的额20.03亿元，有力地保障和促进了海南房地产市场的健康平稳有序发展。

海南的房地产审判工作在特定历史时期统一了司法尺度和裁判标准，公平、公正、适当地处理了大量房地产案件，取得了良好的法律效果。同时，总结了积累丰富了民事审判工作经验，在民事审判实务中发挥了长期的作用。还推动政府规范和加强了房地产管理，充分发挥了审判活动在调整经济秩序中的职能作用，有利房地产业的健康发展，取得了良好的社会效果。

（三）金融纠纷案件的审判

1. 收结案基本情况

金融活动是关系经济繁荣的一项重要的社会生活内容，因此，金融纠纷案件的审判是一项重要的审判工作。金融纠纷涉及面广，利益冲突大，极易引发不稳定因素。海南法院十分重视金融纠纷案件的审理，在审理金融案件时，注意保障金融安全，规范金融市场，加强对部分高风险机构退出市场案件和与化解金融风险有关的重大案件的协调与指导。同时，积极运用司法手段帮助银行盘活沉淀资金，依法收贷，积极稳妥地处理金融纠纷和债权债务纠纷案件，防范和化解金融风险；注意针对在审理金融纠纷案件中遇到的新情况、新问题与缺乏相关法律法规之间的矛盾，使金融纠纷案件的审理既能够服从大局，又切实做到依法审理。

1991－2010年海南省法院一审金融案件收结案情况表

表4－2－8

年度	收案		结案（含旧存）	结案情况					
	收案数	所占年收案总数比例		判决	调解	撤诉	移送	终结	其他
1991	9	0.15%	11	0	2	3	6	0	0
1992	4	0.07%	7	3	1	1	1	0	1
1993	20	0.35%	9	4	1	3	1	0	0
1994	78	1.16%	73	43	2	4	24	0	0
1995	48	0.58%	52	31	4	6	9	0	2
1996	48	0.55%	53	41	7	1	3	0	1
1997	57	0.59%	64	44	5	4	4	0	7
1998	45	0.44%	44	35	2	4	1	0	2
1999	19	0.18%	23	19	2	1	0	0	1
2000	18	0.14%	18	14	0	2	0	0	2
2001	38	0.32%	34	25	3	6	0	0	0

续上表

年度	收案		结案（含旧存）	结案情况					
	收案数	所占年收案总数比例		判决	调解	撤诉	移送	终结	其他
2002	140	0.95%	115	76	18	17	3	0	1
2003	179	1.34%	198	133	17	40	3	0	5
2004	255	1.88%	240	134	18	79	3	0	6
2005	222	1.67%	227	132	27	60	5	0	3
2006	421	3.05%	375	248	49	66	5	0	7
2007	120	0.84%	168	98	17	39	5	1	8
2008	151	0.98%	152	83	23	31	8	1	6
2009	911	3.65%	896	307	540	38	5	0	6
2010	392	1.59%	395	267	45	46	6	0	31
合计	3175	1.30%	3154	1737	783	451	92	2	89

2.具体审判工作

2007年前后，全省各级法院陆续受理了一些涉及资产管理公司"打包"出售不良资产的案件，债权人以原债权数额向法院起诉，要求债务人清偿债务，而债务人则以该处置可能造成国有资产流失，请求确认该处置合同无效。这类案件的债务人大多为国有企业。政府、债务企业及其职工对此十分关注。而且，相关的法律规定不完善，有关政策界限不清楚，法院内部的认识也不一致，致使有些案件的审理和执行给国有企业及职工和政府部门造成较大的压力，稍有不慎，就可能导致国有资产流失，引起企业职工闹事。在最高法院出台司法解释以前，高级法院加强对该类案件的指导，并要求各级法院及时报告相关案件的审理情况。

为依法妥善公正地审理涉及金融不良债权转让案件，防止国有资产流失，保障金融不良债权处置工作顺利进行，高级法院经过广泛深入的调查研究，于2008年1月22日向全省各中院、海事法院发布了关于涉及金融资产管理公司处置国有不良贷款案件暂不受理、中止诉讼、中止执行的通知。通知发出后，高级法院又于同年3月18日向省政府发出了建议省政府及金融办出面同信达、华融、东方、长城等资产管理公司协商，要求各资产管理公司在打包折价处理不良资产时，应当通知原债务人，原债务人在同等条件下享有优先购买权的司法建议。高级法院关于涉及金融资产管理公司处置国有不良贷款案件暂不受理、中止诉讼、中止执行的通知发出后，引起了最高法院的高度重视，最高法院于同年10月13日－10月15日在海南召开关于审理涉及金融不良债权转让案件的座谈会。应最高法院的要求，高级法院在座谈会上总结介绍了海南法院审理此类案件的经验。会议形成了《关于审理涉及金融不良债权转让案件工作座谈会纪要》(最高法院于2009年3月30日发布)。《纪要》明确了对处置不良资产金融债权案件的政策界线和法律适用标准,解决了多年来困扰司法的难题。董治良极为重视,召开审委会研究贯彻落实《纪要》事宜,审委会决定于2009年5月15日举办培训班,培训全省法院从事立案、民商、审监、执行工作的审判人员。培训班特别邀请了最高法院民二庭起草该《纪要》的资深法官王闯博士主讲。他从问题背景和价值权衡、案件受理与诉讼管辖、限制性条款与担保约定、优先购买权、国企诉权与诉讼程序、无效事由与无效处理、举证分配与相关证据审查、利息收取和主体变更等方面对《纪要》作了深入浅出的讲解,对相关审判人员更好地领会《纪要》精神,妥善公正地审理金融不良债权转让案件具有重要的指导作用。

2010年,海南法院围绕省委、省政府重建海南农村金融信用体系的工作要求,继续开展依法清收农村信用社贷款工作。一是组织召开清贷工作各阶段会议。高级法院与省农信联社于同年2月召开协调会,确定了依法清收工作分两步走的工作思路。3月,利用一个月的时间在琼海、屯昌法院开展试点工作,试点的清贷工作顺利进行。在取得经验的基础上,于4月15日在琼海召开全省依法清贷试点工作总结座谈会。琼海、屯昌法院分别对试点工作的有关情况进行了总结,座谈会对下一步的清贷工作进行了安排。4月24日,全省法院、农村信用社依法清收贷款工作会议在海口召开,高级法院院长指出,帮助农信社依法清贷是全省人民法院以"三个至上"为指导,认真学习实践科学发展观,服务海南社会经济发展大局,全面落实司法为民方针的一项重大举措。会议总结了屯昌、琼海两试点法院依法清收贷款工作经验,部署了全省法院开展依法清收农村信用社不良贷款工作。为督促全省法院认真贯彻落实会议精神,高级法院及时下发了《法院清收不良贷款专项活动工作方案》。9月17日,全省法院、农村信用社依法清收不良贷款工作阶段会议在三亚召开,会议总结了4月24日全面开展依法清贷以来的经验做法,同时,找出存在的问题与不足,部署下一阶段清贷任务,保障全年清贷工作的顺利进行。二是加强对清贷工作的协调与指导。为加大对各法院清收农信社不良贷款的检查指导力度,高级法院多次派员下市县法院检查指导工作,哪里进展缓慢,哪里出现问题,就到哪里调研、督办、协调、指导解决清贷中的疑难问题;对各法院清贷过程中遇到的问题当场做出详细解答,同时,指出清贷工作中存在的问题与不足,分析原因,研究对策,督促和推动清贷工作快速跟进。同时,对各级法院上报的清贷数据,进行归纳汇总,及时发现问题并予以解决。高级法院与省农信联社保持密切联系和沟通,对清贷工作进行总协调,协调解决清贷过程中出现的各种问题,如清贷工作"夜间"、"午间法庭"、"巡回办案"方式所面临的办案设备陈旧和办案工具配备不足的问题、立案问题、保证一案一诉状等等。继2009年审结7515宗,收回现金3.26亿元的基础上,2010年又审结该类案件2652宗,其中调解结案2371宗,调解率达89.4%,收回现金1.4亿元,有力地支持了省委、省政府农信金融改革工作,防止追偿诉讼成为少数违法者牟取暴利的工具,保障了国有金融资产的安全。

(四)权属、侵权及损害赔偿纠纷案件的审判

权属、侵权及损害赔偿纠纷的审判是与普通群众日常生活密切相关的司法工作,海南法院本着群众利益无小事的原则,谨慎处理每一宗案件,着重保护当事人的人身权利。

1. 一般人身伤害案件的审理

一般人身伤害案件往往涉及弱势群体的利益,但是相关法律规定并不完善,导致受害人的权益得不到有效和及时的保护。2008 年 1 月,高级法院经过调研对相关案件中存在的法律适用问题提出指导性意见,统一司法标准。如交通事故损害赔偿纠纷的责任主体问题。该类纠纷诉讼主体复杂,不仅包括肇事司机、肇事车辆的所有人、转让而尚未办理过户的登记车主,还可能涉及肇事车辆的管理人、借用人、租用人、租赁人、保险公司等等。由于诉讼主体的复杂性,使赔偿责任的界定和划分复杂化,其中,争议较大的问题主要是:(1)挂靠车辆发生交通事故,被挂靠车辆单位是否应当承担责任,如何承担责任(高级法院的意见是在其收取利益范围内承担责任);(2)未办理登记过户手续的机动车发生交通事故,登记车主是否承担赔偿责任(高级法院的意见是不承担责任,但应由登记车主承担其确非车辆实际所有人的举证责任);(3)承保第三者强制责任险的保险公司或第三者责任商业险的保险公司,其处于何种诉讼主体地位(高级法院的意见是根据原告的诉讼请求确定为被告或第三人)。

又如死亡赔偿金或残疾赔偿金与精神损害抚慰金的关系问题,即赔偿权利人是否有权在主张死亡赔偿金或残疾赔偿金的同时,再主张精神损害抚慰金。根据 2001 年《最高人民法院关于确定民事侵权精神损害赔偿责任若干问题的解释》的规定,死亡赔偿金、残疾赔偿金均是精神损害抚慰金的表现形式,据此,似乎不宜在判决死亡赔偿金或残疾赔偿金的同时再判决精神损害抚慰金。但根据 2003 年《最高人民法院关于审理人身损害赔偿案件适用法律若干问题的解释》的规定,精神损害抚慰金和死亡赔偿金或残疾赔偿金又不是一回事,前者是精神抚慰性质,而后者则被列入财产损失作为物质损害赔偿的一种,二者可以并存。两个司法解释之间存在冲突,我省审判实践中适用也有所不同。2008 年以后,高级法院经调研,统一了法律适用,即按照后法优于前法的原则,在判决死亡赔偿金或残疾赔偿金的同时,酌情支持一定数额的精神损害抚慰金,充分保障受害人的权益。

再如死亡赔偿金、残疾赔偿金的计算标准问题。问题主要集中在农村和城镇居民的计算标准不同,引发了所谓"同命不同价"的争议。2006 年 5 月,最高法院民一庭印发了《关于经常居住地在城镇的农村居民因交通事故伤亡如何计算赔偿费用的复函》,对该问题作了规定:对于经常居住地在城镇的农村居民,有关损害赔偿费用根据当地城镇居民的相关标准计算。应该说,这个复函很及时,统一了全国法院的处理原则。但这毕竟只是最高法院业务庭内部的一个复函,不能直接引用,公众也无法广泛知悉,且实践中还存在对"经常居住地"的认定如何把握的问题。高级法院对此提出的指导性意见是,法院在审理医疗纠纷、交通事故等人身损害赔偿案件时,应从充分保护受害人合法权益的角度出发,做到就高不就低,以城镇居民标准为原则,以农村居民标准为例外,只有对于那些

确实在农村居住，长期从事农业生产，以粮食、种植业、养殖业收入作为主要生活来源的受害人才按照农村居民对待。农村进城务工人员、农村户口在城镇上学、生活的未成年人，其人身损害的残疾赔偿金、死亡赔偿金等均应按城镇居民的标准计算。

2. 医疗纠纷案件的审理

2002年最高法院出台《关于民事诉讼证据的若干规定》，规定“因医疗行为引起的侵权诉讼，由医疗机构就医疗行为与损害后果之间不存在因果关系及不存在医疗过错承担举证责任。”该规定加重了医疗机构的举证责任，同时降低了患者的起诉条件，导致医疗纠纷案件迅速增长。为了平衡当事人的举证责任，结合审判实践，高级法院提出指导性意见，公平分配举证责任。(1)受害人的举证责任：在医疗行为引起的侵权诉讼中，受害人应当就自己受损害的事实和接受过医疗的事实承担举证责任。其中损害包括患者生命和健康的损害，患者本人及其亲属的财产损害和精神损害。接受医疗的事实可以通过挂号、交费等诊疗手段来证明。(2)医疗机构的举证责任：病员的损害结果与医疗机构的医疗行为之间不存在因果关系；医疗机构如果要免除自己承担的侵权责任，就要证明自己在诊疗过程中不存在医疗过错。医疗机构证明自己没过医疗过错的途径为：①损害结果属于医疗意外。医疗意外是指医疗机构无法预料的原因造成的损害后果或医疗机构确定无法避免医疗损害结果。②出现了难以预料的并发症。这种“并发症”必须是难以预料和难以避免的，才可成为免责的条件。③病人及家属不配合治疗。如果病人及其家属不配合治疗是造成损害后果的全部原因，则可以免除医疗机构的赔偿责任。如果病员及其家属不配合治疗只是损害后果出现的原因之一，医疗机构也有过失时，应依过失相抵的原则，由双方分担责任。

各级法院参照上述意见审慎处理医疗纠纷案件，如宋官山诉海口市人民医院医疗损害赔偿纠纷案。宋某因摔伤入院，诊断为粉碎性骨折，医院对之行手术治疗。手术记录显示术中已清除碎骨，而患者出院时体查显示有碎骨存在于患处，该碎骨导致患者骨折未能痊愈，遂成讼。该案历经一审、二审、重审、二审，最终海口中院以医院未能提供证据证明患处碎骨产生的时间和原因为由，判定医院存在过错并承担赔偿责任。该案例入选2005年《人民法院案例选》。

医疗纠纷案件法律关系复杂，而且立法不完善，导致对该类案件的处理成为案件审理的难点。为了更好地处理该类案件，海南各级法院积极主动进行调研。如2008年，海口中院对市区两级法院2003－2007年以来审理的医疗纠纷案件进行梳理和总结，分析了医疗纠纷案件的特点、类型和审理情况，阐述了医疗纠纷法律关系的特殊性，并针对审判实务中存在的共性问题提出了建设性建议。该调研成果——《发挥司法功能作用 促进医患关系和谐》获得全国法院第四届优秀调研成果评比三等奖。在调研中，海口中院针对案件审理中的难点问题进行探讨。例如，对于医疗事故鉴定意见的采信。实务中，有的法官不做任何分析便直接采信鉴定意见；而有的法官则在综合考虑双方的质证意见的基础上，遵循证据规则，结合法官的自由心证予以确认。调研报告经过充分论证，认可后一种法官的做法。鉴定意见的本质仅是专家意见，不具有当然的证明力，法官应依据证据的真实性、合法性与关联性和证明力进行审查,方能决定是否采信。通过本次调研,有效提升了海口法院审理医疗纠纷案件的业务水平,为妥善解决海口市的医疗纠纷,化解医患矛盾、促进医患和谐起到了积极的作用。如潘良诉海南省人民医院(简称省医院)医疗损害赔偿纠纷案。潘良因左颈部肿物就诊于省医院并住院治疗,省医院对之行左颈肿物切除术。术后潘良左眼睑下垂,眼睑裂变小,经常发炎流眼泪,无法正常工作和生活。潘良认为上述损害是省医院医疗过错造成的,遂成讼。海南省公平司法鉴定中心对本案纠纷进行医疗鉴定,结论为:省医院在对患者潘良诊疗过程中是存在一定过错,这种过错是手术前不可预知、手术中难以避免的;省医院的医疗行为与潘良的损害后果存在一定因果关系。一审庭审中,秀英区法院通知鉴定人出庭接受质询,鉴定人之所以认定省医院在对潘良诊疗过程中存在一定过错,其采用的是客观过错论,也就是说只要有损害,就有过错,并不考虑主观上是否有故意或过失。秀英区法院一审认为,对术中造成潘良的神经损害,省医院没有主观上的故意及过失,省医院的诊疗行为属于应予以免责的范畴。据此,判令驳回潘良的诉请。潘良不服一审判决,上诉到海口中院。海口中院经二审审理认为:从法律角度评判某一行为是否存在过错应以该行为是否违法为构成要件。该案中,省医院在为潘良提供医疗服务的过程中没有违反医疗卫生管理法律、行政法规、部门规章和诊疗护理规范、常规的情形。首先,鉴定书的分析意见部分充分论证了省医院的医疗行为是符合诊疗常规的;其次,在质证上述鉴定意见的过程中,鉴定专家陈述省医院的诊疗行为符合常规,出现霍纳氏征是手术并发症;最后,双方当事人提供的病历材料显示省医院对潘良的诊断准确、手术方案选择正确,术前已履行告知义务,潘良充分了解手术的方案、后果并同意手术,省医院按照常规进行手术,没有违法违规之处。据此,二审法院认定省医院在对潘良实施医疗行为的过程中没有违法违规之处,省医院没有过错,并判决驳回上诉,维持原判。该案入选《中国法院2010年度案例》。

3. 名誉侵权案件的审理

对人格权的保护是人民法院审理名誉侵权案件的目的所在。该类案件在我国属于较新类型案件,处理有一定的难度,海南法院谨慎处理所受理的案件,有效地保护了公民和法人的人格权。

1996年,海南名誉侵权案件开始增多,当年受理25件,比上一年度增加66%。此后,名誉侵权案件的社会影响日益广泛,许多案件涉及媒体及公众人物,引起社会和公众的普遍关注。如孟克非诉冯尔清、海口晚报社名誉权纠纷案。1995年10月－1996年2月,冯尔清接受海口市委指派参与海口市购买解困房①全面清查工作。检查组在向海口市人大、市政府提交的《解困房专项检查情况报告》中,提到孟克非弄虚作假,以妻子庄丽敏的名买房,为胞兄孟庆志、兄嫂朱文芹骗购解困房;借朋友陈大鹏,同事邢红艳、李长德,岳母李庭勋之名购买解困房。据此,冯尔清于1996年2月7日在《海口晚报》上发表题为《有的高高兴兴,有人沾沾自喜》的文章,说"孟某为达到多买解困房之目的,便以妻

①解困房是指各级地方政府为解决本地城镇居民中特别困难户、困难户和拥挤户住房问题而专门修建的住房,也称经济适用房,属于政府宏观性调控的政策房。

子、儿子、侄子、妹夫、兄嫂甚至朋友、亲戚和同事的名义,在安海新村、得利新村和环岛新村购买解困房近10套”。同年3月4日,《海口晚报》记者丁咛发表题为《真是咄咄怪事》一文,写道:“现任海南金美国际房地产有限公司董事长孟某,通过振东区机关事务管理局姓陈的干部大做手脚,分别以其老婆、弟弟、弟媳及其他亲属的名义购得解困房7套,又借其妻子同事的户口和身份证购买解困房1套。”孟克非以上述2篇报道侵害其名誉权为由,起诉冯尔清、丁咛和海口晚报社。一审期间,丁咛又在《海口晚报》上发表题为《孟克非及其亲属骗购解困房受到处理》的文章,报道海口市普查解困房领导小组对孟克非弄虚作假在安海新村购买的3套解困房予以处理的情况。孟克非以该报道再次侵害其名誉权为由,增加诉讼请求,要求丁咛和海口晚报社各再赔偿其损失人民币1万元。冯尔清认为孟克非状词中的污言秽语对其名誉构成侵害,提起反诉。海口中院一审认为:冯尔清的文章取材于专题调查报告,且只笼统提到孟某而未直接点明孟克非及其单位,读者无从知道“孟某”就是孟克非,因而不构成对孟克非名誉权的侵害;丁咛的文章其材料来源于政府职能部门的情况报告及处理意见,内容真实,无作者主观编造、侮辱孟克非人格的内容,故其也不构成对孟克非名誉权的侵害;孟克非在诉状中虽有不恰当的比喻,但尚未对冯尔清名誉权构成侵害。据此,判决驳回孟克非的诉讼请求和冯尔清的反诉请求。孟克非不服一审判决提出上诉。高级法院终审认为原判认定事实清楚,适用法律正确,依法维持原判。

2007年10月,为了提高全省法院审理名誉侵权案件的水平,高级法院以外地法院审理的陈某等76人诉关某名誉侵权纠纷案为实例,组织各级法院相关审判人员对该案例进行评析和讨论。关某为《化市人》的作者。文章认为:“几乎全省……对化市人没有太好的评价”、“人人都讨厌化市人”、“交化市人做……”、“与化市人谈生意……”。陈某等76名化市人认为作者用不实的、凭空想象的公众评价作为文章的论据证明化市人在公众中的形象,误导了读者对化市人的评价,使读者形成了对化市人的不真实的、不良的印象,同时,也降低了对化市人的评价。据此,陈某等人向法院提起诉讼,请求关某承担名誉侵权责任。多数法官认为本案不宜受理,因为《化市人》针对的是不特定的多数人,受害人(或权利受损人)无法确定;也有法官提出调解更有利于解决纠纷。

无独有偶,2009年省一中院审结的《万宁人》名誉侵权案与上述案件极为相似。邢曙光在其作品《万宁人》中措辞偏激,引起万宁部分干部群众极大不满,老干部杨某等人以《万宁人》侵害万宁人名誉权为由诉诸法院,一审法院以原告不具备诉讼主体资格为由裁定驳回起诉,杨某等人不服,上诉至省一中院。省一中院于2009年1月裁定维持了一审结果。此后,杨某等人仍不服,持续到省政法委、高级法院上访。省政法委书记肖若海知悉此案后非常重视,于同年7月2日与董治良院长专程到万宁协调解决此案并亲自带邢曙光到万宁赔礼道歉。邢曙光表示,由于自己思想认识偏差和文字功底薄弱,在描述万宁时语言偏激,极大伤害了万宁群众的感情,对此表示深深的歉意,恳请万宁群众谅解。善良朴实的万宁人非常感谢肖若海与董治良亲自到万宁协调此案,并表示既往不咎。双方握手言和。

2010年12月，肖若海与董治良成功调解积压多年的“骨头案”《万宁人》名誉侵权案。

1991－2010年海南省法院一审权属、侵权纠纷案件收结案情况表

表4－2－9

年度	所有权及其相关权利		人身权		特殊侵权		不当得利		无因管理	
	收案	结案	收案	结案	收案	结案	收案	结案	收案	结案
1991	273	279	158	157			0	0	0	0
1992	195	227	164	181			3	4	1	1
1993	255	239	155	163			5	4	1	1
1994	308	292	155	143			3	2	1	1
1995	306	320	216	219			7	9	2	0
1996	259	282	271	273			6	5	1	2
1997	318	331	345	341			7	7	5	5
1998	322	324	424	403			5	7	6	6
1999	308	311	484	506			13	13	1	1
2000	377	377	594	593			10	9	15	14
2001	388	379	719	692			15	15	5	6
2002	1208	1231	730	720	43	42	8	4	1	1
2003	886	885	875	888	29	29	17	18	0	0
2004	1198	1178	1000	976	25	25	21	23	0	0
2005	1135	1131	1197	1156	22	24	31	27	1	0
2006	1384	1378	1254	1252	58	57	27	28	1	1
2007	1340	1336	1018	1023	12	11	25	25	0	4
2008	1677	1680	1103	1127	39	36	52	50	1	1
2009	1936	1922	1234	1210	46	47	55	52	1	0
2010	1980	1972	1188	1182	46	47	58	62	2	2

（注：以上结案均含旧存）

(五)债权债务纠纷案件的审判

债权债务纠纷是传统的民事案件,在日常生活中,时时会发生,关乎人民群众正常的经济活动,关系到社会诚信的维护,一直为海南法院所高度重视。

全省法院审判债权债务纠纷案件,依法制裁违法行为,切实保护当事人的合法权益,维护社会安定。1991 年,高级法院经研究,就海南省农垦供销公司与三亚智能经济发展公司、涿州宏仁福利公司购销钢材贷款纠纷案做出《海南省高级人民法院关于在执行过程中债务人被撤销其主管机关或开办单位是否承担清偿责任的批复》【琼高法(经)复(1990)18 号】,对于相关问题做出答复。《批复》指出:“关于在执行过程中,债务人被撤销,其债务是否由其主管机关或开办单位承担清偿责任的问题,根据最高法院法(研)复(1987)33 号批复和法(经)复(1987)42 号批复精神,被告三亚智能经济开发公司在执行过程中被撤销,且无其他债权人、资债不清,其开办单位三亚市水泥制品厂应负清偿责任。被告河北省涿州宏仁福利公司名为集体企业,实为个体经营,其被撤销后,原经营者李振山应对该公司债务负无限清偿责任,涿州市边各庄乡人民政府应负连带清偿责任。”这一答复,是在法律与司法解释的基础上,高级法院具有独创性见解的司法文件,体现了运用法律处理具体问题的司法能力。

1991 -2010 年海南省法院一审债权债务案件收结案情况表

表 4 -2 -10

年度	收案		结案(含旧存)	结案情况					
	收案数	占年收案总数比例		判决	调解	撤诉	移送	终结	其他
1991	596	9.64%	582	258	249	41	23	4	7
1992	732	12.08%	826	384	332	66	24	9	11
1993	728	12.75%	757	314	329	85	10	6	13
1994	760	11.33%	757	312	285	74	14	67	5
1995	1666	20.22%	1640	594	747	141	15	134	9
1996	1551	17.81%	1559	859	466	143	25	49	17
1997	1834	19.01%	1847	983	705	119	18	12	10
1998	2242	21.86%	2076	1348	459	164	42	2	61
1999	2390	22.32%	2549	1583	518	312	54	0	82
2000	2385	18.93%	2446	1556	568	261	9	0	52
2001	2187	18.65%	2158	1309	546	275	7	0	21
2002	1516	10.25%	1482	897	348	189	9	0	39
2003	1413	10.57%	1454	877	310	236	8	2	21
2004	1055	7.79%	1059	627	239	164	9	1	19
2005	848	6.37%	838	432	263	125	2	1	15

续上表

年度	收案		结案（含旧存）	结案情况					
	收案数	占年收案总数比例		判决	调解	撤诉	移送	终结	其他
2006	941	6.81%	937	481	260	177	5	1	13
2007	986	6.93%	984	477	297	195	5	0	10
2008	1001	6.51%	993	435	388	149	11	0	10
2009	1387	5.55%	1388	527	638	191	26	0	6
2010	1079	4.39%	1117	477	381	178	26	0	55
合计	27297	11.16%	27449	14730	8328	3285	342	288	476

（六）涉农案件的审判

“三农”问题是社会发展中的全局性、根本性问题。涉农纠纷案件是审判工作中的难题之一。一是涉农案件纠纷主体多元化而且复杂。乡（镇）、县（市）人民政府，村委会，村民小组及村民个人都可成为诉讼主体。村民小组为一方当事人的案件，村民小组不是独立的法人单位，其诉讼主体资格比较尴尬，而且一般村民小组长作为负责人代表村民出庭诉讼，村民小组长由村民直接选举产生，对全村村民负责，其权限在当时的法律上尚未规定，不能等同于法定代表人的权力。实质上的困难在于村民小组长在诉讼过程中仅仅是代表村民出庭应诉，需要实际做出某项决定时仍需村民会议或村民代表会议的授权。二是所涉利益广泛，增加了案件的审理难度。三是争议标的物复杂。涉农案件涉及土地纠纷，当土地上种植林木、经济作物时，很难估价。海南法院充分估计到涉农案件的复杂性，为了优化涉农案件的审理，维护农村稳定、保护农民利益、促进农村经济发展，人民法庭在辖区内距法庭驻地较远、交通不便或发生纠纷较多的地方设置巡回审判点，巡回审判。基层法院在辖区各乡镇、农场及纠纷较多的村民委员会、居民委员会聘请人民陪审员、司法助理员、人民调解员及具备一定文化素养和法律知识的人担任诉讼联络员协助工作。同时，法官深入田头、村庄，及时受理涉农案件。三亚中院和城郊法院针对外地投资热带高效农业不断增加的特点，将院长接待日延伸到派出法庭，制作发放大量“便民服务卡”，方便、快捷地审理农村土地承包和瓜果蔬菜购销、运输合同等案件，为热带高效农业发展提供良好的法制环境，受到广泛欢迎。在审理涉农案件时，法院尤其重视解决农村土地承包流转过程中产生的违背农民意志、损害农民利益的问题以及热带高效农业生产、运输、销售过程中引起的合同纠纷，促进海南省农业和农村经济的健康发展，服务海南热带特色农业发展，切实保护了农民合法权益。

随着海南省第二轮土地承包的进行，土地承包合同纠纷时有发生，例如，随意提高土地承包费、撕毁承包合同、一地多包、高价发包、缩短承包期等等，各级法院在审判中都积累了一定审判经验。高级法院专门组织力量针对土地承包案件遇到的新情况、新问题进行调研，通过调研规范了此类案件的审理，坚持有利于土地承包经营权有序和规范流转。

还特别注意保护已婚、离婚、丧偶妇女的土地承包经营权，高级法院对于外嫁女成员资格、上门女婿成员资格、大学生成员资格以及复员军人成员资格等问题加强调研，并在调研的基础上形成了《关于〈关于林金梅等申诉的转办函〉的反馈报告》及《对处理涉及“外嫁女”征地补偿款分配案件把握的几个原则》提交省人大常委会，基本上统一和规范了海南法院审理这类案件的基本原则和做法。

1991－2010年海南省法院一审涉农案件收结案情况表

表4－2－11

年度	收案		结案（含旧存）	结案情况					
	收案数	占年收案比例案总数比例		判决	调解	撤诉	移送	终结	其他
1991	154	2.49%	167	122	24	11	2	0	8
1992	82	1.35%	94	51	24	8	3	0	8
1993	111	1.94%	108	76	17	7	3	1	4
1994	112	1.67%	112	60	27	13	0	1	11
1995	130	1.58%	126	78	27	10	3	0	8
1996	84	0.96%	98	55	15	15	1	0	12
1997	109	1.13%	106	77	10	12	2	0	5
1998	100	0.98%	104	71	6	16	3	0	8
1999	106	0.99%	115	80	7	17	2	0	9
2000	98	0.78%	99	69	11	7	2	0	10
2001	86	0.73%	84	60	7	12	0	0	5
2002	171	1.16%	160	110	5	33	1	0	11
2003	190	1.42%	190	130	15	34	2	2	7
2004	170	1.25%	175	103	20	40	0	0	12
2005	240	1.80%	243	152	24	46	1	1	19
2006	227	1.64%	219	152	27	24	0	0	16
2007	275	1.93%	277	175	26	44	1	0	31
2008	218	1.42%	213	121	38	49	0	0	5
2009	355	1.42%	353	245	36	57	2	0	13
2010	320	1.30%	322	138	80	68	3	1	32
合计	3338	1.36%	3365	2125	446	523	31	6	234

（七）劳动争议案件的审判

1. 收结案基本情况

劳动者是社会发展的动力，妥善处理劳动争议对于社会稳定和发展有着重要意义。20世纪九十年代中后期，随着社会主义市场经济体制的确立和劳动者维权意识的增强，全省劳动争议案件呈逐年上升趋势，从1995年开始，每年平均比上年增长20件左右，比以前各年度增幅大为增加。21世纪初期又出现劳动争议案件新的增长点。如2007年的金融危机爆发，许多用人单位裁员；2008年1月1日《劳动合同法》开始实施，加大了对劳动者的保护力度而当时许多用人单位作法不规范，引发大量劳动争议。此外，随着企业的改制、体制的转轨逐年增多，案件类型也从单纯的工伤事故、工资报酬向社会医疗保险、福利保障等方面转化，且群体性案件也随之增长。劳动争议案件政策性强、牵涉面广，直接关系到劳动者的切身利益，是影响社会稳定和引发当事人上访的重要因素。为此，海南法院将该类案件的审理作为法院工作重点抓紧抓实。

1991－2010年海南省法院一审劳动争议案件收结案情况表

表4－2－12

年度	收案		结案（含旧存）	结案情况					
	收案数	占年收案总数比例		判决	调解	撤诉	移送	终结	其他
1991	34	0.55%	33	9	19	4	1	0	0
1992	31	0.51%	32	17	11	3	0	0	1
1993	23	0.40%	22	11	8	3	0	0	0
1994	38	0.57%	37	17	12	4	1	0	3
1995	54	0.66%	49	20	17	6	1	0	5
1996	79	0.91%	86	55	16	11	1	0	3
1997	98	1.02%	88	48	20	15	2	0	3
1998	120	1.17%	129	98	15	8	1	0	7
1999	202	1.89%	201	166	13	16	0	0	6
2000	174	1.38%	176	137	19	15	1	0	4
2001	345	2.94%	343	205	31	36	1	0	70
2002	334	2.26%	309	229	14	33	6	1	26
2003	433	3.24%	450	275	51	100	1	0	23
2004	682	5.03%	683	488	46	60	34	0	55
2005	769	5.78%	757	514	115	67	4	0	57
2006	757	5.48%	750	534	33	94	35	0	54
2007	810	5.69%	818	485	56	154	16	0	107
2008	1495	9.72%	1506	883	222	83	4	0	314
2009	1490	5.97%	1478	1071	175	167	4	1	60
2010	1850	7.53%	1862	1242	230	280	6	0	104
合计	9818	4.01%	9809	6504	1123	1159	119	2	902

2. 具体审判工作

(1)具体措施和规范性文件

海南各级法院在处理劳动争议案件时，一是坚持从大局出发，配合当地政府做好工人的社会保障和基本待遇等安置工作；二是把维护劳动者利益放在突出位置，特别是对拖欠农民工工资的案件依法及时审理，关心群众冷暖，充分体现国家对弱势群体的关爱与保护。对普遍存在的用人单位不与劳动者签订劳动合同的情况，按照最高法院的司法解释，根据劳动者与用工单位实际形成的雇佣关系，确定双方存在劳动关系，保护劳动者的合法权益；对于群体性的劳动争议，注重做调解工作，化解社会矛盾，维护社会稳定。同时，统一上下级法院认识和执法标准，确保案件质量。2008 年，高级法院特别召开新闻发布会，提出对劳动争议案件体现三个“优先”原则，即优先审理、优先判决、优先执行；对此类案件增加释明义务；在时效审查上依法从宽；在判决书上就仲裁机构已经裁决的涉及劳动者权益的事项进行适当的确认；在举证责任的分配上，在不违反法律、法规和司法解释规定的前提下，适当减轻劳动者的举证责任，尽量避免劳动者因举证不能、举证不及时而败诉；对于涉及劳动者工资等案件，要加大财产保全的力度，对于符合先予执行条件的，应依法先予执行。同时，进一步加大对劳动者的司法救助力度，对于符合诉讼费减、缓、免条件的，要给予相应的减、缓、免，确保劳动者有钱没钱都能打得起官司。

2008 年，国务院批准海南农垦体制改革方案，将原由农业部农垦总局管理的海南农垦全面下放给海南管理，使其在体制上融入地方、在管理上融入社会、在经济上融入市场。其最直接的表现是，农垦系统社会职能的剥离，垦区职工养老、医疗、失业、工伤、生育五项社会保险纳入地方实行属地管理，全面深化企业改革和资产重组，正式启动海胶集团上市工作，全面推行国有开割胶园职工家庭长期承包经营制。由于改革开放后农垦参照农村土地承包改革所遗留的问题，以及 19.6 万名原农垦职工因违反劳动生产纪律被处分离职或自动离岗离职，导致大量劳动合同纠纷成批产生。为服务农垦体制改革大局，高级法院通过调研及时向省委、省政府提出“行政为主，司法为辅，以人为本，分类消化处理”的司法建议，得到了高度重视。为落实这一司法建议，高级法院于 2009 年出台《海南省高级人民法院关于审理海南农垦系统劳动争议纠纷案件的指导意见(试行)》，统一司法尺度，提高司法效能，使海南农垦体制改革中的大量劳动合同纠纷得到了平稳、有效的处理，保障了海南农垦体制改革的顺利进行。

(2)专项调研

2007 年，为配合全国人大财经委对维护职工合法权益情况的调研工作，高级法院对全省法院审理劳动争议案件的情况进行了专项调研并形成调研报告。报告统计了 2003 年以来海南法院审结劳动争议案件的数量和类型，介绍了海南的经验、做法和“保护劳动者权益、有利于社会稳定、注重调解、尽可能以调解方式解决”等原则，分析了海南省劳动争议的特点和审理中存在的问题，并提出了下一步的工作建议。该调研报告得到了全国人大财经委的好评。

根据最高法院关于尽快开展劳动争议纠纷案件调研活动的通知，高级法院组成了专项调研组，于 2008 年 8 月中下旬对《劳动合同法》和《劳动争议调解仲裁法》(简称“两法”)实施以后的劳动争议纠纷进行了调研，总结了“两法”的实施对企业经营和经济发展的影响。“两法”侧重于维护处于弱势一方的劳动者的合法权益，是我国完善劳动保障法律体系的重要举措,是关注民生的重要表现。如《劳动争议调解仲裁法》规定部分案件“一裁终局”,极大地提高了该部分案件处理的效率,并可以有效遏制用人单位的滥诉行为,更好地维护了劳动者的权益。由于“两法”对劳动者的保护力度明显比《劳动法》大,且《劳动争议调解仲裁法》规定劳动争议仲裁不收费,劳动者动辄申请仲裁,劳动争议纠纷案件大量增加,给企业的用工管理带来较大压力。“两法”的颁布实施提高了企业用工成本和违法成本。正是这各种变化导致劳动争议纠纷增多,给企业的经营管理带来较大压力。课题组针对“两法”实施以来审理劳动争议案件遇到的疑难法律问题提出了对策和建议。

(八)合同纠纷案件的审判

在2001年以前,合同纠纷包含在经济纠纷案件之中,2002年大民事审判格局形成后,合同纠纷案件才成为独立的一类案件。

1. 收结案基本情况

海南法院受理各类经济合同纠纷案件的主要特点:一是案件数量逐年增多。平均每年上升11%,并且呈继续上升的趋势。二是新类型案件不断出现。随着法律的陆续修订与新法律的颁布施行,法院受案范围不断扩大。三是讼争金额越来越大。千万元以上的大案大量出现,有的高达数亿元。四是处理难度增大。由于经济关系日趋复杂和利益格局的调整,某些方面的法律规定不完善,加上地方保护主义和部门保护主义的干扰,导致一些案件审理难。随着我国社会经济发展和全球经济的一体化,新类型案件将不断出现,对审判工作提出了严峻的挑战。

1991－2001年海南省法院经济纠纷一审案件收结案情况表

表4－2－13

年度	收案	结案(含旧存)	结案情况							诉讼标的总金额(万元)
			判决	调解	驳回起诉	撤诉	移送	终结	其他	
1991	1166	1142	551	349	0	127	102	13		56625.2
1992	1179	1462	751	382	36	208	69	16		126388.21
1993	1100	1185	627	271	37	177	54	19		137689.37
1994	1476	1386	733	348	16	141	89	59		220783.97
1995	1937	1903	1060	488	24	214	70	47		440914.93
1996	2179	2240	1406	425	37	238	61	73		556616.03
1997	2154	2195	1443	372	32	205	77	66		758702.1
1998	2517	2353	1584	372	19	249	62	10	57	1635026.3
1999	2484	2754	1878	298	73	344	72	4	85	869853.62
2000	3145	3125	1558	608	38	276	52	11	582	778197.8
2001	2081	2120	1278	337	22	334	35	13	101	722501.51

2002－2010年海南省法院一审合同纠纷案件收结案情况表

表4－2－14

年度	收案	结案（含旧存）	结案情况					
			判决	调解	撤诉	移送	终结	其他
2002	5655	5444	3213	1040	935	57	6	193
2003	6123	6235	3744	950	1332	58	5	146
2004	6464	6443	3584	1167	1325	113	7	247
2005	6507	6464	3725	1201	1231	75	2	230
2006	6588	6564	3767	1249	1212	88	4	244
2007	7090	7089	4071	1200	1390	78	4	346
2008	7620	7622	4066	1760	1262	70	1	463
2009	16204	16132	5255	8014	2446	190	23	204
2010	14420	14509	5359	5657	2892	215	17	369
合计	76671	76502	36784	22238	14025	944	69	2442

2.具体审判工作

在1988年宣布高级法院成立的新闻发布会上，丁果院长专门强调在经济审判工作中，要大力强化运用法律手段调节经济的职能，依法保护国营、集体、外资、中外合资、合作、私营企业，以及各类联合企业的合法经济利益；要强化合同的约束力，保障正当的交易活动，积极支持海南特区外向型经济的发展。为了充分发挥经济审判的职能作用，保障特区经济建设的顺利进行，依据《民事诉讼法（试行）》和《最高人民法院关于经济庭收案范围及案件管辖的规定》的精神，结合海南省经济审判的实际情况，高级法院制定《经济庭收案范围和一审经济纠纷案件级别管辖的规定》。

1990年，由于受经济环境的影响，一些企业经营效益不好而关、停、并、转，致使许多合同不能履行，增加了案件审理的难度。面对经济纠纷案件情况日益复杂的形势，各级法院加强经济审判工作。一是针对经济纠纷案件数量大，覆盖面宽，法律关系复杂的特点，注意研究案件审理中的法律适用问题。对在改革开放、特区建设中出现的联营承包、科技合同等纠纷案件，对在治理整顿中企业倒闭、企业拖欠贷款纠纷和建筑工程下马引起的建筑承包合同纠纷等案件，认真按照中央关于清理整顿的方针处理，法律有明文规定的，依法处理，无规定的，依政策处理；对非法倒卖进出口批文和就地转手倒卖重要生产资料、紧俏耐用消费品，以及生产、销售假冒伪劣商品等违反国家和社会公共利益，扰乱经济秩序的行为，依法实行经济制裁。二是在案件审理中，积极指导企业清理“三角债务”，搞活企业生产，并认真做好依法收贷工作，通过审判活动，及时审结了一批逾期不还贷款的案件，为金融部门回收了大量逾期贷款，使“沉淀”的资金投入有效运行，促进了工农业生产的发展。三是努力排除地方保护主义的干扰，强调本地当事人和外地当事人、中国当事人和外国当事人在适用法律上一律平等，使案件得到公正、合法审理。四是发现经济纠纷案件中涉嫌违法犯罪行为的，及时移送有关部门立案查处。同年，七中全会提出的在“八五”期间要逐步建立比较完备的经济法律体系和切实加强经济司法工作，全省各级法院进一步增强服务意识，加强调查研究，与政府经济部门保持广泛联系，随时掌握改革开放，尤其是开放中经济关系出现的新情况、新问题，以取得工作的主动权。全省经济审判的重点是精心审理好与发展外向型经济有关的案件，特别是“三资”企业和“三来一补”的案件。对于一切有利于改革开放、有利于发展社会生产力的行为，只要是合法的经营活动，都依法予以保护；对于违法经营，危害改革开放，破坏外向型经济发展的行为，均依法予以制裁。

1991－1992年，全省法院认真贯彻中央工作会议精神，积极为转换企业经营机制，搞活国营大中型企业服务。中央工作会议提出了深化改革，加强企业管理，促进技术进步，增强国营大中型企业活力的任务。全省法院紧密结合海南实际，把经济审判工作与落实中央工作会议精神结合起来，注意灵活运用政策，认真审理了涉及国营大中型企业的案件，做到及时立案，及时审理，及时执行。同时，对涉及内联企业案件的审理，坚持法律面前人人平等原则，秉公办案，不搞地方保护主义。各级法院在审理债务纠纷中，积极参与清理“三角债”和依法收贷工作，对涉及多家企业的连环债务案件集中力量优先审理，及时裁决，使一些企业早日摆脱了债务危机。此外，为了保证信贷资金的正常周转和合理利用，各级法院积极协助银行等金融部门做好依法治贷工作，并通过审理案件，追究违法者、违约者的责任，促使企业改善经营管理，认真履行合同，堵塞漏洞，全省法院共受理借款合同纠纷案件420件，结案诉讼标的总金额为48381.07万元。此外，全省法院注意审理好改革开放以来出现的新型案件，共审理联营合同纠纷156件，企业承包合同案件39件，企业租赁合同案件10件。在审理这些案件中，海南法院坚持依法处理国家、集体和个人三者的关系，既坚决维护国家和集体利益，又注意维护个人的合法权益；同时，认真贯彻国家产业政策，促进产业结构、产品结构合理调整，保证了各种经济活动的正常进行。

1992年2月12日，全省法院工作会议决定在经济纠纷积案问题比较突出的海口市开展清理经济案件积案的活动。强调当事人举证责任，努力提高办案效率，向当事人规定举证期限，到期提不出证据的，不要拖延，该下判的果断下判。同时，加强上级法院对下级法院的指导、协调，高级法院经济庭组织力量，与中级、基层法院联合起来，对几经研究或已拖延数年的积案、难案进行“会诊”，提出意见供相关法院参考，帮助下级法院解决实际问题。

1993年，新类型经济纠纷案件明显增加，全年受理股票、债券、票据等方面的案件19件，增加9.5倍。在经济审判工作中，各级法院以为培育和发展市场体系服务为宗旨，认真贯彻执行《经济合同法》、《消费者权益保护法》《反不正当竞争法》等法律，保护公开、公平、有序的竞争，制止不正当的竞争。各级法院充分发挥审判职能作用，保障宏观调控决策的顺利实施，是该年度经济审判工作的显著特点。宏观调控事关全局，海南特区又有许多实际问题，面对现实，高级法院组织了由正、副院长带队的调查组，到6个省级银行进行调查研究，组织召开有关企业参加的座谈会，分析海南省的客观形势，把正确、及时地处理与宏观调控密切相关的案件,为宏观调控决策服务,作为法院工作的第3个战场。高级法院没有采取内地某些省份联合行动的做法,而是从推动海南特区市场经济开展出发,从加快和深化改革出发,立足于为海南省经济建设服务,着重加强法院的经济审判和执行工作。通过对内清理积案、加快办案进度,对外开展执行工作大会战,使滞留在审判过程中的10亿多元资金解脱出来进入流通领域。

1994年,经济纠纷案件大幅度增加。各级法院认真妥善地处理与宏观调控和深化改革密切相关的案件,依法保障宏观调控决策的顺利实施。根据海南省经济运行的特点,海南法院积极主动地开展依法收贷和依法治贷的专项审判活动,共审结资金拆借、贷款回收等整顿金融市场秩序的案件325件,比上年上升10.2%。为金融部门收回了大量逾期贷款,盘活沉淀资金8亿多元。积极受理因房地产市场变化引发的大量建设工程承包合同纠纷,因特区市场流通领域不断开放出现的大量购销合同纠纷以及因深化金融体制改革出现的新型案件,共审结建设工程承包合同纠纷案件135件,比上年上升36.3%;审结购销合同纠纷案件314件,比上年上升10.9%;审结股票、债券、票据纠纷等新类型金融纠纷案件69件,比上年上升7.6倍。在经济审判工作中,全省法院进一步确立了平等保护市场经济主体的合法权益、坚持社会主义统一市场、保护公平竞争、分清风险责任、尊重合同约定等新的司法理念,坚持依法公正裁判。为适应新旧体制转轨期间审判工作的需要,高级法院组成了4个专题调研小组,深入我省房地产市场、期货证券市场、产权交易市场进行调查研究,就有关问题提出对策,指导审判实践。

1995年,全年受理的房地产开发经营纠纷案件和建筑工程承包合同案件继续大量增加,高级法院受理的诉讼标的额在3千万元以上的一审房地产开发经营纠纷案件就有27件,受理的二审民事案件中90%以上是房地产开发经营纠纷。高级法院提出并要求全省各级法院贯彻“有利于房地产过热发展期间遗留问题的解决,有利于海南省房地产业的稳定和发展,有利于规范今后房地产市场的运作”三原则,依法保护合同,公平保护当事人尤其是投入实际开发一方的合法权益,坚决限制和反对投机炒作。高级法院加强了对审理此类案件的指导,举办了全省法院房地产审判专题培训班,并在实践的基础上,做出新的补充规定。在处理与宏观调控措施有关的案件中,各级法院对因急需资金而起诉的,力争快审快结,一时难以结案的先做调解工作,帮助解决债权人的流动资金;对省外公司企业起诉要求撤回资金的,在不违反法律规定的前提下,多做动员工作,尽量使已投入海南开发建设的资金继续发挥作用;慎重采取冻结资金措施,不能冻结的尽量不予冻结,充分发挥资金的流动效用。

1996年是“九五”计划实施的第一年,全省法院加强了经济审判和执行工作,审慎审理与特区发展密切相关的案件,维护正常的经济秩序。同年,海南省对产业结构进行了大调整,对金融秩序进行了整顿。在调整与整顿的过程中,也暴露出一些深层次问题,如企业和非金融机构后劲不足,偿付能力低;企业因种种原因,对外负债数额大,还债能力弱,有的企业还抽逃资金或多头抵押;一些管理部门执法不严,导致矛盾的焦点集中到法院,成为社会关注的热点。一些新类型案件,如涉及众多股民与股份制公司间的募股纠纷、涉及投资者权益保护的开发区投资纠纷、金融机构高利息拆借纠纷、大额存单和证券回购纠纷等相继起诉到法院。有的当事人不是依法诉讼，而是想方设法软拖硬抗甚至赖账不还，有的打了一审打二审，打了二审打再审，故意拖延时间，加大了办案难度，也给执行设置了重重障碍。全省各级法院迎难而上，坚持严肃执法，制裁非法集资、违法拆借和金融诈欺等违法行为，同时，从实际出发，采取一些灵活变通的措施，妥善处理纠纷，缓解了矛盾，维护了当事人的合法权益和正常的金融、经济秩序。

1997 年，在建立和发展社会主义市场经济的进程中，随着国家宏观调控的不断加强和海南省重大改革措施的陆续出台，需要依法调节的经济关系越来越多，经济审判工作呈现出一些新的特点：一是案件数量多。二是案件类型新，且大多涉及经济领域和高新技术领域。如中国工商银行汕头达濠支行诉海南赛格国际信托投资公司证券回购纠纷案。该案经高级法院查明：原告中国工商银行汕头市达濠支行与被告海南赛格国际信托投资公司于 1995 年 5 月 11 日 -7 月 10 日，通过全国证券交易自动报价系统共成交 3 笔证券回购交易业务，成交金额 2300 万元，回购期限 1 年，回购利率分别为 21.78%、22.07%和 24.03%。合同签订后，原告依约分 3 次向被告支付共 2300 万元，但被告始终未将交易债券足额交由原告封存，且在 3 次交易的第二交割日均未向原告交付合同约定的回购款项。原告无证券回购业务经营资格。鉴于原告和被告双方签订证券回购成交确认书后并无实券交易，违反了中国人民银行《信贷资金管理暂行办法》的规定，实为一种变相拆借资金行为，其证券交易行为属无效行为。故判决被告于判决生效后 3 个月内偿付原告 2300 万元本金及利息。三是由于地方和部门保护主义等因素的严重干扰和影响，加大了经济审判和执行的难度。四是经济纠纷案件涉及面广、社会影响大，涉诉标的总金额达 215 亿元。在这样的形势下，全省法院始终以邓小平“三个有利于”为指导思想，坚持有利于特区社会稳定和经济发展的原则，坚持严肃执法、秉公办案，裁判结案与调解结案相结合，取得良好的效果。

1998 年，全省法院围绕经济增长 8%的奋斗目标，以保护和促进经济持续快速发展为出发点和落脚点，努力寻找严肃执法与促进经济发展的结合点，全力以赴化解金融风险。各级法院按照省委“特事特办”的要求，运用法律手段帮助金融企业依法收贷，集中审理涉及海南发展银行（简称海发行）、省国际信托投资公司、省信托投资公司等的经济纠纷案 325 件，保护了债权人的合法权益，加速了资金的正常流转。由于亚洲金融危机和前几年泡沫经济的影响，需要依法调节的经济关系越来越多，诉至高级法院的经济案件也呈现“数量多、标的大、审理难”的特点。一、二审案件分别以借款合同纠纷和经济合同纠纷为主，股票、期货等新类型案件有所增加。这些案件涉及面广，审理难度大。面对上述情况，高级法院根据法律规定，结合海南省实际，从有利于社会生产力的发展出发，紧紧围绕维护海南特区经济的持续发展和金融稳定这个中心，正确开展经济审判工作，为省委经济工作的总体思路的顺利实现提供有力的司法服务。高级法院按照省委的工作部署，积极配合做好关闭海发行的清理和涉海发行案件的审理，为海发行追回贷款 5 千多万元；对涉省国际信托投资公司、海南省信托投资公司的案件审理也积极按照省委的工作部署,精心组织、加强指导,通过多种方式为省国际信托投资公司追回贷款3.2亿元,为维护海南特区的金融稳定做出了贡献。

1999年,我国《证券法》颁布实施,为了更好地执行该法,高级法院邀请海南省有关研究单位、证券公司、律师事务所等单位就如何贯彻执行《证券法》,审理好股票纠纷案件召开了座谈会。会议学习和研讨了《证券法》的精神,并指出:法律和司法解释对于股票纠纷案件中的一些具体问题尚未做出明确规定,审判实践中的认识也不尽统一,需依据有关法律原则,在总结实践经验的基础上,尽快统一思想,制定统一的标准,促使全省法院在审理股票纠纷案件方面进一步规范。根据上述会议精神,海南法院根据相关法律和政策处理了两宗股票纠纷案件,取得较好的社会和法律效果。海口市和琼中县共有187人分别以股票纠纷联名状告广东半球股份有限公司(简称半球公司)。该公司在两案中均败诉。

案一:原告周星江、刘登智等130人诉半球公司和裴某。原告诉称:从1993年2月半球公司的招股公告和原告的购股过程来看,原告所购股票应为个人股。但原告认购股票后,半球公司却于同年11月宣称原告所持股票为法人股,并由此给原告造成了损失。振东区法院经审理认为,130名原告作为发起人公司之外的公民,本不符合该公司的募股条件,但半球公司仍向其募股,因该股份系法人股,而认购者实际是公民个人,半球公司将法人股个人化显属违法行为。在募集股份时,半球公司在准予原告认购股份后,才声明原告所持认股证为法人股,其行为具有欺诈性质,故130名原告向半球公司购买法人股权的行为无效。对此,半球公司应负主要责任。据此,判决:确认130名原告向半球公司认购股权证的行为无效,半球公司于判决发生法律效力之日起十日内将130名原告股金款670500元分别按照原告认缴的数额予以返还,并赔偿相应的利息损失。

案二:黄兆权等57名股民诉半球公司、中保信托证券投资公司海口证券交易营业部(简称海口证券营业部)、中保财产保险有限公司琼中县支公司(简称琼中支公司)返还股金案。原告近24万元的股金、认股差价和10多万元的利息被判由被告半球公司、海口证券营业部、琼中公司返还。1993年3月,琼中支公司贴出了发售股票广告。广告贴出后,有57名群众前来认购,他们总计认购了12.6万股半球股票。次年6月,57位股民到保险公司办理股权证时,才发现自己上当受骗,所购股票系法人股而非个人股。琼中法院在审理此案时认为,半球公司在募股过程中,未向认购者言明发行的股票系法人股,且将法人股化整为零配售给个人,行为具有欺骗性,并违反了国家的有关规定。而在未了解股票发放范围,就代理发售股票的海口证券营业部和琼中支公司也应负过错责任。故此,判处3被告共同承担股民的经济损失。

2002－2007年,全省法院认真贯彻当事人平等自愿和诚实信用原则,着力于制裁违约行为、保护守约方合法权益,公正高效地审结市场经济交往过程中的各类买卖、租赁以及保险等合同纠纷案件,维护交易安全。这几年全省法院受理各类经济合同纠纷案件的主要特点:一是案件逐年增多。平均每年上升11%,并且呈继续上升的趋势。二是新类型案件不断出现。随着法律的陆续修订与新法律的颁布施行,人民法院受理案件的范围不断扩大,增加了期货、票据、企业权属、不正当竞争等方面的案件。三是讼争金额越来越大。千万元以上的大案大量出现,有的高达数亿元。四是处理难度增大。由于经济关系日趋复杂和利益格局的调整,某些方面的法律规定不完善,导致一些案件审理难。随着我国社会经济发展和全球经济的一体化,新类型案件不断出现,这对全省民事审判工作提出了严峻的挑战。如2006年海南法院审理的香港兆成发展有限公司诉海南青龙船务实业总公司等货物运输合同纠纷案,法律关系十分复杂,审理难度很大,涉及如何正确理解实际承运人(主要是期租船出租人是否为实际承运人)、如何理解期租船出租人合理行使承租人未付租金时的撤船权、如何分析提单持有人的善意或非善意取得等。又如海南金盟发实业有限公司诉海南橡胶中心批发市场居间合同纠纷案,该案涉标的金额2个多亿,当事人双方之间的争执比较激烈,合议庭及时采取了诉讼保全措施,有效地防止了国有资产的流失,并在最短的时间内审结此案。诸如此类案件,海南法院在审理上除了突出"精心"二字外,不断加强业务学习,提高审判质量,适应新形势发展的迫切需要。

2008年,海南法院按照省委确定的"一省两地"发展战略①和"两大一高"②发展思路,在重大诉讼上,以发展和稳定为重,妥善处理。与此同时,服务重点工程,包括洋浦保税港区、东环铁路、乙烯、旅游、文昌航天城建设等大项目建设顺利进行,通过司法手段促进重点突破,保障全省经济快速发展。为了更好地服务海南改革开放大局,切实为农村改革发展提供司法保障。全省各级法院通过认真学习《中共中央关于推进农村改革发展若干重大问题的决定》,并结合民商审判的实践,就如何更好地贯彻《决定》精神,为农业发展、农村改革服务、维护农民合法权益等问题进行了深入探索后达成了共识:人民法院必须始终把实现好、维护好、发展好广大农民的根本利益作为一切农村工作的出发点和落脚点,坚持以人为本,尊重农民意愿,着力解决农民最关心、最直接、最现实的利益问题:对涉及农业生产、农业企业利益的案件,要加快办理速度,特别是对具有海南农村特色的反季节瓜果蔬菜的生产、销售、运输和海鲜产品的养殖、销售和运输合同的签订、履行等纠纷的案件,要本着特事特办的原则,简化受理、简易审理、就地开庭、当庭宣判、及时执行。必要时,可依法采取先予执行的措施。对名为股权转让或名为合作开发实为土地使用权转让合同纠纷的处理,既要维护合同的稳定性,又要考虑充分保护农民权益,对显失公平的条款可予以法律干预和调剂,对涉及青苗补助、农民承包等纠纷案件,应重点考虑保护农民集体利益。对涉农垦企业改制的案件,审慎收案、以调解为主、统一执法标准、判决和执行要识大体、顾大局。对大型项目建设涉及农民征地、农民安置等方面的纠纷,既要保证国家大型项目的建设顺利进行,又要充分尊重和保护农民权益,在具体问题的处理上,只要不违背基本法律原则,在利益的取舍上应当向农民倾斜。加强法制教育,提高农民的素质。各级法院在审判案件的同时,开展多种形式的法制宣传教育,提高农

---

①"一省两地"战略是海南省在20世纪90年代中后期提出的发展战略。"一省"指2010年基本建成"新兴工业省",这是海南发展的战略目标;"两地"指"农业+旅游",在大力建设"一省"的同时,把海南最大的热带高效农业和热带海岛旅游两大基地做强做实。此战略对海南的经济恢复及发展起到了关键作用。

②海南省提出的"大企业进入、大项目带动、高科技支撑"的"两大一高"工业发展战略。从2004年起,海南省开始实施"大企业进入、大项目带动"的"双大"战略,2007年,在海南省第五次党代会上,在"双大"后面又加了"高科技支撑",正式形成海南省工业发展的"两大一高"战略。这一战略的实施使海南省的工业经济得到了快速发展,工业经济结构不断优化。

民遵纪守法和用法律手段维护自身合法权益的意识。

自2008年起,海南法院为进一步提升民事案件的审判质量采取了一系列措施。首先,高级法院分管民事审判的副院长和民事审判庭领导更多的参与办案,亲自开庭审理,亲自起草文书。其次,对一些有重大影响的案件,院领导亲自做好协调工作。如林一与海南晓奥集团有限公司、上海日月明房地产开发有限公司及武信琼海旅业开发公司股权转让合同纠纷案,院领导多次就案件的有关情况主动向省委、省人大汇报,积极与省政府沟通,减轻了许多外来压力,使案件得以公正审理。再次,严把裁判文书质量关,庭领导亲自校对和审核文书,减少裁判文书文字语法差错,争取裁判文书不出文字语法差错。此外,高级法院自觉接受人大代表和政协委员监督,查找民事审判工作中存在的问题与不足,于同年11月邀请3位省人大代表和政协委员旁听上诉人范会兴、海南文昌泰源水产工贸有限公司与被上诉人文昌市人民政府、文昌市万顺房地产开发有限公司等土地使用权转让合同纠纷案的庭审。代表、委员们对高级法院邀请人大代表、政协委员旁听案件庭审这一举措表示赞赏。

2009年,受国际金融危机影响而出现的问题和合同履行困难等矛盾转化为各类案件进入司法领域,并给法院的审判工作尤其是合同纠纷案件的审判工作带来新的挑战。最高法院及时出台《关于适用〈中华人民共和国合同法〉若干问题的解释(二)》(法释[2009]5号),统一司法标准。嗣后,最高法院又发出《关于正确适用〈中华人民共和国合同法若干问题的解释(二)〉服务党和国家的工作大局的通知》,要求各级法院在审判各种类型合同纠纷案件过程中,正确适用合同法及其司法解释,促进合同交易顺利进行,维护国家金融安全。《通知》强调,越是在企业遇到困难的时候,越要重视发挥诉讼调解的作用,各级法院要着眼于从根本上化解合同纠纷,多做调解工作,在依法、自愿的前提下,努力争取案结事了,力求从源头上化解矛盾。高级法院根据最高法院的要求,从建设和打造"和谐海南"的高度出发,强调法官办案务必注意做好当事人的调解工作,充分贯彻"能调则调,当判则判,案结事了"的原则。在调解过程中,要处理好自愿调解与引导调解的关系以及调解与判决的关系,要注重调解程序和协议的合法性,要切实发挥院领导在调解工作中的带头表率作用。海南各级法院根据上述要求,不断增强调解意识和大局意识,多措并举,加大调解力度,取得了良好的法律效果和社会效果。以海口中院为例,当年共受理商事案件289件,结案276件,结案率为95.5%。其中,调解和撤诉118件,调撤率42.75%,创历史新高。该院还总结出商事案件调解的八种方法:1."鼓励倾诉法"。让当事人充分发表意见和表达诉求,法官注意倾听,稳定当事人情绪,取得当事人的信任,找准矛盾的症结所在,引导当事人对自己的行为进行剖析和反省,进而解决纠纷。海南家天下家居管理经营有限公司与金兴根委托经营合同纠纷案是运用这一方法成功调解的典型案例。2."换位思考法"。一方面是双方当事人换位思考,设身处地站在对方的立场考虑问题,让其感受对方的态度和承受力,使其在思想上发生变化,最终化解矛盾;另一方面是法官要从当事人的角度去客观思考,寻求化解矛盾的调解方式。梁军与海南亚奥汽车销售有限公司买卖合同纠纷案当事人是换位思考后达成和解的典型案件。3.

“宣传教育法”。对事实清楚、争议不大的案件，法官向双方当事人面对面的讲法律、讲政策、讲人文，消除双方的对立情绪，以便尽快达成调解协议。海南瀛坤环保科技有限公司诉杨志武等人的52起租赁合同纠纷案是法院以宣传教育工作最终说服瀛坤公司撤回了52起案件的上诉。4.“案例提示法”。援引已生效的有可比性的同类裁判文书提示当事人进行调解。该方法每案皆可使用，对有理性的当事人具有很好的促调作用。5.“交叉调解法”。对一些当事人固执己见、长时间相持不下、调解难度比较大的案件，有时某一法官会产生急躁心理，当事人也会持怀疑态度，适时调换一个法官，从不同的角度、方法、切入点进行调解，就可能让当事人打消疑虑，增强对法院、法官的信任感，进而使问题迎刃而解。如张铁与张贻锦等人的合伙经营合同纠纷案，在承办人多次调解未果的情况下，庭长建议由该案的审判长主持调解，最终以调解方式结案。6.“逐级调解法”。相对于普通的审判人员，院长、庭长一般具有更高的威信和更大的影响力，如果由领导出面做当事人的工作，对促成调解协议的达成更有效。为此，海口中院形成一种独特的调解程序，即承办人调解不成的由审判长调，审判长调解不成的由庭长调，庭长调解不成的由主管副院长调，主管副院长调解不成的由院长调。如三胞集团有限公司与上海交大昂立股份有限公司、上海诺德生物实业有限公司、海南昂立投资有限公司股权转让纠纷一案，涉案标的达一亿元，双方当事人的分歧很大。承办法官调解未果，张韵声院长、张玉萍庭长适时加入调解，促使双方在主要问题上达成了一致意见，最终达成了调解协议，并得以履行。双方当事人对此结果表示满意，交大昂立公司还专程派人从上海飞赴海口向张韵声面呈感谢信，并向海口中院赠送了“正义卫士，法坛楷模”的锦旗。7.“分流调解法”。海口中院将在理论上和审判实务中存在重大争议的案件界定为“必须调解的案件”，给予格外关注，付出更多的努力予以调解。8.“借力调解法”。对于上级机关批示或涉及党政部门关注的案件，可以借助这些机关向当事人做调解工作。第一投资集团股份有限公司与天津市大通建设发展集团有限公司、海南筑信投资股份有限公司债务纠纷及海南尚上佳贸易有限公司与天津市大通建设发展集团有限公司借款纠纷两案，涉案金额达5000多万元，双方争议非常大，且对立情绪极其严重。在承办法官、庭长和分管副院长多次做调解工作的基础上，分管副院长又通过上级党政机关及相关领导做调解工作，终于促使双方当事人达成和解，两案原告撤诉，圆满地解决了这两起影响极大的纠纷。

2010年，为贯彻落实国务院《关于推进海南国际旅游岛建设发展的若干意见》和省委、省政府《贯彻实施 < 国务院关于推进海南国际旅游岛建设发展的若干意见 > 的决定》，为国际旅游岛建设提供有力的司法保障，结合全省法院工作实际，高级法院制定《海南省高级人民法院服务海南国际旅游岛建设工作意见》提出，切实增强服务国际旅游岛建设的自觉性、主动性、责任感和使命感，全面履行审判职能，依法审理旅游纠纷，规范旅游市场秩序，保障现代服务业的健康、快速发展，打造我国旅游业改革创新试验区和世界一流海岛休闲度假旅游目的地。同年7月，高级法院与省企业家协会、省企业联合会联合举办了“优化司法环境 推动海南国际旅游岛建设”座谈会。高级法院分管民事审判的副院长傅勤、审委会专职委员吴剑平、各审判庭的负责人及省企业家协会、省企业联合会会员、企业代表150人参加会议。傅勤在座谈会上作了主题发言。与会人员面对面进行沟通交流,就建设国际旅游岛的司法保障、海南省经济发展热点难点法律问题进行深入探讨并提出具体意见。会上,高级法院还为参会人员发送了宣传材料《海南省高级人民法院审判工作指导意见选编》。在具体的案件审理过程中,海南法院继续贯彻"能调则调,当判则判,调判结合,案结事了"的原则,加大调解力度。成功调解了新宏兴公司与海南大学合作办学纠纷系列案、①海南通澳公司与五指山市政府合作淡水净化厂出资纠纷案②等重大历史积案。新宏兴公司与海南大学合作办学纠纷系列案的成功调解为国家节约了2050万元。

(九)知识产权纠纷案件的审判

1. 收结案基本情况

海南法院审理的知识产权案件主要包括著作权、商标权、专利权和技术合同纠纷,纠纷类型通常是合同纠纷和侵权纠纷。知识产权案件属于新类型案件,法律关系复杂,侵权行为和标准难以认定。为保证知识产权案件的审判质量,根据最高法院有关知识产权案件管辖的规定,此类案件一审由中院或高级法院受理。1990－2000年,全省法院共审理知识产权案件455件,总体案件数量较少。从案件受理的趋势上看,2000年以前,海南法院受理的知识产权案件数量较少。2001年后,知识产权案件数量有了较大幅度的提升,2008年,全省法院受理知识产权案件67件,是案件受理数量最多的一年。2009年,知识产权案件受案标的总金额将近8453万元之多,也是历年之最。根据案件审理的需要,高级法院于1994年1月设立知识产权审判庭,指导全省的知识产权审判工作,因案件数量少等原因,2001年,高级法院在机构改革中撤销知识产权庭,③将知识产权案件并入经济审判庭。2009年3月,为适应国家调整经济结构、实施知识产权战略,支持科技创新,转变经济增长方式的要求,作为建设国际旅游岛的司法保障措施之一,高级法院经省编委批准设立民事审判第三庭,负责知识产权案件的审理,对外称知识产权审判庭。此后,各级法院认真贯彻执行《著作权法》《商标法》、《专利法》、《消费者权益保护法》、《反不正当竞争法》等法律,加强知识产权保护,推动科技创新,为催生和促进海南新兴产业、创造新的市场需求、培育新的经济增长点发挥了积极的作用。

---

①详见附录重要案件辑存。

②详见本章第一节特色程序制度变迁的调解制度部分。

③详见第一章第一节机构部分。

1991－2010年海南省法院一审知识产权案件收结案情况表

表4－2－15

年度	收案	结案（含旧存）	结案情况						诉讼标的总金额（万元）
			判决	调解	撤诉	移送	终结	其他	
1991	0	0	0	0	0	0	0	0	
1992	0	0	0	0	0	0	0	0	
1993	2	0	0	0	0	0	0	0	
1994	11	9	4	1	2	1	0	1	
1995	11	14	3	7	1	2	0	1	
1996	15	11	3	0	4	2	0	2	65
1997	21	25	5	17	2	1	0	0	1119.2
1998	8	8	7	1	0	0	0	0	976.9
1999	7	7	4	0	3	0	0	0	605.6
2000	5	4	3	0	1	0	0	0	525.7
2001	17	18	12	2	3	1	0	0	23608.16
2002	26	25	18	1	6	0	0	0	1552.21
2003	19	19	6	2	10	0	0	1	215.34
2004	37	34	17	1	16	0	0	0	1282.82
2005	47	40	18	6	13	0	0	3	599.0496
2006	35	39	22	5	12	0	0	0	1525.1984
2007	47	46	20	2	22	0	0	2	433.27
2008	67	70	47	5	15	2	0	1	176.3607
2009	53	59	12	5	38	2	0	2	8452.9807
2010	27	19	12	2	5	0	0	0	113.752

1991－2010年海南省法院一审知识产权案件分类统计表

表4－2－16

年度	知识产权		著作权纠纷		商标权纠纷		专利权纠纷		技术合同	
	收案	结案	收案	结案	收案	结案	收案	结案	收案	结案
1991									1	1
1992									1	
1993	2	0	1						1	2
1994	11	9	3	3					1	1
1995	11	14	4	4					3	3
1996	13	10	5	6	1		1	1		
1997	18	21	3	1	1	2	1	2	1	
1998	2	3	2	3	1		1	1	4	4

续上表

年度	知识产权		著作权纠纷		商标权纠纷		专利权纠纷		技术合同	
	收案	结案	收案	结案	收案	结案	收案	结案	收案	结案
1999	7	7	4	5						
2000	3	2	2	2	1	1	1	1		
2001	13	13	10	9	1	2	3	3		
2002	26	25	21	21	4	3	1	1		
2003	19	19	11	13	5	5	2	1	1	
2004	37	34	29	24	5	5	2	3	1	2
2005	47	40	16	19	14	8	6	4	4	3
2006	35	39	14	15	5	5	2	4	1	2
2007	47	46	11	11	10	10	8	7	2	2
2008	67	70	6	6	49	51	7	7	2	2
2009	53	59	12	12	34	39	6	7		
2010	27	19	5	1	7	4	2	1	1	1

注：以上结案均含旧存。

2. 具体审判工作

海南法院知识产权审判的思路：一、坚持精品办案。全省法院受理的知识产权案件数量不多，所以，要求全省法院审判人员必须树立精品意识，办精品案。2008 年，高级法院根据最高法院《关于开展涉及驰名商标认定民事案件评查活动等问题的通知》的要求，对全省 2003－2008 年间审理的已认定驰名商标的民事案件进行了全面评查，5 年间通过司法程序认定驰名商标的案件共有 7 件，没有出现认定驰名商标行为异化的情况；高级法院审结的陈国明诉海南省人民医院商标侵权纠纷案、海口中院审结的北京网尚文化传播有限公司诉海口正合网吧侵犯著作财产权纠纷案分别入选 2009 年和 2010 年中国法院知识产权司法保护 50 件典型案例，体现了海南省知识产权司法保护工作的水平。二、知识产权司法审查和司法宣传并重。在做好审判工作的同时，全省法院十分重视配合政府的相关专项活动和做好知识产权审判宣传工作。自 2006 年起，海南法院每年开展“保护知识产权宣传周”活动，组织干警参加“保护知识产权现场宣传、咨询”活动、开展“保护知识产权成果展”、召开“保护知识产权新闻发布会”、在《海南日报》、《海口晚报》及海南视窗等媒体集中刊登本省有影响的知识产权典型案例、严格做好知识产权裁判文书的上网工作、建立网上投诉信息处理系统等，营造海南知识经济健康发展的良好环境。2009 年，海南法院开展了知识产权审判“优化自主创新司法环境”年度主题活动；2010 年，召开了以“保护知识产权，促进创新发展”为主题的新闻发布会。自 2010 年起，高级法院知识产权审判庭每年对全省知识产权司法保护状况进行全面调研，逐年发布《海南法院知识产权司法保护状况（白皮书）》。三、坚持保护权利和防止权利滥用的有机统一。处理好保护私权与防止权利滥用、维护公益的关系，既加大知识产权司法保护力度，实现激励创新的知识产权制度目标，又合理界定知识产权的界限，防止权利滥用实施垄断行为，有利于促进知识的传播和运用，确保私权与公益的平衡。

（十）不正当竞争和垄断纠纷案件的审判

垄断纠纷属于不正当竞争纠纷的一种。这类案件数量很少，1990－2010 年间，全省法院受理 24 件不正当竞争纠纷，无垄断纠纷案件。2002 年，海南法院受理了首例不正当竞争纠纷。不正当竞争纠纷和垄断纠纷一审分别由中、高级法院管辖，基层法院不受理此类案件。

2002－2010 年海南省法院一审不正当竞争案件收结案情况表

表 4－2－17

年度	收案	结案（含旧存）	结案情况						诉讼标的总金额（万元）
			判决	调解	撤诉	移送	终结	其他	
2002	2	1	1						6.556
2003	2	3	3						13
2004	3	3	1		1			1	348
2005	1	1	1						2.515
2006	3	3	1	2					9.2138
2007	3	9	2	5	2				
2008	4	4	1		3				1
2009	4	4		3	1				0.0002
2010	2	2	1					1	10

（十一）破产案件的审判

1. 收结案基本情况

从历年案件受理情况上看，各年度破产案件收案量较为均衡，没有明显的变化，2008 年，全省法院共受理破产案件 24 件，为历年最高受理数。

1996－2010 年海南省法院一审破产案件收结案情况表

表 4－2－18

年度	收案	结案（含旧存）	结案情况					诉讼标的总金额（万元）
			判决	撤回申请	驳回申请	终结	其他	
1996	16	7		1	4	1	1	4568.05
1997	11	15			2	11	2	2650
1998	16	10		1		4	5	
1999	6	8		1		4	3	4122.87
2000	13	10				10		7635.1

续上表

年度	收案	结案(含旧存)	结案情况					诉讼标的总金额(万元)
			判决	撤回申请	驳回申请	终结	其他	
2001	16	20				1	13	48646.95
2002	4	3	1	1	1			666.5692
2003	21	15	2		9		4	79972.3048
2004	8	7	1		2	2	2	20869.3928
2005	8	7		2		4	1	35580.69
2006	7	7		2	3	2		10154.1249
2007	10	8		6	1	1		2600
2008	24	19		4	5	3	7	18073.5063
2009	11	8		1		4	3	1509861.105
2010	6	10				5	5	915259.5317

2002－2010年海南省法院一审破产案件资产情况和破产财产统计表

表4－2－19

年度	收案	资产情况(万元)		破产财产(万元)	
		资产总额	债务总额	资产总额	债务总额
2002	4	123.9286	188.8637	666.5692	237.8318
2003	21	57168.2069	45759.444	79972.305	155057.17
2004	8	8655.8	3986.6754	20869.393	10455.7
2005	8	242825.117	12422	35580.69	282762.256
2006	7	5668.9062	4345.1227	10154.125	12229.7454
2007	10	11358.2274		2600	130031.087
2008	24	9821.7892	1533.4311	18073.506	181814.239
2009	11	1800	78900	1509861.1	7670.1
2010	6	11295.8841	17081.071	915259.53	25937.6351

2. 具体审判工作

企业破产案件涉及面广,涉及的利益主体多,破产过程渗透着大量行政因素和地方色彩,案件处理涉及职工安置、国有资产的保护、债权人利益的保护,也关系到国家金融安全和社会稳定。而破产案件的审理在海南各个特殊的历史时期存在诸多问题。一是破产清算力量不足,职能不清;二是破产财产变现难,破产财产分配方案难以确定;三是法律规定不完善、不统一,且常常与相关破产政策冲突。针对上述问题,全省法院坚持认真、审慎审理破产案件,支持改革和规范改革并举。既充分运用破产合法豁免债务的制度,支持地方政府进行产业结构调整,将不良企业淘汰出局,又严防企业利用破产逃废债务,维护社会稳定和金融秩序稳定。

1991年,高级法院受理的海南省侨汇外资物资供应总公司及其下属5个企业破产案件,是海南省第一家省级企业申请破产案件。至申请破产时止,该公司共负债1.3亿元,是当时全国最大的一宗企业破产案。

1996 年，随着改革的深化和宏观调控政策的实施，各级法院受理的企业破产案件大幅度上升，由 1995 年的 1 件上升到 16 件。各级法院高度重视，依法妥善处理破产案件，并协助当地政府做好破产企业职工的安置工作，确保社会稳定。同时，注意防止国有资产流失、努力把破产的风险减到最低限度，对“假破产、真逃债”的，则依法驳回起诉，制止了投机取巧、钻法律空子的行为。

1997 年，全省法院妥善处理与深化国有企业改革有关的案件，依法保护出资者和债权人的合法权益，保障破产企业职工的基本生活。在审理有关企业联合、兼并和债务清理、重组案件时，既强化国有资产管理意识，堵塞国有资产流失的漏洞，又有利于清产核资和建立资产经营责任制，合理处理国有企业的历史债务，依法保护产权交易。同年，海南省 5 家国有企业列入国家试点城市国有企业破产兼并计划，高级法院成功地审结了这 5 宗破产案件，为保证完成冲销银行 3 亿呆坏账准备金的任务赢得了宝贵时间。

1999 年，党的十五届四中全会做出《中共中央关于国有企业改革和发展若干重大问题的决定》后，高级法院立即组织学习讨论并要求全省法院学习和领会四中全会精神，依法支持和保护国有企业的改革，为建立现代企业制度服务。在审理和执行国企改组、联合、兼并、破产、租赁、承包经营、股份合作、企业并购、股票、债券、知识产权、劳动争议、社会保障等纠纷案件中，贯彻落实《决定》精神，注意有利于国企改革和发展主要目标与指导方针的实现；有利于国家从战略上调整国有经济布局；有利于建立和完善现代企业制度；有利于加强和改善企业管理；有利于改善国企资产负债结构和减轻企业社会负担；有利于加快企业技术进步和产业升级。全省法院依法审理企业改组、联营、兼并、承包、租赁、转让、出售等纠纷案 154 件，为企业清偿和挽回经济损失 3.8 亿元。同年，海南法院系统举办了“司法公正与企业发展”研讨会，大胆探索审判工作为国企改革和发展服务的新途径，积极协助企业搞好增资减债、减员增效、下岗分流和再就业工程，为国企改革创造良好的司法条件。

2003 年，随着社会主义市场经济体制的逐渐建立和完善，绝大部分经营不善、负债累累的国有企业陆续通过破产、重组等方式退出市场竞争，至 2008 年 12 月，全省法院共受理该类案件 31 件。国有企业破产案件往往涉及巨额的金融机构债权以及人数众多的职工分流和安置问题，该类案件处理的政策性强、涉及利益主体多，社会影响重大，且潜伏着诸多影响社会稳定的问题，稍有不慎就会造成矛盾激化，引发群体性纠纷和集体上访事件。审理国有企业破产案件，必须全面考虑国有资产保值增值、切实维护职工合法权益和保护债权人利益、保障社会秩序的稳定等各方面的因素，慎重处理。海南省国有企业破产案件审理主要存在以下难点：1. 社会保障体系不健全，职工安置难度大；2. 清算效率不高，法院指导监督难；3. 债权清收和资产变现难，债务清偿率低；4. 职工安置资金不落实，妨碍破产程序推进并给社会带来不稳定因素。其中，职工安置资金的缺口问题一直是破产案件审理的瓶颈，其不仅是破产申请能否被受理的障碍，也是法院立案后阻碍破产程序进程的难点。不少国有企业为了能够顺利进入破产程序，往往采取低报高估的方法,即低报破产所需资金(清算费用和职工安置资金),高估可变价资产,使其职工安置资金从表面上看基本落实或资金缺口不大,而一旦法院立案并宣告其破产,矛盾与问题便汇集于法院。如海口海华轮胎有限公司破产一案,该公司破产需安置职工 1376 人。该公司向法院申请破产提交的职工安置方案称其职工安置费用为 3300 万元,企业资产可变现约 4000 万元,对外债权可追收约 800 万元,然而,海口中院立案并宣告该公司破产后,清算组经测算,发现该公司的安置预案等破产申请材料中,未包括企业历年欠缴的职工各项社会保险费以及破产清算期间应付的职工生活费等清算费用,仅此两项,该公司便少报负债 3673 万元,而其可变价资产经委托评估,仅能变价约 3800 万元,800 万元的对外债权基本为陈年老账,有把握追回的不足 20%,事实上该公司职工安置资金缺口接近 3000 万元。由于该公司破产涉及的职工人数众多,且职工情绪极其不稳定,如此之大的安置资金缺口,不仅使该案审理工作陷入困境,而且,给社会稳定带来严重威胁(该公司的职工安置问题被列为当年全省十大维稳问题之一)。审判机关不具备安置失业职工的社会职能与资源,根本无力也不可能单凭自己良好的愿望去解决职工安置这一涉及社会稳定的问题,需要各级政府的密切配合,才能消化企业破产带来的包括职工安置问题在内的各种社会问题。由于种种原因,法院在处理国有企业破产问题时,往往被置于各种矛盾的前沿,法院既要支持政府对国有企业的改制工作,及时受理国有企业的破产申请,尤其是已列入国家政策性破产计划的破产申请,以使企业巨额的银行债务能够及时得到核销,又不能无视职工安置资金不落实所带来的影响社会稳定的问题。

针对上述难点,海南法院在审理国有企业破产案件过程中,严格把握法律和政策界限,从维护稳定、促进经济发展的大局出发,严格规范破产程序中每一环节的工作,使清算工作依法、有序地开展,案件的审判工作取得了良好实效。主要作法是:1. 严格破产申请的立案审查,为破产程序启动后的审理工作创造有利条件。对国有企业破产案件的审查更为严格,第一,审查是否有全国破产企业兼并领导小组同意其进入破产程序的文件。只有列入国家计划破产的企业才能适用政策性破产企业的相关优惠政策。对于其他国有企业的破产案件,则审查是否有其上级主管部门的批准文件,否则不予立案。第二,审查是否制定了职工安置预案以及预案的合法性和可行性,尤其要审查职工安置资金是否落实,凡存在职工安置方案不符合政策要求或安置资金不落实等严重缺陷的破产申请,不予立案。第三,审查是否具有具体详尽的相关审计或资产评估报告,以便法院对破产企业的资产状况和负债情况有较为全面的了解,从而判断是否符合《破产法》及相关司法解释所规定的破产条件。2. 注重破产审判工作的指导、监督和沟通协调工作。一是主动向地方党委、人大报告重大问题以及重要工作部署,对遇到的困难和问题,依靠党委、人大的支持予以解决。二是注意加强与政府相关职能部门特别是国资管理、人事劳动保障等部门的沟通和配合,并协调公安、税务、国土、房产、工会等部门对清算工作予以积极有效的支持和协助。三是坚决制止和纠正清算过程中发现的违法问题,尤其是国有资产流失问题。四是积极配合政府做好破产企业职工的思想疏导,努力化解矛盾。如海口海华轮胎有限公司破产一案,因职工安置资金存在巨大缺口,该资金缺口问题对原本已因企业再次破产而抵触情绪激烈的逾千名职工无疑形同火上浇油，为避免矛盾激化引起大规模的职工集体上访事件，海口中院在向市政府分管领导紧急通报相关情况后，院审委会经认真研究，决定撤销原先做出的宣告该公司破产的裁定，从而使职工的抵触情绪暂时得到缓解。此后，因该资金缺口问题得到妥善解决，法院方重新裁定宣告该公司破产，继续破产清算工作，后经多方努力，于 2005 年 12 月 31 日顺利终结破产程序。3. 依法规范破产清算工作，加强法院对破产清算工作的监督与指导。一是实行阳光审判，增加清算的透明度，充分保障职工和债权人对清算的知情权和监督权，增强职工、债权人的信任感，取得他们对破产清算的理解和支持。二是严格依法开展清算，对于未列入政策性破产计划的国有企业，坚决不允许适用国务院颁布的相关特殊政策。三是依法规范清算各环节的具体工作，如：统一同类破产债权的审查确认标准，保证破产债权确认的公平性和公开性；严格依法公开、公正进行破产财产的评估、拍卖和分配，杜绝暗箱操作，要求清算组必须严格按照法律程序办理委托评估、拍卖业务，严格限制拍卖佣金比例（包括买受人支付的佣金比例），最大限度提高破产财产的变现价值；加强对破产清算费用的开支管理，努力降低破产成本，要求清算组（管理人）在破产程序终结时，必须对所有的清算费用开支进行专项审计。四是指导清算组（管理人）在处理职工安置问题时，要加强与职工的沟通，认真倾听职工的意见，力争把不稳定因素消除在萌芽状态。五是加强对清算的监督力度。清算组（管理人）中均有纪检监察部门的工作人员，对清算工作实行全程监督。4. 妥善处理涉及职工等弱势群体的利益问题，维护社会稳定。如海口市橡胶五厂破产案，该厂始建于 1965 年，是海口市的中型国有工业企业，有职工 643 人。该厂由于历史原因形成的债务包袱沉重，企业陷入无法清偿债务和发展的困境，被列入国家政策性破产范围。由于该厂是在未停产倒闭状态下进入破产程序，职工的抵触情绪异常激烈，一度在厂内采取过激行为阻挠清算组工作，并先后多次到市政府和省政府集体上访。部分职工为迫使政府提高安置标准，甚至准备阻挠海口世纪大桥通车庆典活动。海口中院一方面耐心劝解拟上访的职工，努力消除职工对破产的抵触情绪，另一方面，及时将职工的意见反馈给政府有关部门。在多方的努力下，该案件的审理工作最终赢得了该厂绝大多数职工的理解和支持，数百名职工得到妥善安置，破产程序得以顺利终结。5. 及时有效地控制和最大限度变现破产财产，维护债权人的合法权益。2006 年，海口中院以其在审理国有企业破产案件中的显著成绩，赢得了财政专门拨付的 10 多万元奖励和解决破产审判工作专用车辆，海口中院民事审判第三庭于 2007 年被评为“全国国有企业兼并破产和职工再就业工作先进集体”，受到最高法院通报表彰。

2004 年，随着市场经济的发展，海南法院开始受理金融机构破产案件。对此，全省各级法院严格遵守破产程序，不随意简化或变通审理程序。高级法院加强对下级法院破产案件的监督和指导，建立案件通报制度，下级法院及时向上级法院汇报所受理的破产案件，遇到新情况、新问题及时研究对策。对于上市公司破产案件、商业银行、信用社破产案件、非银行金融机构破产案件包括信托公司、证券公司破产案件及时上报最高法院。同年 12 月，经国务院批准，海南赛格国际信托投资公司、海南华银国际信托投资公司、海南汇通国际信托投资公司、海南国际租赁有限公司和海南三亚中亚信托投资公司进入破产清算程序。海南中院、海口中院和三亚中院根据国务院和最高法院的有关指示精神对这5家公司的破产申请进行立案审查。审理金融机构破产案件,在海南省属首次,且一次决定5家机构进入破产,范围之广,在全国属首例。这5家金融机构破产案件牵涉面广、情况复杂,关系到社会稳定大局。受案法院按照最高法院的指示精神,积极探索,审慎审理,开展了一系列工作:一是成立5家公司破产领导小组以指导协调破产案件的审查;二是组织召开破产清算领导小组工作会议、座谈会及情况通报会,听取清算组的清算报告,以沟通指导,理顺关系,全面掌握工作进程。还特别邀请了最高法院法官、中国人民银行金融稳定局等专业人士到会指导;三是就金融机构破产案件收费标准问题专门请示最高法院,为海南省法院受理金融机构破产案件收取诉讼费提供了司法依据;四是为了保证破产案件的顺利审理,对涉及5家公司的执行案件与省外法院进行沟通与协调,三次派员协调外地法院强制执行5家公司案件情况,多次协调本省有关法院案件审理与执行情况,维护了5家公司债权人的合法权益;五是学习审理金融机构破产案件的先进经验,为下一步审理5家公司破产案件提供帮助;六是创办了《金融机构破产案件审理专报》,不定期刊登最高法院和海南高院有关审理金融机构破产案件的最新精神,介绍省内外法院在审理该类型案件中的经验,如,刊发了海口中院在汇通公司破产案中制定的债权人会议预案,对其他中院很有参考价值。

2008年,为加快非银行金融机构破产案件审理进度,解决案件审理过程中的突出问题,高院级法院于7月18—19日在三亚召开了第二次全省审理非银行金融机构破产案件座谈会。会上,三家中院汇报了对非银行金融机构破产案件的审理情况,分析了存在的问题。会议提出几点要求:第一,法院既要让破产管理人充分发挥作用,又要对破产管理人加强监督。第二,破产管理人既要尽可能采取多种措施追回更多的财产,又要努力降低破产清算费用。第三,法院要尽可能提高审判效率。第四,拍卖机构由破产管理人选定,法院监督,坚持公开、依程序选定拍卖机构,确保此项工作在阳光下操作;比照《最高法院关于人民法院民事执行中拍卖、变卖财产规定》第32条的规定,采取零佣金委托拍卖;竞买人的保证金必须打入破产管理人指定的账户,不得打入拍卖人的账户。竞买成交后,由破产管理人从账户资金中支付佣金。已经打入拍卖人账户的,责令其及时打入破产管理人账户。第五,自然人债权涉及广大普通百姓的切身利益,处理时要特别慎重,既要讲法律,讲政策,更要讲民生,对当事人多做释明工作,维护社会和谐稳定。2009年,经过5年的审理,在高级法院和省一中院、海口中院、三亚中院的共同努力下,最终实现前述5家非银行金融机构的无震荡破产,破产清算程序圆满终结。

(十二)涉外(含涉港澳台)纠纷案件的审判

1990－2010年,全省法院共受理涉外案件2140件,其中,涉外案件539件,涉港澳台案件1601件。涉港澳台案件中,1990－1991年的司法统计没有区分三地的案件来源。从1992年开始,就涉台案件进行单独统计;1998年对三地案件分开统计。从受理案件数量上看,全省法院受理的涉港案件最多,涉台案件次之,涉澳案件比较少见。总体上看,

2000 年以后受理的涉外案件多于 2000 年前受理的案件。全省法院审理涉外案件时，坚持维护国家主权原则，充分行使我国的司法管辖权，依照我国参加或缔结的国际条约，参照国际惯例，平等地保护中外当事人的合法权益；审理涉港澳案件，坚持"一国两制"的方针，依法保护港澳同胞在海南的合法权益；审理涉台案件，坚持"一个中国"的原则，依法保护台商在海南的投资利益，平等地保护当事人的合法权益。全省法院通过案件审理，改善了特区的投资环境，促进了对外经济贸易的发展。

海南省涉外民事案件审判在不同的历史时期，管辖规定有所不同。1992 年 4 月 8 日，高级法院发布《关于我省涉外一审民事案件级别管辖的通知》【琼高法（民）函〔1992〕1 号】规定：全省的涉外民事案件一审统归由中院管辖。该规定后来逐步放宽，基层法院也开始审理一部分涉外民事案件。2002 年 3 月 1 日，《最高人民法院关于涉外民事案件诉讼管辖若干问题的规定》开始实施。为贯彻这一规定，高级法院于 2008 年下发《关于调整全省各级人民法院管辖第一审民商事案件标准的通知》（琼高法〔2008〕57 号）①。

1991－2010 年海南省法院一审涉外、涉港澳台民事案件结案情况表

表 4－2－20

年度	涉外	涉港	涉澳	涉台
1991	3	19		
1992	10	19		2
1993	14	16		2
1994	43	64		7
1995	30	48		8
1996	55	50		11
1997	52	66		10
1998	17	42	19	8
1999	20	27	7	24
2000	22	38	1	13
2001	12	37	4	12
2002	28	71	0	21
2003	9	15	0	4
2004	30	32	1	9
2005	19	43	2	16
2006	37	74	3	24
2007	40	125	4	36
2008	40	77	3	36
2009	20	84	4	32
2010	30	221	26	44

①内容详见第一章立案审判第一节立案第四目案件管辖制度部分。

（十三）适用特别程序审理的案件

民事诉讼中的特别程序是人民法院审理非民事权益争议案件适用的程序。特别程序的特点主要是：没有原告和被告，审理的内容是对某种法律事实进行确认，不解决民事权利义务争议，只有基层法院适用且一审终审，原则上采用独任制，只有选民资格案件和重大疑难的非讼案件，才组成合议庭审理；不适用审判监督程序，发现判决在认定事实或适用法律方面有错误，或者是出现了新情况、新事实，人民法院根据有关人员的申请，可依特别程序的规定撤销原判决，做出新判决；审理期限较短；免交诉讼费用。收结案情况见下表。

1991－2010年海南省法院特别程序案件收结案情况表

表4－2－21

年度	收案	结案（含旧存）	结案情况					涉案标的或生效支付令确定标的总金额（万元）
			判决	撤回申请	驳回申请	终结	其他	
1991	1	3	2	1				
1992	213	239	185		6	31	17	1281.67
1993	328	328	249		2	23	54	1636.61
1994	580	570	408		1	35	126	11715.26
1995	851	844	645		6	94	99	34745.91
1996	1355	1365	1114	1	1	124	125	471829.18
1997	2584	2598	2458		8	85	47	44275.9
1998	762	822	576	2	3	94	147	20519.29
1999	1230	1249	849		17	243	140	11301.67
2000	2111	2087	1348		27	74	638	1097001.4
2001	1997	2023	1693	1	5	49	275	6104.69
2002	3197	3136	832	41	1	731	1531	24781.9054
2003	1383	1436	424	6	9	136	861	98828.146
2004	1095	1094	40	36	4	169	845	60207.9327
2005	622	614	12	4	21	41	536	38422.5968
2006	681	686	12	9	18	30	617	14644.8438
2007	861	713	20	9	18	25	641	3388.3815
2008	676	819	16	15	29	182	577	24491.1214
2009	1089	1085	14	63	61	31	916	1516203.113
2010	819	823	19	36	48	29	691	917990.808

1991 –2010 年海南省法院适用特别程序审理的案件收结案分类统计表

表 4 –2 –22

年度	选民资格案件		宣告死亡宣告失踪		认定无行为能力		确认、撤销仲裁裁决		督促程序		公示催告	
	收案	结案	收案	结案	收案	结案	收案	结案	收案	结案	收案	结案
1991			1	2								
1992			1	1					208	235	3	3
1993			12	12					312	313	2	2
1994			3	2					576	566	1	1
1995				1					849	840	2	2
1996									1344	1354	8	7
1997			2	1					2555	2575	17	12
1998				1					718	774	39	42
1999			3	2					1215	1234	12	12
2000			3	1					2098	2084	10	2
2001			1	3					1968	1982	22	32
2002			1	1	2	2			2933	2873	10	10
2003			2	3					1082	1139	4	5
2004			1		1	1			731	732	3	3
2005			3	2			25	25	311	314	15	11
2006			2	3			17	17	222	222	5	9
2007	2	2	5	1	2	2	12	12	267	267	5	4
2008			2	6	2	1	45	45	134	134	3	4
2009			4	4	2	3	153	153	321	321	9	6
2010	1	1	10	8	2	1	65	65	188	188	8	11

注：以上结案均含旧存。

1990 –2010 年间，全省法院共受理特别程序案件 22436 件，其中选民资格案件 3 件、宣告失踪或者宣告死亡案件 56 件、认定公民无民事行为能力或者限制民事行为能力案件 11 件、确认或撤销仲裁裁决案件 317 件、督促程序 18032 件和公示催告程序 178 件，其中，督促程序审理的案件占案件总数的 80%。最高法院《民事案件案由规定（试行）》（2000 年版）规定了 33 类适用特别程序的案件案由，《民事案件案由规定》（2008 年版），重新设定了适用特别程序的案由，其主要区别是就企业破产案件适用特别程序审理。

（十四）交通运输案件的审判

交通运输案件不是《民事案件案由》所规定的单独一类案件，交通运输案件大致可以分为合同纠纷和侵权纠纷。

1998－2010年海南省法院一审交通运输案件收结案情况表

表4－2－23

年度	收案	结案（含旧存）	结案情况						诉讼标的总金额（万元）
			判决	调解	撤诉	移送	终结	其他	
1998	3	3	2	1					43.14
1999	2	2	1	1					50.29
2000	1	1			1				2.52
2001	2	2	2						10.1
2002	26	26	17	3	6				318.2534
2003	25	23	15	2	5			1	143.186
2004	46	47	32	7	6		1	1	230.8582
2005	27	28	19	2	5			2	107.8339
2006	34	34	19	8	5	1		1	124.399
2007	73	58	16	7	32	1		2	185.3534
2008	52	67	37	5	21	2		2	515.3808
2009	34	32	12	17	2			1	387.951
2010	19	22	12		8	2			71.2411

第五章　海事审判

随着中国对外经济贸易事业的蓬勃发展,国际远洋运输也得到迅猛发展,据统计,全球国际贸易中90%以上的货物运输是通过海上运输完成的。海洋运输案件涉外性很强,案情复杂,审理此类案件需要更强的专业知识和专业技术。为适应中国海上运输和对外经济贸易事业发展的需要,1984年11月,全国人大常委会做出《关于在沿海港口城市设立海事法院的决定》。最高法院以法(交)函[1989]36号文件于1990年3月正式批准成立海口海事法院,管辖海南省所属港口和水域以及西沙、中沙、南沙、黄岩岛等岛屿和水域内发生的一审海事、海商案件。[①] 建院初期,海事法院受理案件标的额最小的仅700多元;发展至2010年,该院受理案件标的额最大的已达3.1亿元。经过20年的发展,海南海事审判程序和制度建设方面日趋完善。

第一节　程序和制度

1990年海事法院成立后,在最高法院和海南高院的监督指导下,创立和发展了一些独具特色的、专门化的海事审判程序和制度,这些程序和制度又进一步规范和保障了海事审判工作的健康发展。其中,有些程序和制度经过实践的检验现已被吸纳在《海事诉讼特别程序法》(第九届全国人大常委会1999年12月25日发布,2000年7月1日开始实施)中,如以海事财产保全、行为保全和证据保全为三大骨架的、富含先进司法理念的海事保全程序;债权登记与受偿程序;设立海事赔偿责任限制基金程序;船舶优先权催告程序等等。

1996年,海事法院为加强对案件的跟踪监督管理,强化内部职能的相互制约,提高办案质效,完善立审、审执、审监"三个分立",开始推行类似大立案的制度,即由立案庭统一立案、统一分案、统一排期、统一送达;该制度推行两年后,因案件增多,立案庭人员不足,1998年又恢复由各业务庭安排庭审时间。2000年后,海事法院以推行庭前准备程序和法官助理制度为切入点,继续进行审判管理体制改革。

一、一审程序

1996年,海事法院为切实加强对案件的跟踪监督管理,进一步提高办案质效,进一步完善立审、审执、审监"三个分立",强化内部职能的相互制约,开始探索推行类似于后

①海事法院内设机构变迁详见第一章第一节机构之专门法院的机构部分。

来大立案制度,即由立案庭统一立案、统一分案、统一排期、统一送达。该制度推行了两年,由于受理的案件日益增多,且立案庭人员不足,到1998年又由各业务庭安排开庭时间。

2000年后,海事法院以推行庭前准备程序和法官助理制度为切入点进行了一些审判管理体制的改革。

2009年前后,随着建设国际旅游岛战略的酝酿提出及正式上升为国家战略,海南省海洋经济和旅游经济获得空前发展,临海市县的渔业也日益繁荣,海洋司法保障需求日益增多,海事法院设立派出法庭①并开始受理案件。与此同时,为落实高级法院"司法为民"工作政策,海事法院采取了多种便民诉讼措施。针对海南省涉渔民案件中案件标的较小,当事人文化水平和法律意识较低,诉讼不便等特点,海事法院采取巡回审判方式办案,派出法庭为了方便人民群众诉讼,根据本地区的实际情况和案情需要,灵活配置司法资源,深入农村及交通不便等偏远地区,就地立案、就地开庭、当庭调解、当庭结案。这种巡回办案方式面向渔民,面向群众,面向基层,便于群众诉讼,体现了司法为民的服务宗旨,深得民心。

二、二审程序

海事法院的管辖在一定程度上打破了行政区划的界限,全国人大常委会1984年通过的《关于在沿海港口城市设立海事法院的决定》规定海事法院的判决和裁定的上诉案件由海事法院所在地的高级法院管辖。因此,海口海事法院的判决和裁定的上诉案件由海南高院管辖。具体到法院内部的业务部门,建院初期,海事法院的诉讼案件二审由高级法院经济审判庭负责审理;2001年8月-2009年初,由高级法院民事审判第二庭审理;自2009年4月高级法院设立民事审判第三庭起,由高级法院民事审判第三庭审理。

2008年7月17日,高级法院涉海事海商审判工作座谈会。

①详见第一章第一节机构之专门法院的内设机构部分。

三、特殊程序

宣告死亡程序制度。《民法通则》第二十三条、《民事诉讼法》(2007 年修订)第一百六十七条、第一百六十八条规定了我国宣告死亡的制度。2001 年 8 月 9 日,最高法院颁布《关于海事法院受理案件范围的若干规定》,明确规定海事法院有权受理“申请因海事事故宣告死亡案件”,从该规定实施之日起至 2010 年,海事法院共受理海事宣告死亡案件 24 起。

第二节　重大案件和事件

1991 年 3 月 28 日,海事法院根据海南省生产资料公司的非诉讼保全申请,在海口港依法扣押被申请人塞浦路斯安尼罗海运有限公司所属的塞浦路斯籍“玛哥特”号万吨级货轮。海南省生产资料公司因“玛哥特”轮所载其持有正本提单下的尿素化肥,在该轮第二、三舱严重湿损,承运人负有责任,向海事法院提出扣押“玛哥特”轮的申请。海事法院经现场勘验,认定“玛哥特”轮第二、三舱所载尿素发生了湿损的事实。根据我国法律规定,下达了扣押船舶的命令,责令被申请人塞浦路斯安尼罗海运有限公司在 30 天内提供 85 万美元或银行保赔协会出具之同等额的保函作为担保,从而保证了申请人的合法权益。海事法院对海南省海运总公司新港港务公司预借提单纠纷案、“方舟 001”号船舶所有人诉天津市外资工程承包总公司海南分公司租船合同纠纷案、海南通韩工贸有限公司诉海南天津方舟国际大酒家承包经营合同案的审判,均在海南港务海运及经贸部门引起较大反响,同时暴露了在海运和对外经济活动中法制观念淡薄、经营管理不善等问题,如违反国际惯例凭副本提单放货以及签发预借提单等作法是海南省港航系统长期没有解决的老问题,一直没有引起有关方面足够重视。海事法院通过对这批案件的审理,进一步宣传了法制,帮助海运部门理顺了一些不协调的法律关系,增强了海运部门和行政主管部门的法制观念。

2005 年,海事法院处理一起涉外船舶碰撞案,由于涉及越南人,又时值胡锦涛访越前后,基于“外事无小事”的原则,最高法院和海南法院领导都关注本案的审理,从当事人申请诉前保全到申请立案中的各个环节,都与一审法院认真研究有关法律问题,探索采取相关措施的合法性和可行性。海事法院也加强情况汇报,并对因扣船而滞留我国的外籍船员给予人性化关怀,遣送措施到位,保证了司法程序中不出纰漏,得到最高法院的充分肯定。

2007 年,为促进海南对外经济交往和海运经济发展,海南高院和海口海事法院认真执行最高法院颁布的《关于海事审判工作发展的若干意见》,不断完善海事审判制度,规范诉讼程序。两级法院依据我国法律和已参加的国际条约,尊重国际惯例,平等保护中外当事人的合法权益,共审结海事海商案件 202 件,诉讼标的额 1.15 亿元。

2008 年的“南海女皇”案件是一起复杂的涉外案件,社会关注程度较高,社会影响较大,涉案人员多,有境内外当事人,船东还雇用社会闲杂人员到法院闹访。为了公正地审理该案,维护弱势群体的利益,保障社会稳定,促进社会和谐,海事法院审委会多次开会研究讨论该轮的拍卖、审理和债权分配等问题,确保公正高效地处理该案。

2009年,海事法院深入贯彻落实科学发展观,坚持党的事业至上、人民利益至上、宪法法律至上的指导思想和“为大局服务,为人民司法”的工作主题,忠实履行宪法和法律赋予的职责,积极推进海事审判、法院改革、队伍建设进程,充分发挥在“保增长、保民生、保稳定”中的作用,共新收各类案件192件,标的金额83622.7万元。通过积极发挥海事司法审判职能作用,为海南省经贸、航运事业的发展提供有力的司法保障。同年,受国内外经济形势的影响,海南省船舶运营纠纷和船员劳务纠纷上升势头明显。海事法院在调查研究的基础上出台了一系列灵活司法和能动司法措施,有力保障了海南省海洋经济的平稳快速发展,受到高级法院和当事人的重视和肯定。如郑锐、黄廉等分别诉安提瓜和巴布达籍“澜涛”轮船舶所有人等涉外船舶碰撞和海上人身伤亡损害赔偿纠纷案,原告方船毁人亡,很难充分举证。在此情况下,承办法官没有简单地就案办案,一判了之,而是根据现有的证据,充分运用调解技能,引导并最终促成双方当事人达成调解协议,被告赔偿两案原告损失50多万元,有效地维护了中国渔民的合法权益,以实际行动诠释了“人民法官为人民”活动主题,取得了较好的社会效果。又如太平洋保险公司海南分公司诉中远公司及第三人海马销售公司水路货物运输合同纠纷一案,该案件较为复杂,导致货损的原因难以查明,开庭审理共计3天,其中连续开庭2天,开庭笔录达96页、6万余字,判决书达38页、制作时间长达半个多月,案卷达20多本,最终查清了案件事实,正确适用了法律。

中国海洋石油总公司(简称中海油)诉海南华能东方电厂(简称华能)、中交水运规划设计院有限公司(简称中交集团)等船舶损坏水下设施损害赔偿纠纷系列案共5件,诉讼标的达7.3亿元,涉及海南省重大建设项目——华能东方电厂,也关乎中海油、华能和中交集团三大央企在海南的投资利益,省委领导非常重视,省政府还专门召开了协调会,力争协商解决上述纠纷。海事法院十分重视全力配合省政府的协调工作,以达到社会效果的最大化,合议庭依法批准当事人延长举证期限的申请,依法延缓该5案的审理,为省政府的协调工作赢得了时间。2010年,海南法院围绕海洋大省建设,保护正常的海洋渔业生产和运输秩序,化解全省各类涉海涉渔矛盾纠纷,促进全省海洋产业的繁荣发展,共审结案件87件,标的额0.86亿元。在处理东方“11·6”天然气管道燃爆事故引发的巨额索赔系列案件中,高级法院通过向最高法院汇报,成功协调天津海事法院将相关案件移送海南法院审理。在审理儋州永航不锈钢有限公司与大连泰嘉船务有限公司船舶租用合同纠纷案中,涉及《固体散装货物安全操作规则》(简称《BC规则》)的适用,《BC规则》是否构成国际惯例是全国法院系统首次出现的问题,高级法院的承办法官与最高法院民四庭法官就《BC规则》的性质与适用问题反复讨论,最终认定《BC规则》已经构成国际惯例,该案由此得到妥善审理,处理结果得到了最高法院认可。高级法院审理的儋州永航不锈钢有限公司诉毛里求斯共和国西凌有限公司航次租船合同纠纷一案,案情涉及国际海运领域的“金康格式合同”的适用问题,一审案卷共计14卷,全部案卷累计将近2尺厚,一审判决书共计30页,案情极其复杂,高级法院承办法官以丰富的办案经验和扎实的国际法、海商法法律功底抓住了事实认定和法律适用的关键点，做调解工作，在正式开庭前 18 天就成功调解了此案，体现了法官高超的调解能力和审判效率。

第三节　各类案件的审判

一、海事侵权纠纷案件

海事侵权纠纷主要包含船舶碰撞损害赔偿，船舶触碰海上、通海水域、港口及其岸上设施或者其他财产损害赔偿及海上人身伤亡损害赔偿三类。

（一）船舶碰撞损害赔偿纠纷案件

1991 －2010 年船舶碰撞损害赔偿纠纷案件收结案基本情况

表 5 －3 －1

年份	1991	1992	1993	1994	1995	1996	1997	1999	
数量	8	3	1	5	4	8	7	2	
年份	2001	2002	2003	2004	2005	2006	2007	2008	2010
数量	1	2	2	20	6	4	3	3	2

（二）船舶触碰海上、通海水域、港口及其岸上设施或者其他财产损害赔偿纠纷案件

包括船舶触碰码头、防波堤、栈桥、船闸、桥梁以及触碰航标等助航设施和其他海上设施的损害赔偿纠纷案件。

1996 －2008 年船舶触碰海上、通海水域、港口及其岸上设施或者其他财产损害赔偿纠纷案件收结案基本情况

表 5 －3 －2

年份	1996	1997	2002	2008
数量	8	3	3	1

（三）海上人身伤亡损害赔偿纠纷案件

1991 －2009 年海上人身伤亡损害赔偿纠纷案件收结案基本情况

表 5 －3 －3

年份	1991	1993	1995	1997	2002	2003
数量	2	1	1	1	4	3
年份	2004	2005	2006	2007	2008	2009
数量	15	2	2	6	4	3

二、海商合同纠纷案件

海商合同纠纷主要涉及海上、通海水域货物运输合同纠纷，船舶租用合同纠纷，船舶建造、买卖、修理、改建和拆解合同纠纷，船舶抵押合同纠纷，船舶物料、备品供应合同纠纷，船员劳务合同纠纷，海上保险、保赔合同纠纷七类。

（一）海上、通海水域货物运输合同纠纷案件

此类案件包括远洋运输，含有海运区段的国际多式联运，沿海和内河运输，以及水水联运、水陆联运等水上货物运输合同纠纷案件。随着海南经济发展，国际海运业务逐渐增多，海上货物运输合同纠纷案件在海事法院受案范围内所占比重较大。

1991－2010年海上、通海水域货物运输合同纠纷案件收结案基本情况

表5－3－4

年份	1991	1992	1993	1994	1995	1996	1997	1999	2000	
数量	16	22	30	39	23	37	64	14	9	
年份	2001	2002	2003	2004	2005	2006	2007	2008	2009	2010
数量	9	13	10	9	4	1	3	16	5	10

（二）船舶租用合同纠纷案件（包括光船租赁〔含租购〕、定期租船合同纠纷案件）

1991－2010年船舶租用合同纠纷案件（包括光船租赁〔含租购〕、定期租船合同纠纷案件）收结案基本情况

表5－3－5

年份	1991	1992	1993	1994	1995	1996	1997	1999	2000	
数量	8	3	4	6	5	11	14	5	3	
年份	2001	2002	2003	2004	2005	2006	2007	2008	2009	2010
数量	3	4	2	3	4	5	2	3	5	6

（三）船舶建造、买卖、修理、改建和拆解合同纠纷案件

1995－2010年船舶建造、买卖、修理、改建和拆解合同纠纷案件收结案基本情况

表5－3－6

年份	1995	1996	1997	1999	2000	2001	2002	2003
数量	3	2	9	5	2	3	4	2
年份	2004	2005	2006	2007	2008	2009	2010	
数量	1	1	11	12	10	1	1	

随着中国综合国力增强和海上贸易及运输业的发展，船舶建造能力提升，船舶建造、买卖、修理、改建和拆解过程中产生的纠纷不断出现。2001 年，最高人民法院颁布《关于海事法院受理案件范围的若干规定》，将船舶建造、买卖、修理、改建和拆解合同纠纷案件单列为一类，以适应船舶流动、使用过程中纠纷解决的法律需要。

（四）船舶抵押合同纠纷案件

对船舶设定抵押权是对债权人权益保护的一种法律制度。随着海上贸易及运输业的高速发展，船舶抵押合同纠纷也日渐增多。

1995－2007 年船舶抵押合同纠纷案件收结案基本情况

表 5－3－7

年份	1995	1996	1997	1999	2000	2001	2002	2003	2004	2006	2007
数量	6	4	5	5	5	3	2	4	5	20	1

（五）船舶物料、备品供应合同纠纷案件

船舶物料、备品供应合同纠纷案件除适用我国《合同法》之外，还适用《海商法》等相关法律法规。每年诉至海事法院的船舶物料、备品供应合同纠纷案件居高不下。

1994－2009 年船舶物料、备品供应合同纠纷案件收结案基本情况

表 5－3－8

年份	1994	1996	1997	1999	2000	2001	2002	2003	2004	2005	2006	2007	2009
数量	5	2	12	4	5	1	11	2	1	6	4	11	6

（六）船员劳务合同纠纷案件

2000、2002、2007 年，海事法院受理船员劳务合同案件数量剧增，其中多为船东拖欠船员工资纠纷，往往需对船舶采取诉前扣押，且具有涉外或涉港、澳、台因素，案件涉及的人数越多，审理的难度越大。例如，2007 年受理原告高青双等 118 名船员诉被告比尔林投资控股有限公司（Billing Invesement Holdings. Limited）船员劳务合同纠纷一案，既存在涉外因素，又涉及人数众多。

1991－2010 年船员劳务合同纠纷案件收结案基本情况

表 5－3－9

年份	1991	1994	1995	1996	1997	1999	2000	2001
数量	1	1	1	6	4	21	201	35
年份	2002	2003	2004	2005	2006	2007	2009	2010
数量	172	48	1	1	8	141	14	5

(七)海上保险、保赔合同纠纷案件(包括水运货物保险,船舶保险,油污和其他保赔责任险,人身保险,海上设施保险,集装箱保险等合同纠纷案件)

1992 –2009 年海上保险、保赔合同纠纷案件收结案基本情况

表5 –3 –10

年份	1992	1993	1994	1995	1996	1997	1999	2000	2001	
数量	1	2	1	17	30	7	5	2	8	
年份	2003	2004	2005	2006	2007	2008	2009			
数量	3	5	2	1	2	1	41			

三、海事行政案件

海事法院审理海事行政案件经历了“三放两收”。1989 年 5 月 13 日,最高法院《关于海事法院收案范围的规定》明确海事行政案件由海事法院审理。1999 年最高法院《关于执行〈中华人民共和国行政诉讼法〉若干问题的解释》颁布实施,规定各级普通法院设立行政审判庭,负责审理行政诉讼案件,海事法院不再受理行政诉讼案件。1999 年 5 月《中华人民共和国海事诉讼特别程序法》颁布实施,最高法院于 2001 年 9 月 11 日公布《关于海事法院受理案件范围的若干规定》,将海事行政案件列为海事法院受案范围。2003 年,最高法院办公厅发布《关于海事行政案件管辖问题的通知》将海事行政案件又收归普通法院审理。其后,高级法院为发挥海事法院专业审判优势,正确、及时审理海事行政案件,根据最高法院会议精神并借鉴其他省市法院的做法,制定印发了《关于指定海口海事法院管辖海事行政案件的意见(试行)的通知》,指定海事法院审理海事行政案件及相关诉讼案件。

四、海事行政主管机关依法申请强制执行案件

1991 年,海事法院曾受理一件海事处罚强制执行案件。被申请人八所港管理局所属的“虎门”号未经海洋局主管部门批准,擅自无证倾倒,申请人海南省海洋局执法管理处遂对其课以 2000 万元人民币罚款。经督促后,被申请人仍拒不执行,申请人遂向海口海事法院申请强制执行。后被申请人向申请人交纳应交的行政罚款,该案以申请人撤回起诉的方式结案。

1999 年,最高法院《关于执行〈中华人民共和国行政诉讼法〉若干问题的解释》第 6 条规定:专门人民法院、人民法庭不审查和执行行政机关申请具体行政行为的案件。因此,海事法院不再受理此类案件。但在 2001 年的最高法院《关于海事法院受理案件范围的若干规定》中明确作出海洋、通海水域行政主管机关依法申请强制执行案件属于海事法院受理并强制执行的规定,故海口海事法院有权受理并审查、强制执行海事行政主管

机关依法申请强制执行案件。

五、涉外海事海商案件审判

海事法院审理涉外海事海商案件的依据主要是《海商法》等法律法规。《海商法》调整的是包括具有涉外因素的船舶物权关系、船员关系、海上国际货物运输合同关系、租船关系、旅客运输关系、船舶碰撞等海事侵权关系以及共同海损、船舶责任限制、海上保险等各种海事法律关系。在海洋、沿海港口发生的海事纠纷多有涉外因素,同一海事纠纷,数个国家均可主张管辖,因此,各国都在尽力扩大自己的司法管辖权范围。海事法院积极行使涉外海事司法管辖权,维护了国家的主权和法律尊严,同时,积累了许多涉外海事审判经验。

较为典型的案例是(1994)海商初字第76号原告海南省华侨物资总公司(简称华侨公司)、五矿国际实业发展公司湛江开发区分公司(简称五矿公司)以被告尼尔森船舶有限公司(NELSON SHIPPING CO. LID. 科称尼尔森公司)、国际金融控股有限公司(INTERNATIONAL HOLDING& FINACING CO. LTD. 科称控股公司)、爱尼克有限公司(ANICCO LTD.)海运提单欺诈侵权为由起诉至海口海事法院。

海事法院审理查明:1994年4月26日,五矿国际实业发展公司(五矿公司的总公司)与爱尼克公司在北京签订了94KU32001/3S钢材买卖合同。合同约定:合同标的为2万吨螺纹钢,CNFFO海口US＄283/T价格条款,信用证方式付款,分两批发运,每批发运1万吨。合同签订后,五矿国际实业发展公司即将其中1万吨螺纹钢的买卖合同交与其湛江分公司即原告五矿公司履行。为了履行该合同,五矿公司即与华侨公司于1994年5月20日签订了共同进口销售1万吨螺纹钢的联营协议。协议约定,五矿公司负责对外签约,华侨公司负责信用证开立和办理进口手续,双方共管销售货物,由华侨公司统一结算,利润共享,风险共担。5月18日,卖方爱尼克公司将根据钢材买卖合同拟订的开证通知书传真与五矿公司。华侨公司据此于1994年6月3日向海南分行开立了以控股公司为受益人的NO. LC7400363/94不可撤销跟单信用证。信用证规定:标的1万吨螺纹钢,CNFFO海口US＄282/T,品质GOST 5781—82ST 25GZS,长度至少90%为11.7米,6米的最多不超过5%,其余长度为9米;最后装船期为1994年7月13日。

为了保证进口钢材的销售,根据联营协议,五矿公司于1994年5月25日与案外人湛江经济技术开发区邦达经济发展公司(简称邦达公司)签订了一份与94KU32001/CIS合同标的数量(第一批履行数量)、质量及规格相应的经济合同。合同约定,邦达公司向五矿公司购买螺纹钢1万吨,单价2750元/T,总金额2750万元;需方在签订合同后付260万元定金,其余货款在货到海口港后两个月内分批付款提货;若到货质量及规格符合规定,需方不执行合同,按《经济合同法》追究需方责任,260万元定金将用于补偿供方损失;若到货不及时或质量及规格不符合合同规定,需方有权拒收货物,并按《经济合同法》追究供方责任。合同签订后,邦达公司根据供方指示分别于1994年5月31日和6

月3日电汇100万元和146万元定金至华侨公司在海南分行开立的账户,两笔合计246万元,对其实付定金与合同约定定金数额的差额,原告未提出异议。

1994年8月9日,开证人华侨公司从开证行取得由尼尔森公司所属“安里希亚”轮盖章和船长RONIOTLS MICHAEL签发的10号提单。该提单托运人为控股公司,收货人“凭指示”,通知人为华侨公司,承运人为尼尔森公司,船名为“安里希亚”轮,装货港为乌克兰别尔江斯克(BERDYANSK),卸货港为中国海口。该提单标明:螺纹钢1907捆,计9698.07吨;规格COST 5781—82ST 25GZS;长度11.7米的占90%,6米的占5%,其余为9米;产地乌克兰;CNF中国海口;按94KU32001/CIS合同要求;签发日期为1994年7月13日。原告见提单与信用证无误,即赎单提货。承运船舶“安里希亚”轮于9月7日0100时抵海口港锚地,9月19日1600时开始卸货。卸货伊始,原告即发现该轮所载钢材与提单规定不符,钢材严重锈蚀,长短不一,短的短到1米左右,且船东倒签提单。为此,原告即向海口海事法院提起诉前保全申请,法院根据其申请依法作出(1994)海商保字第74-1号民事裁定书,并据此下达扣船令,扣押了尼尔森公司所属“安里希亚”轮和冻结了华侨公司在海南分行NO.LC7400363/94信用证项下的货款。“安里希亚”轮后经船东提供担保而解除扣押。另查明:“安里希亚”轮于1994年7月15日到达乌克兰别尔江斯克港,16日开始装货,7月23日装货毕,计装9698.07吨螺纹钢。7月27日到达乌克兰伊里杰夫斯克(ILICHEVSK)港第二次受载装货,该批货为运往泰国的9000多吨钢坯。8月4日启航离港,8月30日到达泰国科西昌港,卸完钢坯便驶往中国海口港。9月19日,中国外轮代理公司海口分公司持原告10号提单交RONIOTLS MICHAFL船长,经船长审查后“安里希亚”轮开始卸货。当法院依法扣押该轮时,船长始出具7月25日签发的1号提单副本。1号提单副本与10号提单不同:(1)前者托运人为俄罗斯奥加公司,收货人为爱尔兰IHF公司,通知人是哈萨克斯坦的IHF公司,后者托运人则是控股公司,收货人“凭指示”,通知人为华侨公司;(2)前者卸货港是哈萨克斯坦的古里耶夫港;后者则是中国海口港;(3)前者对船载货物没有关于货物品质、规格的记载,后者则具有货物品质、规格的记载;(4)前者的签发日期是1994年7月25日,后者则是7月13日。经海南进出口商品检验局对由“安里希亚”轮承运的10号提单项下钢材的检验,该批货物的货物状况、长度、每米质量、力学性能、化学成分均不符合提单及NO.LC/7400363/94信用证的记载和规定要求,且短重60.01吨。为此,内贸合同需方邦达公司拒收货物并向原告提出索赔。由此造成原告:(1)因内贸合同违约返还定金损失246万元;(2)因买方拒收货物所致正常销售可得利益损失3775810.3元;(3)因变卖处理钢材所致之成本价与市场销售价价差损失3503459.6元;(4)短吨损失141517.98元;(5)律师费用47万元(华侨公司22万元、五矿公司25万元);(6)诉前财产保全费116272元,六项合计损失10467059.88元。

海事法院审理认为:本案系属海运提单欺诈共同侵权案件。其侵权行为及损害结果发生在中华人民共和国境内,依据《民法通则》第一百四十六条“侵权行为的损害赔偿,适用侵权行为地法律”之规定,本案适用中华人民共和国法律。华侨公司所持10号提单与. NO. LC7400363/94 信用证及 94KU32001/CIS 买卖合同规定的标的及其规格相一致，并有承运人即被告尼尔森公司所属“安里希亚”轮的签章和船长的签字，该提单由开证行转交而来，并经船长审查认可后提货，其真实性和原告持有提单的合法性不容置疑。被告尼尔森公司辩称 10 号提单系他人伪造证据不充分，其理由不能成立。被告尼尔森公司所出示的收货人为爱尔兰 IHF 公司，目的港为哈萨克斯坦的古里耶夫港的 1 号提单副本不能对抗 10 号正本提单。“安里希亚”轮 7 月 15 日到港，16 日才开始装货，而提单签发日期却为 7 月 13 日，其提单签发系倒签无疑。被告尼尔森公司倒签提单，未向提单持有人按该提单所载标的数量、质量及规格交付货物，实属提单欺诈，其行为违反了《海牙规则》及《中华人民共和国海商法》关于提单签发的规定和违背了“承运人据以交付货物的保证”的义务，对其欺诈行为所致之原告经济损失负有不可推卸的责任。

原告在本案件中为无辜受害者。因被告之欺诈行为，造成其内贸合同的需方拒收货物，致使原告内贸合同违约而产生的返还定金损失，理应由被告赔偿。若无被告之欺诈行为，即按照正常交货情况，原告依内贸合同将钢材正常销售，即可获得预期利润，也不可能产生价差损失，所以，因被告所致之原告正常销售可得利益损失，成本价与市场销售价价差损失以及短吨等损失，也理应由被告赔偿。本案为涉外海运提单欺诈案件，案情复杂，原告分别委托律师代理诉讼具有必要性和合理性，因而其律师费用应由被告承担。原告为维护自己的合法权益，向法院申请诉前财产保全而发生的保全费用，亦应由被告承担。至于原告在成本价与市场销售价价差损失中所计的商检费、开证费、保险费及到货前开证费利息共计 677196.36 元，属原告经营活动中的正常支出而非被告所致之损害，故其损失主张本院不予支持。对于原告公司声誉损失的主张，由于证据不足，理由不充分，本院亦不予支持。

由原告华侨公司作为开证人，依据 94KU32001/CIS 号合同和被告爱尼克公司的开证通知书以被告控股公司为受益人开出的对其钢材品质、规格作了明确规定的 NO. LC7400343/94 信用证，对其当事人具有拘束力。被告控股公司未按信用证要求，采用欺诈手段托运不合规格货物，利用信用证骗取开证人即收货人信用证项下货款，其行为违反了国际贸易诚实信用的基本准则。被告控股公司的欺诈行为与被告尼尔森公司之行为共同构成了对原告合法权益的侵害。对此，被告控股公司与尼尔森公司就其所致之原告上述损失应承担连带清偿责任。至于被告控股公司辩称之 1 号提单所载托运人俄罗斯奥加公司所涉海上运输关系，不属本案审理范围，其责任自应由被告控股公司另案处理。

因本案提单所涉原告五矿公司与被告爱尼克公司所订之 94KU532001/CIS 钢材买卖合同，原本对当事人双方具有拘束力。被告爱尼克公司作为合同卖方，理当依照合同按质按量地全面履行自己的义务。但被告爱尼克公司未尽履行之责，从根本上违反了合同，其交付行为因由被告控股公司实施从而被其欺诈行为所吸收，在事实上构成了对原告的侵权。为此，不能说交付不合格货物并非被告爱尼克公司之直接行为而免除其责任。相反，作为一个卖方，作为一个负有严格法律义务的当事人，对其合同及义务的根本违反之行为负有不可推卸的责任。被告爱尼克公司所称原告损失与之无关的辩解不能成立。鉴于原告之损失是由被告尼尔森公司和控股公司的行为直接所致,因而被告爱尼克公司仅对被告控股公司的赔偿责任承担连带清偿责任。

根据《中华人民共和国民法通则》第一百四十六条、第一百零六条、第一百一十七条第三款、第一百三十条,《中华人民共和国海商法》第七十一条、第七十二条以及《海牙规则》第三条第三、四款的规定,海口海事法院于 1995 年 4 月 18 日作出如下判决:一、被告尼尔森船舶有限公司与国际金融控股有限公司共同连带赔偿原告海南省华侨物资总公司和五矿国际实业发展公司湛江开发区分公司的下列损失:(1)返还定金损失 246 万元;(2)可得利益损失 3775810.3 元;(3)成本价与市场销售价价差损失 3503459.6 元;(4)短吨损失 141517.98 元;(5)律师费损失 47 万元;(6)保全费损失 116272 元。以上六项合计 10467059.88 元。该款在判决生效之日起 10 日内,由法院直接从尼尔森船舶有限公司的担保金和海南省华侨物资总公司在中国银行海南分行 NO. LC7400363/94 信用证项下的货款中预付予原告。二、被告爱尼克有限公司对被告国际金融控股有限公司的赔偿金额承担连带清偿责任。三、驳回原告的其他诉讼请求。案件受理费 20 万元,由被告尼尔森船舶有限公司和国际金融控股有限公司共同承担。该款在判决生效之日起 10 日内缴纳。

1991－2010 年涉外海事海商案件审判收结案基本情况

表 5－3－11

年份	1991	1992	1993	1994	1995	1996	1997	1999	2000	2001
数量	3	4	3	17	20	41	32	19	3	1
年份	2002	2003	2004	2005	2006	2007	2008	2009	2010	
数量	128	4	19	6	8	291	6	22	11	

第六章　行政审判

1991年前，全省仅高级法院、琼南中院、琼北中院设立了行政审判庭；基层法院受理的行政案件由民事审判庭或经济审判庭审理。1991年后，全省各基层法院陆续设立了行政审判庭，截至2010年，除海事法院之外，全省各法院均已设置了行政审判庭。

第一节　程序和制度

一、受案范围

1990年3月10日，高级法院印发《关于审理行政案件的若干意见》，规定了全省法院受理行政案件的范围：(1)《行政诉讼法》施行前法院受理行政案件的范围，仍按《民事诉讼法(试行)》规定，受理法律、行政法规、地方性法规规定的可向法院起诉的行政案件；(2)当事人依据地方政府规章的规定不服行政处罚或处理决定向法院起诉的，法院要审查这些政府规章的规定是否和法律、行政法规、地方性法规一致，不一致的不属行政案件受案范围；(3)当事人不服仲裁委员会的仲裁裁决向法院起诉的劳动争议案件，根据最高法院(经)复(1988)50号批复，此类案件不属行政案件受理范围；(4)《森林法》第十四条和《土地管理法》第十三条，规定当事人之间发生的树木、林地、土地所有权和使用权争议由人民政府处理，当事人对处理不服起诉到法院的，根据最高法院(经)复字(1987)第28号批复，此类案件不属行政案件受理范围。

2000年3月10日，《最高人民法院关于执行<中华人民共和国行政诉讼法>若干问题的解释》(以下简称《行政诉讼法》司法解释)开始实施，各级法院严格依照《行政诉讼法》、《行政诉讼法》司法解释和高级法院《关于审理行政案件的若干意见》之规定执行。

二、案由

1999年3月18日，为规范和统一行政诉讼案件的案由，高级法院制定印发《关于确定行政诉讼案件案由的若干意见(试行)》，该《意见(试行)》规范了案由在裁判文书中的表述，将具体行政行为分为：(1)行政处罚(如警告、罚款、拘留、吊销证照、没收财产等)；(2)行政强制措施(如查封、扣押、冻结、拆除等)；(3)行政确认(如确认所有权、确认经营权，确认使用权等)；(4)行政给付(如发给抚恤金，发给救灾救济款物等)；(5)行政裁决(责令赔偿损失，责令停止侵害等)；(6)行政征收(如征缴税款，征缴交通规费等)；(7)行政赔偿；(8)行政补偿；(9)行政许可(如许可颁发许可证、执照等)；(10)其他。《意见

(试行)》指出,《行政诉讼法》第十一条列举的可诉具体行政行为,并非行政法对具体行政行为的分类,因此不能简单地将行政诉讼中的案由概括为“侵犯经营自主权案”、“违法要求履行义务案”等。

2004 年 1 月 14 日,最高法院印发《关于规范行政案件案由的通知》,将行政案件的案由分为作为类案件、不作为类案件、行政赔偿类案件等 3 大类。此后,海南各级法院审理行政案件均照此《通知》执行。

2010 年 10 月 14 日,海南省法院行政审判工作座谈会。

三、管辖

1990 年 3 月 10 日,高级法院制定印发《关于审理行政案件的若干意见》,对行政案件级别管辖作出规定:(1)基层人民法院管辖第一审行政案件;(2)中级人民法院管辖的第一审行政案件是:涉外行政案件、海关处理的案件、对省政府做出的行政处罚或者处理决定提起诉讼的案件,本辖区内重大、复杂的行政案件;(3)高级法院管辖全省重大、复杂的第一审行政案件;(4)行政案件由最初做出行政处罚或处理决定的行政机关所在地的人民法院管辖;复议机关改变原具体行政行为的,也可以由复议机关所在地人民法院管辖。同年 10 月 1 日起开始实施的《行政诉讼法》和 2000 年 3 月 10 日起开始实施的《 < 行政诉讼法 > 若干问题的解释》,对行政案件的管辖作出了明确规定。

2001 年,为促进司法公正,消除行政审判受行政体制制约而出现的地方保护、“官官相护”弊端,高级法院凭借海南省直接管辖市县的体制,决定对市(县级)、县、区政府作为被告的行政案件提级管辖,统一由中院作为一审法院,高级法院作为二审法院。2005

年,《海南省行政审判工作座谈会纪要》规定,高级法院、中院可根据案件性质和本院工作情况将自己管辖的第一审行政案件移交给下级法院审判,但应经主管院长或院长批准,必要时应向上级法院报告;上级法院发现下级法院因明显的客观原因难以公正、合法地审判本属其管辖的一审案件时,可以指定其他下级法院管辖。

四、第一审程序

为规范庭审活动,高级法院于1999年制定印发《海南省人民法院行政审判规程(试行)》,明确合议庭职能,改进院长、庭长对案件的管理方式,确立当庭宣判的原则,规定了不当庭宣判案件的范围,并举办全省行政审判干部培训班,让全省法院统一按该《规程》规定的程序审理行政案件。

1. 简易程序

2009年,最高法院颁布《人民法院第三个五年改革纲要(2009 - 2013)》,将"完善行政诉讼简易程序,明确适用简易程序的案件范围,制定简易程序审理规则"作为优化人民法院职权配置改革的一项重要内容。同年,高级法院受最高法院委托试行行政诉讼简易程序。

经过充分的调研和论证,2010年3月30日,高级法院制定印发《关于适用简易程序审理行政案件的若干规定(试行)》(简称《简易程序试行规定》),指定龙华区法院、美兰区法院、城郊法院、琼海法院、文昌法院、儋州法院为试点法院。《简易程序试行规定》的内容分"适用范围、起诉与答辩、审理前的准备、案件的审理、宣判与送达、其他"6个部分,明确了发回重审、按照二审程序、审判监督程序审理的案件不适用简易程序,当事人对适用简易程序提出异议、经审查认为异议成立的,或者法院在审理中发现不宜适用简易程序的,应将案件转入普通程序审理。试行期间,适用行政诉讼简易程序审理的案件是基本事实清楚、法律关系简单、权利义务明确、涉及财产金额较小,或者行政机关当场做出决定的行政征收、行政处罚、行政给付、行政许可、行政强制等类案件;行政不作为案件;当事人各方自愿选择适用简易程序,经法院审查同意的其他案件。

《简易程序试行规定》体现出了6个方面特点:一是受理程序简便、灵活,不受7日内审查立案的限制,经立案庭承办人审查符合起诉条件即可立案,不组成合议庭进行审查;二是立案后可以先行协调,当事人双方达成和解则不再开庭审理;三是简化审理方式,由审判员独任审判,进行口头诉辩,开庭审理案件时可不受庭审各阶段顺序的限制;四是缩短审理期限,一审期限由原来的3个月改为45天;五是简化传唤和通知方式,可采用捎口信、打电话、发传真和电子邮件的方式通知开庭,传唤当事人和证人,不受开庭前3日通知的限制;六是强调当庭宣判(法院认为不宜当庭宣判的除外)。从2010年4月到同年12月,6家试点法院共收案204件,结案222件(含旧存);适用简易程序审理案件113件,结案91件,协调结案30件,行政案件简易程序的适用率为55.39%。高级法院及时编发《行政诉讼简易程序试行情况阶段性总结》,促进了简易程序的进一步推广。

2010年4－12月六家试点法院适用简易程序审理案件情况表

表6－1－1

法院名称	行政案件收案总数	结案总数	适用简易程序审理的案件数	适用简易程序结案的案件数	调解结案案件数	简易程序的适用率(%)
龙华区法院	60	84	8	5	1	13.33
美兰区法院	54	43	43	37	4	79.62
儋州法院	55	64	47	36	14	85.45
文昌法院	6	8	2	2	1	33.33
城郊法院	28	22	13	11	10	46.43
琼海法院	1	1	0	0	0	0
合计	204	222	113	91	30	55.39

2. 普通程序

2005年8月24日，高级法院根据《行政诉讼法》和《行政诉讼法》司法解释，印发《行政诉讼第一审程序庭审操作规范(试行)》，对行政诉讼第一审程序规定了以下步骤：(1)预备庭(案情较简单的可不召开预备庭)；(2)开庭准备和宣布开庭；(3)法庭调查；(4)法庭辩论；(5)当事人最后陈述；(6)法庭协调；(7)休庭、评议和宣判。

五、第二审程序

2005年8月24日，高级法院根据《行政诉讼法》和《行政诉讼法》司法解释，印发《行政诉讼第二审程序庭审操作规范(试行)》，对行政诉讼第二审程序规定了以下步骤：(1)开庭准备和宣布开庭；(2)法庭调查；(3)法庭辩论；(4)当事人最后陈述；(5)法庭协调；(6)休庭、评议和宣判。

六、行政首长出庭应诉

1991－2010年，全省法院共受理行政案件9594件，其中，行政首长出庭应诉案件65件，仅占0.67%(高级法院2件，定安法院29件，琼海法院20件，陵水法院9件，乐东、昌江、万宁、东方、三亚法院各1件)。基层法院受理的行政案件中，行政首长出庭应诉的次数较多，中院受理的案件，没有行政首长出庭的情况。行政首长不愿出庭应诉的原因主要是：1. 观念偏差，不是把参加行政诉讼作为依法执政、接受群众监督的一种方式，将行政诉讼中的被告错误等同为刑事诉讼中的被告人，怕做被告、怕丢面子、怕输官司；2. 行政事务繁多，不熟悉个案案情；3. 立法缺失，《行政诉讼法》第二十九条规定“当事人、法定代表人，可以委托一至二人代为诉讼”，即行政首长可委托诉讼代理人代其出庭应诉，故行政机关的法定代表人往往委托其他工作人员或者律师代其出庭应诉。

1991－2010 年海南省法院行政首长出庭应诉案件情况表

表 6－1－2

	土地确权	行政处罚	行政赔偿	行政不作为	行政决定	其他	合计
省政府及政府职能部门	0	0	0	0	0	1	1
市、县政府	1	0	0	1	0	2	4
市、县职能部门	5	16	3	1	4	6	35
乡、镇政府	8	1	6	1	5	2	23
乡、镇职能部门	2	0	0	0	0	0	2
合计	16	17	9	3	9	11	65

七、行政诉讼和解

行政诉讼和解是指行政诉讼中各方当事人在法院主持下经过平等协商，于法律允许的权限内自愿和解而解决行政争议的一种方式。《行政诉讼法》第五十条规定人民法院审理行政赔偿案件可以调解，除此以外的其他行政案件不适用调解。这一规定是基于行政主体行使国家法律法规赋予的行政权力所为的具体行政行为，合法适当与非法不当之间非此即彼，不存在中间地带，公权力不得任意处分。然而，随着经济社会不断变化，行政管理职能日益拓展，行政行为类型由早期单一的秩序行政走向多元化，权力色彩淡化的行政合同、行政指导等行政方式广泛出现，行政自由裁量权被广泛运用，行政诉讼双方当事人合意解决争议就成为了可能。和解解决行政纠纷，具有节约司法资源，使当事人息诉服判等优越性，海南各级法院积极探索利用和解方式解决行政纠纷，并作出了有益的尝试：2006 年，全省法院协调处理行政案件 243 件，占行政案件总数的 21%，其中，高级法院协调处理 73 件，相关领导出面协调 11 件，有效化解了官民矛盾，增进了行政机关与群众的相互理解和信任。

2007 年 12 月 3 日，高级法院制定《海南省行政诉讼和解暂行规定》（以下简称《和解暂行规定》），规定各级法院在审理下列行政案件中可适用和解：1. 上级或同级党委、人大关注或者交办的案件；2. 领导关注或交办的案件；3. 涉及群体性的重大案件；4. 社会影响或社会反响强烈的案件；5. 有可能影响我省重大招商或投资的行政案件；6. 矛盾非常尖锐或者政策性很强，非通过和解方式解决可能产生或引发严重不良后果的案件；7. 行政行为认定基本事实不清或证据不足，通过和解解决不损害国家利益、公共利益和他人合法权益的行政案件；8. 行政程序不合法或者有瑕疵、行政行为法律适用不准或者错误，通过和解解决不损害国家利益、公共利益和他人合法权益的行政案件；9. 行政处罚显失公平或者行政行为明显不合理、不适当，通过和解解决不损害国家利益、公共利益和他人合法权益的行政案件；10. 行政机关不履行或者拖延履行职责，和解更有利于原告权益保护的行政案件；11. 行政补偿纠纷、行政合同纠纷案件；12. 其他适宜于和解处理的行政纠纷。该《和解暂行规定》并规定了下列行政案件不宜和解处理：1. 行政行为违反法律或者行政法规强制性规定的案件;2.通过和解解决将会损害国家利益、公共利益或者他人合法权益的案件;3.行政机关没有实体处理权限的案件;4.行政机关超越职权、滥用职权的案件;5.行政行为无效的案件;6.被诉行政行为依法不能成立的案件;7.被诉行政行为违法或无效,被告不履行法定职责已经没有实际意义的案件;8.一方当事人坚决拒绝通过和解解决的案件;9.其他不宜和解处理的案件。《和解暂行规定》指出,当事人达成和解协议后,法院应对该协议进行审查并做出裁定,在裁定书的理由部分确认协议内容,明确行政纠纷已和解解决,原行政争议已不存在;二审法院应明确一审判决或裁定的法律效力或者一审判决的程序如何终结等事项;原告申请撤诉的可以裁定准予撤诉;原告拒不撤诉的可以裁定终结诉讼。2008－2010 年,全省和解撤诉的一审行政案件大幅上升。

2008－2010 年海南省法院一审行政案件和解撤诉情况表

表 6－1－3

数量 年份	结案数(件)	撤诉案件数(件)			撤诉率(%)	被告改变具体行政行为后原告撤诉占总撤诉案件比率(%)
		原告主动撤诉	被告改变具体行政行为后原告撤诉	小计		
2008	720	121	1	122	16.94	0.8
2009	827	115	2	117	14.15	1.71
2010	1072	187	28	215	20.05	13.02
合计	2619	423	31	454	17.34	6.8

美兰区法院根据《和解暂行规定》精神,在审判实践中试行“行政协调确认书”的做法,即对当事人在法院协调下达成的和解协议进行司法审查并予确认,突破了行政诉讼争议纠纷当事人达成和解后以撤诉结案的方式,转变为以法院确认和解协议书的形式结案,该做法未违反“行政诉讼不适用调解”之规定,体现了法院在审理行政案件中的协调作用。如原告陈世忠诉被告海南省社会保险事业局劳动和社会保障行政管理纠纷一案,该案适用简易程序审理,双方当事人在法院调解下达成和解协议,均要求法院对和解协议予以确认,并均保证履行和解协议。再如原告海南三达机电有限公司诉被告海南省人力资源和社会保障厅及第三人金开儒工伤认定行政管理纠纷一案,该案适用普通程序审理,各方当事人在法院调解下达成和解协议,均明确表示同意以“行政协调确认书”的方式结案,原告当场支付给第三人金开儒补偿款 45000 元。从试行效果看,“行政协调确认书”的做法缓解了原告与行政机关的矛盾对立,体现了司法与行政的良性互动,有利于行政机关自觉履行职责,提高了审判效率。

2010 年,“行政协调确认书”的做法仍在试行。行政协调确认可以适用的案件范围、法院对和解协议确认后是否可强制执行等问题尚需在实践中进一步验证。法院在试行阶段把握行政协调确认适用的案件为:未损害国家利益、社会公共利益和他人合法权益的道路交通管理、房屋登记管理、工伤认定、工商登记管理、质量监督行政管理等案件,以及行政处罚、确认、登记、许可、批准、补偿、不作为等案件;而土地征收、城镇房屋征收、资源开发、环境污染、公共安全事故等涉及人数较多、社会影响大、可能影响社会稳定的案件，慎重适用行政协调确认方式；治安管理行政处罚、禁毒行政处罚、劳动教养行政处罚、国有资产行政管理以及低于或超出法律规定处罚范围的涉及行政处罚金额的案件，不适用行政协调确认方式。

八、重大、疑难行政案件报告制度

2005 年 6 月，高级法院根据《海南省行政审判工作座谈会纪要》精神，在全省法院试行重大、疑难行政案件报告制度，各级法院行政审判庭审理 7 类行政案件时，要逐级向上级法院报告：1. 在本地区有重大影响的；2. 涉及群体性利益的；3. 行政机关与行政相对人矛盾尖锐、关系较为紧张的；4. 本级或上级党委、人大督办的；5. 上级法院督办或交办的；6. 法律、法规规定不甚明确、政策界限不甚清楚的；7. 其他本院认为需要报告的。并且要求基层法院受理特别重大、疑难的案件要同时报告中、高级法院；中院认为基层法院报告的案件特别重大、疑难或者需要帮助解决的问题本院难以帮助解决的，可向高级法院转报，也可同基层法院一道向高级法院报告，但中院必须有自己的处理意见，报告应及时、准确、重点突出；凡影响面广、矛盾尖锐、处理不慎可能造成不稳定局面的行政案件，承办法官初步审查后要及时向庭长、分管院长报告，必要时，要向院长、同级党委、人大和上级法院汇报。

九、建立司法与行政的良性互动机制

1990 年 10 月，《行政诉讼法》实施后，法院受理的行政诉讼案件中，行政机关败诉较多，其原因是有的行政机关缺乏依法行政的经验，先做出行政处罚决定再收集证据，出庭应诉时因难以取证而陷入被动；有的行政机关行政不作为等等。一些行政机关对法院变更或撤销其行政行为不满，认为是被法院刁难，丢了行政机关的面子。全省法院在严格执行《行政诉讼法》，审慎审理各类行政案件的同时，积极探索化解行政争议的措施，支持与监督行政机关依法行政，保护行政相对人的合法权益。一是利用广播、报纸、电视宣传栏等多种渠道，广泛开展对《行政诉讼法》的宣传，使群众懂得通过行政诉讼保护自己的合法权益，使国家机关工作人员进一步理解行政审判有利于促进行政机关依法行使职权；二是举办培训班，召开座谈会，向政府部门的领导、干部讲法释法，2000 年，三亚中院在高级法院指导帮助下举办了市领导干部《行政诉讼法》培训班；2010 年，省二中院召开行政审判工作座谈会，邀请当地政府部门领导参加，就建立司法和行政互动机制的相关问题进行沟通协调；三是向政府部门通报审理行政案件的情况，2008 年，高级法院印发《海南省高级人民法院关于 2006 - 2007 两个年度终审的行政案件的情况报告》，2009 年，海口中院发布《2009 年海口市中级人民法院司法审查报告》，2010 年，高级法院发布《海南省高级人民法院 2010 年全省法院行政案件司法审查情况报告》，前后三个报告介绍了审理行政案件的情况,对存在的问题进行了分析,总结了行政执法工作的亮点,查找了行政机关败诉的具体原因,得到了社会各界的肯定;四是推进司法与行政的良性互动,2009 年,海口中院与海口市政府联合发布《海口市人民政府、海口市中级人民法院关于在行政诉讼中建立良性互动机制的若干意见》,形成了以重大案件沟通协调、重要情况通报、事先咨询和判后释明、行政首长出庭应诉等为内容的,以诉前提供咨询、诉中互通信息、判后相互监督为主要特质的良性互动机制。2006 –2010 年全省法院向行政机关提出司法建议 1000 余条,其中,半数以上得到行政机关采纳。

十、案件评查活动

2009 年,高级法院对高、中两级法院 2008 年审结的 360 件行政诉讼案件进行评查,占两级法院当年行政诉讼案件审结数的 70.1%,评查内容为审判质量、审判效率和裁判文书,其中审判质量评查指标包括事实认定、法律适用、审判程序、审判效果 4 项。评查结果详见下表。

2009 年海南省高、中级法院行政诉讼案件质量评查结果统计表

表 6 –1 –4

	总数	优		良		中		差	
		件数	比例	件数	比例	件数	比例	件数	比例
综合评价	360	77	21.4%	102	28.3%	152	42.2%	29	8.1%
事实认定	360	25	6.9%	116	32.2%	182	50.1%	119	33.1%
法律适用	360	105	29.2%	126	35.0%	82	22.8%	27	7.5%
审判程序	360	95	26.4%	137	38.1%	66	18.3%	42	11.7%
审判效果	360	75	20.8%	160	44.4%	78	21.7%	27	7.5%
审判效率	360	95	26.4%	106	29.4%	68	18.9%	91	25.3%
文书质量	360	15	4.2%	94	26.1%	168	46.7%	63	17.5%
高级法院	184	39	21.2%	64	34.8%	76	41.3%	5	2.7%
海南中院	97	19	19.6%	24	24.7%	42	43.3%	12	12.4%
洋浦中院	4	1	25.0%	1	25%	2	50.0%	0	0.0%
海口中院	59	16	27.1%	11	18.6%	20	33.9%	12	20.3%
三亚中院	16	2	12.5%	3	18.8%	7	43.8%	4	25.0%

第二节　各类案件的审判

1991 –2010 年,全省法院共受理一审行政案件 9594 件,审结 9486 件,其中,判决驳回原告诉讼请求的 1876 件,判决撤销被诉具体行政行为的 2128 件;共受理二审行政案件4585件，旧存21件，审结4583件；共受理行政非诉执行案件6651件，旧存29件，执结6606件，执结标的额总计18246.9269万元。

行政诉讼的案由在三大类下又分为69类具体案由，海南行政诉讼案件类型较为集中，突出的几类案件为治安行政案件，经济社会管理行政案件，文化、教育、卫生行政案件，自然资源行政案件等4类。1989、1990年受理的行政案件主要是公安行政案件。自1991年起，行政案件逐年缓慢增长，其中土地行政案件占首位共3905件，其次是公安、城建、工商、交通运输行政案件和其他案件。从2000年起，行政案件增长较快，当年受理一审行政案件420件，比1999年受理的300件上升了40%；2010年受理一审行政案件1064件，比2009年受理的831件上升了28.03%。

1991－2010年海南省法院一审行政案件收结案情况表

表6－2－1

年度	收案	结案（含旧存）	结案情况								
			判决			裁定					行政赔偿调解
			驳回原告诉讼请求	撤销	其他	驳回起诉	撤诉	移送	终结	其他	
1991	171	170	61	68	4		29	6	2		0
1992	312	212	58	68	7	27	41	4	5		2
1993	210	216	60	81	3	28	37	4	3		0
1994	280	278	86	76	4	15	52	14	30		1
1995	279	266	55	80	3	23	51	7	46		1
1996	201	207	60	60	4	31	38	7	6		1
1997	271	274	50	113	15	40	51	3	1		1
1998	236	253	60	90	21	36	38	7	1		
1999	302	283	54	111	10	36	55	8	9		
2000	420	443	64	106	34	88	108	37	6		0
2001	459	457	100	73	35	76	81	65	27		
2002	453	440	79	104	81	58	84	13	1	19	1
2003	541	543	146	112	80	70	74	35	1	21	4
2004	676	670	159	158	138	85	81	4	1	44	0
2005	688	671	140	108	197	75	87	18	5	38	3
2006	764	742	156	153	212	72	93	22	0	33	1
2007	730	742	123	149	181	137	98	7	2	43	2
2008	706	720	116	108	220	101	122	8	0	42	3
2009	831	827	131	181	212	89	117	9	0	84	4
2010	1064	1072	118	129	386	125	215	33	2	51	13
合计	9594	9486	1876	2128	1847	1212	1552	311	148	375	37

1991－2010年海南省法院二审行政案件收结案情况表

表6－2－2

年度	收案	结案（含旧存）	结案情况					
			维持	改判	发回重审	撤诉	终结	其他
1991	13	17	11	4	1	1		0
1992	90	99	53	29	12	1		4
1993	93	96	44	39	6	4		3
1994	81	84	53	18	8	2		3
1995	101	99	62	15	9	9		4
1996	84	85	50	22	4	4		5
1997	98	98	58	26	6	5		3
1998	114	110	62	25	14	0		9
1999	121	125	49	38	18	4		16
2000	150	151	64	46	12	5		24
2001	169	164	65	39	9	4		47
2002	208	209	91	36	14	10	2	56
2003	253	251	120	41	16	10	0	64
2004	295	282	150	40	10	9	0	73
2005	401	388	196	69	17	15	0	91
2006	397	386	216	69	22	13	0	66
2007	443	453	272	78	13	9	0	81
2008	460	473	246	60	15	11	0	141
2009	439	436	236	49	14	9	0	128
2010	575	577	349	65	14	20	7	122
合计	4585	4583	2447	808	234	145	9	940

1991－2010年海南省法院行政再审案件收结案情况表

表6－2－3

年度	收案	结案（含旧存）	结案情况					
			维持	改判	发回重审	驳回	撤诉	其他
1991	2	1	0	0	0	0	0	1
1992	14	14	7	2	0	0	0	5
1993	9	6	4	0	0	0	0	2
1994	15	13	6	2	0	0	0	5
1995	7	10	4	5	0	0	0	1
1996	6	8	3	2	0	0	0	3

续上表

年度	收案	结案（含旧存）	结案情况					
			维持	改判	发回重审	驳回	撤诉	其他
1997	17	16	6	0	0	0	0	10
1998	6	7	2	2	1	1	0	1
1999	7	7	2	1	0	1	0	3
2000	10	9	1	6	1	0	0	1
2001	2	4	1	2	0	0	0	1
2002	8	5	1	2	1	0	0	1
2003	9	12	3	2	3	1	0	3
2004	6	6	1	4	1	0	0	0
2005	16	13	2	8	1	0	0	2
2006	11	12	3	6	1	0	0	2
2007	9	7	1	4	1	0	1	0
2008	9	7	1	5	1	0	0	0
2009	10	10	1	6	1	1	0	1
2010	8	11	1	5	1	0	1	3
合计	181	178	50	64	13	4	2	45

一、治安行政案件收结案基本情况

这类案件是指当事人不服公安机关依照《治安管理处罚条例》、《治安管理处罚法》做出的行政处罚而提起的行政诉讼案件，人民法院通过对治安行政案件的审理，依法保护公民人身权利和其他合法权利，维护行政机关依法行政。如张冠武不服东方黎族自治县公安局（以下简称东方县公安局）作出的收容审查提起行政诉讼要求行政赔偿一案，东方县公安局因张冠武及他人寻衅滋事、打架斗殴的行为，存在轻微犯罪情况和伙同作案的嫌疑，决定对张冠武收容审查，后海南省劳动教养管理委员会决定对张冠武劳动教养三年。经人民法院审查，指出了东方县公安局在收容审查时存在严重超期的错误，但超出的期限实际上折抵了劳动教养的期限，所以对张冠武的权利并未造成实质性影响，故张冠武主张东方县公安局收容审查的行为违法并要求行政赔偿的理由不充分，遂判决维持东方县公安局的收容审查决定及驳回了张冠武的诉讼请求。治安行政案件为我省行政案件的主要类型之一，从司法统计的结果显示，相对于土地类行政案件因2004年我省土地确权工作的开展而大幅增加的情况，治安行政案件的收案数量波动不大，且原告撤诉率较高，撤诉的案件占结案总数的24.89%，在2008年时，原告撤诉率达到了这二十年间的最高值——47%。（1991－2010年，全省法院审理的一审治安行政案件情况详见下表。）

1991－2010年海南省法院一审治安行政案件收结案情况表

表6－2－4

年度	收案	结案（含旧存）	结案情况				
			判决	撤诉	移送	终结	其他
1991	39	40	26	11	2	1	0
1992	59	62	35	14	1	0	12
1993	41	41	20	15	1	0	5
1994	54	53	12	14	10	12	5
1995	33	35	13	11	2	2	7
1996	35	36	11	11	4	1	9
1997	33	34	22	8	0	1	3
1998	32	32	16	9	0	0	7
1999	36	37	18	11	0	0	8
2000	89	88	26	16	3	0	43
2001	61	61	34	14	2	0	11
2002	82	77	47	14	1	0	15
2003	92	97	69	8	2	0	18
2004	82	81	53	12	1	0	15
2005	62	63	31	13	0	0	19
2006	75	76	46	17	1	0	12
2007	66	66	27	22	0	0	17
2008	101	100	35	47	0	0	18
2009	54	55	26	16	0	0	13
2010	55	55	38	13	0	0	4
合计	1181	1189	605	296	30	17	241

二、经济社会管理行政案件的审判

（一）工商、财政、税务、金融案件

全省法院通过审理侵犯企业生产经营自主权的行政案件，纠正不当干预企业正常生产经营活动的经济行政行为，促进政府部门转换管理职能，改善和加强对市场经济的宏观调控；通过审理涉及工商、财政、税务、金融的行政案件，制止对企业乱管理、乱收费、乱摊派等滥用职权的行为，促进政府转换职能，整顿和规范市场秩序。1993年底，海南省政府在全国率先推出《海南经济特区机动车辆燃油附加费征收管理办法》，将公路养路费、过桥费、过路费和公路运输管理费统一为机动车辆燃油附加费并入油价中，由机动车加油站代征，此《办法》简化了“四费”征收环节，机动车多用油多付费，少用油少付费，公平、合理、方便、快捷，深受好评。由于“四费”并入到了油价中，海南机动车燃油价与《办

法》实施前的燃油价差高达60%，一些不法分子为逐利不惜铤而走险，从海上、陆路走私燃油，偷漏燃油附加费。全省各级法院积极维护征收交通规费的改革成果，共审结不服偷漏燃油附加费行政处罚案件20余件，打击偷漏燃油附加费的不法分子，有效遏止了走私燃油情况的蔓延，并将审判中发现的相关问题向立法、执法部门提出建议，促进统一征收燃油附加费制度的进一步完善，为全国同类案件的正确处理积累了经验。

1991－2010年海南省法院一审工商、财政、税务、金融行政案件收结案情况表

表6－2－5

年度	收案	结案（含旧存）	结案情况				
			判决	撤诉	移送	终结	其他
1991	7	6	2	4	0	0	0
1992	6	6	3	1	0	0	2
1993	2	2	1	1	0	0	0
1994	5	5	2	0	0	0	3
1995	6	5	2	2	0	0	1
1996	9	10	6	1	0	0	3
1997	5	6	4	1	0	0	1
1998	9	10	6	1	0	0	3
1999	9	9	6	0	0	1	2
2000	14	14	7	5	1	0	1
2001	25	25	15	3	3	3	1
2002	24	21	8	2	0	0	11
2003	21	22	12	3	3	0	4
2004	11	11	5	2	0	0	4
2005	32	33	26	4	0	0	3
2006	15	14	8	2	0	0	4
2007	32	32	17	4	0	0	11
2008	49	51	29	13	1	0	8
2009	45	43	26	11	1	0	5
2010	32	34	17	11	0	1	5
合计	358	359	202	71	9	5	72

（二）城乡建设（规划、拆迁、房屋登记）案件

1989—2010年，全省法院审理当事人不服住房、城乡建设部门及其授权组织、委托组织作出建设规划、房屋拆迁、房屋登记等方面决定而提起的行政诉讼案件情况详见下表。

1991－2010年海南省法院一审城乡建设行政案件收结案情况表

表6－2－6

年度	收案	结案（含旧存）	结案情况				
			判决	撤诉	移送	终结	其他
1991	1	1	1	0	0	0	0
1992	13	11	8	2	1	0	0
1993	15	18	10	6	0	0	2
1994	35	36	22	14	0	0	0
1995	4	4	1	2	0	1	0
1996	8	8	2	2	1	0	3
1997	16	14	10	1	0	0	3
1998	3	4	2	1	0	0	1
1999	19	20	13	3	1	0	3
2000	22	22	13	4	0	0	5
2001	38	38	21	10	0	0	7
2002	79	78	45	11	0	0	22
2003	95	93	56	15	5	0	17
2004	117	112	54	17	3	0	38
2005	87	84	49	16	2	0	17
2006	86	86	47	18	2	0	19
2007	74	82	64	10	0	0	8
2008	99	88	63	10	2	1	12
2009	82	86	51	12	2	0	21
2010	160	165	99	26	17	0	23
合计	1053	1050	631	180	36	2	201

（三）劳动社会保障案件

1989年，海南被确定为全国社会保障制度改革的试点省。从1992年起，省政府相继颁布施行城镇职工养老、工伤、医疗保险等社会保障地方性法规、规章及其细则，规范社会保障管理体制。这一系列法规、规章颁行之初未引起社会广泛重视，在运行过程中遇到许多困难和阻力。1993年，全省参加社会保险单位只占应参加的58%，其中，外商投资企业仅占应参加的32.7%；抗缴、拒缴、拖欠社会保险费现象严重，全省有1亿多元保险金不能征收到位；由于省内企业成分复杂，加之政企分开，过去传统的以行政手段为主的社会保险强制手段越来越难以发挥效能，迫切需要向法律手段转变。针对这种状况，为推动海南经济特区从业人员养老、工伤等社会保障制度改革的深化，高级法院于1995年5月设立社会保障法庭（与行政审判庭合署办公），集中受理社会保险行政争议诉讼案件、非诉行政强制执行案件，进行相关业务指导，加强社会保障行政案件的执行工作。截至1999年，社会保障法庭共受理非诉执行案件43件，案件标的额5000多万元。1989—2010年，全省各级法院共受理一审劳动社会保障案件320件，审结318件。

（四）其他经济社会管理行政案件

1993—2010年，全省法院审理当事人不服交通运输、知识产权、外汇管理、海关、商检、技术监督、民政、旅游、烟草专卖、计划生育等行政机关履行社会职责做出的各类决定而提起的行政诉讼案件情况详见下表。

1993－2010年海南省各级法院一审经济社会行政管理案件收结案统计表[①]

表6－2－7

年度	交通运输		专利、商标、外汇		海关、商检、技术监督		民政、旅游、烟草专卖、计划生育	
	收案	结案	收案	结案	收案	结案	收案	结案
1993							3	3
1994							3	2
1995							2	3
1996	2	2			9	9	1	1
1997	1	1			2	0	23	17
1998					1	3	0	6
1999	5	6	2	2	3	2	27	12
2000	6	6			3	4	9	24
2001	10	10			6	6	44	44
2002	20	19			1	1	16	16
2003	46	43			1	1	20	20
2004	56	60			3	3	7	7
2005	40	40			4	4	5	4
2006	13	13	2	1	4	4	11	12
2007	8	8	1	2	3	3	3	3
2008							6	5
2009	14	14			1	1	8	9
2010	5	4			2	2	8	8
合计	226	226	5	5	43	43	196	196

注：以上结案均含旧存。

①1991－1992无统计数据。

二、文化、教育、卫生行政案件的审判

这类案件是指当事人不服新闻出版、教育、食品卫生、药品等行政机关履行社会职责做出的各类决定而提起的行政诉讼案件。1991—2010年，全省法院受理此类案件总数未过百件，结案率100%。因案件量少，实际上，1997年才出现第一例此类案件。

1997－2010年海南省法院一审文化、教育、卫生行政案件案件收结案情况表

表6－2－8

年度	新闻出版		教育		食品卫生、药品	
	收案	结案	收案	结案	收案	结案
1997	1	1			3	3
1998					7	7
1999					2	2
2000	1	1			9	9
2001					9	9
2002	1	1	2	2	11	10
2003			11	11	7	8
2004			3	3	15	15
2005			3	3	6	6
2006	1	1	3	4	2	2
2007	1	1	4	4	3	3
2008	1	1	6	6	6	5
2009					3	4
2010	1	1	2	2	1	1
合计	7	7	34	35	84	84

注：以上结案均含旧存。

三、自然资源行政案件的审判

（一）土地类行政案件

土地作为最重要的生产资料，关系重大民生利益。建省后，随着社会经济快速发展，土地利用价值不断提高，自1991年起，土地行政案件逐年增多。由于建国后海南土改确权的水田和熟地面积不准确，加上1962年的土地权属“四固定”不彻底，其后，在一系列政治运动中，土地权属又多次变更，大量土地权属界线不清，农村集体经济组织间长期存在争议，遗留下了许多历史问题。各级法院受理的农村土地确权行政案件，大多缺乏认定事实所需要的物证、书证、证人证言等有效证据，收集的证据往往又缺少要件，相互矛

盾,难以印证事实,并且,此类土地行政案件通常时间跨度长、涉及面广、政策性强、争议各方矛盾尖锐、容易引发群体性事件,审理的难度很大。各级法院始终把办好每一件农村土地确权行政案件,平息土地争议,协助政府建立权属明确、经济、高效、稳定的土地管理制度,提高土地利用率,为建设平安海南、和谐海南,实现海南科学持续发展服务作为法院行政审判的重要任务。

1991 –2010 年海南省法院一审土地行政案件收结案情况表

表6 –2 –9

年度	收案	结案(含旧存)	结案情况					
			维持	撤销	撤诉	移送	终结	其他
1991	99	101	41	49	9	2	0	
1992	96	93	32	37	14	0	2	8
1993	109	113	43	46	7	2	2	13
1994	141	136	62	50	15	1	2	6
1995	133	134	46	56	21	5	3	3
1996	99	104	40	41	11		1	11
1997	116	114	33	56	15	2		8
1998	135	140	54	54	17		1	14
1999	134	130	38	55	19	6	1	11
2000	156	162	39	64	34	8		17
2001	155	154	44	27	26	30	2	25
2002	131	129	48	38	22	6	0	15
2003	155	155	61	48	14	12	0	20
2004	236	234	117	79	20	0	1	17
2005	272	259	152	64	17	9	4	13
2006	347	327	146	115	22	14	0	30
2007	307	307	139	98	29	5	2	34
2008	249	272	137	64	24	3		44
2009	367	364	148	112	32	4		68
2010	444	448	214	79	70	7		78
合计	3881	1876	1634	1232	438	116	21	435

（二）其他自然资源行政案件收结案基本情况

1991—2010 年全省法院审理当事人不服林业、地矿能源、渔业、水利等行政机关履行社会职责做出的各类决定而提起的行政诉讼案件情况详见下表。

1991－2010年海南省法院一审自然资源行政案件收结案情况表

表6－2－10

年度	林业		地质矿产、能源		渔业、水利	
	收案	结案	收案	结案	收案	结案
1991	2	3	3	3		
1992	6	7				
1993	5	5				
1994	2	3	1	1		
1995	7	6				
1996	9	9	1	1		
1997	6	6	1	1	1	1
1998	6	6			2	2
1999	2	2	1	1	1	1
2000	6	6			2	2
2001						
2002	16	15				
2003	7	8	1	1	2	2
2004	13	12	1	1		
2005	5	6			6	6
2006	7	7	3	3	1	1
2007	4	3			1	1
2008	8	8	1	1	3	3
2009	18	18	1	1	1	1
2010	12	13	1	1	1	1
合计	141	143	16	15	21	21

注：以上结案均含旧存。

第七章　国家赔偿案件审理

审理好国家赔偿案件，是确立民主法治、保护人权、促进社会和谐的重要司法工作。1994 年 8 月，高级法院下设赔偿委员会办公室（以下简称赔偿办公室）。赔偿办公室与行政审判庭合署办公，附设于行政审判庭。赔偿办公室主任、办案法官由行政庭的庭长及法官兼任，无独立机构、人员编制。同年 6 月，海南中院设立赔偿委员会，配备 1 名主任，赔偿委员会的职能由行政审判庭代为行使。1995 年 3 月，高级法院邀请立法专家授课，在海口举办了全省法院《国家赔偿法》培训班，与财税、宣传部门共同在《海南日报》举办 6 期《国家赔偿法知识讲座》；与省电视台联合摄制国家赔偿法知识专题片，组织了 5000 多人参加的国家赔偿法知识竞赛。

第一节　程序和制度

一、受案范围

《国家赔偿法》对各类国家赔偿案件的具体内容及赔偿程序作了明确规定，国家赔偿的受案范围有二类，即行政赔偿和刑事赔偿。

1995 年，高级法院制定《海南省人民法院赔偿委员会工作细则（试行）》，规定了全省法院国家赔偿的受案范围：（一）中级法院赔偿委员会受案范围：1. 海口、三亚、洋浦中级人民法院所在地同级的公安、检察、司法、安全机关作为赔偿程序中的复议机关，赔偿请求人不服其做出的赔偿复议决定，在收到复议决定之日起三十日内，向上述中级人民法院赔偿委员会申请做出赔偿决定的；2. 海口、三亚、洋浦中院所在地同级的公安、检察、司法、安全机关作为赔偿程序中的复议机关，收到赔偿请求人的复议申请后，超过两个月不做出复议决定，赔偿请求人自两个月届满之日起三十日内，向上述中级人民法院赔偿委员会申请做出赔偿决定的；3. 海南省人民检察院海南分院作为赔偿程序中的复议机关，赔偿请求人不服其做出的赔偿复议决定，在收到复议决定之日起三十日内，向海南省海南中级人民法院赔偿委员会申请做出赔偿决定的；4. 海南省人民检察院海南分院作为赔偿程序中的复议机关，收到赔偿请求人的复议申请后，超过两个月不做出复议决定，赔偿请求人自两个月届满之日起三十日内，向海南省海南中级人民法院赔偿委员会申请做出赔偿决定的；5. 海南、海口、三亚、洋浦中级人民法院辖区的基层人民法院作为赔偿义务机关，逾期不予赔偿或者赔偿请求人对赔偿数额有异议，赔偿请求人自法定期间届满之日起三十日内向上述中级人民法院赔偿委员会申请做出赔偿决定的。（二）高级法院赔偿委员会受案范围：1. 海南省公安厅、省检察院、省司法厅、省国家安全厅、省监狱管理局作为赔偿程序中的复议机关,赔偿请求人不服其做出的赔偿复议决定,在收到复议决定之日起三十日内,申请做出赔偿决定的;2.海南省公安厅、省检察院、省司法厅、省国家安全厅、省监狱管理局作为赔偿程序中的复议机关,收到赔偿请求人复议申请后,超过两个月不做出复议申请,赔偿请求人自两个月届满之日起三十日内,申请做出赔偿决定的;3.海南、海口、三亚、洋浦中级人民法院和海口海事法院作为赔偿义务机关,收到赔偿请求人的申请后,在两个月内不予赔偿或者赔偿请求人对赔偿数额有异议,申请人自期满之日起三十日内,申请做出赔偿决定的。

1997－2010年海南省法院国家赔偿案件收结案情况表①

表7－2－1

年度	收案	结案(含旧存)	结案情况						赔偿金额(单位:万元)
			决定赔偿	驳回	撤回申请	决定不赔偿	终结	其他	
1997	1	1				1			
1998	18	12	1	3	0	1	0	7	7.12
1999	13	18	3	3	0	2	0	10	75.24
2000	21	20	8	4	0	0	0	8	21.84
2001	21	21	6	5	0	4	0	6	14.31
2002	23	18	3	0	0	2	0	13	2.8446
2003	14	18	4	0	2	3	0	9	38.1293
2004	19	19	8	0	1	3	0	7	239.16
2005	35	30	4	0	0	6	0	20	6.0436
2006	38	34	6	0	3	15	0	10	19.9201
2007	28	26	5	0	1	9	0	11	27.4632
2008	21	23	5	0	1	10	0	7	14.8546
2009	28	34	4	0	5	8	0	17	35.134
2010	18	23	6	0	2	7	0	8	3.1032
合计	298	297	63	15	15	71	0	133	505.1626

二、赔偿程序

根据《国家赔偿法》的规定,赔偿请求人需要经过确认之后再赔偿,由赔偿义务机关进行确认,被要求的机关不予确认的,赔偿请求人有权申诉。

1995年8月,高级法院印发的《海南省人民法院赔偿委员会工作细则(试行)》,规定

①1995年《国家赔偿法》正式颁布,之前无国家赔偿案件,1997年出现第一例国家赔偿案件,故数据从1997年开始。

赔偿请求人向赔偿委员会提出的赔偿申请,立案时必须符合的第一个条件就是赔偿请求人申请赔偿委员会做出赔偿决定的事由必须已经被确认违法,并且属于刑事、非刑事司法赔偿的范围。

1995 年《国家赔偿法》颁布后,高级法院举办《国家赔偿法》培训班。

2001 年 11 月,最高法院下发通知(法明传[2001]473 号),要求各级法院的国家赔偿确认工作由审判监督庭承担。全省法院根据最高法院的要求,将国家赔偿确认案件交由审判监督庭审理。2008 年 11 月,最高法院下发《最高人民法院关于赔偿委员会办公室负责审理国家赔偿确认案件的通知》,自同年 10 月 1 日起将原由审判监督庭负责的国家赔偿确认工作调整由赔偿委员会办公室负责。高级法院转发了最高法院的通知,要求全省法院将 2009 年 1 月 1 日以后受理的国家赔偿确认案件交由赔偿办公室审理,在此之前未审结的案件仍由审判监督庭审理。

赔偿委员会的工作程序:1. 赔偿请求人向赔偿委员会提出的赔偿申请,立案时必须符合下列条件:(1)赔偿请求人申请赔偿委员会做出赔偿决定的事由必须已经被确认违法,且属于刑事、非刑事司法赔偿的范围;(2)赔偿请求人要求赔偿,应当先向赔偿义务机关提出;(3)赔偿请求人的赔偿请求除人民法院作为赔偿义务机关外,必须经过赔偿义务机关的上级机关复议;(4)符合赔偿委员会管辖范围的规定。2. 对符合立案受理条件的赔偿请求,由赔偿委员会办公室主任批准立案受理,并指定专人办理。对不符合立案受理条件的,书面通知不予受理。3. 承办人就赔偿案件的事实、证据可向赔偿请求人和赔偿义务机关进行调查、询问,形成书面审查报告。4. 承办人对案件的处理意见先向赔偿委员会办公室汇报,赔偿委员会办公室经讨论提出处理意见,报赔偿委员会讨论决定。5. 赔偿委员会会议由该委员会主任主持,出席会议的委员必须超过委员总数的一半。6. 赔偿委员会做出赔偿决议,实行少数服从多数的原则,决议的形成必须获委员会委员总数的半数以上同意;重大疑难案件经赔偿委员会讨论后,可提交审判委员会讨论决定。

7. 赔偿委员会依法做出赔偿决定应当制作“赔偿决定书”,署名“XXX 人民法院赔偿委员会”,加盖人民法院院印。8. 赔偿委员会应当在立案之日起两个月内做出赔偿决定,有特殊情况需要延长期限的,由赔偿委员会主任批准。

第二节 各类赔偿案件的审理

一、行政赔偿案件

行政赔偿案件是指申请人请求人民法院判决相关行政主体依法承担赔偿责任的案件。1991 - 1996 年,全省法院未受理行政赔偿案件,1997—2010 年全省法院一审行政赔偿案件收结案情况见下表。

1997 - 2010 年海南省法院一审行政赔偿案件收结案情况表

表 7 - 2 - 2

年度	收案	结案（含旧存）	结案中			赔偿金额（单位:万元）
			决定赔偿	决定不赔偿	其他	
1997	2	2	2			0.65
1998	13	9	1	2	6	7.12
1999	8	12	1	1	10	73.69
2000	12	12	4	1	7	3.74
2001	11	11	4		7	14.08
2002	58	40	3	15	22	1
2003	20	30	4	1	25	1.31
2004	31	20	3	3	14	134.3125
2005	49	21	3	1	17	21.8982
2006	42	31	7		24	222.219
2007	41	27	6		21	1438.2583
2008	24	23	3		20	320.9538
2009	20	24	2		22	195.568
2010	38	26	7		19	265.1832
合计	369	288	50	24	214	2699.983

二、刑事赔偿(司法赔偿)案件

刑事赔偿案件是指申请人请求人民法院判决公安机关、国家安全机关、检察机关、审判机关、监狱管理机关及其工作人员违法行使职权,侵犯当事人人身权、财产权造成损害依法应由国家承担赔偿责任的案件。1991 - 1996 年,全省各级法院未受理刑事赔偿案件,1997—2010 年全省法院一审刑事赔偿案件收结案基本情况见下表。

1998 －2010 年海南省法院一审刑事赔偿案件收结案情况表[1]

表 7 －2 －3

年度	收案	结案（含旧存）	结案中			赔偿金额（单位:万元）
			决定赔偿	决定不赔偿	其他	
1998	3	2			2	
1999	4	4	1	1	2	1.55
2000	8	7	4		3	18.1
2001	10	10	2	4	4	0.23
2002	16	16	3	2	11	2.8446
2003	10	12	4	1	7	38.1293
2004	12	12	8	0	4	179.81
2005	11	7	4	0	3	6.0436
2006	10	11	6	1	4	19.9201
2007	9	9	3	2	4	12.3482
2008	6	7	5		2	14.8546
2009	8	9	2	2	5	10.334
2010	4	5	4		1	3.1032
合计	111	111	46	13	52	307.2676

①海南省于 1997 年受理第一件国家赔偿案件,但 1997 年无刑事赔偿案件,故从表格数据从 1998 年开始。

第八章 审判监督

审判监督是指有监督权的机关或组织,或者当事人认为人民法院已经发生法律效力的裁判确有错误,发动或申请再审,由人民法院对案件进行再审的活动,是国家法律体系中设置的一个司法救济制度。我国审监工作经历了一个波浪式前进、螺旋式上升的历史行程。其间,随着社会主义法律体系和司法体制的构建、审判制度的完善、审判队伍的充实和审判水平的提高,审监工作日益成熟和完善。海南省审监工作顺应改革开放和依法治国的历史潮流,在特殊的历史时期迅速得到的发展和完善。自 1991 年以来至 2010 年,我省法院根据实事求是、有错必究的原则,按照法定审判监督程序,共审结各类再审案件 5845 件,其中维持原判 1499 件,改判 2136 件,保障了当事人的合法权益。

第一节 程序和制度

一、机构设置和职能转变

1988 年,按照最高法院的要求,高级法院对全省法院告诉申诉工作情况进行了调研,于 1989 年 3 月向全省法院发出《关于建立告诉申诉审判庭的通知》,要求各级法院尽快设立告诉申诉审判庭;1990 年初,向各级法院印发《告诉申诉审判庭办理刑事申诉案件暂行规定》、《告诉申诉审判庭办理民事、行政、经济纠纷申诉案件暂行规定》、《全省各级法院告诉申诉审判庭职责范围(试行)》,规定了告诉申诉工作分级负责原则、申诉案件不再由原审判庭审理原则、"立审分离"原则、依法行使指定管辖权和明确受诉法院等原则。各级法院一边抓建庭工作,一边抓告诉申诉工作职能的转变,至 1990 年 9 月,全省法院告诉申诉审判庭设立完毕,共配备 118 人,其中,审判人员(含助理审判员)74 人,书记员 44 人,大专以上文化的 50 人。告诉申诉工作开始走向制度化和规范化。

1992 年 7 月,高级法院召开全省法院告诉申诉工作会议,印发《海南省各级人民法院告诉申诉审判庭职责范围》、《告诉工作细则》、《刑事审判监督工作细则》、《民事、经济纠纷审判监督工作细则》等规范性文件,要求各级法院加强审判监督,将立案、审判分开,严格依照最高法院有关规定精神抓紧复查"文革"前、"文革"中的冤假错案和"文革"结束后清查在"文革"中造反起家的人、帮派思想严重的人、打砸抢分子等三种人的案件,1983 至 1985 年严厉打击严重刑事犯罪活动期间的申诉案件,个别历史老案和涉台刑事申诉案件;对《民事诉讼法》颁布后的民事、经济纠纷申请再审案件,严格按照《民事诉讼法》的规定复查处理,坚持原则,实事求是,注重办案社会效果;对原判正确应予维持的案件,耐心做好当事人息诉服判的工作,驳回申请再审通知书要有针对性,观点鲜明,说理充分；对原判确有错误的案件，错多少，纠多少，不留尾巴。不能满足于纠正几件错案，要注意检查本院和下级法院判决已经发生法律效力的各类案件，发现错误主动纠正，对再审或检查中发现的问题适时通过一定形式向原审判庭或原审法院反馈，促其纠正，树立公信。

1998 年 3 月 1 日，按照最高法院提出的再审案件立案和审判、审判与执行两分立的改革要求，高级法院撤销了告诉申诉审判庭，设立立案庭和审判监督庭；立案庭负责各项审判案件的立案程序及申诉上访的接待审查，审判监督庭负责已决定再审案件的审理。为规范复查、再审案件的工作程序，2000 年 4 月 1 日，高级法院制定《关于复查再审案件调卷工作的有关规定》，2001 年 6 月 8 日，高级法院制定《关于申诉案件的处理规定》。

2007 年修订后的《民事诉讼法》明确将审判监督程序分为再审事由审查和再审审理两个独立阶段，董治良在 2008 年全省法院院长会议上，专门强调了再审案件的立审分立原则并提出了明确要求。高级法院于 3 月 19 日下发通知，要求各级法院从 2008 年 5 月 1 日起，实行审判监督程序立审分立（详见第二章立案审判）。

按照 2007 年 7 月 23 日“全省调整减刑、假释案件管辖部门会议”的要求，减刑、假释案件改由高、中级法院审判监督庭管辖，两级法院积极稳妥地完成了减刑、假释案件的管辖移交。

2007 年《民事诉讼法》修订后，最高法院要求地方法院审判监督庭必须具备四项基本职能：案件审判职能、案件质量监督管理职能、错案分析职能和总结审判经验职能。2009 年 3 月，高级法院将审判监督庭分立为审判监督第一庭和审判监督第二庭（详见第一章第一节机构部分）。2009 年 5 月，要求全省法院于年底前健全审判监督机构，配齐人员，建立制度，实现四项职能。同年，高级法院设置监督管理案件质量的审判事务办公室，对全省法院案件质量进行监督管理。

二、刑事再审案件审判监督程序和制度

1990 年，高级法院出台《告诉申诉审判庭办理刑事申诉案件暂行规定》；1992 年第二次全省告申工作会议后，根据最高法院《关于刑事再审案件开庭审理程序的意见（试行）》，高级法院制定《刑事审判监督工作细则》，具体规定了各级法院受理刑事审判监督案件的范围、受理申诉的条件、立案审查的内容、立案审查后的处理程序以及再审程序。

2001 年，最高法院印发《关于刑事再审案件开庭审理程序的具体规定（试行）》，高级法院于 2002 年结合辖区实际对刑事再审案件的审判程序作了修改和完善。

三、民事、行政再审案件审判监督程序和制度

1990 年，高级法院规范民商事和行政案件审判监督程序，制定《告诉申诉审判庭办理民事、行政、经济纠纷申诉案件暂行规定》。

1992 年,高级法院根据《民事诉讼法》制定《民事、经济纠纷审判监督工作细则》,规定了民事再审案件的审判监督程序。

2001 年,为贯彻落实全国审判监督工作会议“精审监、办铁案”的精神,发挥审判长的集体智慧,高级法院制定了《审判长联席会议制度》,明确承办人、审判长、合议庭和庭长的职责,重大复杂疑难案件须经审判长联席会议讨论,庭长有权要求复议,合议庭与审判长或联席会议意见不一致的案件一律提交审委会讨论,以保证案件在程序上、实体上得到公正处理。高级法院审判监督庭并结合实际制定了《民事再审案件审判规程》和《审判监督庭合议庭审判案件规则》。同年 10 月 18 日,高级法院与省检察院共同召开“民事、行政案件抗诉及审判工作沟通会议”,针对民事、行政案件抗诉的情况、存在问题及其需要改进的措施等进行研讨,达成共识,形成了下一步工作的指导性意见:1. 检察机关在开展民事行政审判监督工作中,支持维护人民法院的正确判决和裁定,耐心细致做好申诉人服判息诉工作,维护社会安定团结;2. 检察机关应严格按照法律及司法解释,明确规范抗诉范围,突出抗诉重点:损害国家利益、社会公共利益的案件;由于行政干预或地方保护造成错判的案件;新闻媒体和人民群众关注的热点案件;审判人员枉法裁判的案件;裁判显失公平确有必要再审的案件。3. 各级检察院要按照最高检察院颁布的《人民检察院民事行政抗诉案件办案规则》,规范办案程序,严格掌握抗诉条件,强化程序公正意识,坚持公开审查制度,确保抗诉案件的质量,使抗诉工作健康发展。

2007 年,全国人大修订《民事诉讼法》,进一步完善了民事案件的审判监督程序。修订后的《民事诉讼法》规定将民事再审案件管辖权上移,对基层法院审判监督工作产生了较大影响:一是基层法院无再审案件可办,弱化了审判监督职能;二是基层法院审判监督庭的职责由过去事后监督、依法纠错变更为案件质量监督管理;三是基层法院对案件审判过程中的监督仍沿用院长、庭长、审判长层级式行政化管理模式。为解决此种与转变审判监督职能不相适应的问题,高级法院采取了下列措施:一是要求各级法院将审判监督管理的关口前移,从事后监督转向事中监督,从结果监督转向过程监督,从实体监督转向程序监督,建立科学的、立体化的“大审判监督”观念;二是要求各级法院从过去静态的单纯检查案卷向动态的对整个审判过程进行同步检查、监督转变;三是要求各级法院实现以检查监督为主向检查监督与督促整改并重的转变;四是要求各级法院建立新的审判监督管理机制,明确职务权限,完善案件质量评查制度,处理好院长、庭长、审判长对案件的监督和审判监督庭对案件监督的关系。

为了贯彻执行 2007 年修订的《民事诉讼法》,海南法院系统强化民商事再审当庭认证、确证,以公开审判促进司法公正。为提高全省法院民商事再审案件的庭审水平,2010 年 9 月 8 日,高级法院组织全省法院分管审判监督工作的副院长、审判监督庭庭长先后观摩了高级法院和海口中院民商事再审案件的庭审,对两次庭审当庭认证、确证的程序和做法进行了点评、讨论和总结。

四、案件监督与评查制度

(一)案件监督制度

1. 人大、政协监督

全省各级法院在加强自身审判监督的同时,重视接受各级人大的监督:认真向各级人大及其常委会报告法院工作,贯彻执行人大及其常委会做出的关于法院工作的决议,主动邀请人大代表视察工作,听取人大代表对法院工作的意见、建议和批评,认真办理人大代表和政协委员提出的建议、提案,虚心接受人大评议。1994 年,各级人大对全省 24 个法院的工作进行了评议,被评议法院接受监督,认真整改。1997 年 6 月 3 日至 9 月 8 日,海南省人大常委会组织 19 名省人大常委会委员和 7 名人大代表,并邀请 9 名省直机关领导和 7 名老干部参加,评议高级法院工作。评议活动由省人大常委会指挥,配备 22 名工作人员,设立调查联络组、综合材料组、案件督察组;评议内容:(一)在审判工作中,执行宪法、法律、法规的情况,重大案件、积案、特别是群众反映强烈的案件审理情况;(二)贯彻执行全国人大及其常委会和省人大及其常委会的有关决议、决定情况;(三)办理省人大代表提出的议案、建议、批评、意见的情况;(四)法官队伍自身建设特别是廉政勤政的情况;评议工作分为调查研究,评议,整改,总结 4 个阶段,共召开 480 人次参加的 78 次座谈会和 470 人次参加的 8 次面对面评议会,人大代表查阅案卷 66 个,重点督察案件 36 宗;评议代表督办交办的 63 宗案件,高级法院在较短时间内办结了张思佳故意杀人案等 22 件超审限案件,9 宗有错案嫌疑的案件依照审判监督程序立案再审,5 宗案件向最高法院请示;一名擅改审委会讨论案件决议的审判员被省人大常委会撤销审判职务;评议工作促使高级法院对原有的 59 个规章制度清理完善,新制订了《海南省人民法院第一审民事经济审判规程》和《海南省高级人民法院告诫制度》等 15 个规章制度;当年审结案件的数量是建院 9 年来最多的。

2002 年省二届人大六次会议和省政协三届五次会议期间,高级法院派出 20 余名处级干部到各代表团听取人大代表、政协委员提出的意见、议案、提案和建议并列出清单,交由专人跟踪督办,12 件意见、议案、提案和建议全部办结;对全国人大代表和省人大代表来信反映或视察高级法院时反映的 89 件案件问题,当年办结答复了 84 件。此后历年省人大会议和省政协会议期间,高级法院均派员到会听取人大代表、政协委员的意见、议案、提案和建议,认真办理,逐件答复。2008 年,高级法院出台《进一步加强与人大代表、政协委员联络工作的意见》,主动邀请人大代表、政协委员到各级法院视察或者旁听庭审、旁听执行听证、现场监督执行 500 余人次。

2. 法院监督

为加强上下级法院之间的监督制约,1998 年高级法院作出规定:凡二审、再审需改判或发回重审的案件,应向原审法院讲明拟改判或发回重审的理由,原审法院若有不同意见,报经审委会讨论后,审委会可书面要求复议,二审、再审合议庭须限期答复,防止滥用改判权。

3. 检察机关监督

各级法院十分重视检察机关对法院审判活动的司法监督，认真审理检察机关提出抗诉的案件，认真对待检察机关提出的司法建议。全省法院1990年受理刑事抗诉案件39件，审结26件，改判14件，维持9件，发回重审3件；2000年受理各类抗诉案件111件，审结89件，改判47件，维持23件，发回重审8件，调解1件，撤诉6件，作其他处理4件；2010年受理各类抗诉案件31件，审结27件，改判8件，维持6件，发回重审7件，调解2件，作其他处理4件。

（二）案件评查制度（详见第十一章《审判事务管理》）

2000年，为落实最高法院在吉林会议上提出的案件评查和错案追究制度，全省法院成立了督察审判活动的部门暨审委会办事机构审判督察办公室，当年开展了案件质量大检查活动，对发现确有错误的283件案件，依照审判监督程序审理，改判了162件。

2009年，为贯彻全国法院审判监督工作座谈会精神（简称武汉会议），高级法院先后于5月26—27日召开全省法院审判监督工作座谈会，7月9日召开全省案件评查试点工作座谈会，8月7日召开全省案件评查绩效评估工作汇报会，12月9日召开全省案件质量评查试点法院汇报会。这4次会议的主要内容，是落实武汉会议精神，开展全省法院审监工作全面改革，在审监庭工作职能中增加了案件质量评查的内容，并在机构设置及人员配备上进行了详细的规定，确定了试点法院，并及时进行指导。分管审判监督工作的副院长张光琼为此作了重要讲话。

第二节　各类案件的审判

审判监督工作内容包括刑事案件再审、民事案件再审、行政案件再审和减刑假释。再审程序如同一、二审程序一样，有判决和调解两种情况。1991－2010年，全省法院按照法定审判监督程序，共审结各类再审案件6039件。

1991－2010年海南省法院再审案件收结案情况表

表8－2－1

年度	收案	结案（含旧存）	结案情况					
			维持	改判	发回重审	调解	撤诉	其他
1991	402	362	207	87	0	0	34	24
1992	413	431	153	117	0	1	55	139
1993	367	382	120	73	0	6	32	151
1994	365	377	79	49	0	10	53	186
1995	304	358	73	104	0	8	22	151
1996	369	367	93	89	0	8	34	143

续上表

年度	收案	结案（含旧存）	结案情况					
			维持	改判	发回重审	调解	撤诉	其他
1997	445	501	107	76	0	19	9	290
1998	212	265	55	100	10	13	7	80
1999	277	292	55	111	20	12	9	85
2000	469	470	49	308	16	7	8	82
2001	276	262	52	144	11	6	10	39
2002	230	202	56	93	21	10	6	16
2003	240	259	57	112	36	15	4	35
2004	213	243	53	137	26	4	3	20
2005	278	258	65	122	18	10	3	40
2006	225	222	68	95	18	9	1	31
2007	195	196	60	84	17	7	3	25
2008	192	187	41	75	14	29	1	27
2009	207	211	30	79	41	12	1	48
2010	166	194	26	81	33	16	8	30
合计	5845	6039	1499	2136	281	202	303	1618

1991－2010年海南省法院再审案件分类统计表

表8－2－2

年度	新收案件	刑事	民事	行政
1991	402	163	237	2
1992	413	94	305	14
1993	367	95	263	9
1994	365	75	275	15
1995	304	66	231	7
1996	369	53	310	6
1997	445	47	381	17
1998	212	19	187	6
1999	277	23	247	7
2000	469	15	444	10
2001	276	26	248	2
2002	230	16	206	8
2003	240	12	219	9
2004	213	17	190	6
2005	278	21	241	16

续上表

年度	新收案件	刑事	民事	行政
2006	225	16	198	11
2007	195	22	164	9
2008	192	15	168	9
2009	207	16	181	10
2010	166	16	142	8
合计	5845	827	4837	181

一、刑事再审案件的审判

1991－2010年，全省法院共审结刑事再审案件965件。

1991－2010年海南省各法院刑事再审案件收结案情况表

表8－2－3

年度	收案	结案（含旧存）			结案情况		
		合计	反革命案件	普通刑事案件	维持	改判	撤诉、其他
1991	163	147	36	111	77	41	29
1992	94	127	44	83	57	55	15
1993	95	129	17	112	59	30	40
1994	75	97	16	81	44	11	42
1995	66	80	5	75	37	29	14
1996	53	95	4	91	31	24	40
1997	47	52	1	51	26	7	19
1998	19	24	1	23	10	9	5
1999	23	21	1	20	9	9	3
2000	15	16	0	16	3	8	5
2001	26	28	2	26	7	13	8
2002	16	15	0	15	6	8	1
2003	12	14	0	14	5	5	4
2004	17	17	0	17	3	11	3
2005	21	17	0	17	4	8	5
2006	16	14	0	14	4	6	4
2007	22	23	0	23	7	10	6
2008	15	17	0	17	4	6	7
2009	16	16	0	16	5	3	8
2010	16	16	0	16	5	6	5
合计	827	965	127	838	403	299	263

（一）历史旧案的再审

1988－1994 年，各级法院根据实事求是，有错必纠的方针，按照审判监督程序复查了一批“文化大革命”期间及以前的反革命案件等历史老案，进一步落实了党的政策。如刘勉之反革命申诉案，刘勉之是黄埔军校海南同学会名誉会长，在港、台等地有一定影响，为政府做了许多有益的工作。在 1953 年镇压反革命运动中，因其在 20 世纪 40 年代担任过国民党军队上校团长职务，被以反革命罪判处有期徒刑 7 年。在复查中经大量调查工作查明，解放前，刘勉之曾担任上校团长一事属实，但在地方上基本没有什么罪恶，且从 1948 年起刘勉之主要从事教育事业，经与有关部门交换意见，一致认为对刘勉之的历史问题应重新评价。经海南中院审判委员会讨论决定，对刘勉之的历史问题不予追究。平反后，刘勉之表示要为祖国统一，为社会多做贡献。再如吴治东反革命及逆产申诉案。原琼山县人民法院第三分庭于 1952 年 8 月 2 日做出 1952 年度审字第 6 号刑事判决、原广东省海南地区中级人民法院于 1958 年 7 月 10 日做出（58）刑财上字第 8 号刑事判决，判决吴治东构成反革命及逆产罪。吴治东不服，不断申诉。吴治东去世后，其亲属继续申诉。经高级法院审查发现原判确有错误，遂决定依照审判监督程序提起再审。再审查明，原判认定吴治东曾任伪黄埔海军陆战队政训员，伪省府统计局会计员，伪琼山、定安县会计主任等职的事实属实。但原判认定吴治东于 1945 年勒索吴元瑚伪国币 10 万元、霸占其铺屋 1 间和指使他人强行牵走吴陈氏猪、牛各 1 头的事实证据不足，证人吴开协、吴开芬等人证实上述行为系他人所为，与吴治东无关。证人林诗耀证实吴治东任伪职期间，不仅没有做过伤害家乡人民的事，并且同情、支持过革命。据此，高级法院认为，原审被告人吴治东解放前虽任过伪职，但不是伪政府的骨干分子，不属历史反革命分子。原判认定的罪恶不成立，申诉人的申诉应予采纳，原判应予纠正。1994 年 3 月 3 日，高级法院判决撤销原判，宣告吴治东无罪并退还房产。

（二）对海南“汽车事件”中案件的再审

发生于 20 世纪 80 年代中期的“汽车事件”是海南特区超常规发展中的一个现象，由此产生了民事纠纷和经济犯罪案件。特别是由于当时处于改革开放初期，诸如倒卖汽车这样的经济行为不能被社会认同，因定性不清而被认为属“投机倒把”。类似这样的问题，法院通过再审作了纠正。

（三）普通刑事案件的再审

1. 对“严打”中出现的错案纠正

从 1983－2003 年，面对当时严峻的治安形势，我国先后开展了三次“严打”整治斗争，人民法院为维护社会安定，“从重从快”处理危害社会治安的犯罪分子。对在“严打”中存在的错案，海南各级法院本着实事求是、有错必究的原则，通过刑事审判监督程序予以纠正，并深刻反省和检讨。黄亚全、黄圣育抢劫申诉案是其中典型案件（详见附录重要案例辑存）。2003 年 9 月 1 日，高级法院经再审，依法宣判黄亚全、黄圣育无罪并当庭释放。同年 9 月 5 日，高级法院审判委员会邀请省纪委第一派驻纪检组领导和《海南日报》记者参加会议，对此案进行认真剖析，决定将此案通报全省法院，启动错案追究程序，对造成错案的责任人进行责任追究。同年9月26日,黄亚全、黄圣育向法院申请国家赔偿,获得批准。

海南省发生黄亚全、黄圣育这样的无辜群众被错捕、错诉、错判的重大事件,教训是深刻和沉痛的。此案从侦查、起诉到退查、起诉再到发回重审进而二审、再审,整个过程历时十年,虽经高级法院依法纠正,但在社会上仍然反响强烈,损害了司法机关的形象。高级法院认真分析原因和总结教训,尽管导致黄亚全、黄圣育被错判死缓的原因是多方面的,但法院作为审判职能部门,没有把好最后这道关口,对错案的最终形成负有不可推卸的责任。高级法院认真反思,总结了以下几个方面的教训:第一,要贯彻落实"司法为民"原则。"司法为民"不应是一句空洞的口号,要落实到法院的各项工作中,贯彻在对每个案件的审理上。本案就是缺乏客观、审慎、细致的"司法为民"的作风所导致的错案。审判人员要明确,刑事审判惩治犯罪是"司法为民"的体现,保护无辜的人不受法律追究同样也是"司法为民"的体现。第二,司法观念需要改变。受传统司法观念的影响,在刑事审判中,一是职权主义审判意识比较顽固,片面强调刑事审判就是专政工具,就是打击犯罪。嫌疑人、被告人就是犯罪分子的观念没有得到转变。在庭审查明犯罪事实阶段,不能发挥公诉人和辩护人的对抗作用;对辩护人及被告人所作的有利的辩护意见重视不够,侵犯了公民的人身权利。二是对"基本事实清楚,基本证据确凿"两个基本把握不好。第三,法官责任心务必加强。黄亚全、黄圣育被错判反映了法官责任心不强。刑事审判掌握定罪量刑、生杀予夺大权,事关公民的生命自由,事关国家的司法权威,如果没有强烈的责任感、事业心,就不能保证办案质量,甚至会严重损害公民的合法权益,影响司法权的公信力。第四,监督机制亟待完善。该案的错判,反映了法院监督机制不健全、监督力度不够。法院实行审判方式改革,将审判权下放合议庭后,如何加强对合议庭的监督,尤其是对一些重大、疑难、案情复杂的案件的把关,应提交审委会讨论的案件没有提交讨论的等等,这些问题一直没有得到很好的解决。第五,队伍建设不能丝毫放松。错案的发生说明法官队伍建设的重要性,必须始终不渝地坚持把队伍建设放在首位,着力提高执法水平,坚决杜绝类似问题的发生,使每一个案件都经得起历史的检验。第六,审判、检察、公安机关都应树立起不枉不纵的法律意识,把住案件质量关。

2. 坚决贯彻疑罪从无原则,严把证据关

2010年5月"两高三部"出台《关于办理刑事案件排除非法证据若干问题的规定》,为贯彻落实上述规定,高级法院要求全省各级法院对证据有存疑,尤其是对被告人供述的合法性,公诉机关不能提供证据加以证明的,严格按照上述规定,不予采信。如对被告人原昌江财政局长王书豪一案,检察机关认为被告人曾供述收受贿赂,以构成受贿罪为由向高级法院提出抗诉。合议庭围绕抗辩焦点,对事实和证据进行了认真细致的分析和论证后一致认为,公诉机关提供的证据有存疑,不足以定案。合议庭的意见得到审委会的支持,驳回检察机关的抗诉,保护了被告人的合法权益。该案是海南法院运用排除非法证据规则宣告被告人无罪的第一例。

二、民事再审案件的审判

1991－2010 年，各级法院坚持实事求是，不错不改，有错必纠的原则，严格依法办案，对于确实有错的民商事案件，实事求是地予以纠正；对无理缠诉的依法驳回申诉，并教育申诉人息诉服判。1991－2010 年，全省法院共审结民事再审案件 4913 件，保障当事人合法权益的同时维护了法律的尊严。

1991－2010 年海南省法院民事再审案件收结案情况表

表 8－2－4

年度	收案	结案（含旧存）	结案情况						
			判决		裁定				调解
			维持	改判	撤诉	发回重审	驳回	其他	
1991	237	214	130	46	5	0	0	33	0
1992	305	290	89	60	6	0	39	95	1
1993	263	264	57	43	9	0	53	96	6
1994	275	267	29	36	11	0	48	133	10
1995	231	268	32	70	8	0	74	76	8
1996	310	264	59	63	17	0	52	65	8
1997	381	433	75	69	9	0	144	117	19
1998	187	234	43	89	7	7	23	52	13
1999	247	264	44	101	9	19	34	45	12
2000	444	445	45	294	8	13	16	62	7
2001	248	230	44	129	9	9	17	16	6
2002	201	182	49	83	6	19	1	14	10
2003	219	233	49	105	3	33	2	26	15
2004	190	220	49	122	6	24	3	12	4
2005	241	228	59	106	1	16	2	34	10
2006	198	196	61	83	1	14	0	28	9
2007	164	166	52	70	6	14	1	16	7
2008	168	163	36	64	0	11	0	24	28
2009	181	185	24	70	1	36	2	40	12
2010	142	167	20	70	7	28	5	21	16
合计	4832	4913	1046	1773	129	243	516	1005	201

（一）提高民事再审案件的审判质量

海南建省办大特区之后，经济活跃，大量民商事纠纷，大量民事案件涌入法院，法院系统承受着前所未有的压力，一些案件确实存在问题。为此，各级法院不断加强法官能力培训，提升办案质量的同时，加强民事案件审判监督工作，在不同的历史时期，针对性地采取各种措施纠正错案。

20世纪90年代中期，正是海南房地产泡沫破裂、处于经济低谷的时期，民事申诉案件显著增多，尤其体现在房地产、欠款、联营、购销合同等纠纷，“汽车事件”遗留下来的申诉案件尤为突出。从1995年开始，这些方面的典型案件不断出现。例如，高级法院再审的海南省国营桂林洋农场商贸公司与琼山市教育服务公司购销汽车合同纠纷申诉案，与海口罐头厂与文昌种植联合体合作开发种植合同申诉案。2001年11月，最高法院向全国法院印发《全国审判监督工作座谈会关于当前审判监督工作若干问题的纪要》，会议对我国审判监督机制和改革提出具体的意见。2002年，高级法院召开全省审判监督座谈会贯彻落实上述会议精神，要求各级法院认真做到“两严格”：严格掌握再审案件的改判标准，严格把握好再审案件的审理范围，以提高再审案件的质量和效果。会议明确了5种民事、行政再审案件必须改判以及6种不宜改判的情形，同时，也明确了再审案件的审理范围。如黑龙江华源电力开发公司与中国信达资产管理公司海口办事处、海南兴安实业股份有限公司房屋抵押借款合同纠纷申诉案是其中的代表。2005年底，最高法院在广州召开全国法院审判监督工作会议（简称广州审监工作会议），对全国法院审监庭全面开展再审案件、国家赔偿确认案件和减刑假释案件的审判工作进行部署。为贯彻会议精神，高级法院采取了三项措施提高全省法院民事再审案件审判质量：一是抓实体公正，从程序公平、公开入手；二是抓案件质量，从裁判文书入手；三是抓服判息诉案结事了，从联手调解入手。根据最高法院2001年和2005年两次审监会议的精神，海南法院进一步深化再审审判方式改革，重点抓好再审裁判文书改革。通过文书改革，增强再审判决文书的说理性、透明性、针对性，改变以前判决文书的写作与办案工作实际脱节的状况，使再审判决书能反映案件从起诉到做出生效判决及再审过程的全貌，能围绕再审争议焦点进行证据分析和说理，让当事人看得清楚明白，说服当事人接受判决结果，使其真正服判息诉。同时也使判决书成为审判人员对前段工作的一个总结，改变了过去再审案件裁判文书存在的“对案件的程序经过叙述不全、对原审认定的事实及证据不予表述、对原审认定的证据盲目确认或否认，对焦点证据认证说理不强、引用的法律条款不具体、全面”等现象。此项改革大大提高了全省法院再审裁判文书的质量。2007年，全国人大针对民事再审问题对《民事诉讼法》进行重大修订，对再审事由、审级、时间法定化等一系列问题做出明确规定，为职权主义向当事人主义转变迈出了实质的一步，为当事人申请再审成为一项法定的诉讼权利提供了法律依据。为此，海南法院积极拓宽当事人的申诉渠道，引导当事人采取合法合理的手段和方式保障自身的合法权益。

（二）加强民事再审案件的调解

再审调解结案，社会效果好，当事人继续申诉、上访的极少。但再审调解难、调解率低，是一直以来困扰海南法院审判监督工作的难题。高级法院认真贯彻2005广州审监会议精神，积极采取不同策略推动民事再审案件的调解工作，加大再审调解力度，再审调解工作取得突破性进展。自2008年起，高级法院以开展“再审调解年”活动为契机，首先从法院与检察院联手调解民事抗诉案件入手，取得了良好效果，积累了一定经验。后又与政府联手调解下岗职工劳保纠纷案件，也取得了较好效果。2008 年，高级法院民事再审案件结案 63 件，调解结案 28 件，调解率 44%，同比提高 31.5 个百分点，是 1988 年建院起 22 年中民事再审案件调解结案率最高的一年，审判监督庭副庭长李庆个人办理再审案件调解率达 77%。

1. 民生案件的调解

琼海某镇政府与何书春土地承包合同纠纷案，经省检察院抗诉至高级法院，省政法委也来函督办。此案的审理结果直接关系到琼海地区农垦体制改革这一大局的稳定，高级法院分管审监工作的副院长张光琼与主审法官先后多次前往琼海，面对面与背靠背相结合地做调解工作。在调解中，高级法院着眼于农垦的可持续发展、着眼于承包人对农场今后发展是否有建设性、持续性的投入，要求承包人将对农场建设的长远规划列入新的承包合同中，无论谁来承包，期满后都要将一个全新的、充满生机活力的绿色农场还给农民。经高级法院法官耐心组织当事人多次磋商，调解工作取得了重大突破，当事人最终达成调解协议，并在庭外签订了新的农业承包合同。此案纠纷发生于 1996 年 4 月，案件审理历时 5 年，历经高、中、基层三级法院 9 次审理，矛盾冲突激烈，社会影响巨大，曾引起省、市、乡三级人大、政府领导高度关注，终于在高级法院“再审调解”的思路指引下，通过张光琼等法官集体艰辛的调解工作，圆满结案。

琼海公共汽车公司（简称公交公司）与佟胜军等 17 位车主（简称车主）的公共汽车线路经营权承包合同纠纷 16 件系列案，省检察院以原判适用法律错误、主要证据不足为由向高级法院提起抗诉。案件当事人双方矛盾较深，在一、二审期间车主与公交公司员工曾发生过肢体冲突。车主大多是举家从东北来海南谋生的农民，花费几乎一生积蓄缴纳承包车款进行汽车运营，而公交公司提供给他们承包的车辆营运仅三年即停运，导致他们家庭生活没有经济来源。车主及其家属数十人向琼海市政府、琼海法院上访、闹访多达数十次。2007 年 11 月底，车主一方采取极端措施上路堵截公交公司重新安排新人新车运营的 2 路公共汽车，导致该路车被迫停运近 10 天，当地市民的出行受到严重影响。为及时消除举办博鳌亚洲论坛、海南省建省办经济特区 20 周年庆贺等活动期间的不稳定因素，承办法官多次约见双方当事人做调解工作，同时耐心说服车主一方理智对待双方的纠纷，杜绝过激行为。调解过程中了解到车主一方对公交公司存在误解，认为公交公司没有调解诚意而抵触调解的情况后，承办法官立即与省检察院沟通达成共识。由省检察院配合做申诉人公交公司的调解工作。同时，在发现大部分车主希望尽快拿到补偿款的急切心理后，承办法官采取先易后难的策略对该部分车主进行重点突破，尽量缩小双方的差距。承办法官与检察员先后多次前往琼海做调解工作。经过努力，先行促成了第一位车主与公交公司达成协议，由公交公司按每辆车 4 万元的补偿标准给付车主。最终，其余车主也纷纷按上述调解模式与公交公司达成调解。该系列案在再审期间车主一方无一例上访或闹访等过激行为。这一案件开创了法院、检察院联合调解的再审调解模式，是高级法院法官“再审调解”思路的工作模式之一。

2. 国企案件的调解

在调解涉及国有企业案件过程中，高级法院不仅努力防止、减少国有资产的流失，实现国有资产的保值、增值，而且立足共赢，使各方的利益最大化。如成都无缝钢管厂与海南南洋发展总公司、河津支行等联营合同纠纷案，当事人不服判决，不断申诉。高级法院审监庭法官采取全方位、多渠道的调解方法，多次分别与各方当事人沟通，阐明事实，分析法理，并指出不能调解的风险和判决对各方有可能产生的不利后果，双方当事人最终达成调解，这起长达近10年的纠纷终于调解结案。

3. 侵权案件的调解

高级法院一向要求法官再审时要以人为本，关心弱势群体。2003年9月，海南钢铁公司保安人员执法不当导致犯罪嫌疑人李某逃逸导致溺水而亡，留下3个年仅不到10岁的孩子，其丈夫无固定工作，全家生活极其困难，子女亦辍学。家属认为李某之死是由钢铁公司造成的，并认为一审、二审法院判赔太低而多次携带幼子持续上访多年。高级法院受理该案后，承办法官多次与海南钢铁公司领导进行全面、深入的沟通，说服海南钢铁公司同意从扶助弱势群体的角度，一次性支付死者家属9.8万元。死者家属十分感谢法院和海南钢铁公司，表示不再继续缠诉，好好把孩子抚养成人。本案未经开庭调解结案，是高级法院“再审调解”思路成功的典型。

三、行政再审案件的审判

行政审判监督是审判监督工作的重要内容，一方面支持和监督行政机关依法行政，另一方面又监督全省各级法院依法履行行政审判职责。

海南建省后，由于历史原因，土地行政纠纷逐年增多。王家帮诉东方市政府及第三人卢灵活颁发国有土地使用权证申诉案和海口新南洋大酒店与省工商局、李世华、李修林工商行政管理纠纷申诉案通过再审被改判（详见附件重要案例辑存）。

1991－2010年海南省法院行政再审案件收结案情况表

表8－2－5

年度	收案	结案（含旧存）	结案情况					
			维持	改判	发回重审	驳回	撤诉	其他
1991	2	1	0	0	0	0	0	1
1992	14	14	7	2	0	0	0	5
1993	9	6	4	0	0	0	0	2
1994	15	13	6	2	0	0	0	5
1995	7	10	4	5	0	0	0	1
1996	6	8	3	2	0	0	0	3
1997	17	16	6	0	0	0	0	10

续上表

年度	收案	结案（含旧存）	结案情况					
			维持	改判	发回重审	驳回	撤诉	其他
1998	6	7	2	2	1	1	0	1
1999	7	7	2	1	0	1	0	3
2000	10	9	1	6	1	0	0	1
2001	2	4	1	2	0	0	0	1
2002	8	5	1	2	1	0	0	1
2003	9	12	3	2	3	1	0	3
2004	6	6	1	4	1	0	0	0
2005	16	13	2	8	1	0	0	2
2006	11	12	3	6	1	0	0	2
2007	9	7	1	4	1	0	1	0
2008	9	7	1	5	1	0	0	0
2009	10	10	1	6	1	1	0	1
2010	8	11	1	5	1	0	1	3
合计	181	178	50	64	13	4	2	45

四、减刑假释案件的审理

作为一项重要的刑罚执行制度，减刑、假释被称为是对罪犯的“第二次审判”，它不仅关涉罪犯自身的权益，更影响到罪犯改造和社会秩序修复的效果。审理减刑、假释案件不仅是人民法院的一项重要审判工作，也是人民群众和社会各界十分关注的一个焦点和社会热点问题。

（一）推行减刑假释“阳光工程”，审判减刑假释案件公开听证

2001年，为了进一步规范暂予监外执行、假释工作，高级法院刑审判庭组织检查组对1997－2001年间全省各级法院办理的暂予监外执行案件、假释案件进行全面检查，对各中院办理的减刑案件进行了全面检查。11月，又会同监狱管理局狱政处、省检察院监所处、公安厅监所处召开减刑、假释工作座谈会，起草了《高级法院办理暂予监外执行、假释案件若干法律问题的规定》，规范了暂予监外执行、假释案件的审理。2002年，高级法院在工作报告中提出对减刑、假释案件公开审理，当庭裁定的设想。2003年，高级法院制定了《关于减刑的参考标准》、《关于依法严格审理减刑、暂予监外执行、假释案件的通知》等规范，坚持减刑、假释案件的审理必须与罪犯见面、与管教见面、与报送减刑假释罪犯同监区的犯人见面、与驻监狱检察机关见面的“四见面”制度，同时，积极深化刑事审判方式改革。同年，海南中院率先在全省采用公开开庭方式审理减刑、假释案件，在省少管所公开开庭审理19件减刑、假释案件，增加减刑假释案件审理工作的透明度。有效提高了减刑假释、暂予监外执行案件的质量。2004年，海口中院首次在琼山监狱召开减刑、

假释案件集中宣判大会。琼山监狱组织全体服刑罪犯旁听了本次公开宣判大会。这次集中公开宣判,使各服刑罪犯受到一次深刻的法制教育,坚定他们深入改造、重新做人的决心,达到了预期效果。同年 9 月 8 日,高级法院印发《海南省人民法院审理暂予监外执行案件暂行规定》。2007 年,高级法院、省检察院、司法厅、公安厅联合出台《关于审理减刑、假释案件的暂行规定(试行)》,规定审理减刑假释案件应遵循公开、公平、公正的原则,实行集体评议、首长负责制并对罪犯减刑假释的条件、减刑幅度、刑期计算、起始、间隔时间、办理程序和法律监督等做出具体规定,量化了各项指标的标准。同时规定,人民法院审理减刑假释案件应当组成合议庭,以书面审理为主,但遇有下面情形之一的,可以采取听证的方式审理:重大立功减刑的、检察院对减刑假释提出异议的、对执行机关提请的减刑幅度或假释有异议的、有其他听证必要的。

自 2008 年始,海南法院实行正式裁定前公示制度以及对重大减刑案件和全部假释案件实行公开听证制度。听证程序为:第一,预备阶段。首先,由审判长核对罪犯的基本情况,告知罪犯在听证过程中享有申请回避、举证、辩论、最后陈述等权利。第二,听证调查阶段。由执行机关宣读对罪犯提请减刑、假释的建议书,询问罪犯对执行机关所宣读的提请减刑、假释建议书的意见及是否有补充;罪犯陈述在服刑过程中的情况;检察机关和合议庭成员就罪犯在服刑改造过程中的认罪服法、确有悔改表现的情况向罪犯发问;执行机关向合议庭出示或宣读用于证明提请减刑、假释的罪犯在服刑期间认罪服法,确有悔改表现的相关证据;罪犯和检察机关对执行机关所提供的证据进行质证;为进一步查明执行机关提请减刑、假释的罪犯在服刑期间的改造情况,合议庭当庭传唤与提请减刑、假释一起服刑的罪犯到庭作证,陈述被提请减刑、假释的罪犯在服刑改造期间的表现及对该罪犯提请减刑、假释的意见;询问罪犯是否有证据举证。第三,辩论阶段。由执行机关发表对罪犯提请减刑、假释的辩论意见,罪犯发表辩论意见;检察机关发表检察意见;在辩论过程中如发现新的事实,恢复听证调查。第四,罪犯最后陈述阶段。由罪犯作最后陈述。让其陈述经过执行机关的教育改造,其在思想上对其犯罪根源的剖析情况。最后,合议庭进行评议,做出是否对罪犯准予减刑、假释的处理意见。2008 年,高级法院、省检察院、司法厅、公安厅联合出台《关于办理减刑、假释案件的实施细则》代替前述《暂行规定》,进一步明确了减刑假释案件的公开审理原则和程序并明确规定了公示异议制度。通过上述量化标准、公示、听证等措施,各级法院逐步推进减刑假释案件的阳光工程。2009 年,按照《实施细则》的规定,高级法院积极尝试、要求和推动各中院开展减刑假释案件公开听证,为最高法院修订相关司法解释后开展规范、常态的公开听证积累经验、做好准备。至此,全省基本实现减刑假释案件审理的公开透明。以省一中院为例,在该院审结的 1419 件减刑、假释案件中,采用公开听证审理的共有 146 件,占全部结案数的 10.29%。经过公开听证审理,维持执行机关提请减刑、假释的案件 120 件,维持率占 82.19%;变更 26 件,变更率占 17.81%。

2010 年,根据最高法院关于修改减刑假释司法解释的精神,海南法院开始推行减刑假释案件的开庭审理工作。开庭审理工作的做法是:选择提请减刑幅度较大、罪犯有重大立功表现、在罪犯犯罪地或者在罪犯服刑地有较大影响的减刑案件以及全部假释案件到监狱进行开庭审理。庭审由3名审判人员组成合议庭。程序是先由监狱监管人员当场宣读提请减刑意见书，并对服刑人员的改造表现、财产刑和附带民事赔偿裁判履行情况等事实进行举证。检察机关的监所检察处指派检察员出庭质证、发表辩论意见。被提请减刑的服刑人员向法官陈述自己的改造表现，服刑人员陈述意见时，监狱监管人员必须回避。同时，还听取共同服刑人员的意见。同年4月，海口中院审判监督庭两个合议庭先后4次到海口监狱、美兰监狱，对报请的全部假释案件和部分减刑案件进行了开庭审理。按照法定程序，由合议庭主持，以严格的庭审模式进行。首先，由审判长对拟减刑、假释罪犯的身份及"互监组成员"①、保证人的身份进行核实，并明确告知罪犯有申请合议庭组成人员、书记员及其他人员回避的权利。其后，由执行机关的代表宣读减刑、假释建议书并出示证据材料，合议庭接着对与减刑、假释有关的事实进行查证核实。再后，由各方人员进行质证并陈述意见，检察机关代表发表监督意见，行使监督权。最后，罪犯作最后陈述。此次对假释案件一律开庭审理，对减刑案件选择重点、社会关注程度较高和其他容易引发问题的案件开庭审理，如对职务犯罪案件、扣分较多或减刑幅度较大的案件和老年犯、病犯的案件实行开庭审理，尤其是对原为县处级以上领导干部的罪犯的减刑案件一律开庭审理。同时，将拟减刑、假释罪犯对财产等附加刑的执行情况纳入了审理范围。海口中院4次监狱开庭，共审理减刑案件71件，假释案件21件。合议庭经认真评议，对1名不符合法定假释条件的罪犯，依法裁定不得假释；对15位拒不履行生效判决文书确定的财产附加刑等的罪犯，暂缓减刑；其余符合法定条件的罪犯分别予以减刑或假释。该批减刑、假释罪犯共交纳罚金4.3万元，赔偿被害人经济损失19万元，执行没收财产8万元，大幅度提高了财产刑的履行比例，增强了此类案件的审理透明度，有效促进了罪犯的教育改造工作。同年，为贯彻落实最高法院《关于贯彻宽严相济刑事政策的若干意见》，高级法院审判监督第二庭选择罪犯李某和王某两件减刑案件试行公开开庭审理，在庭上刑罚执行机关、检察机关、罪犯互监组成员及罪犯均陈述意见，通过开庭，王某当庭表示自愿履行缴纳罚金，庭审后主动交纳2万元，还承诺分期缴纳罚金3万元。

（二）开展全省减刑假释案件质量评查，确保案件质量

2004年，最高法院《关于在全国各高、中级人民法院开展减刑、假释专项大检查的通知》下发以后，高级法院高度重视，于同年7月22日制定下发《海南省人民法院减刑、假释、暂予监外执行案件检查方案》，积极推动专项检查工作。检查范围是从1998年以来的所有减刑、假释、暂予监外执行案件；检查内容主要是执行机关或者罪犯羁押机关报送的减刑、假释案件材料是否齐全、真实，适用法律是否正确。全省法院共清理24096件，其中，检查减刑案件1996件、假释案件444件、暂予监外执行案件70件75人。高级法院除对全省法院案件进行认真细致的检查以外，又对本院自1998－2004年6月所办理的

①同监仓互相监督的犯人。

1589件减刑案件、1件假释案件及1件暂予监外执行案件进行了登记造册。高级法院办理的减刑案件无违法情况。

2008年，全省减刑假释案件从刑事审判庭移交审监庭审理。为了保证案件质量，针对全省各中院审监庭存在着人员配备不齐、办案力量不够、办案经验不足的状况，高级法院组织在全省中院审监庭开展减刑假释案件质量评查工作，抽调各中院审判骨干组成评查组。评查组采取查阅卷宗、听汇报、座谈交流的方式，通过对案件数量、办案力量、审理方式、裁判文书制作、送达、审理的效果等事项的评查，及时发现案件审理工作存在的不足，总结成功作法。2009年，高级法院组织海口中院、省二中院对如何完成审监庭职能转变，开展常态的案件质量评查工作进行了探讨并就减刑假释听证规程的制定及统一，如何完善减刑与没收财产、罚金、退赔、附带民事赔偿执行的联动机制，老、弱、病、残犯假释比例的突破、假释的担保制度，减刑假释裁判文书的规范统一等问题进行探讨；同时，对减刑假释管辖权调整后如何提高全省减刑假释办案质量及效率、如何规范裁判文书、协调4个中院的办案标准提出了建设性的意见。2010年，为了提高全省各级法院办理减刑、假释案件的质量，进一步规范司法行为，高级法院组织由高、中级法院审判监督庭庭长、审判人员组成减刑、假释案件质量评查组，于11月22日–26日深入各中院进行为期6天的巡查工作。评查组采取听取汇报和阅卷（共抽查减刑案件680件、假释案件160件）的方式进行评查，评查发现各中院存在文书质量不高、卷宗归档不规范、刑事政策落实不到位等问题。这引起高级法院领导的高度重视，将评查发现的问题通报全省法院，并提出具体要求，限时整改。减刑、假释案件质量评查工作，对规范减刑、假释程序，进一步提高减刑、假释案件质量，起到并继续发挥积极推动作用。

（三）加强与“三机关”①沟通，公正审理减刑假释案件

2008年，高级法院针对《关于办理减刑假释案件的暂行规定（试行）》实施一年多来存在的减刑间隔时间的规定不科学而影响罪犯改造积极性，假释条件掌握过严、假释比例过低，未成年犯、女犯及老、弱、病、残犯的减刑、假释没有体现人性化等问题，联合司法厅、省检察院和公安厅开展暂行规定的修订工作。组织公检法司四家联合考察组对贵州、湖南、山东三省减刑假释工作进行考察，在此基础上，完成了《关于办理减刑假释案件的实施细则》的修订工作。根据《实施细则》的规定，高级法院要求各中院积极与司法厅监狱管理局沟通，对于监狱管理局批量报送提请减刑假释的案件，合议庭定期与监狱管理局沟通有关减刑假释案件情况。2009年，结合武汉全国审监工作座谈会精神，高级法院将“宽严相济”政策贯彻到减刑假释案件的审理中，将罪犯的犯罪性质、情节、主观恶性、犯罪原因以及财产刑、附带民事赔偿部分的履行情况等作为减刑、假释的重要参考因素。为公正审理该类案件，高级法院进一步加强与执行、检察机关的协调与沟通，通过深入各监区了解监狱监管以及犯人的劳动、学习、生活等情况，并且与监狱干警座谈，听取监狱基础建设、队伍建设、犯人劳动改造以及减刑、假释工作的情况汇报，因地制宜逐步

①三机关为公安、检察、司法机关

推进假释工作,充分发挥假释的积极功能。高级法院对减刑假释案件严格依法把关,同时,注重与相关部门的沟通协调工作,确保减刑工作顺利进行。在审理李家福减刑案过程中,经合议庭合议后,在高级法院副院长孙明宇的组织下,邀请刑事经验丰富的法官召开研讨会,并到李家福服刑的监狱开听证会了解情况,还与监狱管理部门进行了探讨沟通达成共识,做到了案件的法律效果和社会效果相统一。此案办理的经验和方法对以后全省法院处理同类案件有重要的指导意义。

2010 年,全省法院对认罪服法、改造表现良好的 4116 名罪犯依法予以减刑、假释。同时,积极参与对被判处缓刑、管制和免予刑事处罚的人员以及刑释解教人员的跟踪帮教,推进社区矫正试点工作。

1991 -2010 年海南省法院减刑、假释案件收结案情况表

表 8 -2 -6

年度	收案		结案	结案情况	
	减刑	假释		减刑	假释
1991	941	16	957	941	16
1992	1315	68	1383	1315	68
1993	1535	110	1645	1535	110
1994	948	44	992	948	44
1995	1511	93	1604	1511	93
1996	1008	59	1067	1008	59
1997	2396	429	2825	2396	429
1998	1291	158	1449	1291	158
1999	2743	221	2964	2743	221
2000	3020	242	3262	3020	242
2001	3310	209	3519	3310	209
2002	3836	125	3961	3836	125
2003	4708	23	4731	4708	23
2004	3619	17	3636	3619	17
2005	4346	8	4354	4346	8
2006	4128	21	4149	4128	21
2007	3705	82	3787	3705	82
2008	3667	51	3718	3667	51
2009	3136	116	3252	3136	116
2010	3960	156	4116	3960	156
合计	55123	2248	57371	55123	2248

第九章 案件执行

作为审判工作的延伸环节,人民法院历来重视生效法律文书的执行工作。1992 年以前,审判、执行工作均由经济庭负责。1992 年,高级法院设立执行庭,全省各级法院先后均设立了执行庭,1996 年,海事法院设立执行庭。至此,全省三级法院全部设立了负责案件执行的专门机构,案件执行由 1992 年前在经济审判庭自审自执的审执合一体制转变为具有一定的审执分立、审执并重的模式。基于执行权所具有的行政属性,2001 年,高级法院设立执行局,内设执行庭(2008 年更名为复议处)、执行工作处。2010 年,按照最高法院《关于进一步加强和规范执行工作的若干意见》(法发〔2009〕43 号)的要求,高级法院执行局新增内设机构综合处、申诉审查处,将原复议处、执行工作处分别更名为复议监督处、协调指导处,同时,统一规范了全省法院执行局内设机构的设置和人员编制。

第一节 程序和制度

一、执行局成立以前

1988 年海南建省办大特区后,人、财、物高度汇聚,经济超常规发展,随着国家宏观调控措施的实施,银行银根紧缩,民事案件较建省前激增,反映到案件执行中,因资金链断裂造成债务人资不抵债的情况层出不穷,为保障宏观调控措施落到实处,继续深化企业改革,进一步调节经济关系,保障特区改革和经济发展,高级法院根据社会各界反映的新情况、新问题,组织力量开展调查,于 1996 年完成了《全省法院财产保全情况的调查报告》、《当前我省法院执法工作存在问题的调查报告》、《当前执行工作中的困境与突破》、《当前我省法院民事、经济审判中存在问题的调查报告》、《当前审判工作存在主要问题的综合调查报告》、《海南省知识产权状况调查报告》、《关于我省法院审判方式改革的调查与思考》和《关于存款纠纷和证券回购纠纷案件情况调查的报告》等 8 篇调研报告,分析了出现问题的原因,根据法律原则提出了解决问题的对策,为协助领导作出决策,正确指导全省审判工作提供了可靠的科学依据,并在此基础上制定了《关于财产保全的暂行规定》、《委托拍卖被执行人财产若干问题的暂行规定》等制度,进一步规范法院的执法活动。

1999 年中央下发《关于转发〈中共最高人民法院党组关于解决人民法院“执行难”问题的报告〉的通知》〔中发(1999)11 号〕,省委召开会议部署解决“执行难”工作,省二届人大八次会议听取并审议了田忠木所作的《关于全省人民法院执行工作情况的报告》,做出《关于加强全省法院执行工作的决定》。当年，按照中央、省委和省人大的部署，高级法院制定了《关于贯彻中央11号文件的实施意见》、《关于执行工作中举报奖励规定》、《关于执行工作中被执行人财产申报规定》、《关于执行工作中限制债务人高消费的规定》、《关于执行工作中新闻媒体公告曝光规定》，全面开展案件执行年的活动，召开新闻发布会和债务人大会，敦促债务人积极依法履行法律文书确定的义务，依法加大强制执行力度。当年，高级法院在执行庭内设案件执行组、管理协调组、综合调研组，进一步理顺工作关系；调整法院执行工作机制，统一调配全省法院执行力量；对一些疑难案件，分别采取提级执行、上下级法院共同执行、指令执行、交叉执行等办法逐案突破。

二、执行局成立以后

2001年，高级法院成立执行局，对全省法院案件执行工作实行垂直统一管理、指挥、协调和监督，建立和完善大执行工作格局，强化人民法院内部的监督制约，制定了《执行工作若干问题的暂行规定》、《执行中委托拍卖工作的规定（试行）》、《执行工作规则（试行）》、《执行案件听证程序规则》等规章制度，对案外人异议审查、变更追加被执行人、终结中止和暂缓执行、执行顺序、代位执行和以物抵债、被执行人关联公司的执行程序和条件、执行中委托拍卖的程序等作出规定，明确界定执行人员、局（庭）长、院长的职责范围和法律文书的审批权限，将执行实施命令权和执行裁判权分离；引入听证程序，规定对案外人异议变更和追加被执行人，终结、中止和暂缓执行等重大执行行为必须另行组成合议庭，公开听证后再做出裁定，增强了执行工作的透明度，提高执行工作的效率。

2003年，为配合中央和省委处置海南省积压房地产的政策，高级法院下发了《关于开展法院查封土地、停缓建工程、房地产案件调查的通知》，组织专人进行调查，召开专题会议研究协调，制定《关于加快涉查封闲置土地、停缓建工程案件的审理和执行工作的通知》，提出加快处置涉查封闲置土地、停缓建工程的10条指导性意见，共审结、执结此类案件459件。其中，处理涉查封闲置土地案件402件，面积29,693亩；涉停缓建工程案件56件，面积近41万平方米，为加快处置遗留问题进程，促进特区经济发展做出努力。2004－2007年，高级法院先后制定相关规定，全省法院执行工作的重心向执行工作长效机制建设和规范执行行为转化，狠抓执行规范，深化执行改革。《关于民事强制执行权运行机制改革的指导意见》建立执行裁决权与执行实施权分由执行局不同内设机构行使的民事强制执行权分权运行监督制约机制；《机构人员工作职责》，按照民事强制执行权分权运行的要求，细化执行法官和裁决法官的任职条件和职权范围；制订《关于执行案件复议程序的若干规定》，适度扩大执行中当事人申请复议的范围，畅通救济途径，保障当事人及案外人的合法权益；制订《〈海南省高级人民法院执行案件听证程序规则〉实施意见》细化了执行听证的事由和程序；制订《关于调整部分执行案件管辖的通知》，规定高级法院一般不再具体执行个案，将涉省内市（县）一级人民政府作为被执行人的执行案件统一提级由中院执行；制订《执行工作流程管理规定（试行）》，从执行案件立案到结案归档实行全过程流程跟踪管理;制订《关于规范中止执行、终结执行程序的若干规定》、《执行案件协调监督管理办法》、《执行案件监督管理规定》、《关于正确适用民事强制执行措施有关问题的通知》、《关于执行中实施债权凭证制度的若干规定(试行)》、《关于规范执行裁决文书制作的若干规定》,对执行程序中的中止终结、执行协调监督案件的办理、强制执行措施的适用、执行裁决文书的制作等进行了探索和规范;制订《执行工作六项规定》,设立执行工作廉政纪律"高压线";高级法院执行局设立监督组,对全省执行工作实行"一步到基层"的划片监督协调机制;在高、中级法院执行机构设立执行督察组,实行由案到人、由人到案的督察,加大了对执行投诉的处理力度。制定《关于执行评估、拍卖监督管理的规定》、《关于执行委托拍卖的操作办法》、《关于执行拍卖对外委托管理规定》、《关于全省法院执行拍卖工作实行统一对外委托管理的通知》,将全省法院执行中需要评估、鉴定、拍卖的事项统一由海南省诉讼证据鉴定中心(后更名为海南省诉讼技术委托中心)采用电脑随机选定、中介机构具体实施、执行法院依法监督。

2008 –2010 年,全省法院进一步厘清思路,树立了依靠党委领导、加强综合治理、用足法律武器、攻克执行难案的执行工作理念。省委、省政府办公厅印发了《关于成立解决执行难协调小组及建立解决执行难联席会议制度的工作方案》,全省各级地方按此方案牵头成立了解决执行难协调小组,建立了解决执行难联席会议制度,并将法院执行工作纳入各级社会治安综合治理目标责任考核和领导责任制范围。省政法委领导和协调高级法院与公安厅、工商行政管理局、建设厅、人民银行海口中心支行等 6 家单位会签了《海南省政府机关协助人民法院执行工作的若干意见》,认真贯彻中纪委、最高法院等中央 19 个部委联合签发的《关于建立和完善执行联动机制若干问题的意见》,建立起执行工作联运威慑机制,党委领导、人大监督、政府支持、社会各界协作配合执行的新格局初步形成。

因应修改后的《民事诉讼法》,高级法院下发《关于不再执行 < 海南省高级人民法院关于执行案件复议程序的若干规定 > 的通知》,赋予执行案件当事人、案外人复议权;制定《执行案件字号统一管理办法》,将案件划分执行案件、执行复议执行异议、指定执行、执行请示、执行信访、执行监督、执行协调、委托执行、受托执行,规范了该十类案件的立案、文书编号和案件归档;制订《关于执行案件督办工作的暂行规定》,明确了上级法院对下级法院执行案件督办工作的范围;制定《关于执行工作指定执行、提级执行的若干规定(试行)》,规定了上级法院提级执行和指定执行案件的管辖、条件及程序;《关于人民法院执行重大案件及涉执行重大事项报告的若干规定(试行)》,规定执行重大案件和涉执行重大事项须向上级法院报告以及应当报告的情形和报告程序;《关于加强立审执部门协调配合工作机制的若干规定》,加强立案、审判与执行工作间的协调配合,形成法院内部工作合力;制定《关于做好查询被执行人人民币银行结算账户开户银行名称工作的通知》,规范全省法院查询被执行人人民币银行结算账户开户银行名称工作;制定《关于民事执行中委托拍卖工作管理办法》,规定海南省诉讼技术委托中心撤销后,全省法院在执行中的委托拍卖由高级法院统一管理、统一指导、统一监督,拍卖机构由高级法院执行局统用电脑随机选定。

2009 年 7 月 17 日，最高法院下发《关于进一步加强和规范执行工作的若干意见》[法发〔2009〕43 号]。据此，2010 年，高级法院关于更改执行机构名称、调整内设机构和人员编制问题的报告得到省编委批复，高级法院执行局下设综合处、申诉审查处、复议监督处、协调指导处 4 个正处级内设机构。全省中级、基层法院、海事法院执行机构内部分工合理，工作职责明确。

2010 年 5 月 18 日，高级法院下发《关于开展民事执行中执行权优化配置试点工作的通知》[琼高法〔2010〕118 号]，探索建立分段集约执行工作机制，辖区执行工作实际，科学规划，合理设计。2010 年 7 月，海口中院制定《执行案件分段集约执行改革试点工作实施方案》，在该院和辖区 4 个基层法院推动落实，龙华区法院开展分段集约执行 4 个多月，就执结案件 429 件，同比增长 88.15%，得到省委领导高度肯定。

第二节　具体执行工作

海南办特区后，曾一度人、财、物流动频繁，经历国家宏观调控后，民事纠纷大量涌现，执行难题日益突出。海南法院的执行工作始终按照中央、省委的要求，紧紧围绕中心工作，不断调整工作重心，依法维护当事人的合法权益，维护社会稳定，促进经济发展。

针对一段时间执行案件结案率较低的问题，全省法院开展了集中领导、集中时间、集中人员的执行大会战。1991 年，以经济类案件为重点，集中 3 个月的时间共执行各类案件 1640 件，执行标的达 1.4 亿余元，为国家挽回大量经济损失，对优化海南投资环境、促进特区经济发展起到了积极作用。1993 年，经省委批准，以逾期未还银行贷款和其他经济纠纷案件为重点开展执行大会战，执行案件 2440 余件，执行金额 3.7 亿余元，全年共执行案件 2711 件，执行金额 5.1 亿多元。

1991－2010 年海南省法院执行案件收结案情况表

表 9－2－1

年度	收案	结案（含旧存）	结案情况						执行标的总金额（万元）
			自动履行	和解	终结	不予执行	强制执行	其他	
1991	2413	1862							
1992	2129	1900	595	212	81	32	729	251	12445.46
1993	2149	2711	790	274	126	72	858	591	51413.63
1994	2554	2398	884	322	193	87	683	229	64344.35
1995	3349	2671	887	364	173	32	828	387	119918.69
1996	3602	3217	984	313	137	25	1267	491	237532.83
1997	6141	4533	1992	303	279	22	1185	752	252485.08

续上表

年度	收案	结案(含旧存)	结案情况						执行标的总金额(万元)
			自动履行	和解	终结	不予执行	强制执行	其他	
1998	5026	2652	854	256	197	9	854	482	183828.42
1999	5686	6647	1391	444	1396	42	1973	1401	794188.77
2000	7614	6772	1482	511	892	27	1780	2080	1044249.36
2001	7139	9151	1365	916	2526	23	2467	1854	1546949.73
2002	6999	7386	1064	1212	2667	34	1327	1082	880606.48
2003	6167	7787	907	824	3412	27	1328	1289	802660.37
2004	5690	6505	627	732	2855	29	1220	1042	935437.08
2005	5306	5481	571	697	2468	26	1129	590	368295.6
2006	5747	5917	566	789	2729	26	1083	724	306821.04
2007	6209	6277	446	1072	2738	21	1152	848	442723.8
2008	6489	6565	426	1152	2675	19	1333	960	402561.27
2009	7339	7230	675	1356	2851	23	1294	1031	369039.43
2010	7847	8277	666	1730	3150	31	1353	1347	407387.55
合计	105595	105939	17172	13479	31545	607	23843	17431	9222888.94

在执行工作中,法院充分注意企业的困难,从维护稳定和促进发展的大局出发,将严肃执法与促进企业发展协调起来。对暂无偿还能力,但有复苏转机、发展前景的企业,做好执行中的和解工作,采取放水养鱼、以物抵债、分期付款、产权置换、债权转换股权等措施,既保证了申请执行人的利益,又帮助企业摆脱困境、渡过难关。在采取强制措施时,对直接影响生产经营的标的物只扣押所有权凭证,控制财产处分权,让其继续生产经营,不搞"竭泽而渔"、"杀鸡取卵",为保障宏观调控后海南经济软着陆起到了积极作用。如琼山信用联社诉新能源股份公司偿还借款 7400 万元一案,法院没有简单采取扣划被执行人流动资金的做法,而是将其所有的一幢宾馆作价抵债,既使债权人的权益得到保护,又让被执行人能继续经营,还间接维护了广大股民的利益。又如,海南报业集团诉临高县二轻机械厂一案,法院考虑到被执行人长期亏损,濒临倒闭,一旦强制执行将使 100 多名职工全部失业,故而积极促使双方达成执行和解。申请执行人兼并该厂后继续投资成立了新的企业,产品"地瓜酒"、"海马酒"、"米酒王"享誉省内外,当年即扭亏为盈并纳税 100 多万元,成为当地的骨干企业。海南法院还在全国首创拍卖被执行企业经营权来抵偿债务的做法,将海口东湖大酒店经营权以 4950 万元的价格拍卖,取得了较好的社会效果。

1995 年以后,随着国家宏观调控的实施,银行银根收紧,外省法院到海南省执行案件激增。全省法院认真处理好严肃执法与维护稳定的关系、依法保护当事人合法权益与反对地方保护主义的关系、协助解决"执行难"和反对"执行乱"的关系,对来琼执行的外地法院采取主动协商、协调，强调运用执行和解、以物抵债等多种方式灵活执行，做到既协助外地法院执行，又不致企业崩溃，维护社会稳定。

2006 年 9 月 15 日，海南法院协助天津高院执行案件。

1998 年，应对亚洲金融风暴对海南省金融业的影响，全省法院遵照省委提出的“优先执行、尽快变现、尽快处理”的要求，以涉及金融系统案件、破产案件和群体性案件为执行重点，执结涉及海南发展银行、省国际信托投资公司、省信托投资公司的案件 129 件，执行标的总额达 4.7 亿元，为防范、化解金融风险起到了积极作用。2000 年，高级法院在全省范围内开展了集中清理国有商业银行未结执行案件活动，从全省法院抽调执行业务骨干组成 6 个执行专案组，派到省 6 大商业银行清理执行积案。经过近 1 年的工作，共执行案件 331 件，结案标的额 29 亿元，缓解了银行和非银行金融机构的压力，有效防止了国有资产的流失。2001 年和 2002 年，全省法院全面开展执行案件清理工作，把清理执行积案作为“一把手工程”，并采取对被执行人公开曝光、限制高消费、有偿举报等多种措施，两年共清理执行积案 10194 件，结案 9039 件，执行标的额 162.5 亿元。2004 年起，高级法院的工作思路从过去的具体负责执行案件转到对全省中级、基层法院执行工作进行宏观监督、协调和指导上来。2005 年组成 3 个检查组，对海口中院等 11 个重点法院进行监督、检查和指导，实现月考核、季考核与年度考核的有机结合。2007 年，高级法院执行局设立了 4 个监督组，对全省执行工作实行划片监督协调管理，初步建立了“一步到基层”的监督协调机制，当年，全省法院提级执行、指定执行、交叉执行案件共 305 件。

针对涉国家机关为被执行人案件难以执行的问题在海南法院执行工作中逐渐凸显，甚至成为部分中级、基层法院执行工作中难以突破的“瓶颈”问题，高级法院从 2001 年起对此类案件的执行作为一个重点调研课题，在全省范围内开展了专题调研，并于2002年12月向省二届人大常委会主任会议作了专题报告，主任会议形成了《主任会议纪要》。配合国务院在全国范围开展的解决建设领域拖欠工程款和农民工工资活动，全省法院把拖欠农民工工资、拖欠工程款、涉弱势群体以及涉国家机关为被执行人的案件作为执行工作的重点，涉国家机关为被执行人案件的执行有了突破性进展。高级法院组织人员对此类案件进行调查，分市、县逐案造册制表，并派出8个小组到各市、县协调。在各级党委、人大和政府的大力支持下，2004年，全省法院执结国家机关为被执行人案件236件，实现债权1.95亿元；执结拖欠工程款和农民工工资案件214件，实现债权1.73亿元，其中，农民工工资5210万元；受理其他涉弱势群体案件794件，执结614件，实现债权2864万元。2005年执结国家机关为被执行人的案件202件，标的4.37亿元，其中，国家机关拖欠工程款的案件基本执行完毕；执结其他各类拖欠工程款、农民工工资的执行案件224件，标的4.61亿元；执结涉弱势群体案件665件，标的3158万元。2007年执结涉弱势和困难群体执行案457件，执结涉民工工资、工程款案件241件，标的额3.6亿元。从2007年起，全省法院加大了对执行联动威慑机制的建设，对有履行能力但想方设法逃避债务的被执行人逐级上报高级法院统一曝光。10月16日，秀英区法院审结了海南省首例非法处置查封财产案，以非法处置查封财产罪判处被告人潘某有期徒刑1年，缓刑2年。此案的处理对法院解决类似案件起到很好的借鉴作用，法院采取强制措施，构建公正、高效、权威的执行机制，巩固和扩大执行的社会效果。

2008年，法院系统进一步完善执行案件信息管理系统，推进执行联动威慑机制建设。高级法院通过与司法统计生成数据的对比，督促各级法院及时全面准确录入执行案件信息，已录入执行案件信息7531件，为实现与银行、工商、房地产、工程招投标、人口和车辆管理等系统对接，建立海南省征信系统，初步建立执行联动威慑机制，为当事人及社会大众的信息查询创造了有利条件。

高级法院在加大监督指导的同时，重点突破大要案件，努力实现法律效果和社会效果的高度统一。中国民生银行股份有限公司广州分行申请执行第一投资集团股份有限公司公证债权文书一案，执行标的达6900余万元，被执行人是上市公司的第一大股东，持有上市公司的控股权。该上市公司已被证券交易所作特别处理，面临摘牌退市风险，处理稍有不慎必将引起股价暴跌，引发市场动荡。高级法院分管执行工作的副院长亲自指挥办案人员，召集各方当事人和涉案单位，做了大量耐心细致的思想工作，最终成功拍卖控股权，保证了上市公司重组质量，实现了多方共赢局面。

从2008年开始，按照中央的统一部署，海南法院开展了历时1年多的集中清理执行积案活动，有效化解执行难。先后出台了《海南省集中清理执行积案活动工作方案》及《实施方案》、《关于执行工作举报奖励的规定》，12月10日公开发布了《海南省高级人民法院关于敦促被执行人依法履行义务公告》；从12月15日起，开展了为期1个月的以被执行人涉及政府及其有关部门、国有企业、军队、人大代表、政协委员等特殊主体案件为重点的全省清理积案执行统一行动，时任省长罗保铭大力支持法院执行工作，从省财政拨款1627.4万元，支付了省级机关拖欠工程款的6件案件，为全省带了个好头，带动各县市单位主动履行法院生效判决确定的历史债务，突破了一批典型案件，有力推动了集中清理执行积案活动的深入进行。截至2009年底，对2007年12月31日前受理的有财产可供执行的1305件案件，已执结1302件，执结标的额14.12亿元，结案率99.77%，清理积案排名位列全国第9名。列入清理范围无财产可供执行的12955件案件，执结12863件，标的额7.47亿元，结案率99.29%。其中，涉特困主体、困难群体1657件，在各级党委、政府的高度重视下，执结1642件，结案率99.09%。2009年，执行信访案件同比下降了28.53%。对刑事附带民事、交通肇事、医疗事故等纠纷案件中，无法通过执行获得赔偿的特困当事人实施司法救助，在各级政府的大力支持下，各级法院普遍设立了司法救助基金，为282件案件的454名困难当事人发放救助金515.6万元，彰显司法人文关怀，促进社会和谐。2010年，根据最高法院部署，开展了"创建无执行积案法院"活动。经过考核、评定、公告，文昌、琼海、澄迈、昌江、白沙、临高、五指山等7家法院被评为2010年度"无执行积案先进法院"。当年，还积极部署委托执行案件专项清理活动，全省纳入清理范围的43件委托执行案件，其中，有财产可供执行的9件，执结7件，经查找确无财产可供执行的34件，结案23件。2010年是集中清理执行积案最集中的一年。

2008年5月6日，海南省法院执行工作会议会场。

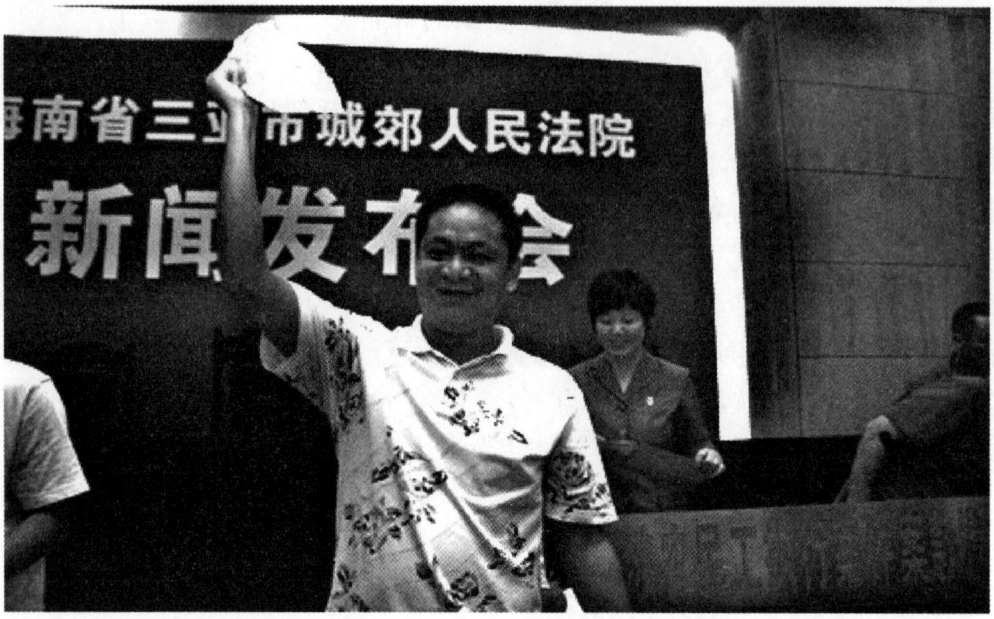

2008 年 6 月,三亚城郊法院加大对涉农民工工资的执行力度,为农民工执行回工资。

第十章 审判研究与指导

审判研究与指导是人民法院对审判工作中发现的新情况、新问题进行调查研究，总结审判经验，提出依法解决问题的办法和思路，以指导审判、执行工作，提出司法建议和立法议案，以推动社会管理，开展学术活动，以提升法官法学理论素养的一项综合性工作，逐步为海南法院所重视。1988 年，高级法院成立当年便于 12 月 31 日设立了研究室（详见第一章机构人员）。

第一节 审判调研

一、重点调研课题

（一）最高法院重点调研课题

2000 年，最高法院开始实行重点调研课题制度。2005 年，最高法院重点调研课题面向全国各级法院和其他国家机关、高等院校、科研机构公开招标，择优立项。2008 年以前，海南法院未参与竞标和承担最高法院的重点调研课题。

2008 年，在高级法院领导倡议和主持下，高级法院首次成功竞标既得最高法院重点课题《关于优化审判职权配置》，课题调研成果《我国审判职权优化配置的途径探讨》在 2010 年全国法院第五次优秀调研成果评选中获二等奖。2009 年至今，高级法院课题组连续中标并圆满完成了最高法院《规范法官与律师的关系的调研》、《关于民事审判法官自由裁量权的尺度及其规制的调研》、《人民法院党建工作的特点与规律》、《人民法院参与社会管理创新研究》等重点调研课题和审判理论重大课题。

（二）全省法院重点调研课题

2006 年，全省法院重点调研课题制度初步建立，高级法院向全省法院发布了 10 项重点调研课题：（1）社会主义的司法理念研究；（2）影响司法公正的因素研究；（3）刑事诉讼证人出庭制度研究；（4）民事诉讼速裁程序研究；（5）土地承包纠纷案件研究；（6）劳动争议案件研究；（7）行政诉讼管辖制度研究；（8）民事执行中权力制衡问题研究；（9）法院涉诉信访工作的困境与出路研究；（10）法官助理制度与庭前准备工作；要求各级法院参与调研并对部分课题确定了承办单位和承办时限。2007 年，高级法院向全省法院发布了 8 项重点调研课题：（1）关于和谐司法的理念与法院工作的调研；（2）关于法官助理制度的调研；（3）关于刑事案件侦查人员及证人出庭问题的调研；（4）关于刑事二审案件开庭审理工作的调研；（5）关于交通事故赔偿问题的调研；（6）关于股东起诉制度的调研；（7）关于民事诉讼速裁程序的调研；（8）关于土地行政案件的调研。对全部课题指定了承办单位并规定了承办时限。

2008 年 4 月 15 日，高级法院制定《全省法院重点调研课题管理办法(试行)》，由高级法院根据全省法院工作实际，确定若干重大司法实务和司法理论课题面向社会公开招标，具体办法：①征集选题，确定本年重点课题题目；②公布调研课题，进行招标；③对投标课题组进行评审，研究确定中标课题组并予公布，正式启动调研；④对各课题组的调研进展情况进行中期检查；⑤对各课题组的调研成果进行验收。全省法院重点调研课题的招投标制度由此建立。高级法院当年向全省法院发布了 4 项重点调研课题：(1)关于非监禁刑刑罚适用的调研；(2)关于农垦、农村土地使用权、所有权民事行政案件的调研；(3)关于《物权法》施行后建筑物区分所有权和物业管理案件的调研；(4)关于《民事诉讼法》修订后再审制度的调研。全省法院有 6 个课题组中标并按时完成了调研课题。2009 年，高级法院向全省法院发布了 6 项重点调研课题：(1)关于毒品犯罪、贪污贿赂犯罪、故意伤害犯罪量刑问题的调研；(2)关于破产案件若干问题的调研；(3)关于执行制度改革与实践的调研；(4)关于无理缠诉信访终结机制的调研；(5)关于审判质量与效率评价机制的调研；(6)关于加强人民法院廉政建设的调研。全省法院有 6 个课题组中标并按时完成了调研课题。2010 年，高级法院向全省法院发布了 11 项重点调研课题：(1)关于刑事审判量刑规范化改革若干问题的调研；(2)关于行政审判简易程序改革若干问题的调研；(3)关于完善案件质量评查机制的调研；(4)关于国际旅游岛建设的相关法律问题的调研；(5)关于建立执行长效机制的调研；(6)关于我省毒品犯罪案件审理状况与处理对策的调研；(7)关于民事审判中优势证据原则运用存在的问题及解决思路的调研；(8)关于海南民事调解方法的调研；(9)关于我省农村集体经济组织征地补偿款分配纠纷案件的审理现状及处理对策的调研；(10)关于司法腐败预防机制的调研；(11)关于构建社会主义核心价值体系及海南特色法院文化的调研。全省法院有 12 个课题组中标并按时完成了调研课题。

为总结和展示重点课题调研成果，高级法院于 2010 年编印了《全省法院重点调研课题论文集(一)2008 年卷》和《全省法院重点调研课题论文集(二)2009 年卷》下发全省各级法院，其中《2008 年卷》收录了最高法院重点调研课题 1 篇和全省法院重点调研课题 7 篇，《2009 年卷》收录了最高法院重点调研课题 1 篇和全省法院重点调研课题 9 篇。

二、任务性调研

1991－2006 年，高级法院按照最高法院和上级领导机关的要求认真开展任务性调研，较有影响的调研成果有：《＜关于办理淫秽物品刑事案件具体应用法律的规定＞调查报告》、《关于财产案件按级别管辖受理情况的调研报告》、《关于海南省企业产权制度改革情况调研报告》、《海南省法院系统财务管理有关情况调查报告》、《关于规范和加强党委政法委执法监督工作的调研报告》、《关于归侨侨眷权益保护法执行情况的调研报告》、《关于审判公开的调研报告》、《关于独任审判的调研报告》、《关于平安建设的调研报告》、《关于加强司法能力建设和专项整改情况的调研报告》、《关于全省法院贯彻落实<法官法>情况的调研报告》、《全省法院贯彻<省人大常委会关于加强全省人民法院执行工作的决定>的情况及可由省人大常委会决定的重大事项的调研报告》、《关于<未成年人保护法>实施情况的调研报告》、《关于法治和谐社会的调研报告》、《关于政法工作与建设和谐社会的调研报告》等 18 项。2007 年，高级法院针对《劳动合同法（草案）》、《城市规划法（草案）》、《民事诉讼法修正案（草案）》、《律师法修订案（草案）》、《劳动争议调解仲裁法（草案）》、《海南省土地征用补偿办法修订案（征求意见稿）》、《海南省华侨捐赠若干规定（征求意见稿）》、《最高人民法院关于确定案由的规定（征求意见稿）》、《最高人民法院关于刑事附带民事诉讼的司法解释（征求意见稿）》、《最高人民法院关于加强和完善案例指导工作的若干意见（征求意见稿）》、《最高人民法院关于确定陪审员参与案件审判的规定（征求意见稿）》涉及的问题进行调研后，提出了较有价值的修改意见。

2008 年，根据最高法院和上级领导机关交办的任务，高级法院就“新形势下党委政法委执法监督规范化建设”、“新时期人民法院面临的形势与任务”、“海南法院落实‘司法为民’情况”、“政法队伍建设”、“刑事司法环境相关问题”、“改革和完善司法保障”、“完善宽严相济刑事政策”、“刑事案件犯罪嫌疑人、被告人自报身份”等问题进行调研后，形成《关于优化司法职权配置的调研报告》、《关于加强政法队伍建设的调研报告》、《关于完善宽严相济刑事政策的调研报告》、《关于改革和完善司法保障的调研报告》等调研成果。2009 年，根据最高法院和其他领导机关提出的要求，高级法院完成了《关于组织开展服务企业生产经营促进经济平稳较快发展有关问题调查研究》、《完善上下级法院的审判监督关系》、《关于服务企业生产经营、促进经济平稳较快发展的调研报告》、《和谐司法制度构建的方法途径》、《全省法院服务三农实践和思考》、《关于司法体制改革和工作机制改革的情况报告》、《关于贯彻最高人民法院<人民法院第三个五年改革纲要（2009－2013）>的情况报告》。同年，为配合最高法院的试点工作，高级法院完成了“加强主审法官职责”调研、“加强司法职业保障制度建设”调研、“健全诉讼与非诉讼相衔接的矛盾纠纷调处机制”调研、“关于司法公开、司法听证、舆论监督”调研等多项司法改革子项目调研任务；针对《海南省国有划拨土地使用权管理办法》、《中华人民共和国侵权责任法（草案）》和《人民法院各内设部门协助配合监察部门核查违纪违法线索的暂行办法》涉及的问题进行调研后，提出 18 份修改意见；高级法院撰写的《我省法院诉讼调解工作经验总结报告》中反映琼中法院、昌江法院调解工作的经验，受到了最高法院的书面表扬。

2010 年，根据最高法院和上级领导机关的要求，高级法院完成了《关于贯彻落实“调解优先、调判结合”原则的调研报告》、《全国法院 1993 年以来司法统计工作调研报告（海南省法院部分）》、《最高法院关于开展基层基础工作综合调研报告（海南省法院部分）》、《<关于建立健全诉讼与非诉讼相衔接的矛盾纠纷解决机制的若干意见>落实情况的调研报告》、《关于对执行职权配置问题的调研报告》、《修改完善<最高法院关于严

格执行案件审理期限制度的若干规定 > 的调研报告》、《刑事处罚涉访违法人员情况的调研报告》、《"新生代农民工的心理分析与犯罪研究"的调研报告》、《构建科学的多元化评价指标体系,以司法统计促进均衡结案工作的调研报告》、《我省法院近三年调解工作的司法统计分析调研报告》、《关于我省贯彻落实两个 < 证据规定 > 情况汇报》。同年,对《关于海南省实施 < 中华人民共和国各级人民代表大会常务委员会监督法 > 办法(草案)》、《省人大常委会关于加强法律监督工作的决议(草案)》、《省企业和企业经营者权益保护条例(草案)》、《关于审理诈骗刑事案件具体应用法律若干问题的解释》、《刑法修正案(八)(草案)》、《省价格鉴证管理规定(送审稿)》、《关于完善人民法院审判权与审判管理权运行机制的意见》、《民事案件案由规定》、最高法最高检《关于废止部分司法解释和司法解释性文件的决定(征求意见稿)》、《关于审判人员执行回避制度若干问题的规定(征求意见稿)》、《人民法院民事案件发回重审的若干规定(征求意见稿)》、《人民调解法(草案)》、《关于落实省人大常委会对妇女权益保障法实施情况执法检查报告的审议意见》、《我省常见劳动教养案件呈报标准的意见》、《关于进一步加强和改进人大工作的决定》涉及的问题进行调研后,提出了修改意见。

三、自主调研

高级法院从海南特区建设实际出发,立足审判,开展自主调研,1991－2007年,完成了一批调研成果,对审判工作有较大指导价值的有:《关于琼南中级人民法院及辖区基层人民法院刑事审判情况的调查报告》、《关于儋县未办理结婚登记而以夫妻名义同居生活的违法婚姻问题的调查报告》、《关于我省收容审查行政案件的调查报告》、《特区法院审判工作情况考察报告》、《海南省法院系统干警违法违纪情况调查》、《全省法院执法环境和执法条件调查》、《关于审理各类借款合同纠纷案件应注意的几个问题》、《关于审理房地产纠纷案件应注意的几个问题》、《全省法院财产保全情况的调查报告》、《当前我省法院执法工作存在问题的调查报告》、《当前执行工作中的困境与突破》、《当前我省法院民事、经济审判中存在问题的调查报告》、《当前审判工作存在主要问题的综合调查报告》、《海南省知识产权状况调查报告》、《关于我省法院审判方式改革的调查与思考》、《关于存款纠纷和证券回购纠纷案件情况调查的报告》、《海南省毒品犯罪案件调查分析》、《审判活动的重要环节和重要问题》、《关于海南省高级人民法院2000年以来司法改革情况的调研报告》。

1992年,由高级法院、海南中院共同抽调的21人组成6个"两庭建设情况调查组",分赴18个市县法院和96个乡镇人民法庭进行调研,摸清了全省审判法庭和人民法庭建设的基本情况。1995年编印了《审判与调研——全省法院优秀调研论文汇编》,2002年编印了《审判与调研——海南省法院系统学术论文集(1997—2001)》。2007年,根据洋浦法院的设置及其案件管辖反映出来的问题,高级法院联合省检察院对全省审判、检察资源配置及案件管辖情况进行调研,形成调研报告,将整合审判、检察资源,调整审判、检察机构设置的建议上报省委；对法院经费保障、法官人身权益保障、公正司法情况、人民陪审员工作进行专题调研，形成了《海南省法院系统经费保障状况调研报告》等调研报告；同年，海事法院在高级法院指导下，结合审判工作，对海南的港航业和海洋渔业的发展、海洋环境保护进行调研，形成论文《从海事审判的角度对发展我省海洋经济的几点思考》供省委决策参考；高级法院随后向省交通厅等部门发出《关于进一步促进我省港航业发展的司法建议》。

2008 年，高级法院对全省法院体制机制进行了调研，以党组名义向省委政法委报送《关于 2008 年海南高级法院体制机制改革工作设想的情况报告》，提出"创新审判执行工作机制，加强审判执行工作；区分司法政务事务，避免管理行政化；优化司法资源配置，合理设置内部机构；创新法官培训模式，加强队伍建设"4 个方面改革的设想。而后，高级法院机构改革课题组对设立省一中院、省二中院的机构体制改革进行调研，按照中央司法体制改革的总体要求和省委的总体部署，提出了全省审判机构设置和审判资源配置的改革方案并获省委和最高法院的支持，海南中院更名成立省一中院，洋浦中院更名成立省二中院，调整了司法管辖区域，平衡了中院的工作负荷，方便了群众诉讼，节约了办案成本。同年，海南农垦系统改制中随职工安置问题出现众多劳动争议案件并引发群体性上访，高级法院对劳动争议纠纷的成因及存在问题进行了调研，向省政府发出《关于解决海南农垦系统劳动争议纠纷问题的司法建议》。

2008 年 5 月全省法院第一次调研工作会议后，高级法院立足于如何服务新一轮改革开放大局，对"海南农垦体制改革中的土地、林地确权纠纷、企业破产案件审理、劳动纠纷处理的法律适用和审理执行办法"，"海南土地、房产纠纷的历史渊源、地方特点及其解决办法和法律适用研究"、"洋浦保税区海商、海事纠纷的处理和法律适用"、"海洋大省的海洋权益保护和涉外纠纷的处理和法律适用"、"海南新一轮发展中环境保护、知识创新保护的法律适用"、"法院受理刑事案件比例偏高的原因剖析"、"行政诉讼案件比例偏高的原因剖析"、"促进国际旅游岛和自由贸易区建设的途径和司法应对"、"构建具有海南特区特点的司法保障制度"、"我省法院文化建设的规划与实施"、"和谐司法、人性司法制度构建的方法途径"、"法官断层难题破解办法"等课题进行调查研究，形成《我省法院罚金刑的适用和执行》、《我省适用速裁方式审理民事案件之实践与思考》等调研报告，制定了《关于严格执行海事法院专属管辖有关规定的通知》。高级法院党组成员，结合各自分管的工作分头下基层进行调研，形成了《改革审判方式，提高司法效率——关于提升司法效率的专题调研》、《在审判工作中落实科学发展观当好和谐社会捍卫者和建设者——对我省法院非监禁刑适用情况的分析与思考》、《认真践行科学发展观 全面提升行政审判的效率和质量》、《以科学发展观为指导，全面加强法院党风廉政建设》、《关于坚持以科学发展观为指导，加强特区法院队伍建设的调查与思考》等一批调研报告。

2009 年，高级法院以《海南国际旅游岛建设的司法保障措施》为题成功申报海南省社会科学界联合会（简称省社科联）2010 年哲学社会科学规划课题。

2009 年高级法院申报的海南省哲学社会科学规划课题成果
《海南国际旅游岛建设的司法保障初探》

根据“妥善处理海南农垦系统群体性劳动争议纠纷”、“妥善处理海南农村与农场土地权属纠纷”、“加强法院基层基础建设”等调研成果，向省委、省政府提出了 4 份合理化建议；完成了《关于促进我省法院调研工作发展的思考》、《关于全省法院仲裁司法审查和仲裁裁决强制执行情况的调研报告》。年底，高级法院对西沙、中沙、南沙诸群岛及其海域的司法环境进行调研后，向省委省政府提出《南海地区设置审判机构的建议》。

2010 年，高级法院完成《关于审理新类型毒品犯罪案件情况的报告》，在最高法院《司法改革动态》第 13 期上发表了《改革完善上下级法院之间的关系》；在 7 月 21 日的《人民法院报》上发表了院长撰写的《探索建立科学规范的法院层级关系》。同年，中央决定改革铁路公检法的管理体制，铁路法院，整体移交驻在地省委和高级法院管理，海南将遭遇无铁路法院的尴尬；高级法院就此展开调研并完成了《关于海南省设置铁路运输法院的建议》。

第二节 审判指导

高级法院历来重视调研工作对审判工作的指导和调研成果的转化应用。1992 年，经过调研后召开全省法院部分领导和审判骨干参加的研讨会，制定了《关于加强和改革改进审判工作的意见》。1996 年，对全省法院财产保全、委托拍卖情况进行调研后，制定了《关于财产保全的暂行规定》、《委托拍卖被执行人财产若干问题的暂行规定》等制度。1999年,经过调研后制定了《民事、经济二审规程》、《简易程序规程》、《行政审判规程》、《再审复查案件规程》、《关于加强调查研究工作的若干意见》,出版了约20万字的《大特区法院案例选》。2008年以后,高级法院更加重视加强调查研究对审判工作的指导和调研成果的转化应用。

一、起草、制定规章制度

2008年,为贯彻中央和省委提出的“保增长、保民生、保稳定”重大决策,践行“司法为民”,经过调研,高级法院在《海南日报》发表了《海南省高级人民法院服务海南经济社会科学发展大局工作意见》,从服务农村改革发展、应对金融危机、服务农垦管理体制改革、服务国家重点项目、保护知识产权、服务海洋经济、服务行政管理体制改革、落实司法为民等8个方面提出了35条指导意见;制定了《海南省高级人民法院“司法为民”工作措施》(即“司法为民30条”),促进了审判工作,得到了省委省政府和社会舆论的好评。

2010年2月8日,高级法院出台《海南省高级人民法院服务海南国际旅游岛建设工作意见》,于2月24日召开新闻发布会,向社会公布海南法院为保障国际旅游岛建设、保障现代服务业、参与社会治安环境综合整治、保障重点项目引进、保障重点工程建设、加强法院队伍建设和基层基础建设所采取的措施。同时,以“制度落实年”活动为契机,经过调研,于8月18日出台《海南省高级人民法院关于加强全省法院执行力建设的意见》,对推进“四项重点工作”①、服务国际旅游岛建设工作、司法为民工作、审判业务管理工作、政务管理工作、人事管理工作、司法改革工作的执行力作出具体意见。

二、提出司法建议

2008年,《人民法院报》、《法制日报》、《海南日报》报道高级法院分别向省交通厅、国土环境资源厅、海洋与渔业厅发出的《关于进一步促进我省港航业发展的司法建议》、《关于进一步加强我省海洋环境保护的司法建议》、《关于进一步促进我省海洋渔业发展的司法建议》;省委书记卫留成对《关于进一步促进我省港航业发展的司法建议》做出批示:“港航业对促进海南经济社会发展至关重要,制定促进港航业发展的优惠政策,采取得力措施保其发展已迫在眉睫。高级法院的建议值得重视。”2009年,高级法院就海南农垦系统改制后出现的群体性劳动争议纠纷、农场与农村土地权属纠纷、不良金融资产处置、破产企业职工的安置、环境保护公益诉讼等问题,向省委、省政府提出《关于农垦总局直属企业改制问题的司法建议》、《关于妥善处理海南农垦系统群体性劳动争议纠纷案件的司法建议》、《关于建立“环境保护(含内河和通海水域)公益诉讼机制”的司法建

①社会矛盾化解、社会管理创新、公正廉洁执法、治安环境整治。

议》,得到了省委、省政府的高度重视和有关部门的积极回应,省委书记卫留成、省长罗保铭对《关于妥善处理海南农垦系统群体性劳动争议纠纷案件的司法建议》和《关于建立"环境保护(含内河和通海水域)公益诉讼机制"的司法建议》做了批示。同年10月23日,《人民法院报》头版报道《海南调研围绕大局建言献策》,肯定了高级法院服务海南经济社会大局,积极建言献策的作法。

三、提出立法议案建议

2008年,高级法院为出席全国人大会议的海南省代表团提出制定《中华人民共和国侵权责任法》和《中华人民共和国民事强制执行法》的立法议案建议;2009年,提出修改《中华人民共和国法院组织法》和《中华人民共和国法官法》,制定《中华人民共和国机构编制法》的立法议案建议;2010年,提出修改《中华人民共和国行政诉讼法》和《中华人民共和国刑事诉讼法》、建立《贪污贿赂犯罪动态犯罪数额体系》、制定《中华人民共和国信访法》的立法议案建议,其中修改《中华人民共和国行政诉讼法》、《中华人民共和国刑事诉讼法》的议案建议被采纳,作为海南省代表团向第十一届全国人大四次会议提交的4项议案中的2项;并从建设海南国际旅游岛的需要考虑,提出将海南省落地签证免签证、境外人员购物离境退税、境内人员购物离岛免税纳入"十二五"立法规划;根据海南地方立法权和特区立法权,向省人大提出制定《海南省旅游标准化条例》、《海南省旅游危机管理条例》、《海南省旅游环境与资源保护条例》的立法建议和修订《海南省旅游业诚信机制建设暂行办法》的建议。

四、主办学术刊物

1992年,高级法院创办内部学术刊物《海南审判》,每年6期,每期约12万字,根据需要编印增刊;1998年1月5日更名为《特区法坛》。2008年,高级法院对《特区法坛》全面改版,更新了栏目、版面,聘请中国社会科学院法学研究所所长李林,清华大学法学院教授张卫平,中国人民大学法学院教授张志铭、陈卫东,最高法院研究室主任胡云腾,北京师范大学法学院院长赵秉志等知名学者担任顾问和特约编辑,扩大稿源,提升刊物的质量和影响力。2008年,《特区法坛》收录2005—2007年刊载的获奖论文,编印成《特区法坛文集》作为向高级法院建院20周年的献礼;2009年,《特区法坛》跻身业内影响较大、发行量好的内部资料之列,入选国家图书馆收藏刊物,标志着刊物的质量和影响力上了新台阶;2010年,高级法院将出席"博鳌法学论坛暨第七届法官与学者对话民商法论坛"、"服务国际旅游岛建设专家法治讲座"的学者、法官的论文汇编成《特区法坛(增刊)》;编印了《特区法坛优秀论文精选本(2008-2010)》。全省各级法院的内部学术刊物还有:省一中院的《审判参考》,省二中院的《西部法院通讯》,海口中院的《海口审判》、琼海法院的《万泉法苑》等。

高级法院主办的学术刊物《特区法坛》。

五、编印法律法规、规章制度

《法律法规、司法解释》、《规章制度汇编》和《法院年鉴》，是指导审判工作的重要工具书。1996－2009 年，高级法院编印了六册《常用法律司法解释汇编》；2007 年，高级法院编印了《海南省高级人民法院 1988—2006 年制度汇编》；2008 年，高级法院以“制度落实检查年”为契机，对 1988－2007 年制定下发的 228 项规章制度清理修改，保留合并 66 项，新制定 42 项，编印成《海南省高级人民法院规章制度汇编》。

六、编写《海南法院年鉴》

1991－2009 年，海南法院未编辑出版《年鉴》。2010 年 8 月，编辑出版了第一本《年鉴》，即《海南法院 2008 年鉴》，《年鉴》是全面、系统记述海南法院开展审判和执行工作、深化法院改革、加强队伍建设和物资装备建设等方面情况的资料性文献，具有资料性、传承性、宣传性和实用性。《海南法院 2008 年鉴》内容包括领导讲话，全省法院工作，省高院工作，各中级法院、基层法院工作，重大典型案例，司法统计、大事记等八部分。此次《年鉴》的编辑结束了海南法院无年鉴的历史。

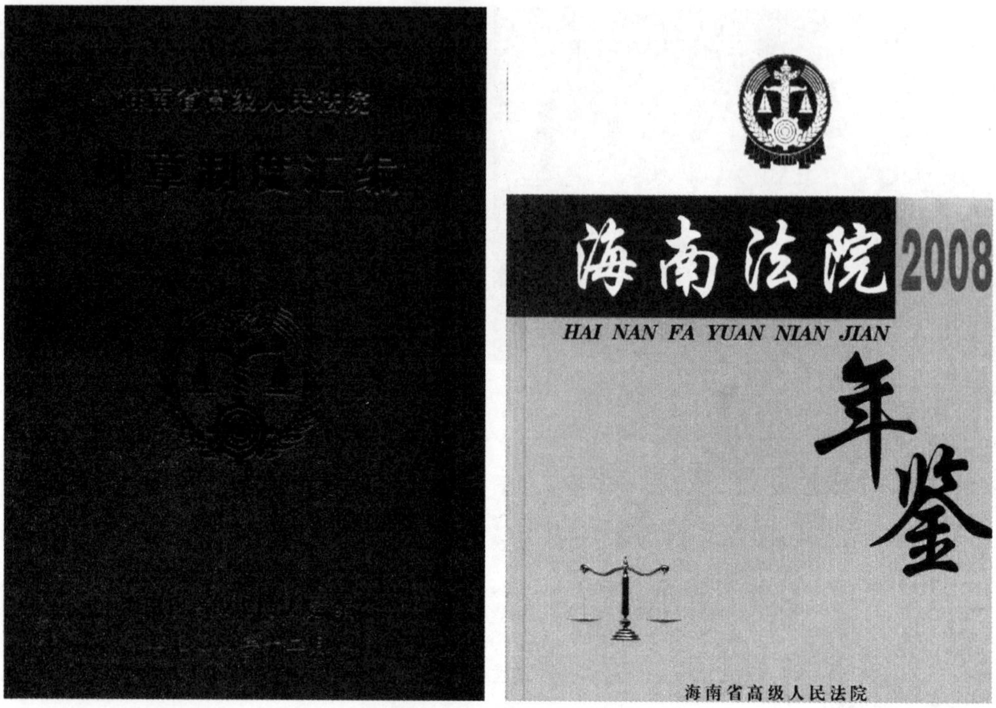

《海南省高级人民法院规章制度汇编》及《海南法院2008年年鉴》。

七、编印《海南法院审判集粹》系列丛书

2010年初,高级法院决定编纂出版“海南法院审判集粹”系列丛书。系列丛书集调研成果、学术论文、审判案例、裁判文书于一体,包括全省法院重点调研课题论文集、优秀调研成果论文集、精品案例选、优秀裁判文书选几类。2010年4－10月,先后编印出版《海南法院精品案例选(一)(2007－2009年卷)》、《海南法院优秀裁判文书(一)(2008年卷)》、《2010年博鳌法学论坛暨第七届法官与学者对话民商法论坛论文集》、《海南法院年鉴(2008年卷)、(2009年卷)、(2010年卷)》、《特区法坛优秀论文选(二)(2008－2010年卷)》、《全省法院重点调研课题论文集(一)(2008年卷)》、《全省法院重点调研课题论文集(二)(2009年卷)》、《全省法院优秀调研成果评选获奖论文集(一)(2008年卷)》、《全国法院系统学术讨论会海南法院获奖论文集(一)(2007－2009年卷)》等系列丛书。“海南法院审判集粹”系列丛书在全国学术性会议上作为交流书籍赠送给与会代表,受赠者均反映良好。

海南法院审判集粹丛书。

八、案例指导

典型案例对统一司法尺度、指导审判工作有着重要意义。高级法院每年都向最高法院报送案例。2005 年,高级法院发出《关于加强案例指导工作的通知》,要求各级法院定期向高级法院报送案例,对报送案例的数量、格式、标准和时间提出要求。2007 年,高级法院向最高法院报送案例 52 篇,其中,洋浦法院的《谢杰威、梁雁玲走私制毒物品案》等 3 篇案例被《最高人民法院公报》采用。2008 年,高级法院向最高法院选送案例 102 篇,其中,海事法院的《中山市港航企业集团有限公司诉海口南青集装箱班轮公司扣押船舶错误、请求担保数额过高损害赔偿纠纷案》,龙华区法院的《彭文化敲诈勒索案》被《人民法院案例选》采用;龙华区法院的《海口耀兴出租公司诉雅严汽修公司汽车合同案》,美兰区法院的《王家权非法采伐珍贵树木案》,文昌法院的《史振邦、叶菊桂被诉污辱宣告无罪案》被《中国审判案例要览》采用。2009 年,高级法院向最高法院选送的案例中,洋浦法院 1 篇被《人民法院案例选》采用,临高法院的《临高县人民检察院诉谢家海等敲诈勒索案》、《黄生平诉王俊相邻土地使用关系纠纷案》被《最高人民法院公报》采用,海口中院的《王智诉海南泰信实业有限公司等房屋买卖合同案》、《王督标、海南椰宝糖业公司刑事附带民事案》被《中国审判案例要览》采用。2010 年,高级法院向最高法院选送的案例中,城郊法院的《陈小英诉陈志明征地补偿款分配纠纷案》被《人民法院案例选》采用。同年,高级法院编印《海南法院 2008 优秀裁判文书选(一)》和《海南法院 2007 - 2009 精品案例选(一)》,下发全省各级法院。

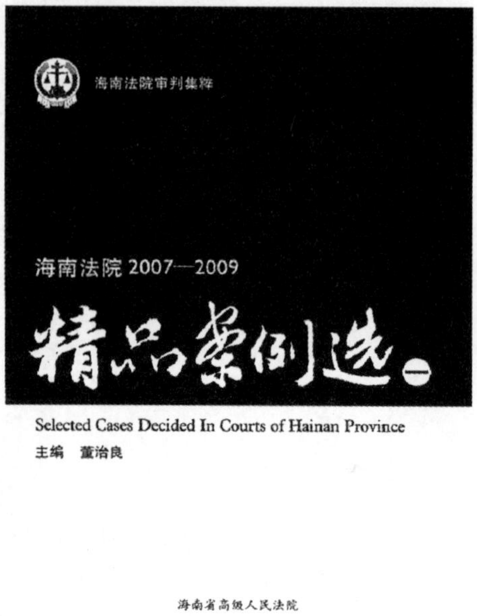

《海南法院2008优秀裁判文书选》和《海南法院2007－2009精品案例选》。

九、办理请示案件

1991－2009年，下级法院报送请示的案件由高级法院各对口业务部门办理。2009年1月6日，为进一步统一司法尺度，确保各级法院依法独立行使审判权，维护两审终审制度，高级法院参照最高法院作法，制定《海南省高级人民法院关于请示案件办理程序的规定》，规定请示案件经立案庭审查立案后，交由研究室办理并答复；研究室办理请示案件时，可以征求相关审判业务部门的意见，也可以转交相关审判业务部门起草答复意见。请示案件只能涉及具体的法律适用问题，不得请示个案的处理问题；当年，高级法院研究室受理请示案件10件，答复1件，其余9件不符合请示案件的受理范围不予答复。2010年，高级法院研究室受理请示案件7件，答复4件，其余3件因不符合请示案件的受理范围不予答复。

十、司法统计分析

司法统计是法院掌握审判工作情况，总结审判工作经验，调整审判工作运行的重要依据。分析司法统计数据，从中发掘出案件质量效率信息、司法管理信息、社情民意信息、社会治安信息、经济发展信息，以及对公共决策有用的各种信息，是调研工作的一个重要部分。1991－2010年，高级法院坚持作好司法统计分析工作，通过对审判工作所产生的司法统计数据进行整理、提炼、分析，每年定期完成各类司法统计工作并予以公布。例如，2010年完成了《2010年上半年全省法院审理刑事案件情况统计分析》、《全省法院三年来调解工作司法统计分析》、《2010年全省法院刑事案件审判分析》、《2010年全省法院审理民事案件情况统计分析》等报告。

第三节　学术活动

一、学术论坛及会议

自1991年起，高级法院积极主办、协办各种全国性学术论坛及业务会议：1991年10月6日，在海口举办“中南地区法院告诉申诉工作研讨会”；1993年5月7日，在海口举办“江苏、上海、浙江、福建、广东、海南沿海六省市民事审判研讨会”；1994年11月21日，在海口举办“全国部分省区市高级法院第三次执行工作研讨会”；1995年1月5日，在海口协办“第20次全国高级法院院长会议”；1997年5月12日，与中国法官协会、中国（海南）改革发展研究院共同举办“中外合同法、担保法研讨班”；1998年承办“中国内地与澳门法律实务研讨会”。

1997年10月4－6日，高级法院与相关单位共同举办中外合同法担保法研讨班。

2008年5月19日，高级法院在陵水召开全省法院调研工作会议，总结全省法院调研工作情况，明确调研的方向和重点，部署调研任务。其后，高级法院分别于2009年9月27日、2010年4月19日先后召开了全省法院调研工作会议和全省法院文化建设会议，将调研、宣传、信息工作统一到文化建设中，推动法院调研工作再上新台阶。

2010 年 4 月 29 日,全省法院清理信访积案暨文化建设工作会议会场。

2008 年 11 月 28 日,高级法院在海口协助最高法院《中国审判》编辑部举办“2008《中国审判》‘法治见证中国改革开放三十年’(海南杯)主题论坛暨《中国审判》第三届理事大会”,研讨了“司法改革、司法进程与和谐司法的构建”、“司法理念与审判事业发展”、“审判实务与司法问题应对”等 3 个专题;最高法院副院长万鄂湘、海南高院院长董治良、北京高院池强院长等领导,《中国审判》等 24 家协办单位、23 家常务理事单位、65 家理事单位的代表,以及荣获“海南杯”论坛征文一、二等奖论文的作者参加了大会。

2008 年 11 月,“法治见证中国改革开放三十年”会议在海口召开。

同年，高级法院举办“民行案件抗诉问题座谈会”，最高检察院、省检察院和高级法院的领导、相关业务庭、室负责人和部分业务骨干参加了座谈。

2009 年 10 月，以“党的事业至上，人民利益至上，宪法法律至上”为主题的“人民法院工作指导思想理论研究专题研讨会”在海口召开，最高法院副院长景汉朝出席了会议。

2009 年 10 月，人民法院工作指导思想理论研究专题研讨会会场。

同年 11 月，由最高法院、中国法学会审判理论研究会主办，海南高院承办的“中国法学会审判理论研究会行政审判理论专业委员会成立大会暨‘土地权益的司法保护’主题论坛”在海口召开。最高法院党组副书记、常务副院长、中国法学会审判理论研究会会长沈德咏发来贺信，最高法院副院长、中国法学会审判理论研究会副会长江必新出席会议宣布行政审判理论专业委员会成立并作重要讲话，省委政法委书记肖若海代表省委、省人大、省政府向大会表示祝贺，中国法学会审判理论研究会行政审判理论专业委员会主任董治良院长致欢迎辞，江西高院党组书记、院长张忠厚，中国政法大学终身教授、中国法学会行政法学研究会会长应松年，全国人大常委会法工委行政法室主任李援，最高法院行政庭庭长、行政审判理论专业委员会副主任赵大光，最高法院行政庭副庭长、行政审判理论专业委员会秘书长杨临萍，国务院法制办行政复议司副司长方军，国土资源部政策法规司副司长魏莉华，上海交通大学教授叶必丰，中国社会科学院研究员周汉华等知名学者出席会议，全国 31 个省（市、自治区）的委员和获奖论文代表参加了大会。会议以“土地权益的司法保护论坛”、“土地征收案件中土地权益的司法保护”、“土地登记案件中土地权益的司法保护”、“农村土地权益的司法保护”、“其他土地案件中土地权益的司法保护”4 个主题进行征文，共收到 28 个省、市、自治区高级法院报送的论文 122 篇，最终，评出一等奖 6 篇，二等奖 12 篇，三等奖 22 篇。高级法院获优秀组织奖，报送的 13 篇论文获奖3篇,董治良撰写的《行政审判视角下的我国农地制度改革刍议》获一等奖(海南法官获奖名单附本章后)。

2009年11月14日,中国法学会审判理论研究会行政审判理论专业委员会依托海南高院成立。

2010年3月,高级法院邀请"国际旅游岛理论"提出者、中国(海南)改革发展研究院院长、海南省社科联主席迟福林作"海南国际旅游岛建设和司法保障专题讲座"。

2010年3月29日,国际旅游岛建设和司法保障专题讲座会场。

同年8月4日，海南高院、人民法院出版社、中国人民大学民事法律科学中心、海南大学法学院在琼海博鳌亚洲论坛国际会议中心共同主办“2010年博鳌法学论坛暨第七届法官与学者对话民商法论坛”。最高法院副院长奚晓明、董治良、中国人民大学副校长王利明、海南大学校长李建保、中国政法大学民商经济法学院教授李永军，最高法院、部分省、市法院、海南三级法院的部分法官和中国人民大学、中国政法大学、北京大学、海南大学、台湾东吴大学的专家学者210余人与会，会议进行了中国人民大学民事法律科学研究中心十年工作总结与“十二五”规划展望、对《侵权责任法》实施中的重大问题和《侵权责任法》司法解释专家建议稿进行研讨，进行了中国民商法律网新版启动仪式和《判解研究》杰出作者及民商法学青年学者有奖征文活动颁奖仪式。

2010年8月4日，博鳌法学论坛暨第七届法官与学者对话民商法论坛会场。

同年8月5日－6日，高级法院在博鳌亚洲论坛国际会议中心举办“服务国际旅游岛建设专家法治讲座”，董治良主持讲座，省农村信用社联合社理事长吴伟雄致辞，邀请最高法院研究室主任胡云腾讲授“宽严相济刑事政策与量刑规范化”专题，《人民法院报》总编倪寿明讲授“人民法院在推进三项重点工作中的职能定位”专题，中国人民大学法学院4位教授分别授课：杨立新、姚辉讲授“民事法律适用的若干理论与实务问题”专题，张志铭讲授“非法证据排除规则”专题，陈卫东讲授“刑事证据规则”专题。全省三级法院260余名法官参加了讲座。

同年，高级法院协助最高法院举办了“全国部分法院调解优先、调判结合座谈会”，“全国部分高、中级法院均衡结案问题座谈会”，“中国欧盟联合国开发计划署案例指导国内培训研讨会”。

2010 年 8 月 5 日，博鳌亚洲论坛会议中心举办“服务国际旅游岛建设专家法治讲座”。

同年，由《法制日报》提供媒体支持，高级法院、海南大学、省农村信用社联合社在琼海博鳌亚洲论坛国际会议中心共同主办“博鳌法治高端讲座”，邀请最高法院党组副书记、副院长张军讲授“法官的自由裁量权”，最高法院研究室主任胡云腾讲授“论裁判说理与裁判文书说理”，最高检察院研究室主任陈国庆讲授“司法制度和司法解释（非法证据排除的具体问题）”，山东大学校长徐显明讲授“法治与社会管理创新”，北京大学法学院院长张守文讲授“社会收入分配的经济法规制”，清华大学法学院院长王振民讲授“论法律之治与民主之治”，清华大学法学院教授张卫平讲授“民事诉讼法修改的前沿问题”，中国人民大学法学院院长韩大元讲授“宪法理念下的维稳观”，中国人民大学法学院教授陈卫东讲授“中国刑事诉讼法修改的前沿问题”，中国政法大学副校长马怀德讲授“法治政府面临的机遇和挑战”，中国政法大学教授应松年讲授“行政诉讼法修改的最新问题”，中国政法大学教授卞建林讲授“中国刑事审判程序的改革与完善”，西北政法大学校长贾宇讲授“从几个热点案例谈中国的死刑问题”。省委政法委书记肖若海，董治良，省检察院检察长马勇霞，《法制日报》社长贾京平，海南大学党委书记刘康德，省农信联社理事长吴伟雄，全省三级法院院长暨中层以上领导干部、业务骨干，海南大学法学院教师代表，省农信社高级经理代表 600 多人参加了讲座。

13 位法学名家出席的博鳌法治高端讲座会场。

二、其它学术活动

(一)参与全国法院系统学术讨论会

全国法院系统学术讨论会是最高法院主办的全国法院最高层次学术会议,其获奖论文对法院工作起着积极指导作用,海南法院历年一直坚持参与撰写、积极报送并均有论文获奖。2007 年,高级法院组织报送第 19 届全国法院系统学术讨论会论文 20 篇,获奖 5 篇;2008 年,报送第 20 届论文 54 篇,获奖 6 篇;2009 年,报送第 21 届论文 37 篇,获奖 7 篇;2010 年,报送第 22 届论文 53 篇,获奖 11 篇(历年获奖名单附后)。为培养海南法官的理论素养,建设高素质的法官队伍,高级法院于 2009 年、2010 年举办学术讨论会培训班,邀请最高法院、海南大学的专家学者为全省三级 22 个法院 74 名作者进行授课,就论文选题、写作方面的知识进行专题辅导,对学员撰写的论文进行初评,指导作者修改,提高论文质量。2010 年,高级法院编印了《全国法院系统学术讨论会我省法院获奖论文集(一)2007－2009 年卷》,收录获奖论文 17 篇。

(二)评选优秀调研成果

2006 年 11 月,高级法院进行全省法院优秀调研成果评比工作,制定《我省法院系统优秀调研成果评比办法(试行)》,评选出了一批优秀调研成果。2007 年,开展“2003—2005 年度全省法院优秀调研成果评选活动”,评出一等奖 15 篇,二等奖 49 篇,三等奖 28 篇。2008 年,评出高级法院优秀调研成果奖 15 篇。2009 年,开展“2006—2008 年全省法院优秀调研成果评选活动”,收到各级法院报送的论文、调研报告、统计分析 156 篇,专著 3 部,评选出一等奖 9 篇,二等奖 12 篇,三等奖 16 篇,优秀奖 17 篇。2010 年 5 月,高级法院编印了《全省法院优秀调研成果评选论文集(一)2006－2008 年卷》,收录获全省法院系统优秀调研成果一、二等奖的论文 21 篇。

（三）组织参与其他学术活动

高级法院还积极组织全省法院干警参加2007年中国审判理论研究会成立暨2007年年会，海南省法学会"法治海南"主题征文；2008年全国法院系统调研成果评选，"济南杯"、"天津杯"、"浙江杯"、"江苏杯"司法论坛；2009年刑事诉讼中青年优秀论文评选，中国审判理论研讨会年会；2010－2011年省社科联规划课题，2010年中国行为法学会首届"司法行为·东岳论坛"，全国法院第5次优秀调研成果评选等学术活动，鼓励干警撰写论文，提高法学理论素养。

2010年11月，董治良（左三）出席中国法学会审判理论研究会2010年年会。

附：全省法院干警在主要学术活动中获奖名单

"中国法学会审判理论研究会行政审判理论专业委员会的成立大会暨土地权益的司法保护主题论坛"获奖3篇

一等奖1篇

高级法院　董治良：《行政审判视角下的我国农地制度改革刍议》

三等奖2篇

高级法院　赵立、钱冰：《农村集体土地权属争议行政案件若干问题研究》

海口中院　张韵声、黄胜春：《闲置土地处置行政案件法律问题研究》

2007年第19届全国法院系统学术讨论会获奖5篇

二等奖1篇

海事法院　刘本荣：《公益诉讼：盘点与辨析》

三等奖 1 篇

海南中院　文妙:《审理农村土地承包合同纠纷案件有关问题的研究》

优秀奖 3 篇

高级法院　陈承洲:《作为证据的当事人陈述在审判实务中的运用》

海口中院　叶能强、陈永华:《审理驰名商标侵权纠纷案件若干问题初探——兼论驰名商标的司法认定》

五指山法院　林积薰:《民事与行政争议交织案件的审理程序机制构建研究》

2008 年第 20 届全国法院系统学术讨论会获奖 6 篇

二等奖 1 篇

高级法院　熊大胜:《行政行为的司法审查:走出"禁区"》

三等奖 2 篇

海南中院　吴佳敏:《破产派生诉讼对追收破产财产与处理债权争议的影响与对策》

海口中院　陈永华:《李丽云事件之法律诠释——兼论医患的权利与义务》

优秀奖 3 篇

海南中院　徐文峥:《辩诉交易在中国适用的可行性分析》

海南中院　周业夏:《司法公正问题研究》

海事法院　刘本荣:《我国登记对抗主义的实际运行与匡正一以船舶物权变动为例》

2009 年第 21 届全国法院系统学术讨论会获奖 7 篇

二等奖 1 篇

五指山法院　林积薰:《诉讼欺诈定罪处刑论》

三等奖 2 篇

海口中院　陈永华:《论宽严相济视角下缓刑人格调查制度之确立》

省一中院　符强:《刑事附带民事诉讼若干事务问题探讨》

优秀奖 4 篇

高级法院　聂海波:《刑事司法环境问题研究——优化刑事司法环境 重在司法理念培养》

省二中院　李庆、张庆昌:《超越法院职权地方化的理性限度》

海口中院　陈永华:《司法廉洁:知难而进——法官队伍廉政建设》

三亚中院　张卫平:《审判组织制度改革探讨——在深化司法体制改革的背景之下》

2010 年第 22 届全国法院系统学术讨论会获奖 10 篇

二等奖 1 篇

高级法院　苏志辉:《民事诉讼中的行政先决问题研究》

三等奖3篇

高级法院　聂海波:《社会矛盾化解视野下的征地补偿制度研究》

省一中院　符强:《民、行交叉救济程序之法理辨析——以不动产物权登记为视角》

海口中院　陈永华:《论中国法官的品格——兼论法官公正司法》

优秀奖6篇

高级法院　熊大胜:《治理“执行难”:我们正处于十字路口——从执行规避与反规避的视角去解释》

高级法院　马雪涛:《行政程序违法的法律责任研究——以行政程序违法的司法审查为中心》

省一中院　谭永强:《审判权独立行使研究》

省二中院　李庆、贾希闯:《揭开“交叉”的朦胧面纱,展示“独立”的真实面目——民行交叉案件的识别及其审理机制研究》

省二中院　曹荣刚:《我国民事诉讼调查令制度可行性探析》

琼中法院　陈国燕:《和谐语境下诉讼调解的范围与限度》

第十一章　审判事务管理[①]

2000年5月,高级法院成立审判督察办公室(简称督察办),作为审判委员会的办事机构,督察审判工作。为落实1999年最高法院印发的《人民法院审判人员违法责任追究办法(试行)》、《人民法院审判纪律处分办法(试行)》和1997年省人大颁布的《错案责任追究条例》,督察办制定了相应的实施细则。2001年7月,高级法院内设机构改革,督察办正式定岗定编。2008年6月25日,督察办更名为审判事务管理办公室(简称审务办),原督察办职能调整,将案件督察工作移交监察室负责。海南高院审务办在全国法院中成为首家经省编委正式定编的审判业务管理机构,其工作职责包括:(一)审判委员会事务性工作;(二)案件质量评查;(三)案件审判流程监督;(四)总结审判经验,推广指导案例;(五)组织优秀法律文书和办案能手的评选;(六)服务审判委员会专职委员的行政事务;(七)院长交办、审判委员会部署的其他工作。

第一节　审判业务管理

审务办成立以前,原督察并办无管理审判业务的职能;审务办在成立后管理审判业务的职能主要是:监督案件流程管理、进行案件质量评查、进行裁判文书质量评查、组织优秀法律文书和办案能手的评选。

一、监督案件流程管理

审务办通过监督,发现问题并提出解决办法,促进审判效率的提高。立案庭于每月5日前,将全院案件审判流程的执行情况汇总送交审务办,经审务办审核后向审判委员会报告;审务办每季度制作一份高级法院《审判效率统计表》,报经审判委员会批准后予以公布。审务办成立当年即制作公布了高级法院2008年上半年、第三季度和10月份的《审判效率统计表》,公开各审判业务部门的工作效率,表彰效率高者,"督促"效率低者,促使各业务部门领导重视并采取有效措施提高结案率。从2009年起,审务办根据立案一庭报来的《审判效率统计表》中相关数据进行分析后,按季度编发《审判效率情况通报》,对全院案件审判流程进行监督。依据研究室提供的司法统计数据,通报全省中级、基层法院审判效率的情况。2010年,审务办编发了2009年全年和2010年前三季度《全

①本章仅记叙了高级法院的审判业务管理,督察办、审务办仅指高级法院的机构,全省其他法院参照高级法院的作法,逐渐完善审判事务管理机构及其工作。

省基层法院审判效率通报》、《全省中级法院审判效率通报》;同年,审务办要求高级法院各业务庭提供数据,按月编发《高级法院法官个人办案情况通报》,并实行审限跟踪催告制度,促进提高办案效率。

二、案件质量评查

案件评查是法院提高办案质量的主要手段。原督察办成立后,建立起了发现违法办案和错案线索后向审判委员会报告、审判委员会审查定性、纪检监察部门追究责任的监督机制。2000 年 6 月,开始案件质量评查工作,组织 3 个检查组,历时 1 个月,对各级法院贯彻落实《人民法院审判人员违法责任追究办法(试行)》、《人民法院审判纪律处分办法(试行)》、省人大《错案责任追究条例》实施细则的情况进行检查,向省二届人大常委会第十五次会议报告了检查情况。对检查中发现的确有错误的判决、裁定,严格按审判监督程序再审改判。同年 9－11 月,由高、中级法院领导带领 7 个检查组分赴各地,对 1997 年 10 月省人大颁布《错案责任追究条例》以来,全省法院改判、发回重审的案件再次进行全面检查(详见本章第三节"违法审判责任追究")。

2000 年,高级法院举办学习两《办法》报告会。

2008 年,审务办成立后,案件质量评查成为常态化工作。当年 7 月开始评查已结各类案件,截至 11 月底共评查 98 件,作出评查结论的 34 件,审务办向审判委员会报告了评查情况,编发了《评查通报》。2009 年,审务办共评查各类已结案件 49 件,编发《审判委员会专刊》通报 2008 年第四季度和 2009 年第一季度案件评查的情况;同年 12 月 9 日,高级法院召开"全省案件质量评查试点法院汇报会议",全面检查案件质量评查工作,指出部分法院对案件质量评查工作重视不够,评查机构设置不合理、人员不到位,要求其认真对待,及时纠正。在当年的全省法院院长会议上,高级法院领导重申了重视和加强案件评查工作的要求。

2010年,中央政法委和省委政法委部署"百万案件质量评查活动",高级法院将此项活动与全省案件评查工作相结合,全面推行案件质量效率评查制度。各级法院严格执行《案件质量评查若干规定》,要求每月抽查评查案件数为已结刑事案件的10%、已结民事案件的5%以上,逐季通报审判业务部门的工作效率,作为年终考核的依据。高级法院制定《案件质量评查暂行办法》和《案件质量评查标准(试行)》,组织审判委员会专职委员和业务庭资深法官对已结案件一月一评查,一季度一通报,发现问题及时纠正;强化审判委员会对案件的监督制约职能,收回抗诉、改判、发回重审案件的决定权、申诉再审权和指令下级法院再审启动权,修改审判委员会议事规则,提高审判委员会的工作质量和效率。同年4月,全省法院全面展开案件质量评查活动,邀请省、市人大代表、政协委员、律师、法学教授18人参与案件评查工作,共评查各类已结案件1242件,认定合格1162件,占93.56%,存在问题案件80件,占6.44%(其中,错案3件,占0.24%,存在瑕疵案件77件占6.2%)。高级法院在开展案件质量评查活动的同时,积极探索建立科学的审判绩效考评制度,确立法官业绩考评指标,试行违法审判责任追究制度,构建法官评价体系,规范和加强法官业绩考评管理。

2010年11月15日,高级法院举办"百万案件评查"汇报会。

三、裁判文书质量评查

裁判文书质量评查同为审务办的一项重要日常工作。自2008年7月起,每月5日前各审判庭将上月结案清单并裁判文书送交审务办,审务办除进行案件质量评查外,对案件裁判文书的格式是否规范,是否做到原则性与具体案件的灵活性相统一,文字是否通顺,是否有病句、错别字和错用标点符号等进行评查,当年底完成了全院7—12月已结案件裁判文书的评查。2009年,审务办完成对全院1—10月份已结案件裁判文书的评查后，通报了评查结果。2010 年，审务办完成了 2009 年 11、12 月和 2010 年 1—11 月全院已结案件裁判文书的评查。

四、裁判文书改革

法院裁判文书是审判活动的载体，体现审判案件的过程和法官居中明断是非、辨法析理、适用法律的过程。1993 年 1 月，最高法院印发 101 种《法院诉讼文书样式（试行）》，统一了全国法院裁判文书的形式。1999 年 7 月，最高法院印发《法院刑事诉讼文书样式（样本）》，由过去的 40 种刑事诉讼文书样式增加到 45 种，重点加强了质证中有争议证据的分析和认证，增强判决说理性。1999 年，高级法院在全省经济审判工作会议上指出，各级法院裁判文书的质量亟待提高：存在事实叙述差错、判决部分说理不充分且针对性不强、文字不通顺、语言不规范等问题，要求各级法院把提高文书质量作为审判工作的一项重要任务来抓，在裁判文书中，要客观叙述事实、加强证据分析、准确适用法律、做到以法以理服人。2005 年，海口中院在高级法院的指导下，积极推动裁判文书改革，制定了《海口市中级人民法院关于裁判文书制作的若干意见》，规范民事案件裁判文书的制作。高级法院强调：裁判文书的内容要评析控辩双方的证据、观点，详细论述裁判理由，不能简单表述为“依据某法某条判决如下”；要将判决、裁定所适用的法律条文附在裁判文书之后，以便案件当事人对照法律条文，正确理解裁判结果。2008 年 9 月 1 日，高级法院启用新的裁判文书格式，封面单页套印国徽，下列海南省高级人民法院 × × 字第 × × 号 × × 裁定书或判决书，内页加盖骑缝章。审务办加强对裁判文书的检查，逐月通报其中的文字疏漏和错误。2009 年，最高法院印发施行《法院诉讼文书格式样本》，进一步规范了裁判文书的形式。

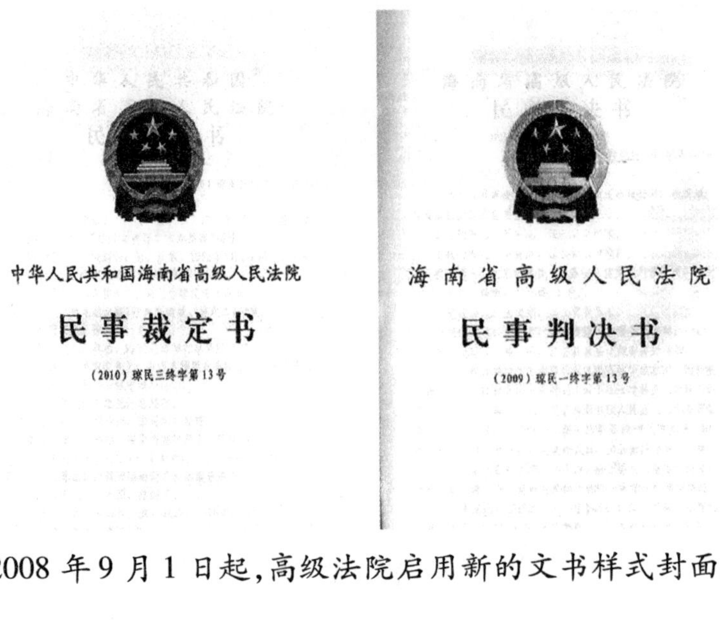

2008 年 9 月 1 日起，高级法院启用新的文书样式封面。

五、组织优秀法律文书评选

为发挥优秀法律文书的示范作用,全面提高法律文书的制作水平,审务办于2009年10月组织开展了高级法院和全省法院2008年度优秀裁判文书评选活动。经过严格评选,全省法院有15篇裁判文书被评为优秀,其中,一等奖2篇,二等奖5篇,三等奖8篇;高级法院有8篇裁判文书被评为院级优秀,其中一等奖1篇,二等奖2篇,三等奖5篇;评选出的优秀裁判文书由审务办集辑印发供学习参考。

第二节　审务办日常事务

作为审委会的办事机构,审务办及其前身督察办承担审委会的会前准备、会议记录、决议制作、草拟会议纪要、监督决议执行以及完成院领导交办的其他工作。

2001年,督查办完成73次审委会会议记录工作,记录案件168件次,事项23件次;2007年,督查办完成48次审委会会议记录工作,记录案件122件次,事项1件次,形成决议88件次;2008年,董治良推行审务办改革,依照《人民法院组织法》,规范审委会的工作,修改了《审委会议事规则》,改变了原来仅每周二上午开会研究案件的惯例,根据呈报讨论案件的件数,延长会议时间,提高审委会的工作效率,这一改革措施使讨论案件的数量大幅增加,所有案件均能及时得以讨论并作出决定,审委会不再积压案;规定重大案件、启动再审案件、指令再审案件、抗诉案件、二审改判案件、职务犯罪案件以及制定司法政策、发布案例、总结审判经验等,均须审委会集体研究决定,加强了审判管理。2008年,审务办完成45次审委会会议记录工作,记录案件和其他事项260件次;2009年,审务办完成46次审委会会议记录工作,记录案件和其他事项392件次;2010年,审务办完成41次审委会会议记录工作,记录案件和事项475件次。

第三节　整顿

一、违法审判追究

为促进公正司法,减少违法审判行为和错案发生,有效遏止违法违纪现象出现,督察办和监察室于2001—2003年多次联合开展清查违法审判案件、追究违法审判责任的工作。督察办牵头组成错案审查小组,对1997年10月省人大颁布《错案责任追究条例》和1998年9月最高法院《人民法院审判人员违法责任追究办法(试行)》、《人民法院审判纪律处分办法(试行)》实施以来,高级法院被最高法院改判、发回重审的案件进行错案责任审查。先由各审判庭自报属于审查范围的案件,后由错案审查小组逐案审查,经集体讨论形成意见报分管院长审核,呈报审委会研究决定。2000－2007年,督察办共审查案件94件。2000年9－11月，由高、中级法院领导带领7个检查组分赴各地，对1997年10月省人大颁布《错案责任追究条例》以来，全省法院改判、发回重审的案件进行全面检查，共审查案件1718件，追究处理了应承担责任的161件错案197人，其中，通报批评98人，责令检查64人，警示谈话教育34人，调离审判岗位14人；警告4人，记过3人，记大过2人，降级1人，免去审判职务1人，留党察看2人，开除党籍、公职2人，逮捕5人，判刑1人。2008年审务办成立后，案件督察工作移交监察室负责。

二、制订、修改规范性文件

2000年督察办成立后，根据高级法院党组要求，拟定了《海南省高级人民法院审判督察工作暂行规定》、《海南省法院贯彻执行〈人民法院审判人员违法责任追究办法（试行）〉和〈人民法院审判纪律处分办法（试行）〉若干规定》；2002年，督察办起草了《海南省高级人民法院民事审判规程（讨论稿）》、《审判人员开庭行为规则》、《关于审理抗诉案件邀请检察院派员列席审委会会议的意见》、《海南省高级人民法院审判责任制实施办法》、《海南省高级人民法院关于民事诉讼庭前准备的若干规定》等文件，其中，《海南省高级人民法院审判责任制实施办法》和《海南省高级人民法院关于民事诉讼庭前准备的若干规定》经审委员讨论通过，印发全省法院执行。2003年，督察办先后组织拟订、修改和完善了《海南省高级人民法院民事诉讼普通程序审判规程》、《审判人员开庭行为规则》、《关于办理请示案件的规定》、《海南省高级人民法院关于院长、庭长、审判长及合议庭成员案件审判责任的规定》、《海南省人民法院执法监督卡制度》等规范性文件。2005年，督察办拟定了《民事诉讼第一审程序庭审操作规范》、《民事诉讼第一审程序开庭准备工作操作规范》、《行政诉讼第一、二审程序庭审操作规范》、《刑事诉讼第一、二审程序庭审操作规范》、《海南省高级人民法院案件审判责任制（试行）》、《开庭行为"五做到""五不准"》等规范性文件。2006年，督察办拟订《关于具体适用中止诉讼规定的若干意见（试行）》、《刑事公诉案件第一审普通程序庭审操作规范（试行）》、《刑事公诉案件第二审普通程序庭审操作规范（试行）》及其《附则》，与民事、行政庭审规范构成了一个完整的诉讼体系。同年，督察办拟订《关于实行判后公开释明听证的规定》，引起最高法院重视，最高法院遂将判后释明规范的调研任务交给海南高院，督察办参与了该项调研工作。2009年，审务办起草了《海南省高级人民法院关于贯彻执行〈最高人民法院关于从源头上减少涉诉信访的若干意见〉的实施意见》。2010年，审务办起草了《海南省法院法官审判业绩考评管理实施办法》、《关于贯彻执行人民检察院检察长列席人民法院审判委员会会议实施意见的通知》、《关于服务海南国际旅游岛建设妥善处理商品房买卖合同纠纷的通知》等文件。

三、规范审判行为

2005 年，督察办对全省审判部门的人员进行培训，组织学习《民事诉讼第一审程序庭审操作规范》、《民事诉讼第一审程序开庭准备工作操作规范》、《行政诉讼第一、二审程序庭审操作规范》、《刑事诉讼第一、二审程序庭审操作规范》、《海南省高级人民法院案件审判责任制（试行）》、《开庭行为“五做到”“五不准”》等规范性文件。

2008 年，审务办根据审委会决议，编发 6 期以指导案例为主要内容的《审判委员会会议专刊》给各级法院，其中两期刊载了董治良在民事审判工作座谈会和刑事审判工作座谈会上的讲话。2009 年 5 月，为提高全省法院审判法官驾驭庭审的能力，当庭质证、认证、确证的能力以及制作裁判文书和适用法律的能力，促进审判质量和审判效率的提高，高级法院开展“全省法院百案庭审竞赛培训”活动，评选出 10 个庭审精品案例制成课件，作为庭审培训教学资料下发各级法院；同年 8 月，高级法院在全省法院开展“进一步提高裁判文书质量专项活动”，成立领导小组，由审务办负责日常工作，审务办将评选出的优秀法律文书汇编成册印发各级法院，发挥优秀法律文书的示范作用，规范全省法院裁判文书的制作。2010 年 11 月，审务办根据院领导指示制定下发《海南省高级人民法院关于上级法院对下级法院实行对口包点业务指导的实施意见（试行）》，规定上级法院业务部门从 2010 年 12 月 1 日起对下级法院相关业务部门开展为期 3 年的对口包点业务指导，审务办除承担对口包点指导工作领导小组的日常工作外，还对万宁法院审务办开展对口包点指导工作。

第十二章　司法政务

司法政务工作涵盖了人民法院党的建设、廉政建设、司法宣传和文化建设、司法警务等方面的工作。1991－2010年,海南法院不断加强司法政务工作,充分发挥司法政务服务、监督和促进审判工作的职能作用,有力促进了海南法院的科学发展。

第一节　党建工作

一、组织建设

组织建设是党建工作的基本内容。高级法院从建院起即重视各级法院的党建工作。1990年,琼南中院党总支2个下设的党支部调整为3个,高级法院的党支部增设8个党小组和海事法院支部,增补党委副书记和委员6名,党委委员由7名增加到9名。1992年,高级法院协助海南中院组建机关党委,按规定召开了机关党员大会,选举产生机关党委委员。同年,高级法院内设机构调整,原7个党支部调整为11个,各庭、处、室基本建立起了党支部。1993年,高级法院执行庭党支部成立。1994年,法警支队党支部成立;政治部支部分设为政治部、监察室、党委办公室支部。1997年2月,高级法院机关党委进行换届选举,改选增设了刑庭、办公室、政治部、法警队、告诉申诉庭、服务中心、司法行政处等7个党支部,进一步加强了基层党组织建设。1998年,按照《海南省直机关基层党支部工作暂行条例》和《省直机关党务工作程序》,进一步规范和加强了支部建设。2003年,按照《省直机关工委、省文明办 < 关于深入开展创建“文明高效机关”活动的实施方案 >》,高级法院机关党委结合实际开展创建“文明高效机关”活动,积极推行“政务公开制”、“首问负责制”、“服务承诺制”和“社会承诺制”。2004年,高级法院贯彻中纪委第三次全体会议和海南省纪委第四次全体会议精神,继续以党风廉政建设为重点抓好法院队伍建设,探索建立针对“不愿为”、“不敢为”、“不能为”的自律、惩戒和防范综合机制,形成教育、管理、监督和查处并重的反腐败工作体系。2005年,高级法院机关党委针对机关党支部书记新手多,党务工作不够熟悉的情况,制定《党支部委员会议程序》、《党支部委员会议民主生活程序》、《党支部委员会改选程序》,加强组织建设。

2008年12月22日,高级法院完成了刑事审判第二庭党支部的设立和4个党支部7名支部委员的增补,完成了1997年以来第一次机关党委换届工作,选举了新一届中共高级法院机关党委委员。2009年6月,重新设置机关党支部和支部委员会,完成原有22个党支部的换届工作和4个新增内设机构党支部的成立。同年11月,省直机关党建工作会议专门邀请高级法院作大会发言,交流党建工作经验。2010年12月,高级法院被评为

“2009—2010年度海南省直机关党建工作目标管理先进单位”。截至2010年,高级法院党的组织机构设置有院党组、院机关党委、院党组纪检组、院机关纪委和党支部。其中,党支部27个(含离退休干部党支部3个),党小组8个。全省三级法院共有146个党支部,其中,4个中院和海事法院党支部54个,22个基层法院党支部65个。截至2009年10月,全省法院共有中共党员1651人,占干警总数的68.6%。此外,高级法院还设置有机关工会、机关团委、机关妇委会和省法官协会、女法官协会等群众性组织。

2008年6月24日,高级法院新法官党员入党宣誓。

二、政治学习

政治学习是党建工作中常抓不懈的内容。1993年,全省法院各级党组织认真开展以学习邓小平建设有中国特色社会主义理论为主要内容的五大学习活动。1997年4—5月,高级法院开展党性党风党纪教育活动和法官从政道德教育活动。1998年,根据中央和省委指示,全省法院开展了以反腐败为主要内容的集中教育整顿活动。1999年,扎实开展“三讲”教育和“三项活动”,同年10-12月,高级法院领导班子和处级以上干部进行为期2个月的“三讲”教育,全面加强法院队伍建设。2001年,高级法院制定了法官职业道德“28字”规范和《工作作风六要求》,在全省法院部署为期2个月的以“反特权、反霸气”为主要内容的职业道德专题教育和以公正廉洁司法为主要内容的专题警示教育,用法律、纪律、道德三种手段管理队伍。同年,全省法院干警学习贯彻江泽民总书记在庆祝中国共产党成立80周年大会上的讲话和党的十五届六中全会精神,开展了“一教育三整顿”活动,即开展法官职业道德教育,整顿领导班子,整顿审判纪律,整顿工作作风。2002年,高级法院机关党委组织学习“优秀共产党员、模范基层干部”王国雄的先进事迹。2004年5月10日,全省法院开展“公正廉洁树形象”活动,即“公正办案树公正形象,廉洁办案树廉洁形象,改进作风树文明形象,司法为民树亲民形象”;高级法院组织干警深入学习贯彻《中国共产党党内监督条例(试行)》和《中国共产党纪律处分条例》,加强党组织建设。2005年,高级法院按照中央和省委的部署,开展保持共产党员先进性教育活动。2006—2007年,全省法院开展社会主义"八荣八耻"荣辱观教育,组织各党支部集中学习党的十七大报告,在高级法院举办全省法院"社会主义法治理念教育"演讲比赛,召开全省法院院长、政治部主任、政工室主任、监察室主任和高级法院机关全体党员干部共300多人参加的党课教育大会。

2008年,高级法院开展"坚持'三个至上'指导思想,促进特区审判事业科学发展"为主题的学习实践活动。开展"大学习、大讨论"、"制度落实检查年"和"深入学习实践科学发展观"等活动(详见第一章机构人员的思想政治教育部分)。2009年,高级法院开展"人民法官为人民"法院主题实践活动。2010年1月,海南省委对高级法院进行为期半年的巡视工作,高级法院党组按照巡视组反馈的巡视意见和巡视组提出的五个方面十六项整改要求,认真研究整改措施和整改任务分解方案,确定责任部门、责任人和完成整改的时限,认真抓好整改。同年2—5月,全省法院集中开展党性党风教育活动,高级法院各党支部开展了"讲党性、重品行、作表率"为主要内容的民主评议活动。

2010年1月11日,海南省委巡视组巡视法院工作见面会会场。

三、工青妇工作

工会、青年团、妇女委员会工作是党建工作的重要补充。在抓好党建工作的同时,各级法院积极引导和协同工、青、妇工作,发挥其积极作用。1990年,高级法院机关工会成立,发展会员168名,召开了工会代表大会。1993年8月,高级法院组团参加省直机关第一届职工运动会。1995年,高级法院机关第一届妇女委员会经省直机关妇女工作委员会批准成立。2002年,高级法院机关妇女大会选举了第三届妇委会(第一届连任两届),

开展“巾帼建功”和“五好文明家庭”活动，被省妇联、省直工委评为“维护妇女儿童权益先进单位”；同年8月5日，共青团高级法院委员会换届。2007年3月，高级法院妇委会再次改选；同年6月，共青团高级法院委员会换届。

第二节　廉政建设

一、廉政制度建设和临时性廉政措施

1990年，全省法院成立监察室，设立监察员，开展监察活动，加强对法院工作的廉政监督，查处违法违纪行为，确保人民法院队伍的廉洁性。高级法院制定《海南省法院系统纠正不正之风的具体措施》，各级法院认真予以落实。1991年，全省法院成立“纠正不正之风”领导小组，高级法院设立了举报电话和举报信箱，实行24小时举报接待制度，采取“请进来，走出去”的方式，认真听取社会各界群众对法院审判工作存在不正之风的反映。1992年，高级法院制定《海南省法院系统错案责任追究办法（试行）》，推动廉政建设。1995年，高级法院出台《关于海南省法院1995年党风廉政建设和反腐败工作的实施意见》，部署全省法院反腐倡廉工作；修订了1992年制定的《海南省法院系统错案责任追究办法（试行）》，推出《海南省法院系统错案责任追究制度》，制定《海南省法院干警廉洁自律的补充规定》，并会同司法厅制定了《关于法官律师相互监督公正办案问题的规定》。1998年，高级法院印发《海南省高级人民法院监察室对审判案件实行跟踪监察的暂行办法》、《法院干警接受可能影响公正执行公务的宴请处理的暂行规定》、《关于海南省高级人民法院工作人员在交往中借用交通、通讯工具实行登记制度的规定》，加强党风廉政建设。2000年，高级法院组织全省法院开展“三讲教育回头看”活动，针对审判工作的漏洞与薄弱环节进行整改。2001年，高级法院印发《法官职业道德规范》、《海南省高级人民法院副厅级以上领导干部廉政承诺》、《审判纪律六要求》、《工作作风六要求》。2002年，全省法院落实最高法院和高级法院有关回避制度的规定，通过个人自报和监察室核实，对350名回避对象作了登记，以掌握情况，制定了《2002年全省法院纪检监察工作意见》围绕该意见做工作安排；同年，高级法院出台《2002年反腐败抓源头工作实施意见》，强调纪检监察工作应加强对审判权、执行权的制约，强化对审判程序的监督；建立以公开促公正的审判机制，强化对审判的社会监督；严肃查处违法违纪案件，把查处和教育相结合；加强领导责任，实行“一把手工程”。2003年，全省法院开展“以党风廉政建设为重点抓队伍建设”活动，认真实践“公正与效率”主题，全面落实司法为民的要求，通过司法大检查，推动审判和执行工作。2004年，各级法院建立了在编干部廉政档案。2007年，高级法院组成3个检查考核组，分别对海南中院、海口中院、三亚中院、洋浦中院、海事法院及辖区法院2006年度执行党风廉政建设责任制的情况进行检查考核，对2005年度执行党风廉政建设责任制不合格单位临高法院重点进行考核验收。检查考核的结果：海南中院、海事法院、陵水法院、琼海法院、白沙法院的领导班子为2006年度执行党风廉政建设

责任制优秀,儋州法院不合格,其余法院合格。

2008 年,全省法院建立自律与他律相结合的防范腐败体系,从一把手开始层层签订廉政责任状;对法院领导干部的配偶、子女从事有偿法律服务活动和商务活动的情况进行全面调查摸底;认真执行领导干部离职和退(离)休后从业行为等各项廉政规定;开展从源头上预防和治理司法腐败的工作,实行重要情况通报和报告制度;制定《高级法院项目资金采购管理办法》,对容易产生问题的部位和环节全程跟踪监督;进一步规范对外评估、委托、拍卖工作,撤销了屡受投诉的委托鉴定拍卖中心,当年,干警被投诉率即下降 35%,截至 2010 年底,高级法院干警被投诉率已降为零。

2009 年,根据最高法院加强队伍建设、参照党委巡视制度建立司法巡视制度的要求,高级法院制定发布《海南省高级人民法院关于司法巡查工作的暂行办法》,从当年 9 月开始对全省法院巡查,每年至少巡查 2 个法院。司法巡查工作是全面推进法院思想政治建设、业务建设和队伍建设的重要举措,通过对各级法院特别是法院领导班子及其成员的有效监督,能够确保法院正确的政治方向,确保党的路线、方针、政策得以贯彻执行,促进国家法律法规的有效实施,促进公正廉洁司法,确保法院审判执行工作实现公平正义。同年 10 月 10 日 –11 月 10 日,高级法院对琼山区法院进行司法巡查,通过走访海口中院、琼山区委、政府、人大、政协,广泛征求意见;通过听取汇报、个别谈话、召开座谈会、问卷调查,听取干警意见;通过案件质量评查、案例分析、明察暗访、查阅文件,了解案件质量和庭审作风;巡查组全面了解了琼山法院思想政治建设、司法业务建设和队伍建设的基本情况,及时帮助该院解决在巡查中发现的问题,促使琼山法院在队伍素质、审判管理、司法为民等方面有了较快转变。同年 11 月底,全国法院纪检监察业务培训班在海口举办,来自全国各级法院的纪检监察干部和廉政监察员共 220 余人参加了培训。同年,全省法院配备了 139 名廉政监察员。

2010 年,高级法院建立廉政监督卡制度,受理案件时将廉政监督卡随案发送给当事人,案件审理或执行完毕,由当事人将填写好的廉政监督卡寄回高级法院纪检监察部门,确保对审判各环节的动态实时监督。同年,高级法院印发《关于法院离任工作人员执行回避规定的通知》,细化“五个严禁规定”(严禁接受案件当事人及相关人员的请客送礼,严禁违反规定与律师进行不正当交往,严禁插手过问他人办理的案件,严禁在委托评估、拍卖等活动中徇私舞弊,严禁泄露审判工作秘密),以“人民法官为人民”主题实践活动为载体,落实廉政建设各项制度。针对群众对司法公平正义的新要求新期待,全省法院总结廉政建设的经验和教训,重点落实以“五个严禁”为核心的审判纪律制度、三级法院廉政建设责任制度、重点业务庭室廉政监察员制度、违法审判责任追究制度,对存在问题法院进行巡查纠正制度;确立法官司法行为的边际界线,建立预防和惩处腐败的长效机制,坚决查处违法违纪问题,构建司法公信和司法权威。同年 4 月 12 日 –7 月 11 日,高级法院司法巡查组进驻东方法院开展司法巡查工作,协助该院加强思想政治、作风、制度、业务、党建、基础设施等方面建设;同年 9 月,高级法院开始巡查保亭法院。

2010 年 2 月 26 日，海南省法院召开反腐倡廉工作会议。

二、廉政监督

除法院内部廉政监察工作外，各级法院还注重人大代表、政协委员、媒体等外部廉政监督。2005 年 5 月份，高级法院向社会公布《关于规范法官与当事人、诉讼代理人关系的五条禁令》，制成卡片，人手一张，随身携带，接受群众监督。2006 年，启动廉政监督员制度，高级法院在全省聘请了 45 名廉政监督员。廉政监督员以不同职业身份，通过视察工作或者受理投诉、采访调查及参与诉讼等方式，将法官或其他工作人员违法违纪的线索、证据及时反映给法院纪检监察部门。为防止监督形式化，增强监督实效，高级法院于 2007 年出台《关于加强廉政监督员工作的措施》，举办廉政监督员培训班，召开廉政监督员座谈会，提高廉政监督员监督水平。年初"两会"期间，代表提出涉及法院系统的议案 5 件，反映案情 22 件、政协提案 2 件、委员反映案情 14 件，高级法院虚心接受监督，全部办理完毕并逐件答复代表、委员；编印《新闻直通车》，及时向全省法院反馈媒体动态，及时处理媒体监督的案件。2010 年，高级法院进一步规范廉政监督员制度，明确了廉政监督员的权责，重新聘请廉政监督员，打开了廉政监督工作新局面。

三、案件查处

高级法院 在完善法院系统内部与外部廉政制度建设的同时，开展具体的案件查处工作，使各项廉政制度得以落实，确保人民法院公正廉洁司法。其中有较大影响的是：1992 年，全省法院开展诉讼费专项治理和"三风"、"三案"、"三同"（即吃请风、送礼风、贿赂风；关系案、人情案、案外案；与当事人同吃、同行、同住）专项治理工作；1997

年5－6月份开展执法大检查工作，根据《海南省高级人民法院关于在全省法院开展执法大检查的实施方案》、《海南省高级人民法院关于开展执法大检查的实施方案》，对全省5个中院、7个基层法院的1117件案件进行检查，发现有问题的案件246件。2002年，高级法院全面实行错案责任和违法审判责任追究，坚决查处违法违纪问题，在全省法院纪检监察信访案件查处工作中，给予开除党籍、公职处分2人、记大过处分2人、记过处分3人、警告处分5人、通报批评9人，其他处理的2人，对确保公正审理案件起到了监督作用。2004年，为了解法官职业道德和业务素质情况，高级法院在全省法院抽查了100件各级党政领导、人大、政协、检察机关监督、人民群众反映强烈的案件。

2001－2010年间，全省法院查处工作人员违法违纪共计184件241人。其中受党纪、政纪处分164人（受双重处分的按1人计，判处刑罚同时受纪律处分的不计）；判处刑罚的共21人（部分人员同时受党纪、政纪处分）；受通报批评、限期调离等较轻处理的56人。

第三节　司法宣传和文化建设

全省法院的新闻宣传与文化建设工作在高级法院的宣传部门的领导下，为宣传法院形象，推进司法公开作出了很大成绩。高级法院的宣传部门经历了政治部宣传教育处、天涯法律网、司法宣传中心和新闻宣传处等四个阶段变化。

1996年3月，高级法院在政治部下设宣传教育处（简称宣教处），负责内外宣传工作。1997年，高级法院印发《关于认真抓好“97法官形象年”活动的通知》，提出法官应当树立“公正、廉洁、高效、文明、公仆”五个形象和开展这一活动的具体要求；开办《1997法官形象年活动专刊》，及时总结交流各级法院开展形象年活动的情况；举办1997年法官形象年活动图片展。此外，建立起《海南法院政工简报》通讯员队伍，当年共编发《政工简报》16期。1998年，高级法院下发《海南省高级人民法院关于全省各级人民法院自觉接受新闻舆论监督的通知》，规定了法院接受新闻监督舆论监督的主要内容、各级法院接受舆论监督应当注意的问题。1999年3月12日，高级法院召开全省法院第一次专门宣传工作会议，认真贯彻全国法院宣传工作会议精神，联系海南省实际，深入研究如何更好地加强法院宣传工作。

2001年5月，海南法院系统官方网站“天涯法律网”开通，最高法院院长肖扬亲临网站视察，对“天涯法律网”以公开促公正的工作宗旨给予充分肯定，并为网站题名。

2001 年 5 月，肖扬视察天涯法律网。

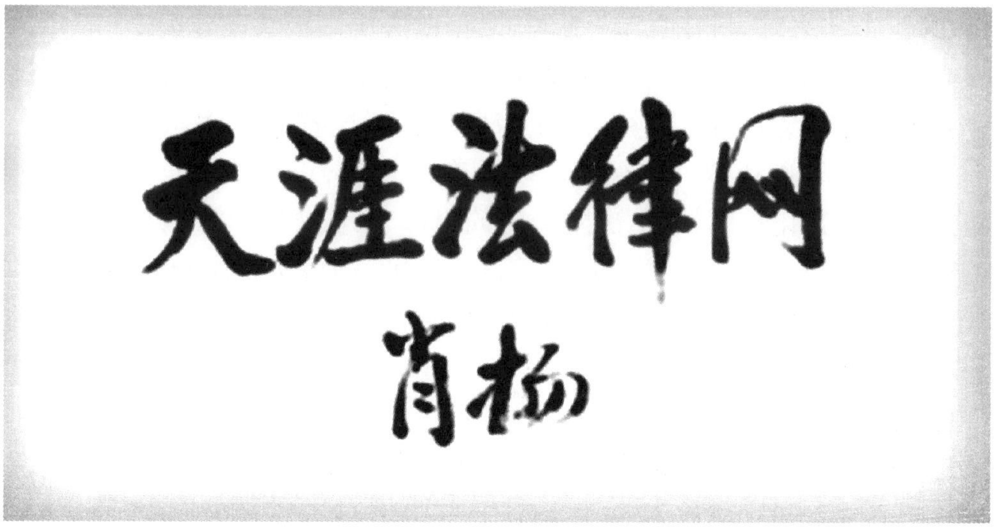

肖扬为天涯法律网题名。

2003 年，“天涯法律网”配合全省法院司法大检查活动，对全省通过明察暗访解决庭审纪律较差的问题进行了报道，并组织报道“全国模范法官”陈援朝先进事迹。2004 年，“天涯法律网”九大频道三级栏目已达 200 余个，全年共发布各类信息 59279 条近千万字，在近百个二级栏目中每天更新 30 个，每周更新 7 个，不定期更新 39 个，跻身于国内知名法律专业网站行列。2006 年 5 月 18 日，高级法院首次召开新闻发布会，向省内外 15 家媒体公布了全省法院在审判监督、案件执行、院长接访等工作环节推出的多项重大新举措。增强了审判工作的透明度。2007 年 3 月，高级法院印发《关于加强和规范新闻宣传工作的意见》、《新闻宣传工作考评办法》、《法院案件报道的有关规定》，对新闻宣传工作的组织机构、工作职责、新闻发布制度、负面报道应对、宣传工作考评办法、案件报道纪律等作出明确规定，进一步规范全省法院新闻宣传工作。同年，高级法院指导全省法院实施“法律六进（进机关、乡村、社区、学校、企业、单位）”工程，组织了十多场法律咨询宣传活动，选择566件影响大的典型案件到案发地开庭，庭审旁听群众达10多万人次；举办法制讲座452多次，法制宣传图片巡回展览117场次，组织印发法制宣传资料100299册；派出资深法官担任学校“法制副校长”或“法制辅导员”113名，给学校师生上法制课252场次，授课人数达31000多人次；组织法制文艺小分队为农民群众演出37场次，扩大法制宣传活动在社会上的影响。

2008年10月21日，根据新时期法制宣传工作要求，经省编委批准，宣教处的宣传职能从政治部分离出来，与经过改组的天涯法律网站、《人民法院报》海南记者站、《特区法坛》编辑部合并为司法宣传中心。全省法院开展“大学习、大讨论”活动，司法宣传中心积极配合，在《人民法院报》刊发3个整版：《坚持“三个至上”指导思想 促进特区审判事业科学发展——访海南省高级人民法院院长董治良》、《在服务大局中发挥人民法院审判职能——海口市中级人民法院大学习、大讨论活动纪实》、《让群众感受到司法的温暖——白沙县人民法院大学习、大讨论活动纪实》。同年，高级法院提出“从严治院、公信立院、文化建院、人才兴院、科技强院”工作思路，以庆祝高级法院建院20周年为契机，出台《海南省高级人民法院关于人民法院文化建设实施办法（试行）》和《海南省高级人民法院关于海南文化建设活动方案》；12月11日，召开全省第一次法院文化建设工作会议，提出创建“学习型、创新型、和谐型”法院的奋斗目标，正式拉开全省法院文化建设的序幕，在办公楼设立文化长廊，展示法院干警的摄影、书法、绘画作品，确立“公正廉明、亲民尚法”的院魂。为进一步建立健全新闻发言人制度，高级法院出台《海南省高级人民法院新闻发布制度实施细则》、《海南省高级人民法院突发事件新闻发布工作应急预案》、修改完善《新闻宣传工作考评办法》。

2009年，落实《海南法院文化建设实施办法》，启动法院文化建设，于2月召开全省法院第二次文化建设工作会议，建立了全省三级法院通讯员队伍。高级法院在全国三级媒体刊发稿件970篇，同比增长2.38倍；其中，在中央媒体刊发66篇，同比增长了47%；各网络媒体登载或转载高级法院宣传报道共计618篇，同比增长47倍。全省法院共召开新闻发布会和媒体通气会39次，发布内容涉及法院工作的重大举措、社会关注的重大典型案件审判情况等，收到良好社会反响。同年，高级法院成功举办全省法院系统庆祝新中国成立“人民法官为人民”主题文艺晚会。2010年，全省法院以建设国际旅游岛为契机，大力培育特区法院精神，深入开展社会主义核心价值观教育，以先进的法院文化促进开展法院各项工作。4月19日，高级法院召开全省法院第三次文化工作会议，天涯法律网专门开辟了“海南省高级人民法院服务海南国际旅游岛建设工作意见”、“海南全省法院旅游诉讼服务中心与旅游景区巡回法庭电话”、“关于服务海南国际旅游岛建设妥善处理商品房买卖合同纠纷的意见”、“海南高级法院司法为民工作30条措施”等服务社会科学发展大局的栏目。同年，高级法院征集全省法院工作人员的著作，在图书馆建立“海南法院法官书架”；举办全省法院通讯员培训班，高级法院院长和《人民法院报》、《海南日报》资深记者对新闻通讯员进行集中培训，提高法院新闻宣传队伍的素质和写作能力；全省法院发稿4371条，高级法院发出新闻稿件1209条，占全省法院发稿的28%；其中，全省法院在中央媒体发稿220条，高级法院在中央媒体发稿110条，占全省法院发稿的50%；全省法院案例报道2083篇，高级法院全年报道案例408篇，占全省法院案例报道的20%。对维护法院公正审判形象，树立法律权威起到了积极推动作用。全年无网上恶意炒作法院案件的事件，平面媒体无法院负面新闻。全年编写《要情专报》36期，《网上投诉》14期，使院领导及时、准确掌握网上舆情。“两会”期间，组织全省法院128人对100多个网站实施24小时监控，处理舆情近百条，其中，处理最高法院特大舆情8条，受到最高法院《新闻宣传信息》专题文章表扬。

2010年7月27日，省编委正式批准高级法院设立新闻宣传处，天涯法律网站归属新闻宣传处管理维护，成为海南法院系统司法公开的重要平台。当年，高级法院继续推进“法律六进”工程，在海南省“五·五”普法验收中，被评为全省法制宣传先进单位，《海南日报》长篇通讯介绍了高级法院普法事迹和经验。11月，高级法院举办了3天“法院开放日”活动，分别邀请部分全国、全省政协委员、海南大学、海南师范大学和海南政法职业学院的学生参观法院，旁听庭审。在高级法院带动下，各级法院也开展了丰富多彩的“法院开放日”活动。

2010年，董治良接受人民网采访。

第四节 司法警务

一、组织建设

1993 年 11 月 25 日,根据《人民法院组织法》,经省编委批准,高级法院设立司法警察支队。1997 年 5 月,高级法院司法警察支队直属队(正科级)成立。1997 年 11 月 3 日,根据省编委批准的《海南省高级人民法院机关机构改革方案》,高级法院设立司法警察总队(原法警支队升格为法警总队),各中院设立法警支队,各基层法院设立法警大队。2007 年 12 月 7 日,根据省编办《关于省高院司法警察总队设立内设科级机构的批复》,高级法院法警总队设立警务科、警政科、直属支队等 3 个内设科级机构,核定科级领导职数 9 名(法警人员构成详见第一章第二节人员部分)。

2005 年 8 月,海口中院司法警察技能训练。

二、思想政治建设

法警总队坚持"三会一课"制度,发挥党支部的战斗堡垒作用和党员的先锋模范作用,狠抓思想政治建设和专项作风建设,注重提高队伍素质和凝聚力。一是深入开展反腐倡廉集中教育整顿活动,提高司法警察的政治理论水平和党性修养,加强防腐拒变能力,保持法院司法警察清正廉洁的政治本色,法警总队连续 17 年未发生违法违纪问题,2008 年被评为"全国法院司法警察工作先进集体",1 人被最高法院评为"全国法院优秀司法警察"。二是以全国法院发生的各类突发事件为鉴,开展作风纪律专项整顿活动,加强司法警察的组织纪律性,转变工作作风,规范执法行为,提升执法能力和执法水平。三是开展司法警察警示教育活动，制定教育计划和教育内容，明确标准要求，查找存在问题，编写了6期2万多字《司法警察警示教育学习快讯》，效果显著。

三、司法警务保障

1997年，根据《人民法院司法警察暂行条例》、《海南省高级人民法院死刑及刑事二审案件开庭审理保障操作规程》等规定，全省法警以刑事审判警务保障为重点，提高组织管理水平，加强执法规范化建设，发挥职能作用，为法院审判和执行工作的顺利进行提供了有力警务保障。2003－2010年，全省法警共保障刑事、民事、行政、审监等各类案件开庭1325次，派出警力10250人次，其中，刑事案件开庭1102次，押解人犯12852人，派出警力9958人次，出动警用车辆2368辆次，行程150万公里；送达各种法律文书41280件，案卷退卷28961件，派出警力5372人次，出动警车1656辆次，行程122万多公里，及时率、准确率达到98%；值班接待来访25651次48401人次，派出警力3650次19882人次；安检查出违禁物品340件；处置群体上访88次1356人次，派出警力850人次；完成重大活动、重要会议警卫保障任务33次，派出警力280人次；为缓解全省法院重大庭审警力不足的压力，法警总队启动调警令86次，调动法警362人次，保障重大庭审顺利进行。为确保安全执行死刑，法警总队先后29次到海口刑场进行指导，建立了指导执行死刑工作的长效机制，逐渐形成了上下级重大警务要情报告的制度。2003年，法警总队制定印发《海南省高级人民法院法警工作若干工作规范》（押解规范、值庭规范、看管规范、送达规范、警卫规范），进一步规范了警务工作；同年3月17日，高级法院公开审理轰动全省的海再文涉嫌黑社会组织犯罪一案，该案涉案人员多，社会背景复杂，开庭前曾有数百人两次围攻高级法院，要求无罪释放海再文等案犯，法警总队制定应急处置预案，精心组织指挥，保证了庭审正常进行；同年6月26日，法警总队指导海南中院法警支队顺利实施了海南首例注射执行死刑的任务。2005年2月7日，海南中院开庭审理8名越南籍被告人在北部湾中国海域抢劫我渔民一案，该案由最高法院、最高检察院、公安部、司法部、外交部联合督办，法警总队指挥海南中院法警支队调集48名法警，越野警车8辆，圆满完成了8天庭审警卫任务，并于宣判后将被告人交由武警押往中越边境驱逐出境。2006年5月31日，高级法院举行联合大接访活动，法警总队制定保卫方案，全体警员尽职尽责，圆满完成了保卫任务2009年4月30日，高级法院刑事审判第一庭在东方法院公开审理符亚二等4名被告抢劫致人死亡一案，被害人家属情绪激动，纠集同村人员欲报复被告人、伤害辩护律师，法警总队长建议暂缓开庭，紧急还押被告人，转移辩护律师，避免了可能发生的流血事件。同年9月24日，高级法院行政庭公开审理一起重大跨县市行政区域农村土地纠纷案，涉事双方组织170多名村民到法院旁听，该案双方积怨很久，曾多次发生过肢体冲突，被省维稳办列入重点防控目标，法警总队妥善布置，联系公安警力支援，确保了庭审顺利进行。

四、执法规范化建设

法警总队以“抓思想信念,抓工作细节,抓行为规范”为重点,先后制定印发《死刑及刑事二审案件开庭审理保障操作规程》、《司法警察在押解、看管、值庭、安检中着装和携带警械、武器的规定》、《关于进一步加强司法警察在执行警务活动中正确使用告知词的通知》、《司法警察警务装备达标意见》、《重大警务要情报告制度》、《安全检查实施细则》、《调动使用司法警察办法》、《关于调整枪支管理部门和配发枪支的通知》等10多个规范性、指导性文件。对司法警察执行警务时的着装,正确使用告知词,规范文明用语,规范法律文书的送达等提出具体明确要求。2004年,法警总队印发《海南省法院羁押室建设标准的通知》、《海南省法院法警处置应急事件暂行规定》、《海南省法院法警在值班中文明用语和忌语》,转发《最高人民法院有关法警工作规则》、《最高人民法院关于近期全国法院系统接连发生被告人脱逃事件的情况通报的通知》等规范性文件。2005年,法警总队印发《海南省法院法警实行统一领导体制的实施方案》、《贯彻“最高人民法院政治部关于统一省高级人民法院法警总队内设机构设置及名称的通知”实施方案》、《海南省法院机关安全保卫工作管理办法》、《海南省法院法警训练纲目》、《海南省法院法警党支部生活制度》、《关于进一步做好庭审突发事件防范处理工作的通知》、《海南省法院法警经常性思想政治工作制度》,以及《海南省法院法警日常管理制度》,转发了最高法院《人民法院法警训练大纲》;同年12月,法警总队创办印发了3期《法警工作信息》,作为全省法警交流信息的平台,促进法警思想建设和队伍建设。2006年,法警总队印发《法警枪支管理使用办法》、《警车管理办法》、《群体性上访处置预案》、《庭审突发事件处置预案》、《启用法警调警令的暂行规定》、《规范使用法警管理办法》,转发最高法院《关于加强人民法院法警队伍建设的若干规定的通知》、《人民法院法警安全检查规则》、《人民法院法警警用装备配备标准》以及5期《法警工作信息》。2007年,法警总队制定了《海南省高级人民法院关于机关办公楼安全保卫工作的若干规定(试行)》、《海南省人民法院警车管理规定》、《海南省高级人民法院关于进一步加强全省法院警车管理使用工作的通知》、《海南省高级法院关于海南中院在乐东法院开庭时受到旁听人员围攻的情况通报》、《海南省高级人民法院法警总队岗位职责》、《海南省高级人民法院法警工作制度》等规范性文件;建立了《海南省高级人民法院法警每月警务活动汇总表》、《海南省高级人民法院法警总队值班日志》、《羁押室规则》、《保卫人员工作制度》、《值班制度》、《法警总队主要职责》、《法警职责》、《总队长职责》、《政委职责》、《副总队长职责》,转发了最高人民法院《人民法院法警内务条令》和《人民法院法警执法行为规范(试行)》。同年5月16日,高级法院召开全省法院法警工作暨表彰会议,表彰成绩突出的法警总队等6个先进集体和18名先进个人。同年9月,五指山、保亭、陵水3个基层法院法警大队按照法警总队制定的年度训练计划,因地制宜,开展为期8天的法警技能、体能捆绑式联合集训。同年12月,由高级法院政治部主办,法警总队协办的全国法院法警第33批警衔审核培训班在海口举办，最高法院警务部部长出席开班典礼并讲话。

2008 年，高级法院领导要求高级法院所有刑事案件一律就地开庭审理，减少了跨区域押送被告人的风险，节约了司法资源；同年，法警总队修改完善《死刑及刑事二审案件开庭审理保障操作规程》、《全省法院羁押室建设标准》、《法警对群体性上访事件处置预案》、《法警对庭审突发事件处置预案》、《法警公务用枪管理使用规定》、《全省法院法警调用警力办法》、《法警在押解、值庭、看管、安检中着装和携带警械、武器的规定》、《关于全省法院法警加强奥运会期间庭审保障和机关警卫安全工作的通知》、《海南省高级人民法院法警工作制度》、《海南省高级人民法院法警岗位职责》、《关于进一步加强法警在执行警务活动中正确使用告知词的通知》等 11 项规范性文件，转发了最高法院《关于部分法院发生被告人脱逃等事件的情况通报》、《人民法院法警预防和处置突发事件暂行规则》、《人民法院调动使用法警暂行规则》，举办了全省法院法警培训班。2009 年 6 月，法警总队印发《关于更换全省法院法警警号的通知》，要求各级法院全面清理整顿和更换警衔等专用标志及工作证，进一步规范警衔专用标志的管理，全省法院共清理占用佩戴警用标志工勤人员 45 人，聘用法警 73 人。同年，法警总队印发《海南省法院法警警务装备达标意见》、《海南省高级人民法院关于进一步加强全省法院安全工作的通知》、《海南省高级人民法院关于开展法警庭审安全教育整顿活动的方案的通知》、《海南省高级人民法院预防和处置突发事件应急预案》、《海南省高级人民法院法警应急分队突发事件处置预案》、《海南省高级人民法院法警执行死刑工作细则》、《海南省高级人民法院法警总队安全检查实施细则》等指导性、规范性文件，将《法警工作信息》更名为《海南法警信息》。2010 年，法警总队印发《全省法院警车专项整治活动实施方案》、《海南省高级人民法院关于法警执行死刑工作实施细则的通知》、《海南省高级人民法院关于进一步加强全省法院安全工作的紧急通知》、《全省法院法警警示教育活动实施方案》；转发最高法院《关于人民法院法警远程视频提讯警务保障规则的通知》、《关于印发 < 关于对人民法院安全保卫等工作开展联合督查的情况报告 > 的通知》等指导性、规范性文件，规范工作职责，明确工作纪律，做好司法警务工作。2010 年，将原 8 名聘用法警移交海口金鹰安保公司管理。

五、专业技能培训

针对全省法院法警基本技能和专业技能基础差，底子薄的状况，法警总队把“打基础、强素质、抓队伍，保安全”作为重点，每年制订训练计划，督促各级警队开展专业素质竞赛和特殊情况处置演练，年终进行考核。法警总队先后对新调人和晋升的警员举办了 9 期司法警察培训班，培训司法警察 830 人次，培训业务骨干 65 人次。2009 年，举办全省法院法警培训班对首次授衔和晋升警衔的 60 名法警进行培训，派出省一中院、省二中院、海口中院、三亚中院各 1 名法警参加全国法院法警心理素质培训班。2010 年，法警总队举办了 4 期不同内容的司法警察培训班。

六、警用装备建设

警用装备建设是顺利完成各项警务和处置各类突发事件的保障,是法警队伍建设的重要组成部分。1993 年建队伊始,法警总队的警用装备数量较少;2004 - 2010 年逐步配备了较为先进的各类警用装备,达到了最高法院要求的装备配备标准。

2010 年,采购了价值 400 多万元的安防设备和警用装备并全部配备到位,与海口市公安局研究部署了海府地区法院与公安安防联网事宜。

第十三章　司法事务

人民法院的司法事务工作主要包括司法后勤、司法技术、司法交流、档案管理等方面的工作。海南建省晚，法院建设和经费保障都不能适应形势的发展要求。为此，海南各级法院充分发挥主观能动性，主动争取建设和办案经费，始终坚持审判工作优先，为海南法院的科学发展提供优良的后勤保障和服务。

第一节　综合性司法事务

一、档案工作

2008 年，高级法院增添设备、改善硬件设施后规范有序的档案管理库房。

1988－1997 年，海南省法院档案工作在全国处于落后状态，仅 3 个法院达到省级管理标准。此后，全省各级法院认真学习贯彻《档案法》和最高法院(1991)46 号文件精神，大力加强档案业务建设，扎实开展档案工作达标升级活动，经过 2 年努力，档案工作取得了突破性进展。截止 1999 年底，16 个法院档案工作达标升级，占 57%。经最高法院考评验收，高级法院达到“全国法院档案管理一级单位”；经高级法院考评验收，海口中院、新华区法院达到一级，海南中院、海事法院、洋浦两级法院、屯昌、白沙、通什、琼山、儋州法院达到二级，澄迈、琼中法院达到三级。另外，三亚中院、东方法院也向高级法院报送了升级报告。全省各法院投入大量人力物力整理抢救了建国后五、六十年代形成的历史档案 97936 卷(件)。原琼南、琼北中院的历史档案，在海南中院努力下得到了完整的保存和整理。海口两级法院都分别成立档案管理领导小组，建立了院长亲自挂帅、分管院长亲自抓、档案室具体负责、各庭室内勤主管的档案工作格局。通什法院在 1998 年还处于无库房、无设备、无专人管理的“三无”状态，经过一年的奋斗，达到二级管理标准，建立健全了档案工作机构和配备了档案工作人员。全省各级法院全部设立了档案科（室），共配备专（兼）职档案员45人，其中大专文化程度以上24人，占53.5%，党员18人，占58%，基本达到最高法院的标准要求。高级法院编制出比较科学的档案检索工具，为审判工作提供了良好的服务，为编撰第一辑《海南省志·审判志》、《海南高级法院十年大事记》、《海南特区法院画册》等10余种文件汇编、书籍提供了大量档案资料。海口中院积极开展编研工作，先后编写《海口市中院志》、《海口中院制度汇编》等书刊。海事法院利用档案资料，编写了38万字的《海事审判论文案例集》等。2003年，高级法院根据国家档案局第8号令及最高法院有关规定先后制订了《海南法院档案信息化工作方案》、《海南省高级人民法院档案突发事件应急预案》、《海南省高级人民法院各类档案归档范围、分类、保管期限划分的规定》等规章制度，同时，启用清华紫光审判流程管理软件。结合实际工作的需要，高级法院制定了《关于3G手机使用保密管理规定（试行）》等保密管理制度，使档案管理更加规范化、制度化、标准化，逐步向电子化发展，更好地为法院审判工作提供高效服务。高级法院对自建院起至2002年的审判、执行程序未归档案件640件，进行摸底处理。原卷归档289件，从其他司法机关复印部分材料归档19件，填表说明24件，确认三无案、销案、撤案的208件，清理高级法院建院起至2002年借卷未还118件。2004年，高级法院诉讼档案归档1033卷1788册，全部完成手工登记和计算机录入，建立了2套诉讼档案检索目录。同时，对4个中院、海事法院和8个基层法院的档案工作进行检查指导验收。2005年6月，高级法院以媒体曝光临高法院一起19年未结民事案件为契机，集中半年多时间组织全省法院对建院以来所有案件进行“一案一号一档”清理。高级法院制定13条验收标准，并派出8个组进行检查。至年底，清理案件32.48万件，有9个法院达到验收标准。通过此次清理，消化了积案，规范了案卷、案款和流程管理。在规范档案管理工作的基础上，还进一步展开了档案管理研究工作，办公室主任傅名剑以其5年多的研究成果《诉讼档案管理研究与操作实务》为题目成功申报了海南省哲学社会科学2005年规划课题并在课题的基础上，于2006年12月公开出版了《诉讼档案管理实务》一书，为档案学研究提供了教材，为法院诉讼档案管理提供了操作手册。

2006年11月3－5日，诉讼档案管理与研究评审会与会专家代表合影。后排左二《诉讼档案管理研究与操作实务》作者傅名剑。

2007 年,高级法院组织全省基层法院的档案员及部分书记员参加诉讼档案管理与操作视频讲座学习,对档案管理较差的法院进行重点指导,对临高法院的档案工作进行考评验收。

2008 年,高级法院在增添设备、改善库房硬件设施的基础上,根据国家档案局第 8 号令及最高法院有关规定制订了《海南省高级人民法院文书档案归档范围、保管期限的规定》。同年 10 月,傅名剑撰写的《诉讼档案管理实务》一书,获得中国档案学会第六次档案学优秀成果二等奖,填补了全国诉讼档案应用与档案学研究的著作奖项的空白。该书现已成为最高法院、中国法学会、国家法官学院、各省高级法院及法官学院等多家单位进行书记员、档案员培训的必备教材之一,被国家档案局图书馆、最高法院图书馆、中国人民大学图书馆等多家图书馆收藏。

2009 年,为了适应和解决档案管理工作中出现的新问题,根据最高法院和省档案局的有关规定,修订了《海南法院档案信息化工作方案》、《海南省高级人民法院档案突发事件应急预案》,使档案管理更加规范化、制度化、标准化。高级法院还配备了价值 4 万多元的全自动档案装订机,防磁音像柜、臭氧杀菌消毒仪各 4 台,减轻了手工装订案卷的繁复,提高了工作效率。当年,继续落实诉讼档案结案后 3 个月内必须归档的要求,每季度发催归函及通报归档情况。对未归档案卷,确定专人跟踪催归,确保诉讼档案归档及时、完整。全年共发《诉讼档案催归函》4 期、《诉讼档案通报》4 期。诉讼档案归档 3524 卷,5392 册,其中,非诉案件 2122 卷,2869 册,目录录入 3524 条。按时完成高级法院公文收集立卷归档工作,向省档案局报送目录。整理、收集文书材料 3000 多件,高质量完成高级法院公文收集立卷归档工作。文书档案归档 1535 件,目录录入 1535 条。在保证档案安全、不泄露国家秘密的前提下,配合各本院部门与公安、检察等部门及当事人、律师等做好借阅工作。全年共利用各种档案 1384 卷,2368 件。高级法院加大档案培训力度,组织全省法院档案员参加省档案局举办的全省档案业务短期单项辅导班,同时,举办全省法院诉讼档案培训班,邀请省档案局有关专家授课并现场解答各法院提出的诉讼档案问题,取得了很好的效果。高级法院档案管理部门深入基层,对档案管理相对较弱的文昌法院进行重点现场指导,针对问题发放反馈意见函,限期整改,定期验收。同年,全省法院档案信息化工作进入实质性阶段。全省法院档案信息化预算方案已通过审批,用于档案信息化建设项目的中央专项经费已落实到位,全省档案信息化建设正式启动。

2010 年,高级法院认真落实科技强院方针,在全面开展办公自动化建设的基础上,从档案信息化建设入手,力争用 5 年的时间完成库藏档案数字化工作,实现全省法院系统档案信息资源共享。为此,高级法院采取了 4 项措施大力推进档案信息化建设:一是领导高度重视,斥巨资购置相关硬件设备,全年共投入近 800 万元为全省各级法院购置档案信息化硬件设备,并配合技术供应方完成了设备的安装、调试工作。二是加强业务培训,确保前期扫描工作顺利进行。同年 11 月 27 日,高级法院为全省法院档案员、网络技术员及高级法院聘请的档案资料扫描员共 100 多人举办了档案信息化培训班,邀请省档案局专家以及全省法院诉讼档案数字化系统供应方的技术服务人员讲解档案信息化建设的相关内容。通过培训保障档案信息资料的准确、完整录入。三是出台实施方案,确立档案信息化工作的五项原则:"三全一专"原则,即全员参加、全过程、全方位管理,并派专人负责管理;及时有效原则,档案管理人员应当要求有关部门及时整理并移交归档案件并对所有移交归档的案卷进行认真核对检查,确保移交归档案卷的完整、齐全,符合规范要求;分工负责原则,明确每个档案管理人员的个人职责,确保出现问题时能够快速找到责任人;分类整理、录入原则,现阶段应认真对库存档案进行分类,准确界定档案的保管期限,集中完成录入任务,对今后新生成档案在严格分类、即时录入基础上,建立常态化管理机制;保密原则,严格按照国家保密法规定做好保密工作,防止泄密事故发生。四是加强调研考察,有重点、分批次派人外出学习考察学习,吸取先进做法,少走弯路。

2010 年 11 月 27 日,高级法院举办海南省法院档案信息化培训班。

二、司法鉴定

(一)机构沿革及其职能

1988 年,高级法院设立法医室,从事法医、文检鉴定。法医室挂靠技术处管理。1996 年,高级法院设立海南省诉讼证据鉴定中心(简称诉讼证据鉴定中心),独立开展财产类鉴定工作。1998 年,高级法院设立海南省司法医院(简称司法医院),从事保外就医、法医鉴定、医疗鉴定、临床诊疗及内部保健工作等。2001 年,高级法院将司法医院及其医学鉴定业务移交司法厅。2005 年底,法医室负责 3 类案件的咨询、监督、指导、对外委托工作。同年,海南省诉讼证据鉴定中心更名为海南诉讼技术委托中心(简称诉讼技术委托中心),从事财产类案件对外委托鉴定、评估、拍卖对外委托及经济类案件破产管理人管理工作。2007 年,撤销法医室,其负责的 3 类案件的咨询、监督、指导、对外委托工作归技术处管理。2008 年撤销海南省司法鉴定中心,财产类对外委托鉴定归司法技术处统一管理,作法保持至 2010 年。

(二)司法鉴定活动

从 1988 年至 1999 年之前,法院根据审判工作的需要,一直进行着常态化的司法鉴定活动。1999 年,诉讼证据鉴定中心重点研究了鉴定文书改版问题,于 6 月份推出了鉴定文书的新格式,还进一步明确鉴定程序,推进证据鉴定的规范化。全年共受理鉴定案件 362 件(含旧存 47 件),结案率为 100%。收案比上年上升 2%,结案率比上年上升 9.32%。其中,房地产类占 40%。2001 年,诉讼证据鉴定中心全面推行公开鉴定制度。公开鉴定的内容主要是:鉴定程序公开、鉴定过程公开、鉴定资料公开、鉴定所采用的数据公开、现场勘验公开、鉴定依据公开、鉴定人公开、鉴定结论公开。公开鉴定的基本形式是公开听证,主要做法是:一、收到委托书后,即把《鉴定中心委托鉴定须知》发给委托单位及有关当事人,明确告知委托单位及有关当事人,鉴定中心对鉴定案件实行公开鉴定制度、当事人可以派代理人或代表参与公开鉴定、当事人的权利和义务、鉴定费的收取标准、鉴定时限以及需要提交的鉴定资料等问题,使委托单位及有关当事人充分了解司法鉴定程序和过程。二、对司法鉴定中的重大问题(如鉴定人的资格、鉴定单位的资质、是否申请回避以及鉴定所采用的资料等)实行公开听证,听证中,当事人可以发表意见。鉴定书初稿完成后,必须发给当事人进行核对、勘误,当事人对鉴定初稿有异议的,应当对当事人提出的异议进行公开听证。三、现场勘查以公开的方式进行。现场勘查必须通知委托单位及当事人参加,鉴定人应当制作现场勘查笔录,在场人应在笔录上签字确认。无在场人签字的现场勘查笔录无效,不能作为鉴定依据。当事人无故缺席或拒绝参加现场勘查的,不影响现场勘查的正常进行,但勘查人、鉴定中心的监督员、委托单位的法官必须在勘查笔录上注明。四、鉴定所采用的资料公开(法律、法规规定不公开的除外)。当事人可依照规定的程序查询、复印有关应当公开的鉴定资料。此外,鉴定中心已将工作重点放到组织实施司法鉴定和对鉴定人资质、鉴定程序的监督上来,对每一起鉴定案件都要委派具有相应执业资格的监督员对鉴定人的工作程序是否合法、技术是否符合规范进行全方位的监督。

2002 年 4 月 26 日,由于司法鉴定案件数量不多,高级法院在征询有关法院意见的基础上,决定海南中院、三亚中院、洋浦中院及所辖基层法院、海事法院不再自行委托社会中介机构进行司法鉴定。鉴于海口中院有一定的司法鉴定工作基础,该院的司法鉴定由其司法鉴定机构进行鉴定,并应遵照琼高法[2001]69 号文件和《海南省诉讼证据鉴定中心司法鉴定工作规程(试行)》两个文件开展司法鉴定工作,实行“公开鉴定制度”,尽快落实和完善司法鉴定程序和机构报批手续。在此项工作完成之前,其所辖三个区法院的司法鉴定,仍一律委托省诉讼证据鉴定中心进行鉴定。同时,又进一步明确规定了诉讼证据鉴定中心工作范围:受理各级法院委托的司法会计鉴定;建筑工程、建筑质量的鉴定;房地产评估、鉴定;机电设备评估、鉴定;国有资产、有价证券评估、鉴定;其他有关鉴定;开展司法鉴定业务咨询工作,进行相关的科学研究和技术交流。同年,诉讼证据鉴定中心不断健全各项工作制度,如《司法鉴定手册》、《监督员工守则》、《技术鉴定协作单位行为准则》及《财务管理暂行规定》等制度,从各个层面加强鉴定管理、财务管理,坚持制度化、规范化发展方向,得到当事人的认可。

2006 年,高级法院建立了执行拍卖案件委托拍卖机构的全省统一电脑随机选定制度。上半年,诉讼技术委托中心配合执行局专门研究制定了规范全省执行评估拍卖规范管理制度。经过司法行政装备处和技术处大力支持,投入近 20 万元建设了规范的可供全省各法院实时观看并能现场视频对话的电脑随机抽签会议室。同年 6 月 27 日,高级法院组织全省 46 家入册拍卖机构的拍卖师举办培训班,在培训班上进行了实案现场演示,7 月 1 日,正式实现全省法院执行案件委托拍卖机构的选定,统一由中心通过电脑程序来随机公开确定。至此,试行近 3 年的电脑随机选定拍卖机构的做法终于作为全省法院通用新体制固定下来。

2007 年,高级法院通过考核建立了全省破产案件管理人名册库。按照新《破产法》的要求,对要求加入高级法院破产案件管理人的 36 家申请机构和 80 名个人,按照既定的标准进行了严格的考核、评分,由破产案件管理人领导小组集体评定,并登《海南日报》公示,最后确定 18 家机构,10 名个人被编入《海南省破产案件管理人名册库》,完成了《企业破产案件管理人名册》编制工作。同年,根据全国人大、最高法院有关要求,全省法医与文检鉴定实行统一对外委托,对各中院、基层法院移送的司法鉴定实行统一归口管理,避免重复委托、多头鉴定。

2008 年,为加强法院廉政建设,规范司法评估鉴定和拍卖工作,减少当事人投诉,高级法院积极探索全省法院司法技术辅助工作制度改革,组织高级法院和海南中院、海口中院、三亚中院司法技术部门负责人到外省考察学习,并深入海南中院、海口中院、三亚中院就开展司法技术辅助工作进行调研,提出了"分级管理,逐级委托"的对外委托工作管理机制,将原先由高级法院统一办理的对外委托司法鉴定、评估等工作,改变为高、中两级法院分级管理、重大疑难案件逐级委托的方式,明确了在开展对外委托工作必须坚持公开程序、公正选择、强化监督、防止误解和争议的原则,并通过颁行《海南省人民法院司法辅助工作管理规定(试行)》和相关的配套文件,明确了全省法院司法技术辅助工作的机构和职能设置,理顺了上下级法院受理对外委托评估鉴定案件的管辖范围和管辖级别,规范了司法技术辅助工作办案程序。在开展司法鉴定的对外委托工作中,高级法院积极探索司法鉴定对外委托"阳光化"规范管理机制,最大限度的向当事人向社会公开司法技术工作程序。采取多项措施严格监督评估鉴定过程和严格审查证据,确保评估鉴定质量。建立了在固定审判场所进行委托鉴定前的公开听证机制,加强对案件的实体化管理,对听证和与案件有关的活动进行录音、录像,建立司法技术工作的声像档案,监督规范司法行为。经统计,全年受理全省各级法院对外委托的法医类鉴定案件共 10 件,其中,伤残等级鉴定 6 件、精神病鉴定 1 件、医疗纠纷鉴定 3 件,办结 10 件,结案率 100%;受理文检类对外委托鉴定案件共 21 件,其中,笔迹鉴定 13 件、印章鉴定 5 件、手印鉴定 2 件、印章盖印时间以及书写时间鉴定 1 件,办结 22 件,结案率 95.23%;受理高级法院对外委托司法鉴定类案件6件，办结6件，结案率100%；受理下级法院文件鉴定类申请审核案件6件，办结6件，结案率100%。同年11－12月，开展对各类评估、鉴定机构的重新编制入册工作。

2009年，加强对下级法院鉴定委托部门的监督，认真处理投诉，化解社会矛盾。高级法院共受理各级法院上报和当事人举报、投诉各类案件共计6件，均做出妥善处理。

2010年，根据院领导指示的"全省法院司法技术辅助工作要改进管理机制，做到公开公正、减少争议"的精神，稳步推进司法技术辅助工作。同年4月8－14日，高级法院组织人员分别到省一中院、省二中院、海口中院、海事法院和三亚中院对全省法院系统的司法鉴定对外委托工作进行调研，就如何简化委托程序、提高鉴定效率以及如何规范司法鉴定收费标准进行深入的探讨并完成了《关于我省法院对外委托鉴定工作的调研报告》。积极研究并回复省政府法制办公室关于《海南省涉案财物价格鉴证规定》（送审稿）征求意见稿。

三、司法技术

1995年9月，全省法院系统电话专网投入使用，极大地方便了法院之间的联系。1996年5月，全国法院通信和计算机工作会议在南京召开，高级法院被列为全国8家高级法院网络建设试点单位之一。根据最高法院的部署，经高级法院党组研究决定，按照统一领导、统一规划、统一标准、统一开发的原则，开始进行全省法院系统计算机信息网络建设。同年12月30日，高级法院计算机信息网络系统一期工程正式开通投入使用。2002年，建成全省法院广域光纤传输网络，保障了省内法院间数据、视频、语音网传输的需要。各级法院完成局域网络布线的达18家，占全省法院的60%。2003年，在全国法院系统中率先建成三级法院视讯会议系统，高、中两级法院已开通广域程控电话虚拟网，入网电话665个，高级法院建成并开通了与最高法院和全国各高级法院的语音通信专网，入网电话64部。法院审判信息系统、内部信息网站、电子邮局、法律法规查询等应用系统推广工作逐步展开、势头良好。《法院信息系统2000》在收集案件数据、规范立案流程和自动分案方面取得良好效果。各专项应用软件在全省法院的推广应用工作开展顺利，全省各级法院已全面启用最高法院统筹开发的《司法统计系统》、《法院人事信息管理系统》、《法院物资装备信息管理系统》、《纪检监察信息系统》等应用软件，数据报送实现网络化传输。高级法院、海南中院、洋浦中院完成对原模拟监控录像系统的数字改造，建成法庭数字监控录像系统，实现了案件庭审活动的实体化管理。网络安全保密系统建设进一步加强，高级法院建成了网络防火墙，基本实现对局域网的安全访问控制。全省法院统一安装了网络非法外联监控系统，有效地发现和阻止违规外联行为。2007年，全省各基层法院至所有派出法庭的法院专网建设项目通过验收，这标志着全省法院率先完成辖区法院专网全覆盖，使法院专网真正成为全省派出法庭开展远程立案、法律法规查询、文件交换、电子邮件的重要支撑平台，为今后的信息化建设打下了良好的基础。截止当年底，全省法院信息化建设取得了一系列重要成果，计算机1550台，服务器30台，开通和运行网络系统6个。

2008年，结合学习实践科学发展观活动的制度建设的“存、改、废”要求，高级法院组织全省法院系统开展“制度落实检查年”活动，通过“废、改、立”工作，建立健全了全省法院信息化和司法技术辅助工作的各项工作机制：一是根据部门调整、合并带来的业务内容和业务分工的变化，废止了《司法鉴定工作若干问题的暂行规定》（2001年5月21日）、《关于进一步规范全省法院系统法医（含文检）鉴定工作的若干规定》（2003年5月23日）、《关于全省法院统一对外委托鉴定拍卖工作有关问题的通知》（2005年10月21日）、《关于启用审判管理软件的实施方案》（2006年8月22日）。经审委会讨论通过，颁行了《海南省人民法院司法技术辅助工作管理规定（试行）》、《海南省人民法院司法技术咨询和司法技术审核实施细则》、《海南省人民法院司法鉴定对外委托实施细则》、《海南省人民法院死刑执行司法技术工作实施细则（试行）》和《法医、文检、声像资料司法鉴定机构名册》。二是改革电子设备技术审核工作程序。将原先由司法行政装备处或下级法院申报电子设备技术参数、司法技术处审核的工作程序，改为由司法技术处定期发布全省法院拟购电子设备的最低配置和最高限价目录，司法行政装备处和下级法院从入册设备目录中直接选择申购，变技术审核为技术服务，并制定了《海南省高级人民法院关于对电子设备购置流程进行部分改进的通知》。改革后的做法既为采购部门制定科学的采购计划和预算提供了依据，又为下级法院向高级法院行装处申购电子设备提供了便利，避免了电子设备申购流程中盲目选型和盲目制定技术参数的问题，缩短了采购周期，提高了采购效率。三是为贯彻《最高人民法院关于全面加强人民法院信息化工作的决定》，根据最高法院《关于贯彻<最高人民法院关于全面加强人民法院信息化工作的决定>的若干意见》，结合海南法院信息化工作实际，制定《海南省人民法院信息化工作发展规划（2009－2010）》并明确了实施步骤、完成时限要求等。四是将《北大法宝法律法规检索系统》置换为人民法院出版社的《中国审判法律应用支持系统》，并正式使用了高级法院自主研发的“全省法院随机选择鉴定机构软件”。2009年，全省法院抓住国家加大转移支付力度的机遇，加快信息化建设的步伐，完成了建设以下信息化项目的建设：一是全省基层法院及派出法庭安装安全防范监控系统，法庭前后、立案大厅、信访室、羁押室及周边重要位置安装了监控点，使基层法院的安全得到了很大的保障。高级法院投入27万元完善了本院现有的安防监控系统。二是建设全省基层法院科技法庭，全省20家基层法院各建设1个科技法庭。科技法庭使工作更加高效、高质，推动案件实体管理的进步，使司法工作能跟上社会经济发展的要求。当年，高级法院改善了审委会会议室工作条件，实现了审委会会议室科技化。三是以视频会议系统为平台，在高级法院、海口中院建成了远程提讯室，可实现与最高法院直接进行远程提讯。2010年，全省法院继续加大信息化建设的力度，主要启动了以下几大项目的建设实施：一是启动法院系统综合管理信息系统开发，并在海口市区两级法院开始试运行。该项目软件包括了审判业务管理系统、执行业务管理系统、信访业务管理系统、司法行政管理系统、案件质量管理系统、绩效考核管理系统、档案和电子档案系统、数据交换平台系统等 8 大系统，27 个业务子系统，涵盖并能满足法院系统从审判到行政后勤等各方面的业务需求。二是启动全省法院协同办公及电子签章系统项目。该项目将在全省各法院之间、法院与派出法庭之间的上下行文及横向收发文实现高可靠、高安全、高效率的电子化；同时，在基层法院及其派出法庭之间的裁判文书用印实现高可靠、高安全、高效率、高防伪、高可控的异地电子盖章模式。三是启动了全省法院远程呈现系统的建设。该系统能实现全省法院主要领导能够在任何时候、远距离、瞬间以逼真的音视频效果进行面对面工作交流、案件指导或者同时召开多组小型会议。四是启动了全省法院诉讼档案数字化处理项目，计划用 3－4 年时间实现全省法院全部库藏档案的数字化。

2006 年 11 月 8 日，高级法院司法技术处研究全省法院信息化建设工作。

四、司法事务

（一）信息文稿工作

1990 年 6 月，在全国法院信息工作会议召开之后，高级法院在琼南、琼北分两片召开信息工作会议，传达会议精神，下发全省法院《信息工作纪要》，提出具体工作要求，推动全省法院的信息工作。同年 10 月，高级法院转发最高法院《关于加强人民法院信息工作的暂行规定》，各级法院认真学习贯彻，并结合当地实际，制定了信息工作制度及相应的考核奖惩措施。截止 1991 年 7 月，全省法院按规定配备了专职和兼职信息员共 54 名，形成了一个以高级法院研究室为中心，辐射各中、基法院的信息网络。高级法院研究室作为全省法院系统信息枢纽，对下级法院的信息工作进行业务指导、检查、考评等。还创办了《海南法院信息》、《海南法院简报》、《内部资料摘编》等信息载体。1991 年 7 月 20－22 日，高级法院在海口召开了全省法院系统信息工作会议，贯彻落实最高法院在深圳举办的信息员培训班提出的要求和《人民司法》在西安召开的座谈会的会议精神，总结工作，交流经验，研究和部署下一步全省法院信息工作任务。1992 年，高级法院把研究室的综合材料信息统计工作调整到办公室，把办公室的财务管理、后勤保障等工作调整到司法行政处，同时，制定《岗位责任制细则》、《财务管理办法》、《车辆管理、使用办法》、《印章管理办法》等规章制度，进一步强化了机关各项管理工作，提高了管理水平。针对工作效率，全省法院系统开展了提高工作效率的专项治理工作，取得了明显成效。

2008 年，高级法院创办了《院务会议纪要》和《院情通报》两个专刊，及时记载通报会议情况。当年，共编发《海南法院简报》115 期、《法院工作快报》108 期、《半月要情》8 期、《季报》2 期、《信息采用通报》4 期、《重要信息专报》2 期。信息质量有新突破，被最高法院和海南省委采用的信息量创新高，信息采用领域拓展。被省委采用得分 266 高分，同比提高 200 分；在全省 65 个省直机关中排第 5 名，为历史最高水平，同比跃进 20 名，在海南省政法系统排名前列；被最高法院采用 33 篇，在全国高级法院中排第 19 名，较上一年前进 4 名。2009 年，高级法院共编发《院党组会议纪要》26 期、《院务会议纪要》5 期、《院情通报》28 期、《海南法院半月要情》24 期、《海南法院工作季报》4 期，较好地发挥了监督、规范、指导作用。2010 年，高级法院共编发《简报》165 期、《工作快报》85 期、《信息采用通报》4 期，共约 90 多万字，信息数量比往年同期增长 63%，信息质量有所提高，实现均衡发展。同时，及时高效高质量地向最高法院、省委报送信息，全年共报 274 篇，被最高法院采用 58 篇，在全国 33 家高级法院中与天津高院并列第 21 名；被省委办公厅采用 19 篇，获领导批示 4 条，在本省 82 个省直部门中排第 19 名。在全省党委系统信息工作会议上被评为“优秀单位”。

（二）沟通协调督办工作

2003 年，全国“非典”疫情期间，高级法院采取有力措施，全面部署了防治“非典”工作，成立了防治非典工作领导小组，由高级法院院长曾浩荣亲自任组长，采取了每日报告制、高热病例送诊隔离、从非典病发区来人隔离等一系列措施并要求全省各级法院积极配合当地防非典工作。2005 年. 高级法院以制定《公文审核和印章使用管理办法》、《投寄公文和司法文书管理办法》、《机关文件交换办法》、《阅文办法》、《电视电话会议系统使用管理办法》等 5 个文件为基础，规范办文办事的日常管理，提供优质服务。全年共收到上级领导机关、人大代表和政协委员监督案件 268 件，办结 216 件。主动与人大代表、政协委员联络 60 多人次，专门邀请代表座谈听取对法院工作的意见和建议。

2008 年，高级法院主要领导亲自带队深入基层，召开村委会、居委会、司法所、乡镇党委、政府代表和人民调解员、人民陪审员、派出法庭法官座谈会 6 次，倾听对审判工作的新要求新期待。连续召开人大代表、政协委员，金融机构，国资企业及工商界、企业界，法律界，新闻媒体，海事海商等 6 次座谈会，梳理出的 25 项各界反映较集中的意见建议的办理工作取得重大进展。如高级法院在全国率先出台尊重人格尊严、保障律师依法行使权利的规范性文件，重申并规范法官与律师的关系、法官与当事人的关系。同年，高级法院举办了 5 个级别的社会各界座谈会、全省法院领导干部专题研讨班、建院 20 周年庆祝大会、全省法院院长会议、高级法院机关大、中型会议与活动 30 多次；积极配合协同有关部门组织了 4 次全国性会议；积极处理援疆、援藏、救灾、团购商品房、机关大院绿化美化文化建设工程等大量日常事务；对口支援最高法院确定的援助单位新疆和西藏部分法院，与新疆塔城法院互派6名法官挂职锻炼。

2010年1月8日，解放军总后勤部全国人大代表视察海南高院时听取汇报。

同年，高级法院将政务和事务分开，行政与事业分开，调整了高级法院机构设置，即撤销了自收自支的机构，新设4个内设机构，更名和分离机构各1个。从优待遇，解聘和安置了主动辞职的40名临时聘用人员、退休返聘人员，杜绝了创收冲动，消除了政策隐患。办公场所设置法文化建设标识，安检系统投入使用，批准报废到期车辆以改善装备条件；推行物业管理社会化；完成了北附楼的回购工作，结束了北附楼因拖欠工程款而抵债被银行使用的尴尬局面；同时，改善了后勤服务（详见“后勤服务”部分）。

2010年1月6日，高级法院与部分人大代表座谈会会场。

2008年1月25日，省人大会议期间，董治良与代表交换意见。

2009年是收到上级领导机关、人大代表和政协委员监督的案件历年来最多的一年。高级法院共收到289件，年内全部办结并答复。全年共办理全国和省人大代表、政协委员来信反映案件56件，走访、电话联络人大代表、政协委员38人次，接待各级人大代表、政协委员来访21人次，邀请各级人大代表、政协委员到高级法院旁听案件16件32人次。邀请各级人大代表、政协委员视察法院28人次。同年，高级法院共接待最高法院主持召开的"全国法院立案工作会议"等全国性会议5个，560人次。完成党组会议26次、党组理论中心组学习会2次、党组民主生活会1次的服务工作。同年，高级法院制定《非涉密文电信息上内部网实施方案》下发全省法院，推进了全省法院电子文件规范化管理，初步实现了全省法院非涉密信息的共享。制定并下发了《关于严格公章管理使用的通知》和《关于在裁判文书加盖骑缝章的通知》，统一刻制了全省法院的诉讼文书骑缝章并下发各院，进一步规范了全省法院的公章使用和管理工作。坚持例会和学习制度，逐步建立健全各项制度和流程管理，如制定了《办公室办会工作事项》、《文件传阅工作流程》、《半月要情编写指南》、《院长办安全保密工作细则》等等，工作质量和效率不断提高。

2010年，高级法院共协助最高法院在海南全国性大型会议、举办全省法院系统会议中型会议16次，组织接送会议代表1500多人次，组织高级法院会议18次。同年，高级法院制定了《海南省高级人民法院督促检查工作考评暂行办法》，及时督查落实最高法院、省委、省人大和院党组重大决策部署及督办、反馈有关领导批示、交办案件或事项，定期对督办情况进行通报，编写《督查与反馈》专刊11期，督办院长批示反馈件68件。全年共督办院党组重大决策部署、工作计划、重要会议精神等的贯彻落实情况96件(次)；督办副省级以上领导批示案件76件；督办院长重要批示案件68件。同年12月14日，全省法院办公室工作会议在保亭召开，贯彻落实全国大法官审判管理专题研讨班和全国法院督促检查工作会议精神，进一步明确法院办公室定位和职责，研究部署下一时期的司法政务工作。全省法院分管办公室工作的院领导、办公室主任约70人参加了会议。

2010年12月24日，海南省法院办公室工作会议会场。

第二节　司法后勤保障

建省之初，全省法院后勤保障处于严重不足、管理滞后的艰难阶段，特别是基层法院经费困难，装备落后，物质保障不力，严重制约了审判工作。自1988年高级法院建院以来，随着国家整体经济社会形势的进步，海南经济实力不断增强，司法后勤保障工作逐步走向成熟与完善。以审判法庭和人民法庭建设（简称两庭建设）为基础的法院基本建设、技术装备建设、信息网络建设的后勤保障工作，取得了很大的成绩。全省各级法院的司法后勤保障水平逐年提高，为审判工作的顺利开展提供了有力的资金、物质保障，体现了为实现"公正与效率"主题服务的宗旨。

一、经费保障工作

（一）建立健全经费保障制度

因财政拨款不能完全保障法院的工作需要，1996年以前法院收取的诉讼费均作为法院经费保障的一部分。1996年以后，诉讼费用实行"收支两条线管理"，收取的诉讼费用扣除该案必要的办案费用支出后，按期将结余及时上交同级财政专户，不再作为保障经费使用（详见第二章立案审判第一节立案第三目诉讼费制度部分）。

2001 年【国办 93 号文】要求全国诉讼费用纳入预算管理,“法院经费全部由财政保障”,法院收取诉讼费用弥补财政拨款不足成为历史。2002 年以后,随着“收支两条线”规定的深入贯彻,对法院系统以前的管理模式产生了巨大的影响。预算外收入全额上缴国库,打破了法院系统对预算外资金的依赖性,促使法院经费保障工作走上了正规化道路。面对经费保障方式的改变,全省法院及时转变观念,采取积极的应对措施,将法院经费保障工作的重点从过去对诉讼费的依赖,转变为争取财政预算安排;将争取财政追加经费,转变为编制好部门预算。2004 年,高级法院被最高法院评为全国法院财务管理先进单位,这是最高法院近 20 年来第一次全国性的对司法行政工作先进单位进行表彰,也是高级法院建院以来财务管理工作获得的最高荣誉。2007 年以前,全省各级法院的经费来源主要是财政拨款和诉讼费收入上缴预算返还,2007 和 2008 年增加了中央补助法院办案专款,2009 年又在此基础上增加了中央司法体制改革资金。由此,建立了从中央到省级再到地方各级财政对法院经费提供保障的制度,海南法院经费逐年稳步增加。

2010 年,在财政厅的支持下,中央关于建立基层法院经费保障的要求得以落实。2005 年,最高法院、财政部下发《 <关于制定基层人民法院公用经费保障标准的意见> 的通知》(财行[2005]11 号),要求各省、自治区、直辖市结合本地区实际制定《基层法院公用经费保障标准》。2006 年 10 月,高级法院行政装备处在充分调研的基础上,依据人员编制和审判案件相结合的标准,草拟了《基层法院公用经费保障标准》。但因只依据人员编制制定公用经费保障标准,未考虑审判案件量等因素,致使《标准》迟迟未下发。董治良到任后亲自与财政厅协调,司法行政装备处也多次向财政厅阐述审判工作的特点和制定《标准》的科学性和合理性,同时,还邀请财政厅政法处等有关领导到基层法院调研,了解基层法院实际情况。在多次协调下,财政厅基本同意了高级法院的意见。为确保基层法院经费保障足额到位,高级法院提出诉讼费管理应按财政厅印发的《海南省诉讼费管理实施办法》(琼财行[2007]1857 号)规定管理和使用,不得以诉讼费抵扣诉讼费返还以外的经费保障。2010 年 2 月 9 日《关于市县人民法院公用经费保障范围与标准的通知》(琼财行[2010]162 号)下发。自此,全省基层法院经费保障长效机制基本建立。

(二)主动争取经费

2008 年以前,高级法院一直依靠收取诉讼费用购置办公和办案设备,海南房地产泡沫破裂后,经济活动受到影响,加之 2006 年诉讼费基本标准降低,高级法院诉讼费诉讼收入大幅下降,所收的诉讼费用维持正常办案都不够,更无经费更新办公、办案设备。设备陈旧落后,既落后于省直机关,也远远低于省直机关办公设备配置标准。2008 年,为了改善高级法院办公办案条件,新一届院领导与财政厅协调,从其他项目调整 240 万元用于高级法院机关办公及设备购置。

2009 年,人民法院的经费保障工作随国家、地方经济发展、财政实力增加而日益得到重视和加强。全年,全省法院主动服务省委、省政府重建海南农村金融大局,为海南农信社依法清收历年欠贷 30 多亿元。在工作中,承担这一任务的 38 个人民法庭的业务用车困难。对此,省长罗保铭高度重视,用省长基金一次性为派出法庭配齐了交通工具,保障清贷任务的按时完成。

（三）清除历史旧债

财政厅多次要求高级法院解决历年债务的问题，由于各种原因，始终无法解决。2008 年初，新一届院领导将此事列入议事日程，要求行政装备处加强与财政部门沟通，力争核销呆账，解决历年债务问题。1993 年，建设高级法院审判大楼时，发展与改革委员会仅拨款 1400 万，其余资金由高级法院自筹。时任院领导经与财政厅主要领导口头协商，同意高级法院从预收诉讼费垫付基本建设资金。同时，法官公寓、龙南公寓也从诉讼费中垫付，三项工程共垫付基建资金 5269 万元。因没有财政厅正式批复，该垫付款不能对冲，只能挂账。十几年来，省人大、审计厅、省国库支付局等部门多次要求高级法院解决垫付基建资金挂账问题。但因 20 世纪 90 年代工程结算资料不全，诉讼费账务开支达不到财政制度要求，高级法院历经两届领导任期都没有解决这一问题。2008 年董治良上任后，对此问题高度重视，多次与财政厅主要领导沟通解决的方式和途径；行装处先后与财政厅行政政法处、预算处、国库支付局等相关部门协商研究对策。2008 年 11 月 20 日，财政厅以琼财行函[2008]535 号文同意高级法院将预收诉讼费垫付基建资金 5269 万元，用于弥补审判大楼、综合楼、法官公寓等基础配套设施基本建设资金缺口，圆满解决了这一历史遗留问题。至此，困扰高级法院 15 年之久的基建挂账历史问题最终得以解决，也使相关干警的房改住房得以办理产权证。

2008 年 7 月 25 日，董治良院长亲自过问干警住房问题。

二、“两庭”建设

1991 年以前，由于经费保障困难的制约，全省各级法院的审判法庭建设十分缓慢。全省 2 个中院、1 个海事法院和 19 个市县的基层法院中，有 58% 的法院没有审判法庭，已有的审判法庭也十分简陋,与最高法院法(司)发【1986】18号文件规定的标准相差甚远,且没有相应的配套用房和附属设施。一个法院内只有一、二个审判庭,甚至同一个审判庭供法院内部几个不同的审判部门使用,审理不同类型的案件,各部门常常为使用审判法庭而排队,影响了案件的及时审理。为了尽快改变全省各级法院审判法庭建设的落后局面,根据国务院办公厅国办发【1988】69号转发最高法院和国家计委《关于各级人民法院审判法庭建设意见》的通知精神,结合海南省的实际情况,经高级法院研究,参照外省的作法,采取地方出一点,省里补一点的办法,分3年解决各市、县基层法院的审判法庭建设问题。按照最高法院的统一标准要求,基层法院审判法庭的总建筑面积一般不少于1000平方米。首先解决尚无审判法庭的市县,之后解决已有审判法庭的改造问题。1991年,最高法院在山西省召开全国"两庭"建设工作会议,高级法院把会议精神向省委做了汇报,受到了省委省政府高度重视,在财政困难的情况下依然决定从1991年起,每年拨款补贴各县、市建设法院审判庭的资金,3年拨款把基层法院审判庭建设好。从1991-1996年6月间,国家投资6000多万元建设全省89个法庭和27幢审判办公综合楼。

为全面推进全省派出法庭规范化建设,高级法院于2000年5月19日召开全省人民法庭工作座谈会。会议下发了《全省人民法庭达标活动规划》强调了派出法庭的达标活动。此后3年多的时间里,高级法院每年都筹措资金用于法庭的"改、扩、建"和办公设备的购置,全部派出法庭共建成砖木结构的平房、楼房等办公用房面积15299平方米。派出法庭的平均业务用房面积都接近500平方米,设有办公室、会议室、接待室、档案室及干警宿舍等,法台、法椅和旁听席位的规格、摆放符合《全省人民法庭达标活动规划》的要求。每个法庭都配备了必要的交通工具和办公、办案设备。2004年,按照当时的建设标准,高级法院下发文件批准龙华区法院龙泉法庭等13个派出法庭为最后一批达标法庭(当年的达标活动既包括法庭设施等硬件达标,也包括干警素质等软件达标且侧重于警素质等软件方面的达标)。至此,全省36个派出法庭全部实现了《全省人民法庭达标活动规划》提出的目标。

2005年,高级法院抓住国家转移支付支持两庭建设的机遇,进一步加大基层法院的建设力度,落实责任到人,深入基层对"两庭"建设情况进行专题调研,解决实际问题。通过各级法院的努力,琼中法院审判法庭建成,陵水、昌江、临高、澄迈、屯昌、定安8个审判法庭开始动工。此外,高级法院检查指导9个法院(澄迈、昌江、屯昌、临高、琼山区、五指山、保亭、万宁、定安法院)审判法庭和10个派出法庭(感城、新街、塔洋、中原、清澜、长征、黄流、新兴、东城、白马井法庭)的重建、改建项目的工程前期准备情况和土地征用工作;协助陵水、东方、临高法院解决落实审判法庭建设无偿用地;制定全省"两庭"建设项目基础设施建设规划,并经发改厅批准报国家发改委。2007年,高级法院以中央下发关于加强"两院"工作的决定为契机,积极协助各级法院加强与当地党委、政府的沟通协调,争取解决"两庭"建设债务问题。至2007年,已建成审判大楼并投入使用的有城郊法院、秀英法院、琼山法院等13个法院,但均未达到住建部与最高法院颁布的最低标准。全省

36 个派出法庭中，列入中央预算内投资（国债）建设的有 10 个，而 2006 年下达国债资金建设的仅有 4 个。由于海南省的市县财政收入低，地方财政配套资金大都落实困难，单靠国债预算资金不足以新建一个法庭。为解决资金筹措和债务问题，高级法院采取以下措施：一是报请最高法院与国家发改委协商加大对派出法庭建设的投资力度；二是从中央政法补助专款中的法庭维修资金抽出少部分资金予以配合补助；三是经财政厅同意，从诉讼费的统筹专户中筹措部分予以补助。力争尽快按最高法院要求完成 10 个派出法庭的建设。

2008 年，根据国家法制建设大力推进，司法物质建设需要与之同步的实际要求，高级法院制定了物质装备建设“十二五”规划，经省发改委审核批准，克服了多年来低标准重复投资的随意性，实现了全省法院两庭建设规范化和计划性，并随着国家转移支付力度加大和地方财政资金配套实力增强，推进了人民法院“两庭”建设。

2008 年 4 月 24 日，董治良在万宁审判大楼建设工地亲自指挥工程建设。

2009 年，全省 28 个法院中，经各方支持、法院努力，建成审判综合楼 20 个，派出法庭 27 个。2010 年，为解决边远地区、民族地区及其他群众诉讼不便而偏远地区派出法庭设置偏少问题，最高法院印发《关于做好边远地区、民族地区及其他群众诉讼不便地区人民法庭恢复或新建工作的通知》（法〔2010〕384 号）。据此，高级法院加快对恢复设置的 13 个法庭和新增的 4 个海事派出法庭的资金落实工作。全省法院在省委、省政府、最高法院和社会各界的关心支持下，“两庭”建设整体推进，稳步上升。但是，按照“十二五两庭建设规划”和最高法院、住房与城乡建设部联合颁发的“两庭建设标准”，海南三级法院和 53 个派出法庭至少应有 51 万平方米的建筑面积，至 2010 年，全省 28 个法院和已有办公场所的 36 个派出法庭尚缺 28 万平方米，三亚中院和 17 个派出法庭尚无办公场所，靠临时租用场地办公。即使现在已经批准建设和已经建成的法院、法庭中,只有高级法院回购改造项目完工后可达上述标准,在派出法庭中,只有塔洋法庭达标,“两庭”建设任务依然艰巨。

2009 年 6 月竣工的塔洋法庭。

三、装备保障

高级法院是建省后新设立的单位,上无片瓦,下无寸土,由于白手起家,基础建设和物资装备保障任务十分繁重。1993 年,高级法院根据全省审判工作和高级法院工作实际需要,为全省法院系统购置各种车辆 67 辆,警灯 16 套,安装和开通电话 14 部,购置分配电脑 16 台,安装有线电视 127 户。2002 年,在国家转移支持资金支持人民法院装备建设和地方增加配套资金的前提下,法院装备资金的使用监督提上了议事日程。为了做好法院系统的政府采购工作,高级法院成立了由监察室、鉴定中心、国有资产管理部门、财务科和机关服务中心五个部门组成的高级法院项目监管小组,使这项工作在程序上更加公开化、透明化和规范化,并自觉接受有关部门的监督。全年,高级法院行政装备处除了保障本级机关物质装备外,还积极配合政府采购,为贫困市县法院配备汽车 21 辆、电脑 62 台、打印机 52 台、复印机 8 部、摩托车 27 辆、传真机 36 部。2003 年,根据《海南省高级人民法院固定资产管理暂行办法》,高级法院完成固定资产的电脑录入工作,全部实行了以部门检索的计算机管理。为进一步改善各基层法院办公办案条件,高级法院争取政府采购物资使用中央专款、集中诉讼经费为各基层法院配备电脑 338 台、打印机 114 台、服务器 16 台、音响 25 套、传真机 97 台、照相机 39 部、复印机 18 台、背投电视 17 台、业务用车 16 辆。2004 - 2005 年两年共为基层法院采购汽车 30 辆、摩托车 61 辆、证据展示台

69台、摄影机5台、照相机49台、手提电脑16台、普通电脑232台、打印机170台、服务器2台、速录机48台、信息查询系统11台、音响24套、电视机2部、安检门8个、复印机21部、碎纸机34台、速印机1台、扫描仪6台、法台17张、法椅32张、旁听椅600张、保险柜4个、密集柜、监控系统等设备。2006年,高级法院努力推进全省法院现代化办公管理,力争使基层法院人手一台电脑,加快全省法院信息化建设和应用工作,实现全省三级法院联网办公。保障诉讼安全是当年司法管理工作重中之重,在抓好“两庭建设”的同时,海南法院重点加强对枪械与警车的管理、安检设备装配使用、法官通道建设、羁押室建设、立案大厅和审判庭庭审安全设施配备、法警值庭规范的贯彻和庭审突发事件处置预案的落实等。当年,高级法院对本院法官通道、羁押室进行科学改造,加固枪械库,并将安检设备已列入2007年预算。

针对2008年以前全省各级法院项目资金开支进度缓慢的状况,从当年开始,高级法院成立采购小组,依照规定加快采购进度。同时,严格执行编制采购计划和采购工作岗位相分离的制度:规定财务人员和财务审批人员,只监督采购工作,而不直接参与采购;购买什么由使用法院做决定,高级法院行政装备处进行监督和协助办理采购、付款手续。2009年,高级法院共完成89个项目采购计划,提升了基层法院装备,确保了审判工作的正常开展。同时,按照最高法院对口帮扶任务要求,采购支援新疆8辆越野车。2010年,根据院领导关于“充分利用好中央转移支付资金,用3年时间基本实现海南法院系统审判业务、司法政务、人事管理的网络化、信息化、数据化”的指示精神,高级法院配合财政厅和政府采购中心,加大物资装备采购力度,另外,还完成了电子印章系统、远程呈现系统、综合信息管理系统、服装、枪支弹药以及视频会议升级履行、立案大厅改造等项目的采购工作,共完成采购项目116个。在采购中,为减少中间环节、降低采购成本、提高资金使用效率、保证装备质量和售后服务,高级法院要求法院装备相对统一品牌、大批物资直接到生产厂家采购,货比多家,品牌为同类产品全球或全国排名前三,价格比公开招标价降低10%,售后服务享受重点客户待遇,全年节约采购资金约300万元。而且,采购周期由原来的3个月缩短为10天,提高了工作效率。

四、后勤服务

1996年2月,机关事务管理服务中心成立,下设车管科、行政科(后划归行装处),担负着全院行政管理事务,包括固定资产管理、基建、房改、干部职工福利、办公区、住宅区清洁卫生、车辆、水电维修、会议和开庭保障等物业管理服务。1998年7月,中央明文规定“军队、武警、政法机关一律不准经商办企业”。为此,高级法院对机关事务管理服务中心的职能进行调整,由原来对内提供后勤保障服务、对外负责经营的双重职能转变为单一的对机关后勤行政工作的管理、服务与保障。1999年初,高级法院重新将车管科、行政科、文印室划归到机关事务管理服务中心管理,员工从原来的20多人增加到102人,工作范围也随之扩大。

2001年,根据中共中央办公厅印发的《地方各级人民法院机构改革的意见》(中办发【2001】9号)和海南省委印发的《全省各级人民法院机构改革意见》(琼委【2001】15号),高级法院进一步将机关事务管理服务中心的管理职能与服务职能进行了剥离,初步朝着《国务院各部门后勤机构改革实施意见》中要求的机关后勤机构改革的第一步迈进:将后勤服务部门从机关行政序列中划出,使用事业编制,列支机关事业经费,与机关行政序列脱钩,后勤服务以本部门为主,与机关建立经济核算关系,实行多种形式的承包经营责任制,独立核算。当年,机关事务管理服务中心更名为机关后勤服务中心,但和行政装备管理处一套人员,两块牌子办公,只是形式上作了区分,未能真正实现政务、事务管理分开。2002年,根据国务院《关于深化国务院各部门机关后勤体制改革的意见》,高级法院决定试行机关后勤部分服务责任承包,在试行的过程中逐步累积经验,为全面贯彻、推进、深化机关后勤体制改革而不断努力。承包后,机关后勤服务中心采取自主分配、包干使用、结余留用、超支不补的作法,使后勤服务由供给型向有偿型转变。同时,对全院60辆汽车进行了统一管理。2005年,服务中心修订了《内部管理制度汇编》,制定了《机关后勤服务中心工作目标考核标准》、《"四勤""四严"规章制度》、《司机五树形象》、《司机五条禁令》使后勤工作逐步走向规范化。

2008年,根据政、事分开、机关服务逐步走向社会化。为提高服务质量、规范服务管理,提高对审判工作的保障能力,高级法院实施了强力的后勤服务改革措施。经省编委批准,服务中心正式单列,依事业单位管理确立管理制度。高级法院将服务中心的行政编制和事业编制分开管理,将原属于行政编制人员统一划归司法行政装备处管理;原属于事业编制人员统一归回机关后勤服务中心管理。服务中心实行服务社会化管理,减轻了机关管理的压力,节约了经费。一是把物业管理推向社会,通过招标的形式承包给物业公司来统一管理。水电费、物业管理费、停车场由中心负责;物业公司负责办公大楼、住宅区的保洁、保安、绿化、水电、停车场等管人、管事方面事宜,同时,做好聘用人员的解聘安置工作。二是进行交通车的社会化管理,实行干警职工上下班交通车承包服务。三是改善食堂伙食质量,同年,两次改造食堂,实现食堂就餐方式自助餐化,结束了自建院以来存在的吃饭打饭排队拥挤、质量低劣、干警意见大的状况,转变为干警伙食经费由财政补贴一部分、干警职工自己承担一部分、亏损由单位补贴的方式来解决;另外,还完成了改造招待所,以团购房解决干警住宅困难的老大难问题。后勤工作的完善使广大干警更安心工作,为审判工作提供了有力的物质保障。2009年,高级法院认真贯彻执行省机关事务管理局要求,大力推动机关节能工作,制订了《2009—2010年节能规划》,并逐步逐项开展实施,当年初显成效:一是汽车节油情况有所改善,每月节约汽油780升,日常维修和耗油费用比2008年每月节省4000元;二是节约用电效果明显,办公楼、住宅楼节能灯改造5月底全部完成,非节日期间禁止开启装饰灯和彩灯等高能耗灯具,每月节约电能2.2万千瓦,节约费用约13200元;三是节约用水初有成效,2010年,服务中心贯彻落实"制度落实年"的工作要求,继续实施与不断完善机关后勤管理制度化建设。办公用品管理施行"谁使用谁申购",落实采购审批、采购与管理分开和物品领用登记制度,办公用品管理逐步制度化和规范化；车辆实行统一管理，由车管科集中调配使用，采取定点保险、定点加油、定点维修，既保证了工作用车，又提高了经济效益。

第三节　司法交流

一、外事机构

1991年，高级法院在办公室下设外事接待科主管全省法院司法交流与外事工作。1995年5月25日，高级法院成立外事办公室主管全省法院的外事工作。2001年7月30日，高级法院撤销了外事办公室，司法交流及外事工作并入办公室，办公室下设外事接待科。2008年，高级法院成立内设机构外事处。2010年7月27日，经省编委批准，高级法院正式成立司法涉外处，主管全省法院的涉外、涉港澳台司法协作、司法交流及外事工作，原外事接待科撤销。（详见第一章第一节机构机构部分）。

二、国际司法协助与区际司法互助

（一）具体工作

此类工作的主要内容一是涉外、涉港澳台司法事务协作，即法律文书的送达和受委托调查取证。涉外法律文书的送达和调查取证是国际司法协助的重要内容，涉港澳台文书的送达和调查取证是区际司法互助的重要内容，二者为审理涉外、涉港澳台案件中的重要环节。二是外国判决和仲裁裁决的承认与执行。

1991年以来，高级法院不断加强国际司法协助与区际司法互助工作，做好材料的审核、文书的翻译、统计和管理，及时转递，及时退件；对审判人员提出的疑问，及时、准确、耐心地做出解答，努力为审判工作提供优质服务。2009年，高级法院共接受全省各级法院委托送达美国、新加坡、加拿大、澳大利亚、毛里求斯、英属维尔京群岛、英国、马来西亚等8个国家和地区的涉外司法文书共18件，协助新加坡调查取证1次。同年，高级法院办理涉港澳司法文书送达31件，其中，涉港25件、涉澳6件；协助调查取证3次，其中，协助香港2次、澳门1次。

2010年以前，涉台案件的调查取证主要由各级法院自行通过民间邮递的方式确认和送达，涉台案件的调查取证工作主要由当事人自行解决。同年12月16日，为了落实《海峡两岸共同打击犯罪及司法互助协议》，最高法院制定下发《关于人民法院办理海峡两岸送达文书和调查取证司法互助案件的规定》。根据这一《规定》，最高法院授权各高级法院就办理海峡两岸送达文书司法互助案件可直接与台湾地区业务主管部门联络。至此，对台司法文书实现官方直接确认和送达，而且，实现了涉外、涉港澳台司法协助与互助工作的全面归口管理。同年，高级法院共接受全省各级法院委托送达美国、英国、法国、意大利、马来西亚、新加坡、加拿大、澳大利亚、瑞典等9个国家涉外司法文书共23

件;办理涉港澳司法文书送达36件,其中,涉港29件,涉澳7件;协助香港调查取证2次;办理涉台司法文书送达142件,其中,协助送达138件,委托送达3件;协助调查取证1次。

(二)完善工作机制

高级法院在完成具体的司法协助与互助工作的基础上,结合省情和工作实际,深入调查研究,采取了一系列措施,不断健全涉港澳台工作机制,先后向全省法院印发《海南省高级人民法院关于做好开通人民法院办理海峡两岸司法互助案件二级联络窗口相关工作的通知》、《海南法院涉外(涉港澳台)司法协助工作规定》等文件,并规定各法院要确定1-2名司法协助工作专办员直接与高级法院对接,具体负责涉港澳台司法协助工作。高级法院港澳台司法事务办公室负责对司法协助专办员进行培训和指导。截至2010年底,高级法院已建立起上下联动的司法协助工作网络,实行统一的登记、数据统计、督办机制以及涉港澳台案件信息内部通报制度,实现了涉港澳台司法协助工作的规范化管理。

三、国际司法交流

为适应新形势下人民法院审判工作的要求,学习借鉴外国及港澳台先进的司法经验,拓展法官视野,按照最高法院的统一部署,高级法院结合法院工作实际,积极开展有益的国际司法交流,并选拔优秀的法官出国考察、培训。

1992年4月21日,高级法院院长田忠木随最高法院访问团出访西班牙。同年10月,高级法院组团赴新加坡考察。1993年2月10日-28日,应美国法官协会及相关司法界人士的邀请,田忠木率海南法官代表团一行10人赴美国考察了美国的司法制度和法院行政管理。1994年11月4日-20日,田忠木随最高法院院长任建新出访考察奥地利、比利时、瑞士。同年11月6日-13日,高级法院副院长贺伦麟随最高法院行政庭庭长黄杰出访考察泰国。同年11月下旬,高级法院副院长杨富年率海南法官代表团8人参加在火奴鲁鲁举办的中美法律夏威夷研讨会。1996年11月19日,田忠木出访澳门法院。2007年,高级法院组织1批10人赴英国、意大利考察、1批24人赴维也纳法官培训中心培训;2008年组织2批12人赴美国、加拿大、英国、法国、德国考察,分别选送2名法官到美国、捷克学习深造、1人参加省政府组织的赴南美考察;2009年组织1批6人赴澳大利亚、新西兰考察、1批23人赴奥地利培训,分别选送2人参加最高法院组织的赴加拿大、韩国、巴西考察;2010年组织1批21人赴芬兰参加环境法研修、培训,分别选送2人参加最高法院组织的赴美国、英国考察。

2009年3月22-27日,世界法学家协会(theWorldJuristsAssociation,WJA)主办、以“法治——人权保护的保障”为主题的第23届世界法律大会在乌克兰首都基辅召开,这是向西方国家代表介绍和展示中国法制建设的成就的重要平台,高级法院院长董治良随同担任世界法律家协会的副主席、最高法院副院长万鄂湘出席了这次法律大会,万鄂湘向大会介绍了国际公约在中国仲裁领域的实施情况、具有东方特色的中国调解制度，受到了与会代表的高度称赞。会后，中国代表团代表王胜俊访问了摩尔多瓦最高法院。

2009 年 3 月，董治良（左三）随同万鄂湘（左五）出席第 23 届世界法律大会。

2009 年 3 月，在第 23 届世界法律大会期间，中国代表团访问摩尔多瓦最高法院。

1996 年 1 月 1－4 日，新加坡最高法院大法官邓立平、赵锡应邀来琼访问。1998 年 2 月 20－22 日，香港本地法官协会会长廖子明、副会长彭键率香港本地法官协会访问团一行11人到海南考察访问。省委书记、省人大常委会主任杜青林在高级法院亲切会见了访问团,田忠木、姚静轩、毕志强、舒慧明、黄卫国等人陪同会见。在琼期间,访问团参观了高级法院、海口中院、新华区法院,了解了审判工作情况,同时,向海南法院介绍了香港司法制度等情况。

1998年2月20日,田忠木会见来访的香港本地法官协会会长、高等法院上诉庭大法官廖子明(左)。

2009年3月4-9日,挪威最高法院秘书长格纳·伯格比一行访问三亚中院。2010年5月13-16日,斯洛伐克最高法院院长什捷凡·哈拉宾一行来海南法院考察。

2010年5年15日,罗保铭(左)接见来访的斯洛伐克最高法院院长什捷凡·哈拉宾。

2010 年 5 月 15 日，斯洛伐克最高法院院长什捷凡·哈拉宾一行 8 人访问海南法院。

2010 年 5 月 15 日，董治良与来访的斯洛伐克最高法院院长什捷凡·哈拉宾会谈。

2009年3月5日，挪威最高法院秘书长格纳·伯格比访问三亚中院。

附　　录

一、大事记

1991 年

1 月 29 日,海南省高级人民法院召开全省法院系统先进集体、先进工作者表彰大会。省有关领导和丁果院长分别在会上作重要讲话。

2 月 8 日,最高人民法院批准撤销海口市人民法院,设立海口市中级人民法院和海口市振东、新华、秀英三个区人民法院。

3 月 27 日,海南省法院院长会议暨第一次民事审判工作会议在海口召开。

4 月 29 日,海南省委同意田忠木任海南省高级人民法院党组书记,丁果不再担任党组书记职务。

5 月 13 日,海南省人民代表会议第五次会议决定接受丁果辞去高级法院院长职务的请求,选举田忠木为海南省高级人民法院院长。

6 月 4 日,最高人民法院批准同意撤销琼北中级法院和琼南中级法院,设立海南省琼崖中级法院,管辖除海口、三亚两市以外的其他 17 个县市的案件。

6 月 8 日,海口中级人民法院和海口市振东区、新华区、秀英区人民法院举行挂牌授印仪式,正式履行宪法和法律赋予的职责。

7 月 19 日,最高人民法院批准同意撤销海南省琼崖中级人民法院,更名为海南省海南中级人民法院。

7 月 27 日,海南省人民代表大会常委会第十七次会议任命聂志云为海南中级人民法院院长,免去其海南省高级人民法院副院长职务。

8 月 1 日,海南省海南中级人民法院挂牌成立。

8 月 6 日,中共海南省委同意毕志强为高级法院党组成员、院政治部主任。

9 月,海南省高级人民法院机关刊物《海南审判》在经过两年试刊后正式创刊,最高人民法院副院长林准题写刊名。

10 月 6 日,中南地区法院告诉申诉工作研讨会在海口召开。

11 月 22 日,三亚中级人民法院和三亚市城郊人民法院挂牌成立。

1992 年

1 月 20 日,省委书记邓鸿勋看望中顾委委员郑天翔并进行交谈,表示要为海南省法院解决“两庭”建设资金和法院人员编制等方面遇到的困难,田忠木和省政府顾问丁果在座。

1月23—25日,海南省法院院长会议在海口召开,邓鸿勋和田忠木分别在会上讲话。

2月,海南省高级人民法院机关工会成立。

3月19日,省编委批准海南省高级人民法院成立执行庭。

5月4日,海南省高级人民法院与省人行、省工行、省中行、省农行、省建行、省交行、省保险公司共同召开全省第一次依法治贷联席会议。

7月23日,海南省法院告诉申诉工作会议在海口召开。

8月19日 洋浦经济开发区中级人民法院和洋浦经济开发区人民法院成立并挂牌办公。

10月,《人民法院报》海南记者站成立。

11月,海南省法院“两庭”建设会议在海口召开。

11月25日,高级法院决定于1993年1月1日在全省法院实施《错案责任追究暂行办法》。

1993年

1月15—18日,第三次海南省法院工作会议在海口召开,传达贯彻第十六次全国法院工作会议精神,总结建省以来全省法院的工作。省人大常委会主任杜青林出席会议。

1月16日,全省法院首次授予司法警察警衔仪式在省委礼堂举行,57名司法警察被授予警衔。

同日,《海南审判》更名为《特区审判研究》。

2月10—28日,田忠木率海南法官代表团到美国考察司法制度和法院行政管理。

5月7—9日,沿海江苏、上海、浙江、福建、广东、海南六省市民事审判研讨会在海口召开。

8月8日,海南省法院系统试点实施《中华人民共和国法官条例》的考试,全省法院1265名干警参加了考试。

8月27—29日,海南省中级人民法院院长座谈会议在海口召开,传达全国高级法院院长座谈会议精神。

9月10日,海南省高级人民法院、海南省中级人民法院和琼山监狱联合召开1993年上半年减刑、假释大会,对184名罪犯作出减刑、假释裁定。

9月21日,省委书记、省长阮崇武到高级法院视察工作,了解洋浦开发区法院筹备、严打斗争、审理行政案件、案件执行、两庭建设、队伍建设、普法宣传等情况并作了指示。

10月6日,省编委同意在全省各级法院建立司法警察机构:高级法院设法警支队,中级法院设法警大队,基层法院设法警队。

10月26—31日,经济特区、部分开放城市经济犯罪研讨会和中国刑法学研究会

1993 年中南片会在海口召开。

11 月 8—13 日,高级法院举办全省法院公司法、合同法、证券法、票据法、反不正当竞争法及期货知识培训班。

11 月 19—22 日,海南省法院民事审判工作座谈会在海口召开,重点研究房地产、劳动争议、涉港澳台民事案件审理中存在的问题。

11 月 24 日,海南省法院行政审判工作会议在海口召开。

11 月 25 日,高级法院司法警察支队挂牌成立。

12 月 5—10 日,最高人民法院中南六省区保密工作检查组来海南检察保密工作。

12 月 15 日,海南省农场人民法庭工作座谈会在海口召开。

1994 年

1 月 18 日,海南省高级人民法院知识产权审判庭成立,最高人民法院副院长马原等出席新闻发布会。

1 月 26—28 日,海南省法院院长会议在海口召开,贯彻全国高级法院院长会议和全国、全省政法工作会议精神,确定 1994 年法院工作任务。

1 月 28 日,海南省法官协会成立。田忠木任会长,曹文华、郑章、丁果任名誉会长。

3 月 1 日,海南省法院民事案件庭审观摩从琼山法院开始,在各中级法院、基层法院巡回进行,历时 26 天。

3 月 3 日,田忠木院长向省一届人大第二次会议作法院工作报告。

4 月 27 日,海南省法院“严打”动员大会召开,部署全省法院“严打”斗争行动。

8 月 5 日,高级法院组队参加省直机关首届职工运动会,118 人参加了八个项目的竞赛,获团体总分 45.6 分。

8 月 13 日, 省一届人大常委会第十次会议任命许前飞为洋浦经济开发区中级人民法院院长。

8 月 19 日, 田忠木等出席洋浦经济开发区中人民法院和洋浦经济开发区人民法院正式挂牌成立仪式,最高人民法院副院长兼政治部主任谢安山出席新闻发布会,向两级法院授印。

9 月 27—29 日,海南省法院民事审判工作座谈会在海口召开,传达贯彻全国民事审判工作座谈会精神,部署民事审判方式改革试点工作。

11 月 21—26 日, 全国部分省(区)市高级人民法院第三次执行工作研讨协作会议在海口召开。

12 月 9 日,高级法院下发《关于审理(房地产管理法)实施前的房地产经营纠纷案件的意见》。

12 月 19 日, 省委办公厅以琼阅[1994]2 号文件向全省各级政府和有关机关印发海南省高级人民法院撰写的《关于海南房地产市场发展情况的调查及审理房地产开发经营纠纷案件的意见》。

1995 年

1月4日，省编委下文同意设立高级法院正处级事业机构"海南省诉讼证据鉴定中心"。

1月5—9日，全国高级法院院长会议在海口召开。

1月8日，中共中央书记处书记、中央政法委书记、最高人民法院院长任建新在中央政法委秘书长束怀德，省委副书记、海口市委书记陈玉益，省委常委、政法委书记、副省长王学萍和田忠木陪同下视察海口中院。

1月14日，任建新在三亚接见全省各级法院院长并作了重要讲话。

2月6日，省编委下文同意海南省高级人民法院成立正处级事业机构"海南省应用法学研究所"。

2月23日，田忠木向省一届人大第三次会议作法院工作报告。

3月14—17日，全省第二次经济审判工作会议在海口召开。

4月28日，在全省"共筑热血丰碑百万营造活动"中，高级法院205名干警捐款4850元，在"向海口万绿园献爱心"活动中，高级法院211名干警捐款5835元。

5月2日，经最高人民法院批准，高级法院赔偿委员会成立。赔偿委员会办公室暂设在行政庭。

5月25日，省编委下文同意高级法院内设正处级行政机构"外事办公室"。

6月29日，海南省法官资格证书颁发大会在省委礼堂隆重举行，杨富年等1242人获首批法官资格。

7月1日，海南省高级人民法院参加省直机关举行的"颂党、爱国、敬业"歌咏比赛获三等奖。

7月8日，海南省高级人民法院乔迁新审判办公大楼。干警同时搬住新落成的法官公寓。

8月4日，特大洪水袭击保亭地区，保亭法院干警奋勇抗洪救灾。田忠木派人到灾区慰问，动员全省法院开展"献爱心"活动，支持保亭法院干警抗灾自救。

9月7日，海南省高级人民法院党组决定追记助理审判员王永平个人一等功。王永平因工作劳累，突发心脏病倒在工作岗位上，经抢救无效逝世。

10月17日，海南省高级人民法院第17次审委会通过《海南省人民法院一审民事经济审判规程》。

10月30日，省委书记、省人大常委会主任杜青林，省委常委、省政法委书记、副省长王学萍，省委常组织部长、省长特别助理蔡长松在田忠木、杨富年、钟玉瑜、贺伦麒、毕志强等高级法院领导陪同下视察新落成的高级法院办公大楼及审判法庭。

11月7日，全国法院纪检监察案件查处工作座谈会在海口开幕。

12 月 10 日，全国法院系统初任审判员、助审员统一考试海南考点的考试在海南师范学院附中进行，333 人参加考试。

12 月 13 日，省委书记、省长阮崇武，省委常委、宣传部长、省长特别助理刘学斌，省委常委、省政法委书记、副省长王学萍等领导到高级法院参加民事经济审判方式改革汇报座谈会，省司法厅厅长习正宁参加了座谈会。

12 月 26 日，出席最高人民法院在京召开的全国法院集体一等功和全国法院模范表彰大会的我省代表载誉归来。

1996 年

1 月 1—4 日，新加坡最高法院大法官邓立平、赵锡应邀来高级法院访问。

1 月 20 - 23 日，海南省法院工作会议在海口召开。最高人民法院咨询委员会主任王怀安出席会议。

2 月 8 日，田忠木向省一届人大第四次会议作法院工作报告。

2 月 16 日，最高人民法院副院长唐德华来海南视察工作。

2 月 28 日，海南省高级人民法院机关事务管理服务中心成立。

3 月 7 日，海南省高级人民法院女子广播体操代表队在省直单位“三八”妇女节广播体操比赛中获三等奖。

3 月 28 日，省委、最高法院举行大会，追授王永平海南省优秀共产党员、全国法院模范荣誉称号。

4 月 10 日，最高人民法院咨询委员会委员、原中共海南省委委员、省人民政府顾问、高级法院院长、党组书记丁果因病逝世。

5 月 7 日，海南省法院民事审判工作会议在海口召开，最高人民法院副院长唐德华到会并就名誉权问题召开专题座谈会。

5 月 15 日，海南省高级人民法院、海南省人民检察院、海南省公安厅、海南省司法厅联合发布敦促犯罪行为人员投案自首的《通告》。

5 月 21 日，海南省法院“严打”第二次集中宣判在 9 个市县同时进行。

7 月 28 日，根据最高人民法院和国家人事部关于法院系统增编补员的规定，全省法院公开招考法院工作人员，1531 人参加考试。经笔试、面试、政审，高级法院录取 11 人。

9 月 26—28 日，第 18 号热带风暴给我省造成巨大损失，海南省高级人民法院开展救灾募捐活动，全院 235 名干警、职工共捐款 25000 多元及衣物一批。

11 月 15 日，告诉申诉审判庭开始试行申请再审案件复查听证制。

12 月 30 日，海南省高级人民法院分别在海口、三亚、琼海、儋州、通什设立考场，举行全省法院系统《刑事诉讼法》考试。

1997 年

1 月 17 日,海南省法院院长会议在海口召开。

1 月 18 日,田忠木与省四套班子领导在寰岛泰得大酒店接受李瑞环同志接见。

1 月 29 日,田忠木向省一届人大五次会议作法院工作报告。

2 月 10—14 日,中国法官协会常务副会长、中国女法官协会会长马原赴三亚、通什、万宁等市县法院考察。

4 月 9 - 11 日,全国法院法医工作会议在海口召开。

5 月 12—14 日,海南省高级人民法院在海口举办《合同法》、《担保法》培训班,邀请王利明教授和最高人民法院审判员金剑锋、曹士兵博士讲课。

6 月 3 日,省人大代表评议高级法院工作动员大会召开。省委书记、省人大常委会主任杜青林,省委常委、省纪委书记董范园,省人大常委会副主任吴葵光、王信田、毛志君、陈苏厚出席会议,杜青林在会上强调第一要坚持党的领导;第二要坚持依法办事;第三要坚持民主;第四要实事求是。田忠木要求全院干警积极配合,接受评议,及时落实整改措施,把各项工作提高到一个新水平。

6 月 10 日,最高人民法院执法大检查组一行 10 人由副院长唐德华率领对我省法院进行执法大检查。

6 月 18 日,田忠木在海口市体育馆主持召开严厉打击毒品犯罪宣判大会。

7 月 16 日,中央政法委、中组部、最高法院、公安部联合调查组来海南省高级人民法院检查指导工作。

7 月 31 日, 省一届人大常委会第三十一次会议通过《关于推进海南省审判方式改革的决议》。

8 月 25 日,最高人民法院在海口召开全国高级法院减刑假释工作座谈会。

9 月 8 日,省人大代表评议海南省高级人民法院工作总结大会召开,评议工作结束。

10 月 4—6 日,中国法官协会、北京亚太经济院、海南省高级人民法院、中国(海南)改革发展研究院主办的“中外合同法、担保法研讨班”在琼召开。

10 月 18—19 日,全省法院系统初任审判员、助审员统一考试海南考点的考试在海南师范学院附中进行。

10 月 27 日,海南省刑、民、经审判方式改革座谈会召开,省委书记阮崇武、最高人民法院咨询委员会名誉主任王怀安、省委政法委书记王学萍到会。

11 月 21 日,海南省高级人民法院办公楼电视监控系统通过验收正式启用。

11 月 26 日,海南省高级人民法院召开干部竞争任岗和轮岗动员大会,对本院办公室主任、刑庭、民庭、审判监督庭的庭长、立案庭和民庭的副庭长等 6 个职位实行竞争任岗。

12 月 29 日,海南省法院系统文艺汇演在海口举行。

1997 年,海南省法院开展“法官形象年”活动。

1997 年 5 月 12 日,海南省高级人民法院与中国法官协会、中国(海南)改革发展研究院共同举办"中外合同法、担保法研讨班"。

1998 年

1 月 5 日,《特区审判研究》更名为《特区法坛》。

2 月 5 日,海南省法院院长会议在海口召开。

2 月 20—22 日,香港本地法官协会会长廖子明、副会长彭键基率香港本地法官协会访问团一行 11 人到海南考察访问。

3 月 16 日,海南省高级人民法院召开教育整顿执法检查动员大会。省委常委、政法委书记朱明国到会就教育整顿执法检查提出要求,田忠木对教育整顿工作进行了具体部署。

11 月,海南省高级人民法院召开全省法院系统办公室工作座谈会。

12 月 21 – 22 日,海南省高级人民法院主办中国内地与澳门法律实务研讨会,来自澳门和内地近十个省市区的法官、检察官、专家学者及有关部门代表共 70 与人参加会议。

1999 年

1 月 28 日,海南省法院人民法庭工作会议在海口召开。

2 月 4 日,田忠木在海南省第二届人民代表大会第二次会议上作工作报告。

4 月 19 日,最高人民法院院长郑天翔视察海南法院。

9 月 17 日,海南省人民法庭撤并工作会议召开,全省 125 个法庭裁减、合并、调整为 39 个。

9 月 21 日,中纪委驻最高人民法院纪检组组长刘法和来海南法院调研。

11 月 19 日,海南省高级人民法院召开首次颁发法官等级证书大会。

10 – 12 月,海南省高级人民法院领导班子和处级以上干部进行了为期两个月的"三讲"教育和"三项活动",加强领导班子和队伍建设。

2000 年

1 月 6 日,海南省法院院长会议在海口召开。

1 月 24 日,田忠木在海南省第二届人民代表大会第三次会议上作工作报告。

1 月 25 日,省委同意曾浩荣任海南省高级人民法院党组书记。

1 月 26 日,海南省二届人大三次会议选举曾浩荣为海南省高级人民法院院长。

1 月 30 日,曾浩荣和田忠木共同视察海口中院。

4 月 24 日,司法改革国际研讨会在海口召开。

是月,最高法院将海南率先试行"申诉听证制度"的经验向全国法院发《简报》推广。

这项改革被最高法院和全国法院称为“海南经验”。

2001 年

4 月 10 日,海南省法院工作会议召开,部署集中清理申诉案件活动,决定从 6 月 1 日正式对 2001 年 4 月 30 日以前全省 835 件未结申诉案件开展清理工作。

5 月 11 日,海南省高级人民法院出台《海南省高级人民法院执行案件听证程序规则》。

5 月,海南省高级人民法院创建“天涯法律网”。

5 月 21 日,海南省高级人民法院制订《海南省高级人民法院司法鉴定工作若干问题的暂行规定》。

6 月 8 日,海南省高级人民法院审委会通过《海南省高级人民法院审判委员会工作规则》。同日并制订《海南省高级人民法院关于申诉案件的处理规定》。

2002 年

4 月,海南省法院开展 “转变作风年”活动。

5 月,海南首家旅游法庭在三亚市成立。

1 – 11 月,海南省法院深入开展“严打”整治斗争和整顿规范市场经济秩序工作,全省各级法院共受理一审刑事案件 3280 件,审结 2890 件,结案率 88. 11% 。

2003 年

1 月 21 日,海南省第三届人民代表大会第一次会议选举曾浩荣为海南省高级人民法院院长。

海南省法院开展以“十一项专项清理整治”为主要内容的司法大检查。

海南省法院首次面向社会从通过全国统一司法考试的法律人才中公开招录 61 名法院工作人员。

海南省三级法院计算机广域网、远程视频网和远程通信网基本建成,实现了数据传输、视频会议、远程培训和通信现代化。

9 月 1 日,海南省高级人民法院通过审判监督程序公开开庭审理黄亚全、黄圣育抢劫案,原判死刑缓期二年执行的申诉人黄亚全、黄圣育被宣判无罪当庭释放,冤案获得昭雪。黄亚全、黄圣育于当年 11 月获得国家赔偿共计 31.6 万元。

2004 年

海南省法院开展“公正廉洁树形象”活动,进行 “案件质量评查”等 8 项专项检查。

2005 年

海南省法院落实全国人大常委会《关于完善人民陪审员制度的决定》,选任了 218 名人民陪审员。

2006 年

同年,海南省高级人民法院对全省 27 个法院及 26 个基层人民法庭进行明察暗访,就发现的问题及时进行“回访”。

同年,海南省高级人民法院建立新闻发言人制度,增强审判工作透明度。

同年,廉政监督员制度正式启动,海南省高级人民法院在全省聘请了 45 名廉政监督员。

2007 年

6－12 月,海南省高级人民法院分 3 个阶段开展“抓廉洁办案、树公正形象”教育活动。

12 月 14 日,省委同意董治良任海南省高级人民法院党组书记。

同年,海南省高级人民法院指导全省法院实施“法律进乡村”工程 10 项措施,组织了 12 场法律咨询宣传活动。

同年,网络办案系统在全省法院全面应用,形成规范的立案流程,建立了以电脑自动分案为主的分案模式,信访件登记、批办、流转基本依靠该系统完成。

2008 年

1 月 29 日,海南省第四届人民代表大会第一次会议选举董治良为海南省高级人民法院院长。

6 月 5 日,海南省高级人民法院举办“贯彻十七大精神大学习、大讨论”论坛,学习贯彻党的十七大和胡锦涛重要讲话精神。

7 月 3 日, 海南省高级人民法院制定下发《开展“制度落实检查年”活动实施方案》。

7 月 4 日, 海南省法官协会、海南省女法官协会进行换届选举,董治良当选省法官协会会长,张家慧当选为省女法官协会会长。

8 月 1 日, 海南省高级人民法院出台《裁判文书上网公布管理办法》,进一步规范“裁判文书上网公布”活动,接受社会监督。

8 月,海南省高级人民法院分别向省交通厅、国土环境资源厅、海洋与渔业厅提出司法建议,《关于进一步促进我省港航业发展的司法建议》引起省委重视,省委书记卫留成作了重要批示。

8 月,中国法学会审判理论研究会向全国法院发出《关于设立审判理论专业委员会的通知》,中国法学会审判理论研究会行政审判理论专业委员会依托海南省高级人民法院成立,董治良任委员会主任。

9 月 26 日,海南省高级人民法院隆重举行建院 20 周年院庆大会,回顾光辉历史,展望美好明天。

11 月 20 日,经海南省高级人民法院努力争取,财政厅批复同意高级法院将预收诉讼费垫付基建资金 5269 万元用于弥补审判大楼、综合楼、法官公寓等基础配套设施基本建设资金缺口,圆满解决了遗留 15 年的海南省高级人民法院建设挂账历史问题。

11 月 26 日,海南省集中清理执行积案活动动员大会在海口召开,省委政法委书记肖若海在会议上作重要讲话,董治良代表省清理执行积案活动领导小组部署工作。

11 月 28 日, 最高人民法院《中国审判》编辑部与海南省高级人民法院共同举办的“2008《中国审判》‘法治见证中国改革开放三十年’(海南杯)主题论坛暨《中国审判》第三届理事大会”在海口举行。

12 月 3 日,按照海南省委、最高人民法院批准的司法体制改革方案,海南中级法院更名为海南省第一中级人民法院。

12 月 10 日,洋浦开发区中级法院更名为海南省第二中级人民法院。

12 月 11 日,海南省高级人民法院召开第一次全省法院文化建设工作会议,下发《海南省人民法院文化建设实施办法》。

12 月 22 日,海南省高级人民法院机关党代会召开,完成机关党委成立 12 年以来的第一次换届。

12 月 25 日,海南省高级人民法院出台《“司法为民”工作措施 30 条》。

12 月, 国家法官学院海南分院项目举行奠基仪式,正式开工建设。原最高人民法院院长肖扬、省委政法委书记肖若海、海南省高级人民法院院长董治良为海南法官学院奠基。

同年 ,海南省高级人民法院编印《海南省高级人民法院规章制度汇编(一)》,对 1988 -2007 年制定下发的 228 项规章制度进行修改,保留合并 66 项,新制定 42 项,共计 108 项,实现对业务、政务、人事管理全覆盖。

同年,海南省高级人民法院编印《海南省法院 2007 -2009 精品案例选(一)》与《海南省法院 2008 优秀裁判文书选(一)》,海南法院案例指导制度建立。

同年,《特区法坛》改版。

同年,高级法院撤销海南省法院干部培训中心、海南法学实务研究所、海南省诉讼技术委托中心(含天涯法律网站)等自收自支事业单位,天涯法律网站并入司法宣传中心。

同年,海南法院 3 名干警竞得最高法院组织的香港城市大学攻读法律硕士学位资格,占全国法院获得此项资格的十分之三。

同年,董治良主持高级法院课题组中标并完成最高人民法院重点调研课题《关于优化审判职权配置》,这是海南省高级人民法院首次申报并中标最高人民法院重点调研课题。

2009 年

1 月 13－15 日,第二次全国立案审判工作会议在海口召开。

2 月,海南省高级人民法院首次面向全国公开招考的已通过司法考试获得司法资格的硕士研究生以上学历、学位的 20 名干部正式到岗。

2 月,《特区法坛》入选国家图书馆收藏刊物。

2008 年年底－2009 年年初,海南省高级人民法院分别在澄迈法院老城法庭、琼海法院塔洋法庭、万宁法院兴隆法庭、陵水法院新村法庭、城郊法院天涯法庭建立了 5 个青年法官培训基地,法院系统新招录的工作人员均要下基层接受锻炼。

3 月 4－9 日,挪威最高法院秘书长格纳·伯格比一行访问高级法院。

3 月 22－27 日,董治良随同最高人民法院副院长万鄂湘出席在乌克兰基辅举办的第 23 届世界法律大会。

5 月 27 日,海南省法院队伍建设工作会议在海口召开,部署"人民法官为人民"主题实践活动。

5 月 27 日,海南省法院刑事审判工作座谈会召开,部署全省法院的量刑规范化工作,确定海口中院、龙华区法院、三亚城郊法院、文昌法院和儋州法院作为量刑规范化工作试点。

6 月 24 日,海南省高级人民法院印发《关于贯彻〈人民法院第三个五年改革纲要(2009－2013)〉的实施意见》,启动新一轮司法改革。

9 月 24 日,由海南法院系统工作人员自编自演的庆祝新中国成立 60 周年"人民法官为人民"文艺晚会举行。

11 月 14－15 日,中国法学会审判理论研究会行政审判理论专业委员会成立大会暨"土地权益的司法保护"主题论坛在海口举行。

12 月,为期 7 天的全国法院纪检监察业务培训会议在海口举行。

同年,海南省高级人民法院被中宣部、司法部和全国普法办评为全国"五五"普法中期先进集体。

同年,省长罗保铭支持人民法庭装备建设,为 38 个人民法庭配备办案用车。

同年,海南省高级人民法院发布《海南省高级人民法院关于司法巡查工作的暂行办法》,决定对全省法院进行司法巡查,每年巡查不少于 2 个法院。

同年,董治良主持高级法院课题组中标并完成最高人民法院重点调研课题《关于进一步规范法官和律师关系问题》。

同年,董治良主持的课题《海南国际旅游岛建设的司法保障》中标海南省哲学社会科学规划课题立项。

2010 年

2 月 1－2 日，第三次全国涉外商事海事审判工作会议在海口召开，出席此次会议的最高法院副院长沈德咏、万鄂湘参加了高级法院党组会议，沈德咏从 6 方面肯定海南法院工作。

3 月 1 日，高级法院出台《服务海南国际旅游岛建设工作意见》。

3 月，全省法院“改革完善上下级法院之间的关系”试点工作会议召开。

3 月 30 日，高级法院印发《关于适用简易程序审理行政案件的若干规定(试行)》。

4 月，高级法院成功调解了省委、省政府高度重视及社会各界十分关注的新宏兴教育投资有限公司与海南大学历时 5 年的合作办学纠纷案，理顺了海南大学正常教学秩序，促进了海南大学教育资源的优化整合。

5 月 13－16 日，斯洛伐克最高法院院长什捷凡·哈拉宾一行 8 人访问海口法院和三亚法院。

7 月，高级法院新闻宣传处成立，天涯法律网归属新闻宣传处管理与维护，继续发挥海南法院司法公开的窗口作用。

8 月 7 日，高级法院举办立案信访大厅启用仪式，新立案大厅正式启用。

8 月 18 日，高级法院举行审判大楼回购改造项目开工仪式，启动审判大楼改建工作。

10 月 17 日，最高法院党组成员、副院长苏泽林代表最高法院赴文昌市法院看望慰问暴雨洪灾中受灾的法院干警及家属。

11 月 10 日，高级法院举办首次“法院开放日”活动，邀请 29 名全国和省、市、区人大代表、政协委员到法院参观、座谈。

11 月 30 日，省委书记卫留成、省委政法委书记肖若海、省人大常委会主任吴昌元一行视察高级法院。

同年，海南省 8 家少数民族地区法院定向招录培训政法干警 34 名，其中法学硕士 24 名，法学二学位 10 名。

同年，海南省高级人民法院编印《海南省高级人民法院 2008 年年鉴》，结束了海南法院无年鉴的历史。

同年，海南省高级人民法院院长建立廉政监督卡制度。

同年，海南省高级人民法院院长董治良主持高级法院课题组中标并完成最高人民法院重点调研课题《民商事审判法官自由裁量权尺度与规制》。

同年，董治良主持《中国——东盟自由贸易区建设进程中的海南定位》中标海南省社科联哲学社会科学规划课题。

至 2010 年止，海南省高级人民法院携手最高人民法院研究室、海南大学、海南省农村信用社等单位在博鳌亚洲论坛国际会议中心分别举办了四次重要学术会议及培训：博鳌法学论坛暨第七届法官与学者对话民商法论坛、服务国际旅游岛建设专家法治讲座、13 位国内法学界顶尖专家学者授课的博鳌法治高端讲座、人民法院党的建设博鳌高端讲座，为提高海南法院法官司法能力提供了高水平的课堂，博鳌法治高端讲座也成为司法界的培训品牌。

二、人物传略

丁 果（1928—1998）

男，河北乐亭人，汉族，1928 年 8 月生，大学文化。1948 年 3 月 - 1949 年 3 月在天津工商学院学习；1949 年 3 月参加工作，任人民解放军第四野战军南下工作团分队长；1949 年 10 月，随南下工作团军管代表进驻国民政府广州地方法院（同年 11 月，广州市人民法院在原址成立，1955 年改称广州市中级人民法院）；1952 年 10 月加入中国共产党，历任广州市中级人民法院教育股长，秘书，研究科负责人，接待室副主任，副科长，正县科级审判员；广州市市中区人民法院院长，中共广州市市中区委委员；广州市中级人民法院办公室副主任，司法行政处副处长，中共广州市中级人民法院党组成员，中共广州市直属机关党委委员；"文化大革命"中到"五七干校"劳动锻炼，任广州市建筑机械施工公司党委常委、公司革命委员会副主任；1979 - 1988 年 5 月，任广州市中级人民法院经济审判庭副庭长，庭长，院长，中共广州市中级人民法院党组书记。1988 年 5 月，受命担任海南省高级人民法院筹备组组长，依靠省委和最高法院的领导和支持，在极其艰苦的条件下，白手起家，从全国各地法院借调干部，租赁房屋办公，仅用 3 个多月即完成了海南省高级人民法院的组建工作。1988 年 8 月 27 日，任中共海南省高级人民法院党组书记；8 月 28 日，在海南省人民代表会议第一次会议上当选为海南省高级人民法院首任院长。丁果任职期间，廉洁自律，鞠躬尽瘁，关爱部属，从善如流，带领海南法院干警艰苦创业，卓有成效地开展审判工作，表现出了一名共产党员忠诚、敬业、朴实、宽厚的风范和情操；在任 3 年，初步理顺了随行政建制不断调整的省内三级法院体制，为大特区法院的起航打下了组织基础，是海南省审判事业的奠基人。1991 年 5 月卸任，受聘为最高人民法院咨询委员会委员、海南省人民政府顾问。1998 年 4 月 10 日因病逝世，享年 70 岁。

田忠木（1934—2002）

男，湖北汉川人，汉族，1934 年 1 月生，高中文化。1950 年 4 月参加工作，任武汉市武泰区拂林乡乡长；1952 年 12 月加入中国共产党；1953 - 1955 年 5 月任武汉市第八区土改法庭审判员，市法院郊区审判分庭审判员。1955 年 6 月 - 1956 年 6 月在中南政法学院学习。1956 年 6 月 - 1968 年 8 月任武汉市青山区人民法院审判员。1968 年 8 月 - 1970 年 6 月到"五七干校"劳动锻炼；1970 年 6 月 - 1973 年 1 月任武汉市军管会派驻乾港煤矿政工组组长。1973 年 1 月 - 1982 年 2 月任武汉市青山区人民法院刑事审判庭副庭长，庭长，副院长，院长。1982 年 2 月 - 1991 年 5 月任武汉市中级人民法院副院长，院长,中共武汉市中级人民法院党组书记,中共武汉市委政法委副书记。1991 年 4 月 29 日,任中共海南省高级人民法院党组书记;同年 5 月 13 日,在海南省人民代表会议第五次会议上当选为海南省高级人民法院第二任院长,后并任中共海南省委政法委副书记,海南省社会治安综合治理委员会副主任;1993 年 7 月当选为中共海南省二届省委委员。田忠木在职 8 年,依靠省委和最高法院的支持,带领全体干警克服困难,一手抓人民法庭和审判法庭建设,一手抓审判队伍建设,完善海南三级法院体制,改善审判工作环境,建起高级法院办公大楼和法官宿舍楼,留下了发展审判事业的土地基础;在特区建设的风雨中,坚持国家法治信念,稳定队伍,开拓业务,按照最高法院的部署推进司法改革,为海南法治建设费尽心力,是海南省审判事业的开拓者。1999 年 12 月卸任,受聘为最高人民法院咨询委员会委员、督导员。2002 年 7 月 9 日因病逝世,享年 68 岁。

陈援朝(1951—2003)

男,河南邓县人,汉族,1951 年 3 月生,大专文化。1969 年参加工作,1972 年 7 月加入中国共产党。历任河南省开封市顺河回族区人民法院书记员、审判员、办公室主任、副院长;中共顺河区委政法委副书记。1994 年调入海口中院,1999 年任海口中院刑事审判第一庭庭长。陈援朝不求名利,不计较个人得失,对工作高度负责,对案件一丝不苟,刚正不阿,廉洁自律,先后主审或参与审理了一批有影响的大案要案,以执着的敬业精神在平凡岗位上做出了突出贡献。其先后被中共海口市委政法委记二等功 1 次,被高级法院记一等功 1 次,被海口市委、省委和最高法院分别授予"模范共产党员"、"海南省优秀共产党员"和"全国模范法官"等称号。在陈援朝带领下,海口中院刑事审判第一庭荣获集体二等功 2 次、三等功 1 次。陈援朝长期超负荷工作,积劳成疾,被确诊罹患肺癌后仍坚守岗位,忘我工作,2003 年 9 月病逝于海口。

2003 年,高级法院召开授予陈援朝同志"全国模范法官"称号表彰大会。

三、重要案例辑存

案例一

谢明中受贿、巨额财产来源不明案

【裁判要旨】

国家工作人员利用本人的职权或者地位形成的便利条件,为请托人谋取不当利益,索取请托人财物或者收受请托人财物的,构成受贿罪;国家工作人员的财产或者支出明显超出合法收入、差额巨大,本人又无法说明其合法来源的,构成巨额财产来源不明罪。

【基本案情】

公诉机关:海南省人民检察院海南分院

被告人:谢明中,男,1959 年 12 月 26 日出生于广东省化州市,汉族,住海口市南沙路 88 号海南省地矿局宿舍 A 栋 502 房。2008 年 2 月 1 日,因涉嫌犯受贿罪被逮捕。

起诉书指控:1992－2007 年,被告人谢明中在先后担任海南省地矿局政治部负责人、副局长、共青团海南省委书记、中共海南省文昌市委书记期间,利用职务上的便利,为他人谋取利益,先后非法收受、索取黄壮等 110 个单位与个人的贿赂,合计人民币 1367.8988 万元、港币 439.8 万元、美元 7.2 万元、新加坡币 0.3 万元。另外,被告人谢明中尚有巨额财产人民币 541 万余元、新加坡币 1.2 万元无法说明来源。

海南省海南中级人民法院(简称海南中院)一审查明:1992－2007 年,被告人谢明中先后担任海南省地矿局政治部负责人、副局长、共青团海南省委书记、中共海南省文昌市委书记期间,利用职务上的便利,先后非法收受、索取黄壮等 110 个单位与个人的贿赂,合计人民币 1363.8988 万元(含价值 70 万元的房产)、港币 439.8 万元、美元 7.2 万元、新加坡币 0.3 万元。同时查明:被告人谢明中及其妻子梁壮球拥有的财产共计人民币 20046776.25 元、港币 627.2 万元、美元 16.56 万元、新加坡币 1.5 万元。其中,合法收入共计 810705.1 元,债务 15 万元。尚有人民币 5447083.15 元、港币 187.4 万元、美元 9.36 万元、新加坡币 1.2 万元,谢明中不能说明合法来源。

本案争议焦点是:被告人谢明中是否有自首情节。

控辩双方均认为被告人谢明中主动向中共海南省纪律检查委员会(简称省纪委)及检察机关交代了纪检机关未掌握的大部分犯罪事实,具有自首情节,应当从轻处罚。

海南中院一审认为:省纪委出具的《关于谢明中严重违纪违法案件查办情况的说明》、《关于谢明中交代涉案款物及追缴过程的情况说明》,证实除谢明中收受谢晋锯、符永德和陈农 3 人贿赂的犯罪事实外,其他受贿犯罪事实都是在省纪委未掌握的情况下,谢明中主动交代的。被告人谢明中在受省纪委审查期间,还主动交代涉案赃款的藏匿地点,并配合办案人员起获了全部赃款,共计人民币 1791.63 万元、港币 627.2 万元、美元

16.56 万元、新加坡币 1.5 万元。但是,谢明中收受谢晋锯、符永德、陈农的贿赂经查实共计人民币 158 万元,港币 2 万元,美元 2 万元,属数额特别巨大,已构成受贿罪。谢明中主动向省纪委交代其尚未被掌握的其他受贿事实,与其已被掌握的受贿犯罪属同种罪行,依照《最高人民法院关于处理自首和立功具体应用法律若干问题的解释》的相关规定,不能认定为自首,但可酌情从轻处罚。被告人谢明中到案后,认罪态度始终良好,并配合省纪委起获了全部赃款,有悔罪表现。综上,可酌情对其从轻处罚。依照《中华人民共和国刑法》第三百八十五条第一款、第三百八十六条、第三百八十三条第一款第(一)项、第三百九十五条第一款、第四十八条第一款、第五十七条第一款、第六十九条之规定,判决如下:

一、被告人谢明中犯受贿罪,判处死刑,缓期二年执行,剥夺政治权利终身,并处没收其个人全部财产。犯巨额财产来源不明罪,判处有期徒刑三年。数罪并罚,决定执行死刑,缓期二年执行,剥夺政治权利终身,并处没收个人全部财产。

二、扣押的赃款予以追缴,扣押的赃物予以没收。

一审后,本案法定期间内没有上诉、抗诉。海南中院依法报送海南省高级人民法院核准。高级法院裁定原判定罪准确,量刑适当,程序合法。依照《中华人民共和国刑事诉讼法》第二百零一条之规定,核准海南中院以受贿罪判处被告人谢明中死刑,缓期二年执行,剥夺政治权利终身,并处没收个人全部财产的刑事判决。

【编后语】

谢明中担任共青团海南省委书记(正厅级)时年仅 38 岁,是海南省当时最年轻的正厅级干部之一。从明星官员堕落成全省第一号贪官,其教训十分深刻。

本案值得探讨的法律问题是,谢明中的犯罪数额特别巨大,亦无法定从轻、减轻处罚情节,为何未被判处死刑立即执行?法院判决认为:"谢明中主动向纪委交代其尚未被掌握的其他受贿事实,与其已被掌握的受贿犯罪属同种罪行,依照《最高人民法院关于处理自首和立功具体应用法律若干问题的解释》的相关规定,不能认定为自首,但可酌情从轻处罚。被告人谢明中到案后,认罪态度始终良好,并配合纪委起获了全部赃款,有悔罪表现。综上,可酌情对其从轻处罚。"据此,法院对谢明中判处死刑,缓期二年执行,剥夺政治权利终身,并处没收其个人全部财产。如此量刑,其实质在于贯彻实施我国当前宽严相济的刑事政策。

因此,本案中,谢明中确实有自动坦白并主动退回全部赃款的酌定情节时,为了瓦解犯罪,引导其他犯罪分子效仿其坦白和退赃行为,对其判处死刑,缓期两年执行的刑罚,符合当时宽严相济的刑事政策,且有利于打击经济犯罪活动的进一步开展。

案例二

李国和、章生贵、陈文吉等三人玩忽职守案

【裁判要旨】

1. 对重大嫌疑分子先行采取刑事拘留的强制措施，不属于不当或违法履行法定职权行为。

2. 因新闻媒体不实报道造成负面社会效果的，与公安人员的职权行为没有必然的因果关系的，因该社会效果在性质上不属于“致使公共财产、国家和人民利益遭受重大损失”，该公安人员不构成玩忽职守罪。

【基本案情】

公诉机关：海南省海口市琼山区人民检察院

被告人：李国和、章生贵、陈文吉

起诉书指控：被告人李国和身为政法委书记、公安局局长，不正当行使职务范围内的权力，在未调查核实的情况下，非法拘捕无辜受伤的邢亚盖、非法搜捕无辜公民住宅、制造虚假搜捕在逃犯罪嫌疑人现场、提供虚假新闻内容误导当地新闻媒体将邢亚盖认定为犯罪嫌疑人的失实报道，在明知邢亚盖非杀人在逃犯罪嫌疑人且已被解除看押的情况下，仍签发内容失实的调查报告，继续错误认定邢亚盖是负案在逃犯罪嫌疑人，导致邢亚盖被伤害案件未得到正确处理，严重损害了国家声誉，造成了恶劣的社会影响，其行为已构成滥用职权罪；被告人陈文吉身为公安局纪委书记，不认真履行职责，出具了歪曲事实的调查报告，造成了恶劣的社会影响，其行为已构成玩忽职守罪；被告人章生贵身为派出所所长，严重不负责任，不认真履行职责，错误认定邢亚盖是批捕在逃犯罪嫌疑人，向被告人李国和进行汇报，并向调查组提供与事实不符的情况，造成了恶劣的社会影响，其行为已构成玩忽职守罪。

【原审情况】

琼山区法院一审认为：本案证据无法证实李国和主观上明知文瑞强开枪击伤的邢亚盖系无辜群众而非在逃犯罪嫌疑人，因此，公诉机关指控其行为构成滥用职权罪不能成立。但李国和身为东方市公安局局长，工作严重不负责任，不认真履行职责，当得知文瑞强开枪击伤一名在逃犯罪嫌疑人时，在未进行认真调查核实的情况下，便下令将邢亚盖扣留在医院，并派人看守数日，后又签发了《东方市公安局关于大田派出所副指导员文瑞强开枪击伤故意杀人在逃人员邢亚盖的调查报告》，错误地认定邢亚盖是负案在逃犯罪嫌疑人。在其任局长期间，邢亚盖被伤害案件没有得到正确及时的处理，导致邢亚盖及家属多次上访，引发多家媒体进行报道，造成恶劣社会影响，其行为构成玩忽职守罪；章生贵身为派出所所长，未仔细核实批捕在逃犯罪嫌疑人和负案在逃犯罪嫌疑人名单，仅根据文瑞强的汇报，就将邢亚盖认定为批捕在逃犯罪嫌疑人并向李国和进行汇报，且向陈文吉等人组成的调查组提供与事实不符的情况，造成恶劣的社会影响，章生贵的行为

构成玩忽职守罪;陈文吉身为公安局纪委书记,在调查过程中,未仔细核实邢亚盖的身份情况下,修改了《东方市公安局关于大田派出所副指导员文瑞强开枪击伤故意杀人在逃人员邢亚盖的调查报告》,同意报告中将邢亚盖认定为"99.8.22"案件负案在逃犯罪嫌疑人,并向李国和汇报,造成恶劣社会影响,其行为构成玩忽职守罪。遂做出判决:被告人李国和犯玩忽职守罪,判处有期徒刑三年,缓刑四年;被告人章生贵犯玩忽职守罪,判处有期徒刑二年,缓刑三年;被告人陈文吉犯玩忽职守罪,判处有期徒刑一年六个月,缓刑两年。

一审宣判后,被告人李国和、章生贵在法定期限内均以其严格履行工作职责、邢亚盖被伤害后果的发生与两被告人认真履行工作职责无刑法上的因果关系,以及原判违反法定程序、剥夺其依法应行使的诉讼权利,其行为不构成玩忽职守罪为由,向海口市中级人民法院提起上诉。被告人章生贵在法定期限内未上诉。

海口市人民检察院抗诉认为:被告人李国和对其不正确行使职权的行为所会发生的危害后果是明知的,且放任这种危害后果的发生,符合滥用职权罪的主观构成要件,其行为应以滥用职权罪定性。本案犯罪性质严重,社会影响恶劣,且被告人李国和、章生贵在整个诉讼过程中均不认罪,无悔罪表现,原判适用缓刑不当。

海口市中级人民法院(简称海口中院)二审审理认为,原判认定的事实清楚,适用法律准确,量刑适当,程序合法。故驳回抗诉和上诉,维持原判。

【再审情况】

申诉人李国和、章生贵不服海口中院二审判决,向高级法院申诉被驳回。申诉人李国和仍不服,向最高法院申诉。经人大代表监督,最高法院审查后指令高级法院再审本案。

高级法院经再审,对原一、二审认定的基本事实予以确认,但认为邢亚盖是否属负案在逃犯罪嫌疑人的事实"存疑"。因此,原判认为"李国和错误认定邢亚盖是负案在逃犯罪嫌疑人"缺乏充分的事实依据。因此,该项申诉理由成立。

关于李国和申诉的理由之二,即"恶劣社会影响是媒体误导而造成"。经查,本案确无国家领导人的批示,媒体报道严重失实。媒体报称"警察枪击无辜青年"确是造成恶劣影响的导因。本案事实证明,枪击事件发生后,李国和及时、积极地采取了应对措施,正确履行了局长的职责,事发一个月后,李国和到沈阳学习数月,2001 年 8 月调往公安部。原判认定造成恶劣社会影响与李国和在任时的行为没有刑法上的因果关系。因此,该项申诉理由成立。

关于李国和申诉理由之三,即"依照局长职责和法定程序处理了枪击事件,不存在玩忽职守行为"。经查,李国和得知枪击事件发生后,立即召开会议听取汇报并请检察机关提前介入,及时部署公安警力进行调查,并带队赴现场查看,特别指派专人核实邢亚盖的身份。从其对待枪击事件的工作态度及行为表现看,其工作是认真负责的,行动积极、迅速,正确履行了局长的职责。至于具体负责调查核实的办案人员是否尽责不是李国和的行为导致。因此,原判认为"李国和工作严重不负责任,不认真履行职责"与客观事实不符。因此，该项申诉理由成立。

综上，李国和的行为不构成玩忽职守罪；原审被告人章生贵、陈文吉在调查核实的工作中确有不尽责之行为，但本案毕竟没有致公共财产、国家和人民利益遭受重大损失，且造成恶劣社会影响的原因也不是其行为所致。故章生贵、陈文吉的行为不足以犯罪论处。经审委会讨论决定，依照《中华人民共和国刑事诉讼法》第二百零四条第（三）项、第二百零五条第二款、第二百零六条及《最高人民法院关于执行〈中华人民共和国刑事诉讼法〉若干问题的解释》第三百零八条、第三百零九条、第三百一十二条第（二）、（四）项之规定，判决如下：

一、撤销海南省海口市中级人民法院（2007）海中法刑终字第37号刑事裁定和海南省海口市琼山区人民法院（2006）琼山刑初字第229号刑事判决；

二、被告人李国和无罪；

三、被告人章生贵无罪；

四、被告人陈文吉无罪。

案例三

张鹰诉海南航空股份有限公司劳动合同纠纷案

【裁判要旨】

飞行人员属特种职业，其作为劳动者依法享有不附加任何实质性条件的单方解除合同的权利，但其在单方解除劳动合同后并不能轻易到其他航空公司就业。依照国家民航局对民航人员的管理规定，航空公司对招用其他航空运输企业在职飞行人员的，应当与飞行人员和其所在单位进行协商，达成一致后，方可办理有关手续。

【基本案情】

原告、上诉人：张鹰。

被告、上诉人：海南航空股份有限公司。

海口市中级人民法院（简称海口中院）一审查明：张鹰于1995年8月到海南航空股份有限公司（简称海航公司）工作。1997年5月2日，张鹰与海航公司签订《劳动合同书》，约定由张鹰在该公司担任飞行员岗位工作等具体事宜。2006年5月13日，张鹰向海航公司提交辞职报告，并于即日起不再到该公司上班。辞职前12个月，张鹰的月平均工资为10819.62元。自2006年7月起至提起本案诉讼止，海航公司一直按每月600元的标准向张鹰支付生活费。2006年7月，张鹰向海南省劳动争议仲裁委员会（简称劳动仲裁委员会）提起劳动仲裁申请，请求海航公司归还其所有人事及飞行档案并办理相关手续，依法全额缴纳及补齐其所有劳动保险金。2006年9月4日，劳动仲裁委员会做出《琼劳仲裁字[2006]240号仲裁裁决书》（简称《240号裁决书》），裁决：1. 海航公司于裁决书生效之日起10日内按海口市上年度从业人员月平均工资的300%为张鹰补缴各项社会保险费,具体缴费数额由海口市地税局社会保险费征稽局依法核定;2. 海航公司于裁决书生效之日起5日内向张鹰出具解除劳动合同证明,并将张鹰的人事档案交省人力资源开发局(飞行执照、飞行记录本、航空人员健康记录本除外)管理;3. 海航公司于裁决书生效之日起10日内向张鹰支付飞行安全奖;4. 驳回张鹰的其他仲裁请求;5. 本案处理费300元,由张鹰和海航公司各承担150元。此外,海航公司亦向海南省劳动争议仲裁委员会提起劳动仲裁申请,请求裁决张鹰支付培养补偿费5425000元和违约金120465元并收回张鹰的飞行执照、空勤登记证、体检合格证。劳动争议仲裁委员会于2006年9月4日做出《琼劳仲裁字[2006]第241号仲裁裁决书》,裁决如下:1. 张鹰于裁决书生效之日起15日内向海航公司支付违约金119015.8元;2. 张鹰于裁决书生效之日起15日内向海航公司支付培训费210万元;3. 驳回海航公司的其他仲裁请求;4. 本案处理费24000元,由海航公司承担4000元,张鹰承担20000元。张鹰不服上述两裁决,向法院提起诉讼,请求法院判决:1. 确认双方劳动合同关系已经于2006年6月13日正式解除;2. 责令被告立即为原告办理解除劳动关系的相关手续,将原告的飞行技术档案、身体健康档案移交被告所在地的地区民航中南管理局管理;将原告的人事档案移交海南省人力资源开发局管理;3. 责令被告按海口市上年度从业人员月平均工资的300%标准,为原告足额补缴自1995年8月1日至今的工伤保险、医疗保险、补充医疗保险、养老保险、失业保险、生育保险等社会保险费;4. 责令被告依法为原告补缴自1995年8月1日至今拖欠的住房公积金;5. 责令被告一次性向原告补发自1996年至今拖欠飞行安全奖的工资报酬267500元并加发该工资报酬25%的经济补偿金66875元;6. 责令被告按原告辞职前12个月的月平均收入标准赔偿原告自2006年5月至被告为原告办理解除劳动关系手续及将全部档案移交完成期间的工资收入损失;7. 确认原告的行为不构成违约,无须向被告承担任何赔偿或违约责任;8. 责令被告承担全部诉讼费用。

2004年10月27日,中国民用航空总局(简称民航总局)下发民航人发[2004]187号《关于规范飞行人员流动管理,保证飞行安全的通知》,要求飞行员流动应协商解决,辞职飞行员的飞行执照交用人单位所在地民航地区管理局保管,飞行记录本和健康记录本由用人单位保管6个月后交所在地民航地区管理局保管;2005年5月27日,民航总局、人事部、劳动和社会保障部、国务院国有资产监督管理委员会、国务院法制办公室联合下发民航人发[2005]104号《关于规范飞行人员流动管理 保证民航飞行队伍稳定的意见》(简称《五部委104号文》),要求:1. 依法规范航空运输企业用工行为,逐步建立和完善飞行员依法有序的流动机制,对招用其他航空运输企业在职飞行人员的,应当与飞行人员和其所在单位进行协商,达成一致后,方可办理有关手续,并根据现行航空运输企业招收录用培训飞行人员的实际费用情况,参照70-210万元的标准向原单位支付费用;2. 飞行人员个人提出解除劳动合同,劳动合同中约定了违约责任的,飞行人员应当按照约定承担相应责任。该文件经最高法院法发[2005]13号文转发。民航总局还先后下发了民航人发[2005]109号《关于贯彻落实规范飞行人员流动管理 保证民航飞行队伍稳定意见有关问题的通知》和民航发[2006]109号《关于进一步加强民航飞行队伍管理的意见》，进一步明确飞行人员流动、辞职费用标准的计算方法，强调飞行员流动、辞职等事宜必须严格遵守《五部委104号文》的规定。

为提高飞行人员的忠诚度，海航公司于2005年下发《海南航空股份有限公司飞行员安全奖统计细则》（琼航综[2005]520号），决定设立飞行员安全基金，以奖励忠于公司且无安全事故的飞行员。该文件规定：1. 自2005年1月起正式设立飞行员安全奖，享受范围为海航公司（含各基地）在飞的飞行员（即未退出航班飞行队伍的飞行员），并对截止2005年1月1日仍在飞的飞行员给予追溯；2. 安全奖自飞行员进入海航公司参加航班生产开始按月计提，至退出航班飞行队伍次月停止计提；3. 安全奖按年度（自然年）发放，当年累计的30% 于次年发放（2005年累计的30%安全奖在2006年8月20日前发放），剩余70%在计提期结束后分10年按月等额发放；4. 飞行员因退休、身体等原因退出公司航班飞行队伍的，经公司领导批准，已计提尚未兑现的安全奖自退出次年起分10年按月等额发放；5. 其他因任何原因离职的，当年不享受安全奖，已计提尚未兑现的安全奖视为自动放弃。

【审判】

海口中院一审认为：关于张鹰在本案中所提出的第1.3.4.5项诉讼请求以及第2项诉讼请求中的要求被告立即为其办理解除劳动关系的相关手续并将其人事档案移交省人力资源开发局管理的请求，因该院受理的海航公司诉张鹰劳动合同纠纷的（2007）海中法民一初字第16号案中已对该部分请求进行审理并做出判决，故在本案中不再处理。

民航总局民航人发[2004]187号《关于规范飞行人员流动管理保证飞行安全的通知》第六条规定，“对辞职的飞行人员，其飞行执照交用人单位所在地的民航地区管理局暂存保管，飞行记录本和航空人员健康记录由用人单位封存保管6个月后交所在地的民航地区管理局暂存保管。”由于双方的劳动合同关系已经解除，根据民航总局的上述《通知》和《劳动法》的规定，张鹰要求海航公司将其飞行技术档案、身体健康档案移交海航公司所在地的地区民航中南管理局管理，符合行业管理的规定和要求，法院予以支持。

张鹰自2006年5月13日起提出辞职后即离开海航公司，不再为海航公司提供服务，双方的劳动关系已经解除，海航公司无须向张鹰补发2006年5月至今的工资，而张鹰要求海航公司按其辞职前12个月的月平均收入标准赔偿其自2006年5月至为其办理解除劳动关系手续及将全部档案移交完成期间的工资收入损失的理由不能成立，法院不予支持。

由于张鹰与海航公司签订的《劳动合同书》约定的劳动期限为无固定期限，张鹰应为海航公司工作至60周岁。张鹰在服务期限届满前单方解除劳动合同，已构成违约，应承担相应的赔偿责任和违约责任。张鹰要求确认其辞职行为不构成违约、无须向海航公司承担任何赔偿或违约责任，缺乏事实和法律依据，法院不予支持。海航公司已就此另案提起诉讼，法院亦对该案进行了审理，在此不再阐述。

综上，依照《中华人民共和国劳动法》第十七条、第三十一条，劳动部《关于违反〈劳动法〉有关劳动合同规定的赔偿办法》第四条之规定，判决：一. 海南航空股份有限公司应于本判决发生法律效力之日起十日内将张鹰的飞行技术档案、身体健康档案移交被告海南航空股份有限公司所在地的民航中南管理局管理；二. 驳回张鹰的其他诉讼请求。本案案件受理费10元，由海南航空股份有限公司负担。

张鹰、海航公司均不服上述判决，依法提起上诉。

高级法院经二审确认了一审判决查明的案件事实，另查明：飞行员的飞行记录本和健康记录本等飞行证件，现由飞行员持有。其中，飞行记录本属于技术档案的一部分，健康记录本属于身体健康档案的一部分。

高级法院二审认为：张鹰在本案中所提出的第1.3.4.5项诉讼请求以及第2项诉讼请求中要求海航公司立即为其办理解除劳动关系的手续并将其人事档案移交海南省人力资源开发局管理的请求，均属张鹰在本案中提出的独立诉讼请求，而非其在另案中的诉讼请求，该诉请事项依法应当在本案中进行审理并做出判决。故本案的争议焦点是：1. 张鹰与海航公司之间的劳动合同关系应否予以解除。2. 海航公司应否为张鹰办理解除劳动关系的相关手续，应否将张鹰的飞行技术档案、身体健康档案移交海航公司所在地的地区民航中南管理局管理，并将其人事档案移交省人力资源开发局管理。3. 海航公司应否按海口市上年度从业人员月平均工资的300%标准，为张鹰足额补缴自1995年8月1日至今的工伤保险、医疗保险、补充医疗保险、养老保险、失业保险、生育保险等社会保险费。4. 海航公司应否为张鹰补缴自1995年8月1日至今的住房公积金。5. 海航公司应否向张鹰补发飞行安全奖及该奖25%的经济补偿金。6. 海航公司应否按张鹰辞职前12个月的月平均收入标准赔偿张鹰自2006年5月至海航公司为其办理解除劳动关系手续及将全部档案移交完成期间的工资收入损失。

关于张鹰与海航公司之间的劳动合同关系应否予以解除的问题。依据《劳动法》第三十一条的规定，张鹰作为劳动者享有提前30日以书面形式通知海航公司解除劳动合同的权利。国家劳动部《关于<中华人民共和国劳动法>若干条文的说明》第三十一条第二款对此说明为：本条规定了劳动者的辞职权，除此条规定的程序外，对劳动者行使辞职权不附加任何条件，任何人不能非法强迫。海航公司关于维持双方劳动关系的上诉请求，不符合法律规定，不予支持。

关于海航公司应否为张鹰办理解除劳动关系的相关手续，应否将张鹰的飞行技术档案、身体健康档案移交海航公司所在地的地区民航中南管理局管理，并将其人事档案移交省人力资源开发局管理的问题。法院就张鹰与海航公司之间的劳动合同予以解除的确认判决，即从法律上证明张鹰与海航空公司之间不再存在劳动合同关系，因此无需再判令海航公司为张鹰出具解除劳动合同的证明。张鹰的该项诉讼请求应予驳回。双方劳动合同解除以后相关档案的移交和保管问题，应依民航总局的相关规定及人事档案的相关规定办理，依法不属人民法院民事案件的审理和裁决范围。故张鹰有关海航公司应向有关部门移交其飞行技术档案、身体健康档案及人事档案的诉讼请求亦应予以驳回。

关于海航公司应否按海口市上年度从业人员月平均工资的300%标准，为张鹰足额补缴自1995年8月1日至今的工伤保险、医疗保险、补充医疗保险、养老保险、失业保险、生育保险等社会保险费的问题。依据相关法律规定,社会保险费的征缴是有关行政主管部门的法定行政职责。劳动者认为用人单位没有依法足额为其缴纳社会保险费的,应当通过行政途径解决。最高法院《关于审理劳动争议案件适用法律若干问题的解释(二)》的第七条,虽然列举了不属于劳动争议的6种情况,但并未明确除此之外的劳动争议均属于法院审理民事案件的范围。因此张鹰的该项诉讼请求应予驳回。

关于海航公司应否为张鹰补缴自1995年8月1日至今拖欠的住房公积金的问题。国务院《住房公积金管理条例》第三十八条明确规定:违反本条例的规定,单位逾期不缴或少缴住房公积金的,由住房公积金管理中心责令限期缴存;逾期仍不缴存的,可以申请人民法院强制执行。张鹰的该项请求属于住房公积金补缴争议,不属法院审理的劳动争议民事案件的范围,依法应予驳回。

关于海航公司应否向张鹰补发所拖欠的飞行安全奖及该奖25%的经济补偿金的问题。2005年,海航公司下发了《海南航空股份有限公司飞行员安全奖统计细则》明确规定:安全奖按年度发放,当年累计的30%于次年发放(2005年累计的30%安全奖在2006年8月20日前发放),剩余70%在计提期结束后分10年按月等额发放;飞行员离职的,当年不享受安全奖,已计提尚未兑现的安全奖视同自愿放弃等。现张鹰违反约定离职,对已计提尚未向兑现的部分飞行安全奖,应视为其自动放弃。故其关于海航公司无故拖欠的主张和要求补发飞行安全奖及加发经济补偿金的请求,不予支持。

关于海航公司应否按张鹰辞职前12个月的月平均收入标准赔偿张鹰自2006年5月至海航公司为其办理解除劳动关系手续及将全部档案移交完成期间的工资收入损失的问题。民航总局[2006]109号意见第三条规定:飞行人员辞职后到新的航空公司复飞,该公司仍须按《五部委104号文》的规定,与辞职飞行员原单位主动协商,对没有经过协商而私自流动的飞行人员,各地区管理局不得办理其在新公司的注签手续,不准予其参加新公司的运行飞行。张鹰主张其无法找到新的工作是由于海航公司故意拒绝为其办理劳动合同解除手续。由于双方签订的劳动合同及未就办理劳动合同解除手续进行规定,而民航总局的相关文件规定辞职飞行人员的飞行执照、飞行记录本和健康记录本等证件应予上交,张鹰未按规定程序上交上述证件。因此,张鹰无法找到新工作系其自身原因造成,海航公司无责任。其该项上诉请求缺乏事实依据和法律依据,不能成立。

至于张鹰的第7项诉请事项,因高级法院在已经生效的民事判决中已做出了判定,故在本案中不再审理。

综上,依照《中华人民共和国劳动法》第三十一条、《中华人民共和国民事诉讼法》第一百五十三条第一款第(二)、(三)项的规定,并经审判委员会讨论决定,判决如下:一、撤销海口市中级人民法院(2006)海中法民一初字第40号民事判决。二、确认张鹰与海南航空股份有限公司之间的劳动合同于2006年6月14日解除。三、驳回张鹰的其他诉讼请求。一审案件受理费按一审判决执行。二审案件受理费10元,由海南航空股份有限公司负担。

【编后语】

2007年底，时值董治良到任前后，高级法院受理了在全国有重大影响的海航公司12名飞行员的25个劳动争议案。董治良到任后亲自主持调解。最终，说服6人撤诉，其余以判决结案，均息诉服判，无人上访，社会效果良好，最高法院跟踪报道了这一系列案件。

本案为这一系列案的其中之一。本案涉及的法律问题较多，但值得探讨的争议焦点有两个：一是飞行员在履行无固定期限劳动合同中能否单方解除劳动合同，二是要求航空公司为飞行员办理飞行员的飞行技术档案的诉请事项是否属于人民法院民事诉讼的受案范围。

根据民航总局测算，“十一五”期间航空运输年均增长保持在14%左右，为国民经济增长的1.5倍左右，机队年增长达到100－150架，到2010年将达到1400－1500架，2020年将达到3000架。国内航空业对飞行人才的需求急剧膨胀。但是受教学资源、体制等多方面限制，飞行员培养数量难有大的突破，飞行员供给严重不足。在此背景下，因飞行员先辞职再“跳槽”而引起的劳动争议案件屡见不鲜。那么，飞行员作为一种特种职业，是否有权单方解除劳动合同？虽然，《合同法》对当事人单方解除权的行使规定了诸多限制条件，但《劳动法》和《劳动合同法》对劳动者单方解除权的行使却未作实质性的限制。在人力资源市场日渐成熟的今天，“跳槽”现象十分普遍。对于用人单位而言，一般员工的“跳槽”对其影响不大，但若掌握专门技术的高级技术人员轻易“跳槽”，用人单位往往措手不及，甚至损失惨重。本案中，张鹰提出辞职后，海航公司通过各种途径和方式尽力挽留，直至诉讼中仍然每月向其发放600元的工资报酬。并辩称飞行员是一项特殊的职业，在坚持劳动自由的同时，对飞行员的自由择业权有必要予以合理限制，防止无序流动。该公司还以双方签订的劳动合同有“任何情况下，乙方均不得擅自离职”的约定内容，主张飞行员单方解除劳动合同无效，请求法院判决维持双方的劳动关系。从现行法律规定来看，该主张难以得到支持。《劳动法》第三十一条规定：“劳动者解除劳动合同，应当提前三十日以书面形式通知用人单位”，《劳动合同法》第三十七条规定：“劳动者提前三十日以书面形式通知用人单位，可以解除劳动合同”。劳动部办公厅《关于劳动者解除劳动合同有关问题的复函》指出，“劳动者提前三十日以书面形式通知用人单位，既是解除劳动合同的程序，也是解除劳动合同的条件。劳动者提前30日以书面形式通知用人单位，解除劳动合同，无需征得用人单位的同意。超过30日，劳动者向用人单位提出办理解除劳动合同的手续，用人单位应予以办理”。因此，飞行员在履行一定的程序后，就可以单方解除与航空公司之间的劳动合同。但飞行员在行使《劳动法》和《劳动合同法》赋予解除劳动合同的权利时必须考虑到航空运输业的特殊性，遵循特殊行业的特殊规定。最高法院以通知形式（法发[2005]13号）转发民航总局等《关于规范飞行人员流动管理保证民航飞行队伍稳定的意见》第一条规定：“为保证航空运输企业的正常生产运营，保持飞行队伍的相对稳定，结合航空运输企业的特点，辞职的飞行人员应提前提出解除劳动合同申请，并尽量在运输生产淡季办理解除劳动合同手续。”

即使《劳动法》不附加任何实质性条件地赋予劳动者单方合同解除权，但飞行员在单方解除劳动合同后并不能轻易“跳槽”到其他航空公司。《关于规范飞行人员流动管理保证飞行安全的通知》(民航人发[2004]187号)第六条规定:对辞职的飞行人员,其飞行执照交用人单位所在地的民航地区管理局暂存保管;飞行记录本和航空人员健康记录本由用人单位封存保管6个月后交所在地的民航地区管理局暂存保管。待条件成熟时,积极研究交相关协会保管的办法。最高法院转发的《五部委104号文》第一条规定“对招用其他航空运输企业在职飞行人员的,应当与飞行人员和其所在单位进行协商,达成一致后,方可办理有关手续”。飞行技术档案,最主要的作用是保证民航各级行政管理机关管理飞行员、控制飞行准入和资质管理的手段,因此,飞行技术档案的转移实质是涉及行政管理的问题,不属于民事纠纷的范畴。管理飞行员技术执照的管理机构是各地方民航局,飞行员和航空公司都是转移飞行技术执照的义务主体。无论是航空公司还是飞行员与地方民航局之间是管理与被管理的行政关系,并非劳动争议当事人之间的民事法律关系。据此,本案的二审判决认为“双方劳动合同解除以后相关证照的移交和保管问题,应依民航总局的相关规定办理,依法不属于法院民事案件的审理和裁决范围。”飞行员流动问题,是我国经济发展航空运输业放开之后的产物,截至2010年,规范性文件还不足以规范飞行员的流动。法院以飞行技术档案的移交事项不属于人民法院民事诉讼的受案范围为由,将该类纠纷暂时排除在民事诉讼的受理范围之外,从而为民航总局及相关各方留下协商空间,不违反法律规定。正因为相关部门规定“对招用其他航空运输企业在职飞行人员的,应当与飞行人员和其所在单位进行协商,达成一致后,方可办理有关手续”,因此,作为特种职业的飞行员不能片面理解《劳动法》第三十一条规定,而应结合民航总局等相关部门的特殊规定,慎重行使单方劳动合同解除权。

案例四

海南大学与海南新宏兴教育投资有限公司系列案

【基本案情】

本案双方当事人为海南大学与海南新宏兴教育投资有限公司(简称新宏兴公司),双方因合作办学生产争议,先后引起涉及民事审判和执行各方面的程序的8个案件。

基本案情是:2000年11月24日,新宏兴公司与海南大学签订了《合作办学协议》,约定双方合作建设海南大学旅游学院(以下简称旅游学院),合作期限从签约之日起到2029年8月31日共30年;海南大学提供土地、生源、教师、学籍管理及其他软件条件,新宏兴公司提供资金建设办学所需全部硬件设施;由海南大学和新宏兴公司双方派员组成旅游学院董事会,旅游学院的财务独立核算;双方还对收益分配、组织管理、违约责任等进行了约定。随后,新宏兴公司和海南大学依约履行协议,旅游学院从2001年9月起开始招生。2005年7月,海南大学致函新宏兴公司,要求从2005年秋季开学起,旅游学院学生同全校学生实行统一收费,统一纳入政府非税收管理体系。新宏兴公司认为海南大学违反了合作办学协议，遂于同年8月向高级法院起诉。9月，海南大学提起反诉。

【调解过程及结果】

高级法院受理后，从服务大局、有利于海南教育事业发展出发，确立了调解为主的思路，主动向省委汇报，积极与省政府沟通，积极争取省委、省政府有关部门介入协助调解。省长罗保铭、副省长姜斯宪多次做出重要指示，要求高级法院从建设海南国际旅游岛的开局之年的大局上着眼，尽快稳妥处理本案，理顺海南大学同旅游学院的关系，建立良好、稳定的教学秩序。高级法院董治良院长非常重视，多次听取汇报，亲自指导案件的审判和调解工作。分管民事审判的副院长傅勤多次带领审判人员主持调解。董治良在2010年7月23日、24日连续两天主持调解，说服海南大学和海南新宏兴教育投资有限公司能互谅互让、顾全大局，终于，双方对合作建设学生公寓和食堂协议纠纷达成谅解，签署了调解协议。协议约定解除2个合作合同，海南大学出资3500万元购回新宏兴公司建设的4幢学生公寓和1幢学生食堂，出资1.2亿购回旅游学院财产及办学权。执行中，经高级法院再次协调，达成和解，使海南大学出资1.2亿减少为9950万元，为国家节约了2050万元。旅游学院已于2011年5月30日由海南大学全部收回。本次调解协议达成后，海南大学与新宏兴公司自2005年以来形成的8件案件全部得到圆满调处解决，其中调解处理4案、撤回再审申请1案。这一长期困扰海南教育界的重大敏感问题得以妥善彻底解决。

【编后语】

此案的成功调解使海南大学同新宏兴公司之间再无任何债权债务关系，使省委、省政府高度重视及社会各界十分关注的合作办学系列纠纷案件划上最后圆满的句号，服务和保障了海南国际旅游岛开局之年建设的顺利进行，理顺了海南大学正常教学秩序，促进了海南大学教育资源的优化整合，有力地推动了海南大学“211”工程建设步伐。

本案的成功调解仅是高级法院领导亲自调解的众多案件中的一例。这是以调解实现案结事了的典型案例，为构建和谐社会做出了重大贡献。

案例五

冯小平与海南兴华房地产开发有限公司、中国银行股份有限公司海南分公司等六公司财产损害赔偿纠纷案

【裁判要旨】

一、无效合同中的担保条款不具有法律效力；

二、通过受让无效合同取得的债权以及担保物权不具有法律效力；

三、违反法律规定和物权法定原则设立的担保物权不具有法律效力；

四、当事人对无效债权债务关系的自行重新确认没有法律效力。

【基本案情】

原告、上诉人：冯小平

被告、被上诉人：海南兴华房地产开发有限公司

被告、被上诉人：中国银行股份有限公司海南省分行

被告、被上诉人：海口东方旅业发展有限公司

被告、被上诉人：海南文昌中侨物业发展有限公司

被告、被上诉人：海南康海房地产开发公司

被告、被上诉人：海口富乐企业发展公司

原告冯小平诉称：兴华公司拖欠冯小平本息累计共377万元，兴华公司因未能按时还款，2006年3月，冯小平向海口市龙华区人民法院（简称龙华区法院）申请《支付令》，龙华区法院出具[2006]龙债督字第7号支付令和[2006]龙执字第372号民事裁定，裁定将兴华公司持有的海南南山电力股份有限公司（简称为南山电力）500万法人股过户至冯小平名下。由于中国银行海南分行（简称海南中行）违法将兴华公司抵押给冯小平的股权转让给海南文昌中侨物业发展有限公司（简称中侨公司）、海南康海房地产开发公司（简称康海公司）、海口富乐企业发展公司（简称富乐公司），造成冯小平无法执行。故请求：1. 确认冯小平与兴华公司、东方公司于1994年1月15日签订的《债权转让协议书》为有效合同及兴华公司以其持有的南山电力500万股法人股权向冯小平债务的质押有效；2. 确认兴华公司与中侨公司签订的《股份转让协议》，以及兴华公司、海南中行、康海公司、富乐公司签订的《持股人转名协议》为无效合同；3. 判令海南中行构成侵权。海南中行将兴华公司抵押给冯小平的南山电力500万元股权，违规违法转让给中侨公司、康海公司和富乐公司，承担赔偿责任，赔偿抵押物南山电力公司500万元股权，以及应计付南山电力500万股权从1994年1月至取得赔偿之日的分红股息或折价赔偿1000万元。4. 判令兴华公司和海南中行承担本案的诉讼费用。

被告海南中行辩称：一、兴华公司以500万股南山电力股份向冯小平设立的质押无效。二、冯小平诉请确认无效的两份合同合法有效，海南中行接受委托转让涉案股份的行为不违反法律规定。三、海南中行严格按照法律规定和委托人的指示处分本案讼争的500万股南山电力股份，并未对冯小平构成任何侵权。综上，请人民法院查明本案的事实经过，依法驳回原告对中行的诉讼请求。

兴华公司、中侨公司、康海公司、富乐公司经海口市中级人民法院（简称海口中院）合法传唤，未出庭参加诉讼，未提交答辩意见。

海口中院一审查明：1993年5月13日，兴华公司与海南中行全资子公司中国银行海口信托咨询公司（简称信托公司）签订《委托代理投资协议书》，委托信托公司以代理投资的形式参股南山电力，代为持有南山电力500万元股份即股份登记在信托公司名下，授权信托公司全权参与该项目的经营和管理，兴华公司承担由此产生的一切经营风险。兴华公司在符合相关规定的情况下，有权转让、抵押或向他人赠与上述股份。信托公司于1993年7月22日向兴华公司出具了收到兴华公司投资股金款500万元的收据。1995

年4月4日和1995年9月25日,兴华公司分别将上述500万股股票权益转让50万股给中侨公司、转让400万股给康海公司、其余50万股抵债给富乐公司。信托公司撤销后,由海南中行承接其权利义务,上述代持股票于1997年5月28日过户至海南中行名下。1998年1月,康海公司将上述400万股股票权益转让给海南省电力公司,并在海南中行的协助下,将股票过户至海南省电力公司名下。2001年1月9日,在富乐公司的要求下,海南中行将兴华公司抵债给富乐公司的50万股股票过户至富乐公司名下。2001年1月17日,中侨公司将其从兴华公司受让的50万股股票权益转让给海南海调信息网络有限公司,并在海南中行的协助下,将股票过户至该公司名下。

1993年12月16日,东方旅业与兴华公司签订《资金占用协议书》,约定兴华公司以其在南山电力的500万元股份作为抵押使用东方旅业资金200万元,使用期限1个月,兴华公司同意向东方旅业支付资金占用补偿费10万元,如逾期则加倍增付资金占用补偿费,如兴华公司在1994年2月15日前仍未能偿还所占用的款项,则兴华公司愿意无条件将上述抵押股份过户给东方旅业。1994年1月15日,冯小平与东方旅业、兴华公司签订《债权转让协议书》,约定:东方旅业同意将上述《资金占用协议书》中的债权转让给冯小平,兴华公司保证按照《资金占用协议书》的规定向冯小平直接履行义务,还款的期限限定至1994年2月25日。2006年3月21日,经冯小平申请,龙华区法院发出(2006)龙债督字第7号支付令,内容为:申请人冯小平提出,1996年5月30日,其与兴华公司签订《借款协议书》,借款377万元,期限至1996年8月19日止,兴华公司同意将其拥有的南山电力500万股股权作为抵押,如未能按时还清借款,愿意将所抵押的500万股股权无条件过户给冯小平名下。由于兴华公司到期未归还借款,又于2004年4月4日出具欠据给冯小平,并说明资金周转困难。冯小平多次催讨未果。据此,龙华区法院发出支付令:兴华公司应当自收到支付令之日起15日内偿还冯小平借款377万元。兴华公司收到上述支付令后在法定期限内未提出异议。该支付令生效。冯小平申请强制执行。在执行过程中,双方达成协议,兴华公司同意将500万股南山电力的股权作价377万元交付给冯小平,以抵偿所欠冯小平的全部债务。龙华区法院据此做出(2006)龙执字第372号民事裁定书,裁定:将兴华公司在南山电力的500万股股权作价377万元交付给冯小平,以抵偿兴华公司所欠冯小平的全部债务。但由于兴华公司于1995年4月4日已将上述股权中的50万股转让给中侨公司、9月25日将上述股权中的400万股转让给康海公司,其余50万股抵债给富乐公司,且已全部办理过户手续。上述裁定未能执行。2006年,冯小平对海南中行提起诉讼,以海南中行拒绝协助法院执行上述裁定为由,要求海南中行向其交付上述500万股股权及支付上述股权从1994年1月–2006年4月20日股息200万元并继续给付至冯小平取得股权之日止。海口中院受理后,经审理,于2006年10月20日做出(2006)海中法民二初字第54号民事裁定书,认为兴华公司名下的500万股南山电力股权已处分殆尽。兴华公司委托信托公司投资南山电力的代理关系亦已终止。冯小平2006年4月20日诉与兴华公司借款纠纷一案,双方在执行程序中达成的以兴华公司持有的南山电力500万股股权作价抵债的执行和解协议缺乏客观真实的股权事实依据。况且,海南中行既非冯小平的债务人,亦非兴华公司的财产保管人,冯小平向海南中行行使财产追索权没有事实和法律依据。据此裁定:驳回冯小平的起诉。该裁定已发生法律效力。

【审判】

海口中院一审认为:本案属涉港侵权纠纷案件,侵权行为地在内地,根据《民法通则》第一百四十六条的规定,侵权行为的损害赔偿,适用侵权行为地法律,故本案应适用内地的法律。

东方旅业与兴华公司1993年12月16日签订的《资金占用协议书》,约定由东方旅业提供资金给兴华公司使用一段时间,兴华公司到期后返还并支付资金占用费,实质是企业间的借贷协议。参照1990年11月12日发布的《最高人民法院关于审理联营合同纠纷案件若干问题的解答》第四条第二款的规定,企业间借贷违反了有关金融法规,应确定为无效合同。除本金可以返还外,对出资方已经取得或者约定取得的利息应予收缴,对另一方则应处以相当于银行利息的罚款。因此,上述协议依法应属无效。针对无效协议的转让行为,亦应无效。因此,冯小平、东方旅业、兴华公司1994年1月15日签订的《债权转让协议书》无效。

1993年5月13日,兴华公司与信托公司签订的《委托代理投资协议书》,约定由兴华公司出资并承担经营风险,信托公司代为经营管理并代持南山电力股份,实质是一种隐名投资行为,并不属于对股份公司的出资。根据《公司法》(1993年)第一百二十九条第二款的规定:“公司的股份采取股票的形式。股票是公司签发的证明股东所持股份的凭证。”以及第一百三十三条第一款的规定:“公司向发起人、国家授权投资的机构、法人发行的股票,应当为记名股票,并应当记载该发起人、机构或者法人的名称,不得另立户名或者以法定代表人姓名记名。”由于兴华公司并未登记在南山电力公司股东名册上,其依法不能行使股东权利。上述协议只对协议双方有效,并不能对抗合同以外的第三人,兴华公司亦不能直接对协议约定的股份公司主张权利。因此,协议书中有关兴华公司有权将股份转让的约定实质是合同权利义务的转让而非真实股权的直接转让。由于兴华公司并非南山电力公司依法登记在册的股东,其对南山电力公司股份没有处分权,因此,兴华公司将南山电力公司股份抵押给冯小平,没有法律效力。冯小平依据其与兴华公司的协议主张500万股南山电力公司的股份,没有法律依据,不予支持。信托公司是南山电力公司依法登记在册的股东,在信托公司撤销后其权利转由海南中行承接,兴华公司依据其与信托公司签订的《委托代理投资协议书》,将协议中约定的合同权利义务分别转让给他人,并经海南中行同意办理了股权过户登记手续,该行为有效,受法律保护。至于冯小平提出的各被告之间就上述股份转让签订的协议无效以及海南中行在上述股权转让过户过程中违法及存在瑕疵、对其构成侵权并要求赔偿的问题,因冯小平并非上述股份的权利人,其无权针对股份问题提出效力质疑及赔偿要求,对冯小平的上述请求不予支持。

综上所述,海口中院依照《中华人民共和国公司法》(1993年)第一百二十九条第二款、第一百三十三条第一款、第一百三十四条、第一百四十五条第二款、《中华人民共和国民事诉讼法》第七条、第六十四条、第一百三十条之规定,缺席判决驳回冯小平的诉讼请求。

冯小平不服一审判决,以原审判决事实认定和适用法律错误为由,向海南省高级人民法院(简称高级法院)上诉。

高级法院经二审除确认一审查明的事实外,另查明:1993 年 5 月 13 日,兴华公司与信托公司签订《委托代理投资协议书》,委托信托公司以代理投资的形式参股南山电力公司,代为持有南山电力公司 500 万元股份,股份登记于信托公司名下,登记的股份是 500 万股。1993 年 12 月 16 日,东方旅业与兴华公司签订《资金占用协议书》,兴华公司就其委托信托公司代理投资的 500 万元南山电力公司股份设立担保,担保的股份数额为 500 万股。

高级法院二审认为:冯小平系香港居民,本案系涉港侵权纠纷案件,侵权行为地和被告海南中行的住所地均在海口市,根据《民事诉讼法》(2007 年)第二十九条的规定,海口中院对本案具有管辖权。各方当事人没有协议适用法律,依照《涉外民事关系法律适用法》第四十四条的规定,本案适用内地法律审理。《最高人民法院关于适用 < 中华人民共和国担保法 > 若干问题的解释》第一百三十三条规定:"……担保法施行以后因担保行为发生的纠纷案件,在本解释公布施行后尚在一审或二审阶段的,适用担保法和本解释。"本案系《担保法》和《最高人民法院关于适用 < 中华人民共和国担保法 > 若干问题的解释》实施后因担保行为而发生的纠纷,案件审理适用《担保法》及其司法解释。

一、有关冯小平对 500 万股南山电力公司股份享有的权益问题。本案冯小平与海南中行、中侨公司、康海公司和富乐公司无合同关系,冯小平的诉因是侵权损害赔偿,侵权客体是 500 万元南山电力公司股份。不论冯小平主张海南中行承担侵权赔偿责任,还是主张海南中行、兴华公司、中侨公司、康海公司、富乐公司之间签订的合同无效,其前提都是冯小平必须对涉案股份享有担保物权。因此,冯小平是否享有涉案股份的担保物权是本案审理的关键。

1. 有关《债权转让协议书》的效力问题。1993 年 12 月 16 日,东方旅业与兴华公司签订的《资金占用协议书》,实质是企业间的借贷协议,原判有关《资金占用协议书》和《债权转让协议书》为无效合同的认定符合法律规定,予以维持。冯小平与兴华公司于 1996 年 5 月 30 日签订《借款协议》重新确认冯小平享有的债权为 377 万元,此系双方基于错误认识对先前无效合同的债权的自行确认,不具有法律效力。冯小平有关自《借款协议》签订后,本案的债权已经由企业借贷转换成民间借贷的主张没有法律依据,不予支持。根据《合同法》第五十八条"合同无效或者被撤销后,因该合同取得的财产,应当予以返还"的规定,冯小平和东方旅业仅能依据合同无效的法律后果,向取得财产方要求返还财产。冯小平请求确认《债权转让协议书》有于法无据法,予以驳回。

2. 有关冯小平主张的担保物权的性质和效力问题。冯小平与东方旅业、兴华公司三方签订《债权转让协议书》,从东方旅业处取得转让债权以及相关的担保物权。但是,本案设立的担保物权不符合法律规定，不能作为主张权利的依据，理由为：第一，本案的担保条款为无效条款。《资金占用协议书》中有关企业借贷的行为因违反有关金融法规，应被确认为无效；依据《担保法》第五条的规定，对无效的债权设立的担保条款也应视为无效。冯小平从东方旅业受让的是无效的债权和担保物权，不能据此主张权利。《担保法》第四十条规定："订立抵押合同时，抵押权人和抵押人在合同中不得约定在债务履行期届满抵押权人未受清偿时，抵押物的所有权转移为债权人所有"；第六十六条规定："出质人和质权人在合同中不得约定在债务履行期届满质权人未受清偿时，质物的所有权转移为质权人所有"。《资金占用协议书》中的担保约定系法律禁止之流押、流质约定，违反了上述法律规定，不具有法律效力。第二，一审判决有关兴华公司系南山电力公司隐名投资人，在未确认股东身份之前无权就公司股份设立担保物权的认定符合法律规定，亦予以维持。第三，本案设立的担保物权不符合物权法定的原则。在《担保法》实施之前，我国法律上并没有区分抵押和质押的概念，将"质押"和"抵押"一并表述为"抵押"。本案设立担保所用的字眼是"抵押"，冯小平在二审庭审时认可当初设立担保的方式亦为"抵押"，并非"质押"。根据民法基本理论和我国《担保法》的规定，就财产权利只能设立质押，不能设立抵押。设立权利质押必须以质押物进行转移占用或按法律规定进行登记为要件。冯小平手中持有的《委托代理投资协议书》和《海南南山股份有限公司入股交款收据》均非财产凭证，冯小平未完成对涉案股份的占有。《最高人民法院关于适用 < 中华人民共和国担保法 > 若干问题的解释》第 103 条规定：……以非上市公司的股份出质的，质押合同自股份出质记载于股东名册之日起生效。南山电力公司属非上市公司，该公司股份的质押应记载于股东名册方能生效，本案涉案股份设立担保亦未记载于股东名册，没有完成股份质押的生效要件，质权亦不能成立。综上，本案以涉案股份为担保物设立的担保物权不能有效成立，冯小平请求认定担保有效的诉讼主张没有法律依据，不予支持。第二，有关龙华区法院的（2006）龙债督字第 7 号支付令和（2006）龙执字第 372 号民事裁定法律效力的问题。龙华区法院于 2006 年做出（2006）龙债督字第 7 号支付令和（2006）龙执字第 372 号民事裁定，分别确认冯小平对兴华公司享有 377 万元债权，兴华公司应将涉案股份折价 377 万元偿还冯小平。经审查，二审法院认为，本案的《资金占用协议书》和《债权转让协议书》因违反国家金融管理规定而无效，《借款协议》是冯小平和兴华公司因错误认识基于无效合同对债权债务做出的确认，无法律效力。故龙华区法院的（2006）龙债督字第 7 号支付令和（2006）龙执字第 372 号民事裁定的内容错误，不能作为本案事实认定的依据。第三，有关冯小平请求损害赔偿以及确认合同无效的问题。因冯小平未实际享有本案南山电力公司 500 万元股份的担保权利，海南中行有关涉案股份的管理及处分行为与冯小平无关，冯小平不具备向海南中行要求侵权损害赔偿的主体资格，其有关要求海南中行赔偿涉案股份及其收益没有事实和法律依据，不予支持。同理，冯小平既不享有涉案股份的担保物权，亦非合同的相对人，其无请求认定兴华公司与中侨公司签订的《股份转让协议》，以及兴华公司、信托公司、康海公司、富乐公司签订的《持股人转名协议》无效的主体资格，冯小平此项诉讼请求亦无事实和法律依据，予以驳回。海南中行有关涉案股份的管理、处分行为以及《股份转让协议》和《持股人转名协议》的合法性和效力问题与本案实体处理无关,不属于本案的审理范围。第四、程序问题。(2006)海中法民二初字第54号冯小平与海南中行的财产侵权纠纷案中,冯小平仅起诉了海南中行;诉讼请求是要求海南中行赔偿涉案的股份以及股息;主要的理由是依据龙华区法院做出的(2006)龙债督字第7号支付令和(2006)龙执字第372号民事裁定。本案与(2006)海中法民二初字第54号案不论在当事人,还是诉讼请求及理由上均有所不同,本案审理不属于《民事诉讼法》第一百一十一条第(五)项规定的情形,不违反“一事不再理”的法律原则。

据此,海南省高级人民法院依据《中华人民共和国民事诉讼法》第一百五十三条第一款第(一)项规定,经审判委员会讨论决定,判决如下:驳回上诉,维持原判。

案例六

陈国明诉海南省人民医院侵犯商标专用权纠纷案

【裁判要旨】

一、不同的注册商标在整体中有部分类似,但两者主要构图和颜色等组成部分存在差异,相关公众一般在视觉上能将二者区别,则不构成商标近似。

二、使用注册商标的主体在相关公众范围内的知名度、使用注册商标的地域范围等也是认定是否构成商标侵权的情节之一。本案中,海南省人民医院(简称人民医院)于1994年被评为海南省首家三级甲等医院,1999年获得全国百佳医院称号,是海南省全省最大一家医疗机构,争议商标只是作为识别人民医院名称的其中一小部分,相关公众不会因为该标徽的存在与否就产生混淆和误认,其特定的服务对象是海南省内,具有较强的地域性。因此,本案不属于因商标相近而易使相关公众对商标所提供的服务产生误认或有特定联系的情形,人民医院使用涉案商标不构成商标侵权。

【基本案情】

原告、上诉人:陈国明

被告、被上诉人:海南省人民医院

陈国明诉称其根据原国家主席江泽民《为促进祖国统一大业完成而继续奋斗》的重要讲话,特意制作了“心形图案”商标“”,图案设计蕴含“手牵手、心连心”的深刻含义。1997年以来,陈国明在多个地区开设合资合作医院及社区门诊,并使用了这个“心形图案”作为品牌标识,得到了广大群众的认可。自2003年6月24日,陈国明向商标局提出“心形图案”商标申请,2005年8月14日,通过初步审定核准在总第987期《商标公告》上公告。2005年11月14日,“心形图案”商标被国家工商总局商标局核准注册,注册号:3604924,在总第999期《商标公告》上公告,核定服务项目为(第44类)医院、接生、医疗服务。注册有效期限:2005年11月14日-2015年11月13日止。原告创立“心形图案”商标作为医疗服务品牌，为广大人民群众服务，得到一致好评，享有很高的知名度。陈国明为此进行了大量的投入，并将“心形图案”商标许可给全国其他城市的医疗服务业使用。

人民医院也是一家从事医疗服务行业的机构，在没得到陈国明许可的情况下在其服务过程中突出使用了与陈国明商标相近似的“心形图案”商标。陈国明注册的“心形图案”商标，由两个显著部分组成：一是心形，二是中间的手。人民医院在医疗服务中使用的“心形图案”标识，从整体结构、读音、含义、图形及颜色与陈国明注册的“心形图案”商标基本一致，都是由两个要素组成，服务的目的、内容、方式、对象等都相同。2006 年以来，人民医院在未经陈国明许可的情况下，擅自在其门诊病历、宣传栏、导诊台、科室牌以及下属海口门诊部、海府门诊部、省委门诊部、中西医门诊部、秀英门诊部、龙华住院部，装潢、名片上等使用了与陈国明注册商标相近似的“心形图案”商标，并通过各种新闻媒体发布与陈国明商标相近似的“心形图案”广告，给陈国明带来了重大的经济损失。2008 年 11 月，陈国明来到海南，要求人民医院停止侵权、赔偿损失并做出答复。12 月 24 日，人民医院通过院办会议决定停止侵权，并向陈国明提出协商解决，之后人民医院拆掉部分侵权标识，对于赔偿陈国明损失却不给明确答复，大部分侵权标识仍在继续使用。

鉴于以上事实，陈国明认为人民医院的上述行为已经严重侵犯了陈国明的商标专用权，给陈国明造成了巨大的经济损失，人民医院应当承担停止侵权、消除影响、赔偿损失的责任。为了维护当事人的合法权益，请求：1. 判令人民医院立即停止侵权，公告消除影响，并销毁标有“心形图案”商标的服务招牌、服务工具、服务用品和所有近似装潢、标识；2. 判令人民医院赔偿陈国明经济损失 100 万元；3. 本案诉讼费、律师费、调查费用由人民医院承担。

人民医院辩称：一、人民医院的徽标与陈国明的注册商标不存在商标近似。（一）根据《商标法》第五十二条第一项及最高法院《关于审理商标民事纠纷案件适用法律若干问题的解释》第九条第二款的规定，判定是否构成商标近似方面的侵权应注意：1. 近似产生的方式，单就本案来讲也就是视觉效果及其含义。将人民医院的徽标与陈国明的注册商标进行对比，就很容易发现，人民医院的徽标造型是由圆点、心形及人民医院英文缩写“HPPH”。心形的左边线条组成一只手，右边的心形和上方红点构成人形，手指伸展犹如手在对心的抚慰，隐喻着人从孕育的那一刻起就一直在医院的关怀和呵护之下成长壮大。徽标以红色为主调，红色是生命的本色，对人有一种亲和力，红色又是吉祥的颜色，寓意人民医院在“以人为本、关爱健康、呵护生命”的服务理念引导下呈现出更加美好的发展前景。而且，人民医院徽标中的“心形图形”部分为实底细阴文，拇指靠左，心形偏扁长，而陈国明的注册商标“心形图形”仅有白底，外框加书阳文，拇指靠右，心形偏高长。二者无论从外观形象上，还是从设计效果上看，都不相符。2. 近似的结果应会产生误认，如果感觉两者近似，但不会产生误认，尚不足以构成两者之间存在侵权的问题。误认应表现在以下两个方面：（1）对服务来源的误认，使人产生二者如出一辙，系同一种服务的感觉。（2）对两种服务之间有特定联系的误认，使人产生两种服务提供者之间对该服务的提供有某种联系。3. 产生近似感觉的主体为相关公众，本案中相关公众的眼光就是指在一般情况下患者的眼光会产生的感觉。人民医院提交的证据4——人民医院门急诊人数10年对比图和证据5——人民医院出院人数10年对比图表明:人民医院徽标的使用和推广没有误导公众、没有导致相关公众(患者)对人民医院提供的服务与使用陈国明注册商标的单位提供服务的来源产生混淆。(二)根据《商标法》第三十九条、《商标法实施条例》第五十一条的规定,对侵犯注册商标专用权的行为,任何人可以向工商行政管理部门投诉或者举报。陈国明曾向海南省工商行政管理局投诉人民医院侵犯其注册商标专用权,2009年3月6日,该局做出《不予立案通知书》,认为人民医院所使用的图形商标与陈国明所注册的"心形图形"商标不相近似,不构成商标侵权。

二、人民医院使用本院徽标不构成侵犯陈国明的商标专用权。根据《商标法》第五十二条 、《商标法实施条例》第五十条的规定,国家工商行政管理局商标局发布商标【1999】12号《关于保护服务商标若干问题的意见》了列举服务商标侵权行为。上述法律法规及规章表明,侵犯商标专用权的法律构成为:1. 侵害注册商标专用权的客观事实。2. 侵权事实的违法性。3. 侵权行为与商标损害事实或可能损害事实之间存在着因果关系。4. 侵权行为人在主观上存在过错。上述服务商标侵权行为,均适用过错责任原则,行为人必须是"明知"、"应知"、或者"足以造成误认"即在主观上存在过错才承担侵权责任。在陈国明申请注册商标前,人民医院已经开始使用、并一直在使用本院徽标。人民医院不存在造成与陈国明的注册商标相混淆的主观过错,不构成侵犯陈国明的注册商标专用权。

三、人民医院使用本院徽标属于在先使用服务商标,依法享有继续使用权。首先,WTO框架下的《与贸易有关的知识产权协定》(即TRIPs协议)第十六条规定,注册商标专用权不应损害任何现有的优先权,也不应影响各成员以使用为基础授予权利的可能性。该条即是对在先使用的规定。TRIPs协议已于2001年12月11日对我国生效。我国《商标法实施条例》第五十四条亦明确了对服务商标在先使用人提供法律保护。国家工商行政管理局亦曾于1994年8月12日《关于服务商标继续使用问题的通知》(工商标字[1994]第216号)做出了有关继续使用权的规定。由此可以看出,服务商标的继续使用权,是我国考虑到服务商标的特点,为减少当事人之间因服务商标注册而产生的矛盾,由法规或规章授予服务商标注册人之外的其他使用人在一定条件下使用该服务商标而不受法律追究的一种豁免权力。其次,服务商标在先使用权的构成条件:1. 在他人注册商标的申请日之前,就已经有使用的事实。2. 在先使用的商标与注册商标相同或者近似,且使用商品或服务相同或类似。3. 在先使用人必须在其商品或服务上连续使用该商标。4. 在先使用必须出于善意。2000年7月27日,人民医院委托海南金像广告有限公司(简称"金像公司")为其规划编辑设计医院形象识别系统,双方为此签订了《人民医院CI系统(视觉识别)部分手册设计合同》(以下称《CI系统设计合同》)。2000年底,金像公司完成了徽标设计,并提交人民医院审定通过。为了慎重起见,金像公司还专门进行了市场调查,确认国内没有发现雷同或相似的服务徽标。2001年,人民医院正式将徽标投入使用。

四、陈国明侵犯了人民医院现有的在先权利——著作权。《商标法》第三十一条:申请商标注册不得损害他人现有的在先权利,也不得以不正当手段抢先注册他人已经使用并有一定影响的商标。在先权利,根据我国相关法律规定,包括在先取得的商标使用权、著作权、专利权等。《著作权法》第二条规定,中国公民、法人或者其他组织的作品,不论是否发表,依照本法享有著作权。第十七条规定,受委托创作的作品,著作权的归属由委托人和受托人通过合同约定。合同未作明确约定或者没有订立合同的,著作权属于受托人。人民医院委托金像公司创作的徽标即属《著作权法》所称的作品。根据人民医院与金像公司签订的《CI 系统设计合同》的约定,徽标的著作权应归属于人民医院。而《著作权法》第四十六条规定,剽窃他人作品的应当根据情况,承担停止侵害、消除影响、赔礼道歉、赔偿损失等民事责任。陈国明剽窃了人民医院受著作权保护的独创成分——即徽标中的"心形图形"部分,经改头换面后窃为己有、并向国家工商行政管理局商标局注册。陈国明行为的实质是通过侵犯人民医院的著作权,以不正当的手段抢先注册了人民医院已经使用的服务商标,妄图获取不正当的利益。请求法院依法查明事实,驳回陈国明的诉讼请求,并判令由陈国明承担本案诉讼费用。

海口市中级人民法院(海口中院)一审查明:陈国明于 1997 年制作了"　"图案,设计上蕴含"手牵手、心连心"的含义。同年,邵武市吉利时装厂将该图案申请注册商标,国家工商行政管理局商标局核准注册(注册号:953329,核定使用商品为第 25 类:服装),注册有效期限:1997 年 2 月 28 日 – 2007 年 2 月 27 日止。2003 年 6 月 24 日,陈国明将该图案申请注册商标,同年 7 月 10 日,国家工商行政管理总局商标局受理其申请。2005 年 11 月 14 日,陈国明申请的"　"商标被国家工商行政管理总局商标局核准注册(注册号:3604924,核定服务项目为第 44 类:医院;接生;医疗咨询;园艺学;卫生设备出租;眼镜行),注册有效期限:2005 年 11 月 14 日 – 2015 年 11 月 14 日止。此后,陈国明将该注册商标许可给福建省福清市福清宏路长征门诊部、辽宁省鞍山市鞍山东方男科医院等医疗机构使用。

人民医院于 1994 年被评为海南省首家三级甲等医院,1999 年获得全国百佳医院称号,多年来获得各种国家级、省级的奖励。2000 年 7 月 27 日,人民医院委托金像公司为其规划设计医院形象识别系统,双方为此签订了《CI 系统设计合同》,约定人民医院向金像公司支付 20 万元设计费用。形象识别系统于 2000 年 10 月开始正式的规划工作,2003 年 9 月完成并开始应用及推广。2000 年年底,金像公司完成了"　"徽标设计,该徽标以红色为主调,造型是由圆点、心形及人民医院名称的英文缩写"HPPH"。心形的左边线条组成一只手,右边的心形和上方红点构成人形,充分体现人民医院"以人为本、关爱健康、呵护生命"的服务理念。该徽标提交人民医院审定通过,2001 年开始正式投入使用。后人民医院在电话号码簿上、《人民医院门诊病历》、各门诊部、急救车和国际研讨会、院内大文化活动等均使用该徽标。2008 年年底,陈国明向海南省工商行政管理局投诉人民医院使用"　"徽标侵犯其"　"注册商标专用权,该局于 2009 年 2 月 6 日做出《海南省工商行政管理局不予立案通知书》,认为人民医院所使用图形商标与陈国明所注册的“心形图形”商标不相近似，不构成商标侵权，决定不予立案。后陈国明向海口中院起诉。

海口中院一审认为：陈国明系“”注册商标的专用权人，依法有权在核准使用的商品上独占使用该注册商标，并有权禁止他人在相同或类似的商品上使用相同或近似的商标。人民医院CI系统（形象识别系统）是将人民医院经营管理与精神文化，运用整体传达系统（特别是视觉传达设计），传达给企业周围的关系或团体（包括海民医院内部与相关公众），使其对人民医院产生一致的认同感与价值观。“”徽标是人民医院CI系统中重要的组成部分，其图形被制成标准大小，颜色，用来强化人民医院的整体形象。《商标法》第五十二条第一项的规定：“未经商标注册人的许可，在同一种商品或者类似商品上使用与其注册商标相同或者近似的商标的，属于侵犯注册商标专用权的行为。”陈国明的“”商标与人民医院的“”徽标不存在相同的情形，故本案争议的问题是陈国明的“”商标与人民医院的“”徽标是否构成近似，人民医院使用该徽标是否构成侵犯陈国明注册商标专用权。最高法院《关于审理商标民事纠纷案件适用法律若干问题的解释》第九条第二款规定：“《商标法》第五十二条第一项规定的商标近似，是指被控侵权的商标与陈国明的注册商标相比较，其文字的图形、读音、含义或者图形的构图及颜色，或者其各要素组合后的整体结构相似，或者立体形状、颜色组合近似，易使相关公众对商品的来源有特定的联系。”第十条规定：“人民法院认定商标相同或近似按照以下原则进行：（一）以相关公众的一般注意力为标准；（二）既要进行对商标的整体比对，又要进行对商标主要部分的比对，比对应当在比对对象隔离的状态下分别进行；（三）判断商标是否近似，应当考虑请求保护注册商标的显著性和知名度。”结合本案的具体情况，认定人民医院的“” 徽标是否与陈国明的“”注册商标构成侵犯注册商标专用权意义上的近似，需综合相关因素进行认定。

首先，将陈国明的“”商标与人民医院的“” 徽标对比可以看出：一、从造型上，陈国明的“”商标由心形和双手相握组成，拇指靠右。人民医院的“”徽标是由圆点、心形及 “HPPH”三部分组成，心形的左边线条组成一只手，右边的心形和上方红点构成人形。二、从颜色上，陈国明的“”商标仅有白底，外框加书阳文。人民医院的“”徽标以红色为主调，圆点、心形为红色，“HPPH”为黑体。三、从含义上，陈国明的“”商标蕴含“手牵手、心连心”的含义，而人民医院的“”徽标手指伸展犹如手在对心的抚慰，隐喻人民医院“以人为本、关爱健康、呵护生命”的服务理念。四、从组合后的整体结构上，陈国明的“”商标外围为封闭的“心形”，内围双手相握。人民医院的“”徽标主要部分为圆点加心形（未封闭），“HPPH”是人民医院名称的英文缩写。基于以上几点，相关公众在视觉上较易将二者区别。其次，人民医院提供医疗服务的对象主要是在海南省居住生活的人民，陈国明许可使用其“”商标的医疗机构均在海南省外，提供医疗服务的对象与陈国明不同。陈国明未能提供证据证明人民医院“”徽标的使用和推广导致相关公众(患者)对人民医院提供的服务与使用陈国明“”商标的医疗机构提供服务的来源有特定的联系,并由此产生混淆和误认。再次,“”商标本身并不具有较强的显著性,类似的“爱心图形”广泛适用于不同领域。“”商标用于医疗服务行业,需结合具体的医疗服务机构并经广泛使用才产生较强的知名度。陈国明未能提供证据证明相关的医疗机构使用其注册商标后,该注册商标在医疗服务行业享有较强的显著性和知名度。而人民医院是海南省首家三级甲等医院,曾获得全国百佳医院称号,多次获得了各种国家级、省级的奖励,在全国具有较强的知名度。且人民医院在陈国明的“”商标申请注册前已经广泛使用其“”徽标,不具有攀附陈国明注册商标的恶意。基于以上理由,以相关公众的一般注意力为标准,可以认定人民医院的“” 徽标与陈国明的“”商标不构成侵犯注册商标专用权意义上的近似。

综上,人民医院使用“”徽标不构成侵犯陈国明“”商标专用权,陈国明诉请判决人民医院停止侵权、赔偿损失等没有事实和法律依据,应予驳回。海口中院依照《中华人民共和国商标法》第五十二条第一项、最高人民法院《关于审理商标民事纠纷案件适用法律若干问题的解释》第九条第二款、第十条之规定,于 2009 年 7 月 29 日判决:驳回陈国明的诉讼请求。案件受理费 13800 元,由陈国明负担。

陈国明不服一审判决,向海南省高级人民法院(简称高级法院)提起上诉,请求:1. 依法撤销原判决;2. 判定人民医院停止侵权;3. 判定人民医院赔偿陈国明 100 万元,承担本案诉讼费。

高级法院经二审审理,对一审查明的事实予以确认。另查明:1999 年邵武市吉利时装厂以核定使用商品为第 25 类的涉案商标作为股份入股中新华美公司,商标的所有权人也变更为中新华美公司。2007 年 2 月 27 日商标注册期满,该商标在第 25 类商品的使用上没有申请续展。

高级法院二审认为:本案争议焦点是:人民医院使用的标徽是否侵犯陈国明的商标专用权以及其产生的民事责任问题。对于是否构成对商标专用权侵犯的问题。《商标法》第五十二条第一项的规定:“未经商标注册人的许可,在同一种商品或者类似商品上使用与其注册商标相同或者近似的商标的,属于侵犯注册商标专用权的行为。”本案中,陈国明主张的是人民医院在医疗服务中使用的标徽与其注册商标近似,构成了对其商标专用权的侵犯。对于商标近似的侵权行为认定,最高人民法院在《关于审理商标民事纠纷案件适用法律若干问题的解释》(简称《解释》)第九条第二款中规定:“《商标法》第五十二条第一项规定的商标近似,是指被控侵权的商标与陈国明的注册商标相比较,其文字的图形、读音、含义或者图形的构图及颜色,或者其各要素组合后的整体结构相似,或者立体形状、颜色组合近似,易使相关公众对商品的来源有特定的联系。”因此,本案人民医院使用的标徽是否侵犯陈国明的商标专用权应从以下两方面来认定:

第一、人民医院使用的“”标徽与陈国明的“”商标是否构成相似的问题。《解释》第十条规定:“人民法院认定商标相同或近似按照以下原则进行:(一)以相关公众的一般注意力为标准;(二)既要进行对商标的整体比对,又要进行对商标主要部分的比对,比对应当在比对对象隔离的状态下分别进行;(三)判断商标是否近似,应当考虑请求保护注册商标的显著性和知名度。”本案中通过对争议的“”徽标与“”注册商标进行隔离比对可以看出,虽然两者的整体部分均以心形图案构成,但两者的主要构图和颜色上均有差异,相关公众一般在视觉上能将二者区别。一审法院认定“”徽标与“”注册商标不构成近似,并无不当。同时,陈国明主张的被侵犯的商标权利是注册为44类的“”商标,商标的保护期为2005年11月14日-2015年11月14日止。该商标不属于驰名商标,也没有证据证明该商标在我国具有显著性和知名度。虽然该商标亦用于医疗服务,但在海南省内的医疗服务中并不具有知名度。相反,人民医院于2003年已使用“”徽标,后广泛用于其医疗服务中,其使用时间不仅早于陈国明使用的“”商标,并在海南省内具有较高的知名度。两者不属于商标法规定的相近似。因此,陈国明上诉称人民医院的“”徽标与其“”注册商标构成近似,没有法律依据,不予支持。

第二、是否易使相关公众对商品的来源有特定联系的问题。由于“”标徽与“”均在医疗服务中使用,因此,判断两者是否易使相关公众对商品的来源有特定联系,应从医疗服务的对象这一特定群体的范围来认定。人民医院1994年被评为海南省首家三级甲等医院,1999年获得全国百佳医院称号,是海南省全省最大一家医疗机构,其特定的服务对象主要是海南省内居民,具有较强的地域性。同时人民医院使用“”只是作为识别其单位名称的其中一小部分,相关公众不会因为该标徽的存在与否就产生混淆和误认,并与陈国明的“”商标所用于省外同类的医疗服务相联系。因此,本案不属于因商标相近而易使相关公众对商标所提供的服务产生特定联系的情形。

综上,人民医院使用“”标徽行为不构成对陈国明的“”商标的商标专用权的侵犯,陈国明的主张不属于商标法保护的范围,其上诉请求不应支持。

对于本案民事责任问题,由于人民医院使用标徽的行为并未构成侵权,因此,不应承担侵权的民事责任。陈国明上诉要求人民医院承担相应民事责任的主张无事法律依据,应予驳回。

综上所述,一审判决认定事实清楚,适用法律准确。海南省高级人民法院依据《中华人民共和国民事诉讼法》(2007年)第一百五十三条第一款第(一)项之规定,于2009年12月9日做出判决:驳回上诉,维持原判。

注:本案入选2009年全国知识产权50大典型案件。

案例七

北京网尚文化传播有限公司诉海口正合网吧侵犯著作财产权纠纷案

【裁判要旨】

网吧利用其系统平台的局域网服务器向不特定的公众提供影视作品的在线播放服务,未取得权利人的许可,亦未支付报酬,构成侵犯了权利人的信息网络传播权,依法应承担相应的民事责任。

【基本案情】

原告:北京网尚文化传播有限公司

被告:海口正合网吧

原告北京网尚文化传播有限公司(简称网尚公司)诉称:网尚公司获得授权,享有电影《江山美人》在中国大陆地区的信息网络传播权(包括在互联网和局域网环境下传播的权利)以及以自己的名义对上述环境下的侵权行为行使法律追究的权利。网尚公司经调查发现,被告未获网尚公司授权,即在其经营的网吧内,向在网吧内上网的不特定公众提供《江山美人》的播放服务。网尚公司认为,被告未经权利人许可向公众提供上述影片的播放行为违反了《著作权法》的相关规定,严重侵犯了其合法权益,给其造成了巨大的经济损失。网尚公司为维护自己的正当权益,特提起诉讼,恳请判令被告立即从其服务器中移除《江山美人》的播放内容,立即停止提供《江山美人》播放服务;判令被告赔偿原告经济损失 5 万元。

被告未答辩。

海口市中级人民法院(简称海口中院)经审理查明:电影《江山美人》于 2008 年 3 月在香港完成,片长 95 分钟,出品人:曾志伟、李国兴、于冬,导演:程小东,主要演员:黎明、甄子丹、陈慧琳、郭晓冬、寇振海。案外人电影人制作有限公司(简称电影人公司)、北京保利博纳电影发行有限公司(简称保利博纳公司)、和天下影画有限公司(简称天下影画公司)为电影《江山美人》的出品方,电影人公司为该片全球永久的版权及一切知识产权的持有人。2008 年 2 月 22 日,电影人公司书面授权保利博纳公司在中国大陆地区独家拥有《江山美人》国语普通话及简体中文字幕的信息网络传播权,包括不限于发行权益及转授权益,期限为 15 年;除保利博纳公司及其书面确认的公司拥有该片在专属地区授权期限内的相关权利外,其他公司发行、出版或播映该片的行为皆为盗版,属非法行为;保利博纳公司自行或授权他人对上述该片的盗版行为追究一切相关法律责任并提起诉讼及享有赔偿权益。《江山美人》于 2008 年 3 月首次在中国大陆公映。同年 3 月 12 日,保利博纳公司书面授权原告独家使用电影《江山美人》在中国大陆地区的信息网络传播权,许可权利包括:1. 独家使用权,即信息网络传播权专有使用权,原告有权排除包括著作权人(包括授权方)在内的任何人以同样的方式使用该电影基于互联网(包括但不限于广域网、局域网、有线、无线通讯网络)的影视节目传播和公开播映销售的权利,适用基于互联网传输的 IPTV、数字电视、NVOD、MPEG4 播放器、手机终端所对应的节目播映形式的业务、无线增值业务(不包括音乐下载和游戏),终端消费方式包括直播、点播、广播和下载;2. 制止侵权的权利,独家在授权范围内以网尚公司名义对非法使用授权节目的第三方(包括但不限于网站、网吧)追究法律责任的权利,包括但不限于申请证据保全、行政投诉、提起民事诉讼、上诉、申请执行等;3. 转授权的权利,在授权范围内的转授权、复制权、销售权、发行权。授权期限:独家播映业务时间为 3 年(2008 年 4 月 7 日—2011 年 4 月 6 日);IPTV、数字电视播映业务时间为 3 年(2008 年 6 月 7 日起 - 2011 年 6 月 6 日);制止侵权时间自本片于 2008 年 3 月 7 日电影公司公映起至 2011 年 6 月 6 日。同年 5 月 28 日,天下影画公司出具《证明书》,证明其不拥有影片《江山美人》在中国大陆地区的版权或发行权。

2009 年 2 月 27 日,原告的委托代理人刘晋卿前往北京市方正公证处(以下简称方正公证处),称被告未经其授权擅自播放由其享有信息网络传播权的电影《江山美人》等,为日后诉讼收集证据需要,特向该公证处申请对其在被告处在线观看相关电影、电视剧作品的情况进行证据保全,方正公证处受理了原告的申请,并于同年 3 月 4 日指派公证员张蕊、工作人员刘丽君随同原告的委托代理人刘晋卿前往位于海口市二东路与人民大道交叉口附近的正合网吧,刘晋卿以普通消费者的身份在该网吧取得上网卡,张蕊随机选择了一台电脑,并监督刘晋卿在该计算机上进行操作,具体操作步骤如下:1. 启动计算机并登陆该计算机;2. 在该计算机的“USB” 插口上插入公证员事先准备的 U 盘;3. 在 U 盘中新建名为“正合网吧” 的文件夹并打开该文件夹;4. 在该文件夹中新建 word 文档并命名为“正合网吧”(简称该文档),打开该文档,关闭名为“正合网吧”的文件夹;5. 按下键盘上的“Print Screen SysRq”键,对桌面内容进行截屏并将截屏内容保存于该文档中;6. 选中桌面上“网吧影院”,按下键盘上的“Print Screen SysRq”键,对桌面内容进行截屏并将截屏内容保存于该文档中;7. 打开“网吧影院”,显示新的链接,选中“最新影片网吧影院”,按下键盘上的“Print Screen SysRq”键,对该页面进行截屏并将截屏内容保存于该文档中;8. 打开“最新影片网吧影院”,显示新的链接,按下键盘上的“Print Screen SysRq”键,对该页面进行截屏并将截屏内容保存于该文档中;9. 点击该页面上的“电影系列”,显示新的链接,选中“A 大陆”,按下键盘上的“Print Screen SysRq”键,对该页面进行截屏并将截屏内容保存于该文档中;10. 打开该页面上的“A 大陆”,显示新的链接,选中“婚礼 2008”,按下键盘上的“Print Screen SysRq” 键,对该页面进行截屏并将截屏内容保存于该文档中;11. 点击该页面上的“婚礼 2008DVD. rmvb”,显示新的链接并开始播放,拖动“播放控制钮”,随机选取播放画面,按下键盘上的“Print Screen SysRq”键,对播放画面进行截屏并将截屏内容均保存于该文档中,后关闭该播放器;12. 点击“向上”,显示新的链接,选中“江山美人”,按下键盘上的“Print Screen SysRq”键,对该页面进行截屏并将截屏内容保存于该文档中;13. 打开该页面上的“江山美人”,显示新的链接,选中“江山美人 cd1. rmvb”,按下键盘上的“Print Screen SysRq”键,对该页面进行截屏并将截屏内容保存于该文档中;14. 点击该页面上的“江山美人 cd1. rmvb”,显示新的链接并开始播放,拖动“播放控制钮”,随机选取播放画面,按下键盘上的“Print Screen SysRq”键,对播放画面进行截屏并将截屏内容保存于该文档中,后关闭该播放器;15. 点击该页面上的“江山美人 cd2. rmvb”,显示新的链接并开始播放,拖动“播放控制钮”,随机选取播放画面,按下键盘上的“Print Screen SysRq”键,对播放画面进行截屏并将截屏内容均保存于该文档中,后关闭该播放器;之后关闭已打开的所有页面。原告的委托代理人刘晋卿将上述 U 盘交给公证员张蕊保管,返回公证处后,公证员张蕊将保存于上述 U 盘中名为“正合网吧”的文件刻录成光盘,共取得光盘一式 4 张,并将光盘封存于与公证书相粘连的证物袋中。方正公证处对上述操作过程进行了公证,并于同年 3 月 18 日制作了(2009)京方正内经证字第 03455 号《公证书》。庭审过程中,海口中院当庭拆封方正公证处封存的证物袋,当庭播放了证物袋里的光盘,光盘中所记录的《江山美人》画面截屏,与原告主张的电影《江山美人》内容一致。

海口中院认为:信息网络传播权属于我国《著作权法》规定的著作财产权的范围,指以有线或者无线方式向公众提供作品,使公众可以在其个人选定的时间和地点获得作品的权利。根据我国《著作权法》的相关规定,著作权人可以许可他人行使信息网络传播权,并依照约定或著作权法的有关规定获得报酬。我国《著作权法》第四十七条第(一)项规定:未经著作权人许可,复制、发行、表演、放映、广播、汇编、通过信息网络向公众传播其作品的,应当根据情况承担停止侵害、赔偿损失等民事责任。本案中,案外人电影人公司为《江山美人》的著作权人,其通过书面授权将《江山美人》在中国大陆地区,期限为 15 年的独占性拥有国语普通话及简体中文字幕的信息网络传播权授予案外人保利博纳公司,并在授权书中确认保利博纳公司享有转授权的权利;保利博纳公司取得上述权利后又通过书面授权将该权利授予原告,原告经保利博纳公司的授权,即独家取得电影《江山美人》在中国大陆地区的信息网络传播权,包括基于互联网(包括但不限于广域网、局域网、有线、无线通讯网络)的影视节目传播和公开播映销售等独家使用权、制止侵权和转授权的权利。其中,独家播映业务时间为 3 年(2008 年 4 月 7 日—2011 年 4 月 6 日);IPTV、数字电视播映业务时间为 3 年(2008 年 6 月 7 日起至 2011 年 6 月 6 日);制止侵权时间自该片于 2008 年 3 月 7 日电影公司公映起至 2011 年 6 月 6 日。由此,在上述期间内,原告对侵害其网络信息传播权等著作财产权的侵权人享有提出要求其承担相应民事责任主张的权利。被告在其经营的网吧内,利用其系统平台的局域网服务器向不特定的公众提供电影《江山美人》的在线播放服务,未取得原告的许可,亦未向其支付报酬,故被告的行为侵犯了原告的信息网络传播权,依法应承担相应的民事责任,原告诉请被告停止侵害、赔偿损失合理合法,予以支持。对于赔偿数额,因原告未举证证明被告在侵权期间因侵权所获得的利益或其在被侵权期间因侵权所受到的损失,故海口中院依法根据被告侵权的具体情节,参考本案涉案电影首次公映的时间、作品及主要演员的知名度和影响力、原告获得授权的期限、被告侵权的主观过错、侵权方式传播的途径和范围等因素,酌定被告应向原告赔偿经济损失 10000 元。依照《中华人民共和国著作权法》第十条第一款第(十二)项、第二款,第四十七条,第四十九条,《最高人民法院关于审理著作权民事纠纷案件适用法律若干问题的解释》第二十五条第二款,《中华人民共和国民事诉讼法》(2007 年)第一百三十条之规定,缺席判决:一、被告海口正合网吧立即从其服务器中移除电影《江山美人》的播放内容,停止提供《江山美人》的播放服务;二、被告海口正合网吧须于本判决发生法律效力之日起十日内赔偿原告北京网尚文化传播有限公司经济损失 10000 元;三、驳回原告北京网尚文化传播有限公司的其他诉讼请求。

【编后语】

本案入选 2010 年全国知识产权 50 大典型案例。网吧利用其系统平台的局域网络服务器向不特定的公众提供影视剧的在线播放服务、侵犯著作权人的信息网络传播权的行为,在案件发生前后具有一定的普遍性,本案的处理结果对网吧的监督和管理起到一定的积极作用。本案在确定赔偿数额时,注意区别侵权人利用其自有的系统平台的局域网络服务器向不特定的公众提供影视剧在线播放服务的侵权行为与提供对外网络链接和下载服务以及在线播放的侵权行为所波及的范围和造成的影响的不同,力求公平合理。本案判决后,双方均服判,未提起上诉。本案为今后类似案件的处理提供了一定的参考和比照。

案例八

中山市港航企业集团有限公司
申请设立海事赔偿责任限制基金案

【裁判要旨】

一、申请人在提起特定的海事诉讼之前申请设立海事赔偿责任限制基金的,应依据《海事诉讼特别程序法》第一百零二条的规定确定案件的管辖法院。申请人在提起特定的海事诉讼之后申请设立海事赔偿责任限制基金的,则应依据《最高人民法院关于适用〈中华人民共和国海事诉讼特别程序法〉若干问题的解释》第八十一条的规定确定案件的管辖法院。

二、利害关系人对申请人设立海事赔偿责任限制基金提出异议的,海事法院应当审查设立基金申请人的主体资格、事故所涉及的债权性质和申请设立基金的数额等程序性问题,对利害关系人提出的涉及实体权利的问题,不予审查。

【基本案情】

申请人:中山市港航企业集团有限公司

利害关系人:海口南青集装箱班轮公司

利害关系人:海南农垦电子商务交易中心

利害关系人:福州大福有限公司

利害关系人:北京中船工贸有限公司

申请人中山市港航企业集团有限公司,利害关系人海口南青集装箱班轮公司,利害关系人海南农垦电子商务交易中心,利害关系人福州大福有限公司,利害关系人北京中船工贸有限公司。申请人中山市港航企业集团有限公司因其所属的"中航902"轮于2004年7月1日在内伶仃水道海域与"南青"轮发生碰撞事故,造成"南青"轮沉没、船载货物受损,于7月7日向海口海事法院(简称海事法院)提出海事赔偿责任限制申请,并申请设立海事赔偿责任限制基金,海事法院于7月9日受理后7日内向已知的利害关系人海口南青集装箱班轮公司发出通知,并分别于7月15-17日在《南方日报》、7月17-19日在《海南日报》上发表公告,通知未知的利害关系人。利害关系人海口南青集装箱班轮公司、海南农垦电子商务交易中心、福州大福有限公司和北京中船工贸有限公司对申请人的申请提出异议。经查明,本案申请人中山市港航企业集团有限公司于2004年7月5日就其所属的"中航902"轮与"南青"轮在内伶仃水道海域发生的碰撞事故向海事法院提起以"南青"轮所有人海口南青集装箱班轮公司为被告的船舶碰撞损害赔偿之诉,海事法院经审查后于7月7日予以立案受理,有关该诉讼的应诉法律文书,海事法院于7月12日送达给该案被告海口南青集装箱班轮公司。申请人所属"中航902"轮的总吨位为982吨,根据《海商法》的第二百一十条第一款第(二)项的规定计算,申请人就本次事故申请设立海事赔偿责任限制基金的责任限额为247494计算单位[计算过程为167000+(982-500)×167=247494]。

【审判】

海事法院认为申请人在海事法院申请设立海事赔偿责任限制基金,符合《海事诉讼特别程序法》第一百零一条第一、三款及《最高人民法院关于适用〈中华人民共和国海事诉讼特别程序法〉若干问题的解释》(简称《海事司法解释》)第八十一条的规定,申请人的主体适格。两轮碰撞所造成的财产损失以及由此引起的相应的损失赔偿请求属于《海商法》第二百零七条第一款第(一)项规定的可以限制赔偿责任的债权范围。责任限额是根据《海商法》第二百零一条第一款第(二)项的规定计算得出的,符合法律规定。因此,对申请人的设立海事赔偿责任限制基金的申请,海事法院予以支持。

对于利害关系人海口南青集装箱班轮公司就本案的管辖提出的异议,海事法院认为,申请设立海事赔偿责任限制基金案件的管辖,应视申请人提出这一程序时所处的不同阶段,而适用不同的管辖原则。申请人在特定的海事诉讼被提起之前申请设立海事赔偿责任限制基金的,应依据《海事诉讼特别程序法》第一百零二条的规定确定案件的管辖法院。申请人在特定的海事诉讼被提起之后申请设立海事赔偿责任限制基金的,则应依据《海事司法解释》第八十一条的规定确定案件的管辖法院。本案是在申请人在就本次特定的海事事故向海事法院提起诉讼并获得受理后提起的,故本案应依据《海事司法解释》第八十一条的规定确定案件的管辖法院,根据本条规定,海事法院作为"受理相关海事纠纷案件的海事法院",依法对本案具有管辖权。因此利害关系人海口南青集装箱班轮公司对本案管辖权提出的异议不成立。

对于利害关系人海南农垦电子商务交易中心、福州大福有限公司和北京中船工贸有限公司提出的异议，海事法院认为，依据《海事司法解释》第八十三条的规定，利害关系人对申请人设立海事赔偿责任限制基金提出异议的，海事法院应当对设立基金申请人的主体资格、事故所涉及的债权性质和申请设立基金的数额等程序性问题进行审查。而上述三方利害关系人提出的异议涉及申请人是否可以享有海事赔偿责任限制的实体权利问题，不属于本案所要解决的申请人设立基金的程序问题，应另案处理。因此，上述三利害关系人提出的异议不成立。

综上所述，依照《中华人民共和国海事诉讼特别程序法》第一百零六条、一百零八条及《最高人民法院关于适用〈中华人民共和国海事诉讼特别程序法〉若干问题的解释》第84条的规定，裁定如下：一、准许申请人中山市港航企业集团有限公司设立海事赔偿责任限制基金。二、申请人中山市港航企业集团有限公司在本裁定生效后3日内，在海事法院设立海事赔偿责任限制基金。申请人逾期未设立基金的，按自动撤回申请处理。三、申请人中山市港航企业集团有限公司应设立的海事赔偿责任限制基金的数额为247494计算单位和自事故发生之日(2004年7月1日起)－基金设立之日止的中国人民银行同期流动资金贷款利息；以担保方式设立基金的，担保数额为上述基金数额及其在基金设立期间的中国人民银行同期流动资金贷款利息。

本案申请费3009元，由申请人中山市港航企业集团有限公司负担。

案例九

海南省海府经济发展总公司不服海南省商业贸易厅企业兼并决定案

【裁判要旨】

批准全民所有制企业兼并应当依法定程序进行，事前应报经国有资产管理部门对兼并双方的资产、经营情况进行审核，遵循《全民所有制工业企业转换经营机制条例》、《关于企业兼并的暂行办法》，且不得侵犯了企业自主经营权。

【基本案情】

原告、上诉人：海南省海府经济发展总公司

被告、被上诉人：海南省商业贸易厅

海南省海府经济发展总公司（简称海府公司）不服海南省省商业贸易厅（简称商贸厅）1993年3月8日琼贸字（1993）64号决定和1993年3月12日琼贸字（1993）76号批复做出的企业兼并决定，向海口市中级人民法院（简称海口中院）提起行政诉讼。海口中院曾先以原告不具有主体资格裁定不予受理，原告不服裁定，上诉到海南省高级人民法院（简称高级法院）。高级法院裁定指令海口中院立案受理。海口中院经审理后判决维持商贸厅企业兼并决定和批复。海府公司不服一审判决，再次向高级法院提起上诉。

海府公司是全民所有制企业，属省商贸厅行业管理。1992年，海府公司存在还债、因担保代偿贷款、因诉讼账户被冻结、职工无法发工资等实际困难，商贸厅根据海府公司的财务报表及上述困难，认定该公司存在经营混乱，资金周转不灵，长期经营性亏损，唯有寻求资金雄厚公司注资合作才能解决困难，故提出对该公司实行兼并的意见，遂又以海南鹏华实业公司（简称鹏华公司）的年度财务报表认为其资金雄厚，有兼并能力，经事先与鹏华公司负责人协商同意后，决定由该公司兼并海府公司。商贸厅再找海府公司负责人讲明该厅兼并意见后，于1993年3月8日下达了琼贸字（1993）64号兼并决定。后由鹏华公司拟定兼并方案，经海府公司盖章后报商贸厅。商贸厅于1993年3月12日下达了琼贸字（1993）76号批复批准兼并，海府公司不服商贸厅兼并决定、认为自己不属兼并对象，兼并决定违反自愿原则和兼并程序违反法律规定，于1993年4月5日提起行政诉讼。

【审判】

高级法院认为，商贸厅以海府公司和鹏华公司的财务报表认定前者为长期亏损、微利企业，属兼并对象，后者为资金雄厚，且具有兼并能力证据不足，以决定方式确定由鹏华公司兼并海府公司违反了法定自愿原则；批准企业兼并未依法定程序事前报经国有资产管理部门对兼并双方的资产、经营情况进行审核，违反了《全民所有制工业企业转换经营机制条例》、《关于企业兼并的暂行办法》。《关于国营企业兼并财务处理的暂行规定》和海南省财税厅琼财税（1989）国资字第01号紧急通知的有关规定，程序不具合法性，侵犯了企业自主经营权，商贸厅做出的兼并决定和批复所认定的事实不清，适用法律错误，显属不当。海口中院认定事实不清，证据不足，适用法律、法规错误。故依据《中华人民共和国行政诉讼法》第六十一条第（三）项之规定，判决撤销海口中院判决；撤销海南省商业贸易厅琼贸字（1993）64号决定和琼贸字第（1993）76号批复。一、二审案件受理费均由海南省商业贸易厅承担。本案通过对侵犯企业生产经营权案件的审理，制止违法行政行为，切实保护企业的经营自主权，促进国有企业经营机制的转换。

注：这是海南省首例因不服企业兼并决定提起的行政诉讼。

案例十

海口新南洋大酒店与海南省工商行政管理局、李世华、李修林工商行政管理纠纷申诉案

【裁判要旨】

在证据的认定上，应当尊重客观事实。

【基本案情】

申诉人：海口新南洋大酒店

被申诉人：李世华、李修林

海伊特公司成立于1988年，股东为新南洋酒店、三亚夏威夷大酒店和凤凰农副公司。2005年6月16日，李世华既以海伊特公司董事长的名义，又以受委托人的名义向海南省工商行政管理局（简称省工商局）提交伪造的海伊特公司《股东会议决议》、《股权转

让协议书》、法定代表人任免文件和新股东身份变更证明、《公司章程修正案》等材料，申请办理将海伊特公司的股东变更为李世华、李修林（各占股份50%），法定代表人由丁剑南变更为李世华的变更登记。省工商局于2005年8月2日核准了该变更登记。新南洋酒店于2007年9月3日向海口市美兰区人民法院（简称美兰区法院）起诉，请求撤销省工商局2005年8月2日对海伊特公司的股东和法定代表人做出变更登记的行政行为，恢复原来的登记状态。一审法院支持了新南洋酒店的诉请。李世华、李修林不服一审判决，向海口市中级人民法院（简称海口中院）提起上诉。二审法院经审理认为，李世华等提供的变更登记材料中的印章（经鉴定为伪造印章）系由新南洋酒店原法定代表人丁剑南提供给李世华使用的，一审法院在新南洋酒店没有提供任何证据证实上述材料是虚假的情况下，对该证据不予评判认定，属于明显错误。由此可见，省工商局在做出有关海伊特公司的股东变更登记时，事实清楚、依据充分的，新南洋酒店要求撤销海伊特公司的股东变更登记理由并不充分，其诉讼请求应予驳回。据此，二审法院改判驳回新南洋酒店的诉请。新南洋酒店不服，向海南省人民检察院（简称省检察院）申诉。省检察院于2009年7月17日向高级法院提出抗诉。

【审判】

高级法院经再审认为，省工商局一审败诉后未提出上诉，并按照一审判决做出（2008）11号《撤销决定》，在此情况下，二审法院在已知《股东会议决议》上所盖的印章不是合法有效印章，且新南洋酒店已经就虚假公章向省工商局举报，仍然撤销一审关于撤销股权变更登记行为的判决，驳回新南洋酒店的诉讼请求，确属适用法律错误，依法应予纠正。

案例十一

许龙宝申请三亚市城郊人民法院国家赔偿案

【基本案情】

赔偿请求人：许龙宝，男，1958年3月13日生，汉族，大专，台湾居民，住台湾台南永康市三民里三民街138号，现工作地址：广州市芳村大道中山村洞企石路48号之三。

赔偿义务机关：三亚市城郊人民法院。

法定代表人：钱志勇。

赔偿请求人许龙宝于2003年2月以错误执行为由，向赔偿义务机关三亚市城郊人民法院（简称城郊法院）申请国家赔偿。该院以申请不属于国家赔偿范围理由，决定不予赔偿。许龙宝又向三亚市中级人民法院（简称三亚中院）申请赔偿，亦被该院驳回。2004年8月，许龙宝再次向城郊法院申请国家赔偿，该院以重复申请赔偿没有法律依据理由，驳回其赔偿申请。2005年3月，许龙宝向三亚中院申请确认城郊法院执行违法，主张：拒绝采取财产保全措施违法，拒绝代位执行李春旭的债权线索违法，执行法官不作为和无故解封抵押房屋违法。该院认定:1. 原审案卷查不到许龙宝要求财产保全的申请及相关材料,其也未能提供其提交过的证明。2. 许龙宝第一次诉讼没有提出蔡于春、温泽胜应负连带责任的请求,抵押房屋没有办理登记,法院在当事人提出异议后解封没有错误。3. 许龙宝没有提供龙腾公司欠李春旭到期债务的证据,执行程序不能审查债权的实体内容;对三亚检察院等三家单位拖欠李春旭 40 万元餐费的债务,债务人没有自动履行,无法代位执行。裁定:不确认违法。许龙宝不服又向高级法院申诉,高级法院经审查以相同理由裁定维持三亚中院的裁定。2006 年 10 月,许龙宝再次向高级法院申诉,高级法院经审判委员会讨论,做出(2009)琼确监字第 1 号通知书认定:没有证据证明城郊法院毁掉了许龙宝提供的财产保全申请及相关资料;城郊法院曾在执行中拘留被执行人,不构成不作为;针对第三人的债务进行追索不符合法律规定,城郊法院不予执行并无不当,决定驳回许龙宝的申诉申请。

许龙宝于 2010 年 8 月再次申诉,主张(2009)琼确监字第 1 号通知书严重违背事实,坚持要求法院做出赔偿,高级法院立案(2010)确监字第 1 号进行复查。许龙宝此次申诉的主要理由为:1. 法院错误裁判、城郊法院第一个判决未判令担保人蔡于春、温泽胜负连带责任,致使无法执行其抵押的房产。2. 法院擅自解封抵押房产,造成其债权无法实现的损害。3. 法院滥用职权。执行法院未经其同意就发文到工商局,注销其与李春旭合作经营肇庆酒家注册的 50% 股权,致使李春旭将肇庆酒家转售给龙腾公司并占有 260 万元。4. 许龙宝提供有李春旭有肇庆酒家餐费白条债权 130 万元的线索,法官以无证据为由不支持、不执行,而裁定终结执行。

位于三亚市成龙岛的肇庆酒家,系李春旭于 1995 年设立并经营。1997 年 2 月,台湾商人许龙宝与李春旭通过协商,订立了合作经营合同。同年 12 月,双方又达成了解除合同、许龙宝退出、李春旭退还许龙宝投资 105 万元的协议。当天,李春旭依约支付给许龙宝 51 万元,并请三亚居民蔡于春和温泽胜为其剩余债务,向许龙宝出具了两人两套房屋的《抵押担保书》,经公证处公证并提存了房产证,但没有办理抵押登记。后李春旭逾期未支付剩余债务 54 万元及约定利息。许龙宝于 1998 年 5 月向城郊法院起诉李春旭,请求偿还 54 万元欠款及利息。因其中 20 万元债务尚未到期,该院判决李春旭偿还 34 万元及利息,双方均未上诉。2002 年初,许龙宝以李春旭和蔡于春、温泽胜三人为被告,再次向城郊法院起诉,请求李春旭偿还 20 万元欠款及利息,蔡于春和温泽胜承担连带责任。该院判决李春旭偿还 20 万元及利息,蔡于春和温泽胜不负连带责任。许龙宝提出上诉。三亚中院依据《担保法》第四十一条和第四十二条的规定,以未办理抵押登记手续理由,认定抵押合同无效;以许龙宝起诉超过诉讼时效理由,判决驳回其诉讼请求。后经许龙宝申诉,高级法院裁定指令三亚中院再审。三亚中院 2004 年再审认定:20 万元债权是 54 万元的部分,不存在诉讼时效问题;约定月利率 30%,违反规定;抵押房产系农村集体土地,按《担保法》的规定不能进行抵押,抵押合同无效,蔡于春和温泽胜承担二分之一过错赔偿责任。

1998 年,许龙宝向城郊法院申请执行 34 万元及利息,该院查封了蔡于春和温泽胜的两套抵押房屋。二人提出异议后,该院解除了查封。2003 年,三亚中院将两执行案提级执行,后以被执行人李春旭没有可供执行的财产理由,裁定终结执行。2004 年,三亚中院根据许龙宝的申请恢复执行,后以仍未发现李春旭有可供执行的财产为由,经征询许龙宝的同意于2005 年再次裁定终结执行。遂引发许龙宝不断的申请赔偿。

【决定】

高级法院赔偿委员会复查认为:关于法院错误裁判问题,许龙宝第一次向城郊法院起诉时,既未将担保人蔡于春、温泽胜列为当事人,也未对二人提出具体的诉讼请求。许龙宝申诉举证的《要求财产保全申请书》,虽然落款时间为 1998 年 6 月 9 日,但没有其向城郊法院提交时的签收记录,经高级法院调卷复查,亦未发现该申请的入卷记载;许龙宝亦不能提供能够证明其当时曾向法院提交的证据,不能证明法院收到其保全申请而不作为的"违法"事实。至于蔡于春和温泽胜应否承担连带责任及应否执行其抵押财产的问题,三亚中院有民事再审判决认定,亦不属于修正订前的《国家赔偿法》第三十一条规定的国家赔偿范围。

关于法院滥用职权问题。根据许龙宝起诉主张的事实,其与李春旭达成解除合作协议的当天退出肇庆酒家,该酒家亦由李春旭独自经营,其此后将该酒家转让何人已与许龙宝无关。在许龙宝未申请法院保全查封该酒家的情况下,李春旭要求法院发文到工商局注销许龙宝原在肇庆酒家的 50% 股权,亦不构成法院"滥用职权"的违法执行。

关于法院解封抵押房产问题,经核实,在执行中,法院曾根据许龙宝的申请,查封了蔡于春和温泽胜的抵押房产。后二人提出异议,法院经审查后解除查封。在听证中,亦根据最高人民法院《关于适用〈中华人民共和国民事诉讼法〉若干问题的解释》第十五条的规定,向许龙宝进行了释明。

关于债权线索不执行问题,经核实:许龙宝此次信访申诉主张的债权线索有两项,一是"白条"餐费债权;二是转让酒家债权。经调卷审查,执行法院案卷确存有许龙宝当时提供的:《海南日报》刊登的《"白条"吃垮成龙岛酒家》报道的复印件,载有"为追回 130 多万元的餐费,李春旭几乎跑断了腿。大部分欠款已追回,尚欠 40 多万元,其中有 10 多万元是 10 多家本地机关单位欠款。"列明拖欠餐费的单位有:"三亚市河东区管委会、三亚市交通局、三亚市检察院……""欠债 1.7 万元的三亚市检察院已还款 2 千元。"许龙宝此次提供的三亚市检察院的《还款审批表》复印件,载明:向成龙岛酒家还餐费欠款 15379 元。案卷还有许龙宝当时提供的:李春旭与龙腾公司于 1998 年 7 月 13 日签订的《酒家抵债协议书》复印件,第三条载明:"在本协议签字当天,甲方(龙腾公司)应向乙方(李春旭)支付款项 30 万元,扣除乙方借款的委托经营风险保证金 15 万元外,尚应向乙方支付 70 万元。余款本协议签订后 6 个月内分期还清。"案卷中,未见法院向相关第三人发出的《履行债务通知书》和送达回证,及第三人的回复意见等材料。在听证中,还就上述事实,根据最高人民法院《关于适用〈中华人民共和国民事诉讼法〉若干问题的解释》第 300 条的规定,向许龙宝进行了释明。

经高级法院审判委员会讨论决定,(2009)琼确监字第 1 号通知驳回其申诉并无不当,许龙宝的申诉理由不成立,应予驳回。许龙宝申诉的对被执行人李春旭债权线索的执行问题,属于应当依法恢复执行并严格依照法定执行程序可以解决的问题。由高级法院执行局依法督促三亚中院依法恢复执行并加大执行力度,依法保护当事人的合法权益。此后,高级法院又专门给三亚中院发函督办。

【编后语】

由于当事人的立场不同,对《国家赔偿法》相关条款的理解不同,在申请赔偿时的要求存在很多问题。尤其是在申请赔偿和申诉监督等程序均完成后,仍信访、上访申诉不断。对此,法院不能简单地以相关法律和司法解释没有规定为由,一推了之。该案虽经城郊法院、三亚中院和高级多次审理和复查,许龙宝仍信访申诉不止。高级法院领导耐心接访并确定立案复查,赔偿委员会亦在针对国家赔偿案件信访申诉的复查方面,做了有益的尝试:

一、虽然,截至2010年,我国法律法规没有关于国家赔偿案件再审程序的规定,但赔偿请求人或赔偿义务机关的信访申诉,是人民法院依法监督和发现赔偿委员会做出的决定存在错误,决定或指令重新审查的重要途径之一,仍应给予高度重视。即使原赔偿决定没有错误或当事人的申诉要求不属于国家赔偿的法定范围,法院亦应给予耐心的法律释明、疏导,或为其指明相关的救济途径。该案就是一个较好的案例。

二、建立一套规范的国家赔偿案件信访申诉审查机制,是人民法院提高办案质量和公正司法水平的保证。申请国家赔偿这一救济途径并不一定必须以国家赔偿为最后结果。因此,建立一套规范的国家赔偿案件信访申诉审查机制,对于保障赔偿案件当事人的合法权益,促进国家行政机关依法行政、司法机关公正执法,是非常重要和必要的。本案表明,审查信访人的申诉材料、调阅相关案卷、进行询问或组织听证、赔偿委员会讨论,重大、疑难案件报审委会讨论决定,以及通知信访当事人、发函下级法院督办,已经初步形成了较为规范的审查机制。不但补正了此前的漏洞,而且进入了纠错和督办程序。

三、执行案件裁判文书措辞要准确

本案前几次决定中,三亚中院确认裁定则认定为"无法代位执行",高级法院(2009)琼确监字第1号通知驳回的理由为:对第三人的债务进行追索不符合法律规定。这里的"代位执行"和"对第三人的债务进行追索"的概念均不正确。应为法律规定的:执行被执行人到期债权。最高法院法发(1992)22号《关于适用〈中华人民共和国民事诉讼法〉若干问题的意见》第300条规定:"被执行人不能清偿债务,但对第三人享有到期债权的,人民法院可依申请执行人的申请,通知该第三人向申请执行人履行债务。该第三人对债务没有异议但又在通知指定的期限内不履行的,人民法院可以强制执行。"法释(1998)15号《关于人民法院执行工作若干问题的规定(试行)》,第61-69条,对执行被执行人对第三人享有的到期债权,做有更为明确具体的规定。并非没有规定或"不符合法律规定"。如果拒绝执行即构成违法。

四、在驳回赔偿信访申诉理由的同时,做好"再送一程"工作

本案许龙宝多次上访。高级法院的决定做出后,赔偿委员会又专门向三亚中院发出督办函,严令其贯彻执行本院审判委员会的决定,做到"再送一程"。此后,许龙宝不再上访。

四、规章制度存目[①]

第一部分　业务规范类

一、审判综合

1. 海南省高级人民法院审判委员会工作规定(2001 年 6 月 8 日通过;2008 年 12 月 29 日修订)

2. 海南省高级人民法院案件审判责任制(试行)(2005 年 10 月 11 日通过;2008 年 12 月 29 日修订)

3. 海南省高级人民法院关于加强案件把关统一司法尺度的通知(2008 年 4 月 8 日)

4. 海南省高级人民法院关于发回重审案件的若干意见(2006 年 6 月 20 日)

5. 海南省高级人民法院关于对改判案件实行跟踪监督的若干规定(2002 年 10 月 14 日制定;2008 年 12 月 29 日修订)

6. 海南省高级人民法院审判事务工作暂行规定(2008 年 5 月 4 日)

7. 海南省高级人民法院案件质量评查暂行办法(2008 年 5 月 4 日)

8. 海南省高级人民法院优秀法律文书评选试行办法(2008 年 6 月 2 日)

9. 海南省高级人民法院关于贯彻执行《最高人民法院关于人民陪审员管理办法(试行)》的若干意见(2005 年 5 月 18 日制定;2008 年 12 月 29 日修订)

10. 海南省高级人民法院关于对死刑案件经济确有困难的被害方予以司法救助的规定(2007 年 7 月 31 日)

11. 海南省高级人民法院涉诉救助资金审批办法(2008 年 7 月 14 日)

12. 海南省高级人民法院"司法为民"工作措施(2008 年 12 月 25 日)

13. 海南省高级人民法院服务海南经济社会科学发展大局工作意见(2008 年 12 月 25 日)

14. 海南省高级人民法院关于贯彻《最高人民法院关于加强人民法院调查研究工作的规定》的意见(2005 年 5 月 10 日制定;2008 年 12 月 29 日修订)

15. 海南省高级人民法院全省法院重点调研课题管理办法(试行)(2008 年 4 月 15 日)

16. 关于提高审判效率的若干规定(2008 年 11 月 7 日)

17. 海南省高级人民法院重大涉诉上访及信访突出事件处置预案(2008 年 8 月 8 日)

18. 海南省高级人民法院关于加强全省法院裁判文书上网公布的通知(2008 年 6 月 17 日)

---

①各项制度均收录于《海南省高级人民法院规章制度汇编》(一)、(二)。每项制度名称之后括号注明制定时间。

19. 海南省高级人民法院关于进一步做好裁判文书上网发布工作的通知(2010 年 1 月 14 日)

20. 关于基层人民法院案件质量评查工作的暂行规定(2009 年 12 月 1 日)

21. 海南省高级人民法院关于请示案件办理程序的规定(2009 年 1 月 6 日)

22. 海南省高级人民法院关于贯彻执行《最高人民法院关于从源头上减少涉诉信访的若干意见》的实施意见(2009 年 8 月 18 日)

23. 海南省高级人民法院关于案件移送的若干规定(2010 年 11 月 9 日)

24. 立案信访服务承诺、"立案信访窗口"文明用语、文明忌语(2010 年 7 月 22 日)

25. 立案信访大厅服务指南、立案信访大厅信访接待员岗位职责、立案信访大厅导诉员岗位职责(2010 年 7 月 15 日)

26. 立案信访大厅各岗位职责暂行规定(2010 年 11 月 15 日)

27. 海南省高级人民法院申诉信访统计通报考评办法(试行)(2010 年 10 月 25 日)

28. 海南省高级人民法院立案信访大厅法官轮值暂行规定(2010 年 10 月 25 日)

29. 海南省人民法院涉诉信访诉访分离若干问题的意见(试行)(2010 年 10 月 25 日)

30. 海南省高级人民法院关于涉诉信访首办责任制的规定(试行)(2010 年 11 月 9 日)

31. 海南省法院法官审判业绩考评管理实施办法(2009 年 12 月 9 日)

32. 海南省人民法院审判人员违法审判责任追究实施办法(试行)(2010 年 7 月 20 日)

33. 海南省高级人民法院关于上级法院对下级法院实行对口包点业务指导的实施意见(试行)(2010 年 10 月 19 日)

34. 海南省高级人民法院服务海南国际旅游岛建设工作意见(2010 年 2 月 8 日)

35. 海南省高级人民法院关于进一步规范法院公告管理工作的通知(2010 年 3 月 21 日)

36. 海南省高级人民法院关于加强全省法院执行力建设的意见(2010 年 6 月 29 日)

二、审判业务

37. 海南省高级人民法院关于向上级法院移送案件时必须随案移送本院审判委员会讨论笔录的通知(1996 年 2 月 2 日)

38. 海南省高级人民法院关于刑事附带民事诉讼案件立案受理和审理程序问题的通知(2003 年 11 月 26 日)

39. 海南省高级人民法院关于调整全省各级人民法院管辖第一审民商事案件标准的通知(2008 年 3 月 19 日制定,琼高法[2009]249 号文件对本规定做出局部调整①)。

40. 海南省高级人民法院关于严格执行海事法院专门管辖有关案件的规定的通知

①详见第二章立案审判第一节立案第四目管辖制度部分。

(2008 年 12 月 29 日)

41. 海南省高级人民法院关于财产保全暂行规定(1996 年 8 月 7 日制定;2008 年 12 月 29 日修订)

42. 海南省人民法院案件审判流程管理规定(2008 年 12 月 29 日)

43. 海南省高级人民法院关于加强人民群众来信来访的工作决定(2000 年 7 月 19 日制定;2008 年 12 月 29 日修订)

44. 海南省高级人民法院关于听证程序的规定(2008 年 12 月 29 日)

45. 海南省高级人民法院关于处理涉诉敏感案件、重大涉诉上访事件的规定(2008 年 12 月 29 日)

46. 海南省高级人民法院关于复查、再审案件调卷工作的有关规定(2000 年 4 月 1 日)

47. 海南省高级人民法院、海南省邮政局关于开展法院诉讼文书特快专递工作的执行规则(2005 年 1 月 7 日)

48. 海南省高级人民法院、海南省人民检察院、海南省公安厅关于盗窃罪数额认定标准问题的规定(1998 年 4 月 14 日)

49. 海南省高级人民法院关于挪用公款罪数额认定标准问题的规定(1999 年 7 月 2 日)

50. 海南省高级人民法院关于全省经济犯罪案件量刑平衡问题的通知(1996 年 2 月 29 日)

51. 海南省高级人民法院刑事公诉案件第一审普通程序庭审操作规范(试行)(2006 年 1 月 24 日)

52. 海南省高级人民法院刑事公诉案件第二审普通程序庭审操作规范(试行)及附则(2006 年 1 月 24 日)

53. 海南省高级人民法院、海南省检察院关于刑事二审案件开庭审理有关事项的通知(2006 年 5 月 19 日)

54. 海南省高级人民法院、海南省人民检察院刑事二审开庭案件阅卷管理办法(2008 年 6 月 4 日)

55. 海南省高级人民法院审理暂予监外执行案件暂行规定(2004 年 9 月 8 日)

56. 海南省高级人民法院、海南省人民检察院、海南省公安厅、海南省司法厅关于办理减刑、假释案件的实施细则(2008 年 12 月 25 日)

57. 海南省高级人民法院民事诉讼第一审程序庭审操作规范(2005 年 6 月 13 日)

58. 海南省高级人民法院民事诉讼第一审程序开庭前准备工作操作规范(2005 年 6 月 13 日)

59. 海南省高级人民法院开庭行为"五做到""五不准"(2005 年 6 月 13 日)

60. 海南省高级人民法院关于进一步加强指导人民调解工作促进诉讼调解与人民调解有机衔接的意见(2008 年 12 月 29 日)

61.海南省高级人民法院关于处理"外嫁女"请求分配农村集体经济组织征地补偿款纠纷案件若干问题的意见(2008 年 12 月 29 日)

62.海南省高级人民法院关于民事审判中有关司法鉴定问题的指导意见(2008 年 12 月 29 日)

63.海南省高级人民法院关于基层人民法院民商事案件繁简分流的若干规定(试行)(2008 年 12 月 29 日)

64.海南省高级人民法院关于人民法庭对民商事案件速裁的若干规定(试行)(2008 年 12 月 29 日)

65.海南省人民法庭工作管理办法(2005 年 11 月 30 日)

66.海南省高级人民法院关于人民法院设立巡回审判点和诉讼联络员的若干意见(2008 年 12 月 29 日)

67.海南省高级人民法院关于确定行政诉讼案件案由的若干意见(试行)(1999 年 3 月 18 日)

68.海南省高级人民法院行政诉讼第一审程序庭审操作规范(试行)(2005 年 8 月 24 日)

69.海南省高级人民法院行政诉讼第二审程序庭审操作规范(试行)及附则(2005 年 8 月 24 日)

70.海南省法院行政诉讼和解暂行规定(2007 年 12 月 3 日)

71.海南省高级人民法院关于行政案件执行工作的若干意见(2005 年 7 月 6 日)

72.海南省人民法院赔偿委员会工作细则(试行)(1995 年 8 月 4 日)

73.海南省高级人民法院关于报批土地使用权、房屋再续封有关问题的通知(2007 年 3 月 16 日)

74.海南省高级人民法院执行机构人员工作职责(2005 年 7 月 6 日制定;2008 年 12 月 29 日修订)

75.海南省高级人民法院执行监督、协调案件办理规则(2008 年 12 月 29 日)

76.海南省高级人民法院关于规范中止执行、终结执行程序的若干规定(2008 年 12 月 29 日)

77.海南省高级人民法院关于公布拒执人名单的暂行办法(试行)(2008 年 12 月 29 日)

78.海南省高级人民法院关于民事执行中委托拍卖管理办法(2008 年 12 月 29 日)

79.海南省高级人民法院关于民事执行入册拍卖机构管理规定(试行)(2008 年 12 月 29 日)

80.海南省高级人民法院关于规范执行裁决文书制作的若干规定(2008 年 12 月 29 日)

81.海南省高级人民法院关于立案、审判配合执行工作的若干规定(2008 年 12 月 29 日)

82.关于不再执行《海南省高级人民法院关于执行案件复议程序的若干规定》的通知(2008 年 5 月 31 日)

83.海南省高级人民法院关于审理涉及认定驰名商标案件的紧急通知(2008 年 5 月 31 日)

84.海南省高级人民法院关于加强案件立案受理审查工作的通知(2008 年 2 月 20 日)

85.海南省高级人民法院关于规范刑事审判工作的通知(2008 年 8 月 19 日)

86.海南省高级人民法院 海南省人民检察院 海南省公安厅《办理毒品犯罪案件若干问题的意见》(2008 年 10 月 10 日)

87.执行案件案号统一管理办法(2008 年 1 月 1 日)

88.关于调整部分法院减刑假释案件管辖问题的决定(2009 年 6 月 22 日)

89.海南省人民法院立案调解工作规则(2009 年 8 月 18 日)

90.海南省高级人民法院关于建立办理黑社会性质组织犯罪案件通报制度的工作意见(2009 年 3 月 2 日)

91.海南省高级人民法院关于全省“处置积压命案专项行动”有关案件审判管辖问题的通知(2009 年 10 月 12 日)

92.关于贯彻《海南省办理黑社会性质组织犯罪案件通报制度工作细则》的实施意见(2009 年 12 月 15 日)

93.关于严格执行大要案专报制度的通知(2009 年 1 月 20 日)

94.关于民事执行入册拍卖机构管理规定(试行)(2009 年 10 月 21 日)

95.海南省政府机关协助人民法院执行工作的若干意见(2009 年 12 月 4 日)

96.执行工作举报奖励规定(2009 年 1 月 20 日)

97.关于向已执行死刑罪犯的户口所在地公安机关送达 <注销户口通知书> 的规定(2010 年 11 月 8 日)

98.关于审理海南农垦系统劳动争议纠纷案件的指导意见(试行)(2010 年 3 月 23 日)

99.关于适用简易程序审理行政案件的若干规定(试行)(2010 年 3 月 30 日)

100.关于重申提高行政案件级别管辖的通知(2010 年 3 月 18 日)

101.关于执行案件督办工作的暂行规定(试行)(2010 年 12 月 24 日)

102.关于执行工作指定执行、提级执行的若干规定(试行)(2010 年 12 月 24 日)

103.关于人民法院执行重大案件及涉执行重大事项报告的若干规定(试行)(2010 年 12 月 24 日)

104.关于办理土地与房产再续封的规定(2010 年 6 月 25 日)

105.关于立案、审判工作配合执行工作的若干规定(2008 年 12 月 29 日审判委员会第 917 次会议通过)

106.关于做好查询被执行人人民币银行结算账户开户银行名称工作的通知(2010

年8月26日)

107. 海南省高级人民法院关于服务海南国际旅游岛建设妥善处理商品房买卖合同纠纷的意见(2010年6月28日)

108. 海南省高级人民法院关于民事执行中委托拍卖工作管理办法(2010年9月7日)

109. 人民法院量刑指导意见(试行)实施细则(2010年9月20日)

第二部分　管理规范类

一、司法政务

110. 海南省高级人民法院院务会议规则(2000年5月12日制定;2008年12月29日修订)

111. 海南省高级人民法院办公室工作规则(1998年6月26日制定;2008年12月26日修订)

112. 海南省高级人民法院保密委员会工作制度(1998年6月26日制定;2008年12月29日修订)

113. 海南省高级人民法院保密工作实施细则(2008年12月29日)

114. 海南省高级人民法院公文处理实施细则(1998年6月26日制定;2008年12月29日修订)

115. 海南省高级人民法院印章管理使用规定(2000年8月29日制定;2008年12月29日修订)

116. 海南省高级人民法院诉讼档案管理规定(2008年12月29日)

117. 海南省高级人民法院机关文件材料归档范围和文书档案保管期限的规定(2008年12月29日)

118. 海南省高级人民法院机关档案日常管理操作规程(2008年12月29日)

119. 海南省高级人民法院关于加强法院信息工作的实施办法(2008年12月29日)

120. 海南省高级人民法院督促检查工作实施办法(2008年12月29日)

121. 海南省高级人民法院关于进一步加强与人大代表政协委员联络工作的意见(2008年5月16日)

122. 海南省高级人民法院裁判文书封面样式及使用规范(2008年7月16日)

123. 海南省高级人民法院裁判文书上网公布管理办法(试行)(2008年8月1日)

124. 海南省高级人民法院图书馆工作管理规定(2008年12月29日)

125. 海南省高级人民法院通信系统应用管理暂行规定(试行)(2004年12月10日)

126. 海南省高级人民法院信息化工作发展规划(2009－2010年)(2008年12月29日)

127. 海南省高级人民法院司法技术辅助工作管理规定(试行)(2008年8月5日)

128. 海南省高级人民法院对外委托工作实施细则(试行)(2008年8月5日)

129.海南省人民法院司法技术咨询、审核工作实施细则(试行)(2008 年 8 月 5 日)

130.海南省财政厅、海南省高级人民法院海南省诉讼费管理实施办法(2007 年 12 月 3 日)

131.海南省财政厅、海南省高级人民法院《海南省诉讼费管理实施办法》补充规定(2008 年 12 月 23 日)

132.海南省高级人民法院关于经费审批报销程序的规定(2008 年 4 月 6 日)

133.海南省高级人民法院项目资金采购管理办法(2008 年 9 月 4 日)

134.海南省高级人民法院项目资金采购领导小组工作会议规则(2008 年 9 月 2 日)

135.海南省高级人民法院新闻宣传工作细则(2007 年 3 月 15 日制定;2008 年 12 月 29 日修订)

136.海南省高级人民法院新闻发布制度实施细则(2008 年 12 月 29 日)

137.海南省高级人民法院外事工作制度(2008 年 12 月 29 日)

138.海南省高级人民法院公务接待管理办法(2008 年 12 月 29 日)

139.海南省高级人民法院关于全院工作人员出行公务活动管理办法(2008 年 7 月 7 日)

140.海南省高级人民法院公务出差飞机票管理办法(2008 年 7 月 7 日)

141.海南省人民法院警车管理规定(2007 年 5 月 9 日)

142.全省法院司法警察在押解、看管、值庭、安检中着装和携带警械、武器的规定(2008 年 4 月 10 日)

143.海南省人民法院司法警察公务用枪管理使用规定(2008 年 5 月 13 日)

144.海南省高级人民法院死刑案件及刑事案件二审开庭审理警务保障操作规程(2008 年 6 月 4 日)

145.海南省人民法院羁押室建设标准(2008 年 7 月 4 日)

146.海南省高级人民法院关于进一步加强司法警察在执行警务活动中正确使用告知词的通知(2008 年 12 月 22 日)

147.海南省高级人民法院机关工作 U 盘使用保密管理规定(2008 年 1 月 8 日)

148.海南省高级人民法院办公室关于进一步加强公文规范化管理的通知(2008 年 11 月 5 日)

149.海南省高级人民法院司法警察总队对群体性上访事件的处置预案(2008 年 7 月 9 日)

150.海南省人民法院庭审突发事件处置预案(2008 年 7 月 9 日)

151.海南省高级人民法院门禁卡使用管理暂行办法(2008 年 10 月 15 日)

152.海南省高级人民法院办公室关于院领导公务外出接送工作的管理规定(2008 年 1 月 9 日)

153.海南省高级人民法院非涉密文电信息上内部网实施方案(2009 年 5 月 11 日)

154.海南省高级人民法院档案工作突发事件应急处置预案(2009 年 8 月 31 日)

155. 海南省高级人民法院督促检查工作实施办法(2009 年 7 月 16 日)

156. 海南省高级人民法院来访人员接待工作方案(2009 年 3 月 18 日)

157. 海南省高级人民法院关于落实最高法院《关于进一步加强和改进人民法院教育培训工作的意见》的实施意见(2009 年 4 月 8 日)

158. 海南省高级人民法院关于充分利用网络途径加强民意沟通工作的意见(2009 年 6 月 29 日)

159. 海南省高级人民法院关于院领导定期包案下访工作方案(2009 年 4 月 10 日)

160. 海南省高级人民法院关于在裁判文书中加盖骑缝章的通知(2009 年 7 月 10 日)

161. 海南省高级人民法院办公室关于出差和会议定点管理规定(2009 年 4 月 17 日)

162. 海南省法院司法警察警务装备达标意见(2009 年 4 月 2 日)

163. 海南省人民法院调动使用司法警察办法(2009 年 10 月 16 日)

164. 海南省高级人民司法警察安全检查实施细则(2009 年 12 月 25 日)

165. 海南省高级人民法院司法警察预防和处置突发事件预案(2009 年 12 月 17 日)

166. 海南省高级人民法院对讲机设备配备组网使用管理规定

167. 海南省高级人民法院节能降耗管理制度(2009 年 7 月 21 日)

168. 海南省高级人民法院办公室关于进一步做好电子裁判文书归档及上网工作的通知(2010 年 1 月 28 日)

169. 海南省高级人民法院保密委员会关于印发《3G 手机使用保密管理规定(试行)》的通知(2010 年 4 月 14 日)

170. 海南省高级人民法院岗位目标管理考核办法(试行)(2010 年 12 月 8 日)

171. 海南省高级人民法院院领导接待日暂行规定(2010 年 2 月 9 日)

172. 海南省高级人民法院关于严格执行法院离任人员回避规定的通知(2010 年 6 月 12 日)

173. 海南省高级人民法院个人公务卡管理暂行办法(试行)(2010 年 2 月 21 日)

174. 海南省高级人民法院新审判大楼及附楼翻修项目管理办法(2010 年 8 月 18 日)

二、组织人事

175. 中共海南省高级人民法院党组会议规则(2008 年 12 月 24 日)

176. 海南省高级人民法院机关法官助理试点实施方案(2005 年 11 月 14 日)

177. 海南省高级人民法院法官、法官助理、书记员分类管理的若干规定(试行)(2007 年 10 月 15 日)

178. 海南省高级人民法院关于干部挂职锻炼的实施意见(2007 年 10 月 15 日制定 2008 年 12 月 29 日修订)

179. 海南省高级人民法院干警探亲休假有关规定(2008 年 12 月 27 日)

180. 海南省高级人民法院 2006 年—2010 年海南省法院教育培训规划(2006 年 8 月 1 日)

181. 海南省法官培训办法(2002 年 10 月 21 日制定;2008 年 12 月 29 日修订)

182. 中共海南省高级人民法院党组纪检组与中共海南省纪委第一派驻纪检组工作联系办法(2008 年 12 月 25 日)

183. 海南省高级人民法院关于实行告诫制度的规定(2002 年 10 月 14 日)

184. 海南省高级人民法院廉政档案制度(2008 年 12 月 29 日)

185. 海南省法院系统纪检监察工作制度(2008 年 12 月 29 日)

186. 海南省高级人民法院监督检查工作制度(2008 年 12 月 29 日)

187. 海南省高级人民法院党风廉政建设责任制度实施细则(2008 年 12 月 29 日)

188. 海南省高级人民法院、海南省司法厅关于法官与律师公正办案有关问题的规定(1995 年 12 月 21 日)

189. 海南省高级人民法院关于倡导司法礼仪尊重律师人格的意见(2008 年 12 月 29 日)

190. 海南省高级人民法院机关党支部工作办法(2008 年 12 月 29 日)

191. 海南省高级人民法院机关发展党员工作规定(2005 年 4 月制定;2008 年 12 月 29 日修订)

192. 海南省高级人民法院高院机关返聘退休人员暂行规定(试行)(2008 年 4 月 3 日)

193. 海南省高级人民法院机关年轻干部到人民法庭锻炼实施方案(2009 年 2 月 20 日)

194. 海南省高级人民法院关于在审判执行部门设立廉政监察员的实施办法(试行)(2009 年 5 月 18 日)

195. 中共海南省高级人民法院机关委员会工作规则(2009 年 6 月 10 日)

196. 中共海南省高级人民法院机关纪律检查委员会工作规则(2009 年 6 月 10 日)

197. 海南省高级人民法院廉政监督卡制度(试行)(2010 年 2 月 23 日)

198. 中共海南省高级人民法院党组会议讨论任用干部投票表决办法(试行)(2010 年 6 月 18 日)

199. 海南省高级人民法院机关后勤服务中心聘用人员目标管理考核办法的通知(2010 年 6 月 18 日)

五、海南省高级人民法院2010年工作报告

海南省高级人民法院工作报告

——2010年1月27日在海南省第四届人民代表大会第三次会议上

海南省高级人民法院院长　董治良

各位代表：

依照宪法和法律规定，我向大会报告海南省高级人民法院工作，请予审议，并请省政协委员和其他列席会议的同志提出意见。

一、2009年工作报告

按照省四届人大二次会议对法院工作的决议要求，2009年，全省法院在各级党委、人大、政府、政协和社会各界的领导、监督、支持下，深入贯彻落实科学发展观，坚持"三个至上"指导思想和"为大局服务、为人民司法"工做主题，忠实履行宪法和法律赋予的审判职责，以司法改革提质量效率，以制度建设保廉洁公正，以审判执行"保增长、保民生、保稳定"，各项工作均取得较好成绩。

2009年，全省法院共受理各类案件59882件，同比上升19.85%。其中，受理各类诉讼、执行案件51263件，同比上升28.55%；审、执结48426件，同比上升29.97%；结案率94.47%，同比提高1.04个百分点。受理非诉案件8619件，办结7871件，办结率91.32%。高院本级受理7063件，其中诉讼、执行案件2376件，同比上升3.8%；审、执结1945件，同比上升5.36%；结案率81.86%，同比提高1.25个百分点。受理非诉案件4687件，办结4170件，办结率88.97%。收结案全面提升。

（一）依法惩处刑事犯罪，维护海南社会稳定。全年共受理各类刑事案件6291件，同比上升9.22%；审结6198件，结案率98.52%；判处犯罪分子6961人。其中，高院本级审结203件，结案率89.43%，判处严重刑事犯罪分子543人。依法严惩了危害国家安全犯罪，黑社会性质组织、杀人、抢劫、绑架等严重暴力犯罪和毒品犯罪。按照省委政法委的统一部署，已受理侦破的积压命案77件132人，做出一审判决50件77人；依法惩治腐败，审结了原文昌市委书记谢明中、原省国资委副主任王俊武受贿、巨额财产来源不明案，海口市城建、税务系统受贿窝案等贪污、贿赂职务犯罪案件167件243人。贯彻"宽严相济"刑事政策，判处免予刑事处罚68人，缓刑、管制、单处附加刑871人；对166名未成年罪犯依法适用非监禁刑。办理减刑、假释案件3252件，有力地支持了监狱管理工作。

（二）加强民商事审判，减少金融危机影响。围绕省委、省政府保增长、保民生的工作大局，妥善处理大量增加的各类合同纠纷，有效化解社会矛盾，保护弱势群体的合法权益。全年共受理各类民商事案件29640件，同比上升53.08%；审结28719件，同比上升54.25%；结案率96.89%。其中，高级法院本级审结218件，结案率79.85%。一是审结

房地产纠纷2267件，同比上升10.53%，标的额21.94亿元，保障房地产市场健康平稳发展；二是按照省委、省政府重建海南农信体系的要求，集中开展农村信用社贷款清收工作，已审结7515件，结案标的额5.13亿元。其中，调解结案占92.32%，已收回现金3.26亿元；三是围绕海洋大省建设，审结海商海事案件149件，同比上升18.25%；四是审慎审理企业破产、公司解散案件，已结9件，标的额91.17亿元，挽救危困企业，规范市场主体退出机制，维护职工合法权益；五是防范虚假诉讼，保护知识产权，促进经济增长方式转变，审结知识产权案件75件，标的额0.85亿元；六是妥善审理农村土地承包、山林权属、征地补偿分配等涉农纠纷案件341件，服务海南热带特色农业发展，保护农民合法权益。

（三）创新行政审判方式，促进依法行政。全年共受理各类行政案件1342件，同比上升6.34%，审结1273件，同比上升6.08%，结案率为94.86%；决定行政机关履行赔偿义务195.57万元。受理国家赔偿案件40件，审结34件，决定赔偿35.13万元。受理非诉行政执行案件234件，全部审结，决定准予执行174件，不予执行60件。其中，高院本级审结行政诉讼案件238件，同比上升7.69%。受理国家赔偿案件19件，审结14件，决定赔偿28.81万元。主要做法是，借省人大行政诉讼专项调研契机，完善提级管辖制度，加大协调力度，形成司法、行政良性互动，全年促成和解撤诉126件。妥善调处了万宁神州半岛部分农民请求确认政府征地行为无效案等涉大项目建设行政纠纷，有效服务了发展大局。结合个案审理及时提出司法建议和行政审判白皮书123份，既维护具体行政行为相对人的合法权益，又支持了政府依法行政。

（四）重视理性维权，关注涉诉信访处理。适应《民事诉讼法》修改、申诉案件管辖上收的要求，加大申诉审查力度，强化调解和民意沟通，落实信访处置责任制度，有效化解申诉纠纷。全年共受理申诉、申请再审案件1822件，同比上升6.99%；审结1486件，结案率81.56%；其中，高级法院本级就受理了1440件，同比上升24.03%；审结1123件，结案率77.99%，同比提高6.79个百分点，高于全国高院53%的平均结案水平。全省处理涉诉信访22138件次，同比上升2.8%；其中，高院本级处理5776件次，同比上升40.16%；仅高院领导阅批的就有2110件次。一是完善大接访和院长接待日制度。2009年5月20日，高级法院在海口、儋州、三亚三个点共接访502件868人，已办结455件，占90.6%，高院院长先后接访听证、判后释明112件385人。二是集中排查信访重点案件235件，省委政法委肖若海书记和高级法院领导三次联合带案下访，妥善处理了23件信访"骨头案"，其中备受社会关注的"万宁人"名誉侵权案以双方握手言和告终，有效化解矛盾，确保"两会"、国庆60周年庆典等重大敏感时点无一例越级上访事件发生，圆满地完成了维稳任务。三是依法纠错、申诉和解并举化解社会矛盾，全省共提起再审269件，审结211件，结案率同比提高3.34个百分点。

（五）依托党政清理执行积案，有效化解执行难题。按照中央政法委、最高法院统一部署，对2007年12月31日前受理的有财产可供执行的1305件案件，已执结1302件，执结标的额14.12亿元，结案率99.77%，清积排名从全国倒数第2跃升为第9名。列入清理范围无财产可供执行的12955件案件，执结12863件，标的额7.47亿元，结案率99.

29%。其中，涉特困主体、困难群体1657件，在各级党委、政府的高度重视下，执结1642件，结案率99.09%，仅省政府专项拨付涉政府机关的欠款1627.4万元，就解决了6件省直机关欠款案，救助了27件涉特困群体案。执行信访案件同比下降了28.53%。

同时，当年受理执行案件8642件，已执结7230件，结案率83.66%，执结标的额36.9亿元，执行标的到位率64.5%，创历史新高。

（六）落实司法为民措施，积极参与社会治安综合治理。一是调解优先，促进和谐。去年全省调解、和解各类案件15283件，同比上升98.79%；调解撤诉率43.6%，同比提高12.33个百分点。如海南、山西两家高级法院携手调解了历时5年的海航投资山西省政府晋泽酒店的股东出资纠纷案，得到了最高法院的充分肯定和当事人的高度赞许。二是加强诉讼指导，在立案大厅张贴《诉讼费交纳标准》、《诉讼指南》，统一编印《诉讼风险提示》等便民法律手册，进一步完善、推广诉讼费刷卡收费措施，方便群众诉讼。去年法院代当事人刷卡交费2456件317.4万元。三是满足群众的知情权，在"天涯法律网"录入法律法规955部，法律网址1665个，回复群众投诉、咨询1279条。四是司法救助困难当事人483件480.38万元，减免诉讼费128件56万元，体现国家司法的人文关怀。五是通过就地开庭、举办法制讲座、开展法律咨询、选派法制副校长等多种形式，以案说法，深入开展法律"六进"活动，夯实群众法治基础。去年，全省法院共组织到案发地、纠纷地就地开庭3400场次，旁听群众12万余人；开展法制讲座、法律咨询320场次，发放法律书籍、宣传资料6万多份，选派了190名乡村学校法制副校长和辅导员，上法制教育课380场次，指导模拟法庭30多次，直接受教育群众和师生达22万人。六是发挥三亚旅游法庭、海口交通法庭和中部渔排法庭、蔬菜法庭等司法服务品牌优势，速立速调速裁纠纷，满足基层法治需求。去年，全省基层法院共开展巡回办案5836次，审结案件4102件，当场调处纠纷942起。七是高院为陵水扶贫点多方争取扶贫项目7个，资金150余万元，被评为2006－2008年度全省扶贫先进单位。

（七）改革审判方式，促进司法公正。作为全国9个改革试点高级法院之一，依靠省委政法委的领导，与公、检、司密切配合，开展5个刑事罪名的量刑规范化试点，当庭定性量刑，收效良好。试点的文昌市法院被告人服判率达100%，得到了最高法院项目验收组的充分肯定。在全省开展民商事案件百案开庭竞赛，强化公开确证环节，压缩自由裁量空间，试行优势证据胜诉审判方式，效果显著，评出的10个精品案例将制成课件推广到全省法院。

（八）强化业务管理，提升质量效率。2009年，全省法院全面落实审判流程管理制度，审判效率显著提高。全省法院在法定审理期限内结案的案件达到98.44%，经批准延期审结932件，同比下降了23.67%，有效杜绝了超审限现象。开展典型案例和优秀裁判文书评选活动，评出优秀法律文书8篇形成判例指导，统一司法尺度；推行案件质量评查制度，案件质量明显提高，全省二审案件改判率16.64%，同比下降3.01个百分点；发回重审率5.38%，同比下降1.35个百分点。

（九）主动接受人大及各方监督，落实宪政要求。认真贯彻《监督法》，去年，全省法院共办理上级交办和人大代表、政协委员监督案件 293 件，已办结 245 件，办结率 83.6%；四届人大二次会议期间的代表建议案、反映个案 12 件，政协提案、反映个案 6 件，去年 11 月份前受理的全国人大代表关注案件 3 件，已全部办结。拓宽司法监督渠道，邀请人大代表、政协委员旁听庭审和参与执行 153 次，网上发布生效裁判文书和公告 4803 份；召开代表、委员、社会各界座谈会 6 次，听取意见建议，完善了省高院《进一步加强与人大代表政协委员联络工作的意见》、出台了《关于对律师免予安检的通知》等规定，加强联络沟通，体现了对律师人格尊重；接受法律监督，共审结抗诉案件 54 件，对抗诉有理的 19 件，予以支持改判。发挥人民陪审员作用，234 名人民陪审员去年参与审判案件 5081 件，参与申诉、执行听证 85 件，参与重大执行活动 24 次，较好地落实了司法民主制度。

（十）完善惩防体系建设，加强队伍建设。随着反腐力度加大，规范化建设力度加强，2009 年，法院系统一些深层次的问题逐步显现，廉政建设形势严峻。按照中纪委、省纪委和最高法院部署，一是进一步落实三级法院领导班子和中层领导干部党风廉政建设责任制，两次召开党组民主生活会，三次召开三级法院党组书记扩大会，总结经验教训，亡羊补牢，完善惩防体系建设措施；部署了为期 8 个月的反腐倡廉集中教育整顿活动，取得了明显成效。去年，全省法院共受理群众投诉 348 件，同比下降 23%。二是加强廉政制度建设，把最高法院"五个严禁"作为重要内容纳入党风廉政建设责任制；按照制度廉审要求，清理修订了建省以来制定实施的党纪、政纪处分等规定，完善了高级法院《案件审判责任制》、制定《项目资金采购管理办法》、《关于经费审批报销程序的规定》等 17 项制度，从源头上防止出现违纪问题。三是加大违法违纪查处力度，清除害群之马。全年立案查处干警违法违纪案件 13 件 17 人，同比上升 41.7%；特别是配合省纪委、省检察院查处肖介清、贾沛等一批严重违纪犯罪案件，引起了强烈反响。四是在全国高级法院中率先落实业务庭室的廉政监察员制度，全省已任命担负业务庭室"一岗双责"的廉政监察员 139 名。五是在琼山区法院开展了司法巡查试点。六是动员已刑释的原法院工作人员现身说法，组织观看廉政警示片和讨论违法违纪人员《忏悔书》，算廉政账，教育干警从身边的典型案例中吸取教训。

（十一）立足审判职能，服务发展大局。围绕保增长中心工作，在县市支持下，合理调整人民法庭布局，贴身服务文昌航天城等大项目建设；围绕大项目建设，加强就地开庭审判力度、主动参与普法化解征地拆迁等纠纷，去年共审理、执行涉及大项目建设案件 230 件，参与处置、化解矛盾纠纷 2679 起，其中，涉及群体性事件 96 起；围绕林权改革，主动参与，提前介入，确保改革顺利推进，如昌江法院在服务集体林权改革中，配合林业主管部门开展协调、宣传工作，及时化解矛盾，完成林权改革 68 万亩，涉及农户 20100 户，没有一家农户向法院起诉；围绕保障金融债权，防止国有资产流失，通过调研建议，直接推动最高法院《关于审理涉及金融不良债权转让案件工作座谈会纪要》的出台，使此类案件处理有据，有效防止通过追偿诉讼手段牟取暴利，保护国有资产安全；围绕生态立省战略，提出了建立环保法庭和环保公益诉讼基金的建议；围绕农垦改革，制定的旨在统一司法尺度的劳动争议纠纷处理办法正在征求各有关部门修改意见；围绕即将开始的国际旅游岛建设，研究了司法保障措施等，得到了省委、省政府的高度重视和有关部门的积极回应。

（十二）改革法官培训方式，提升司法能力。推行资深法官教法官、庭审竞赛、岗位练兵等形式，突出培训的针对性和实效性。去年，共组织各类业务培训 50 期 5850 人次；实行双向挂职锻炼法官 27 名，选派 6 名年轻法官到新疆交流；在澄迈法院老城法庭、琼海法院塔洋法庭等 5 个人民法庭建立“省高院年轻干部培训基地”，选送两批 12 名年轻干部到基地培训锻炼。同时，送训 34 期 190 人次，超额完成国家法官学院调训任务。

毋庸讳言，人民法院工作中还存在许多不足，集中表现在法官量少质弱，缺编严重，整体素质与人民群众对公平正义的新要求新期待不适应；廉政建设制度不落实，损害司法公正的违法违纪行为屡查屡纠屡犯；由于建省晚、基础差，司法硬件建设严重滞后；业务管理不到位，审判作风不实，涉诉信访仍在高位运行等等，需要我们在新的一年里下大力气继续解决。

二、2010 年工作思路

各位代表，在党中央的关心下，2010 年是海南国际旅游岛建设的开局之年，是海南发展新的机遇之年，人民法院的各项工作必须有效服务好国家法治建设和地方科学发展这个大局。按照全国、全省经济工作会议、政法工作会议的整体部署，立足审判工作本职和海南省情，全省人民法院 2010 年的主要任务是：高举中国特色社会主义伟大旗帜，坚持“三个至上”指导思想，紧紧围绕社会纠纷化解、社会管理创新、公正廉洁司法、治安环境整治四项重点工作，以“制度落实年”为突破口，完善惩防体系建设，以改革创新和强化培训提升司法能力和司法保障水平，守住公平正义底线，为国际旅游岛开局建设和大特区的科学发展提供有力的司法保障。

（一）发挥审判职能作用，营造良好法治环境

一是依法惩处危害国家安全的犯罪、危害人民生命财产的暴力型犯罪、涉黑社会性质组织犯罪、危害旅游服务市场犯罪、坑害“三农”的犯罪、贪污贿赂职务犯罪和商业贿赂犯罪、积极参与三年为期的禁毒专项斗争，营造国际旅游岛建设的良好治安环境，保证生产经营安全、生活安宁。同时，继续落实“宽严相济”刑事政策，审理好积压命案，支持轻刑案件诉辩和解，加大对刑事案件被害人的救助力度，积极参与治安重点地区专项整治，促进平安海南建设。

二是按照省委、省政府经济工作的总体要求，合理配置审判力量，重点审理好调结构、扩内需、治环境中发生的各类合同、股权纠纷案件，企业破产重组案件，知识产权保护和不正当竞争案件，旅游服务纠纷和海商海事案件，征地拆迁和房地产纠纷案件，农渔产品购销、运输、质量纠纷案件，损害生态环境案件，营造公平有序竞争的投资和市场环境。

三是依法审理好申诉、申请再审案件，有效化解社会纠纷；合理调配资源，加大申诉审查力度，关注合理诉求，从源头上降低涉诉信访总量；加大调解力度，实现诉调联动；关注弱势群体利益，加强司法救助；巩固执行积案清理效果，建立执行长效机制；推广海口

市政府、市中级法院行政诉讼良性互动经验，支持依法行政，创新和完善社会管理，促进和谐建设。

四是继续落实司法为民30条措施，体现司法人文关怀。基本完成具有八项功能“一条龙”服务的三级法院立案大厅、信访窗口建设，方便群众诉讼；继续落实简易民商事案件繁简分流、速立速裁工作制度，提高司法效率；完善远程立案、预约立案、代为刷卡缴费措施，提升司法服务水平。

（二）落实廉政建设责任，着力加强队伍建设

一是总结经验教训，增强对廉政建设长期性、艰巨性、紧迫性的认识，落实各级法院领导班子的廉政责任。2010年为全省法院“制度落实年”，重点落实三级法院层层负责的廉政建设责任制度，执行年度考核、一票否决措施；重点落实以“五个严禁”为核心的审判纪律制度，全面实行业务庭室的廉政监察员制度；量化标准，区分责任，实施违法审判责任追究制度，全面推行对问题突出法院的司法巡查纠正制度。坚决查处违法违纪问题，清除腐败分子，结合多形式的警示教育，逐步确立法官司法行为的边际界线，健全完善预防和惩处司法腐败的长效机制，确保司法廉洁公正，维护司法公信和司法权威。

二是在省编委、省委组织部的支持下，用好机遇，完成返编进人计划，有效解决法官断层难题；适应国际旅游岛建设的需要，早作准备，适当储备外语人才和国际民商事法律人才；改革法官培训方式，增加实务训练项目，提升法官司法能力，解决说不清、判不明问题，确保审判质量。

三是深入开展法院文化建设，以“公正廉明、亲民尚法”的院训为核心内容，创造多形式的思想教育、廉政教育、文化体育、审判实务研讨、职业道德意识规则确立、先进模范事迹宣传等法院文化建设载体，弘扬正气，凝聚人心，铸造院魂，塑造高尚人格，形成热爱党和人民、崇尚法律、坚守公平正义的院风院气。

（三）深化司法体制改革，保障社会公平正义

一是继续推进最高法院部署的三项改革：依靠各级党委政法委扩大量刑规范化试点，由5个罪名扩大为15个罪名，把定罪量刑放在公开庭审中阳光运作；推广海口市行政诉讼互动经验，开展行政诉讼简易程序适用改革试点工作；立足海南省管县市省情，探索规范上下级法院关系的机制。同时结合省情，推广民商事审判的公开确证经验，确立优势证据胜诉原则；落实法律文书上网公示制度；加强调研，逐类统一司法尺度。

二是在完善审判流程管理制度的基础上，全面推行案件质量评查制度、精品案例指导制度，试行法官审判业绩考核制度，落实执行工作十项制度；制定行政事业部门的岗位目标考核制度，形成全面覆盖、提升审判质量和效率的管理制度体系。建立科学的考评机制，调解工作考核要将自动履行率、申诉率、案结事了作为考评指标；执行工作要把执行标的到位率、申诉率作为考评指标；坚持对案件质量和结案率实行月评查、季通报，促进均衡结案，保证办案质量。

（四）加强基层基础建设，提高司法保障能力

一是以省委、省政府关心支持法治建设，听取专项汇报为契机，抓住机遇，争取基本

解决返编进人、机构设置、职级确定、公务员经济适用房团购等积压问题，稳定专业队伍，增强职业信心。

二是依“两便”原则合理布局人民法庭、环保法庭、海事法庭，加强中心法庭建设，方便群众诉讼，就地化解纠纷，增强服务生态立省、海洋大省等经济社会建设大局能力。

三是抓住国家加大转移支付力度的机遇，在省发改委支持下，争取国债支持，逐一解决待建的17个法院审判法庭和待建派出法庭的硬件建设，在地方党委、政府支持下，完成立案大厅窗口建设任务。高级法院要争取完成法官学院建设、审判大楼回购改造建设，完善法治功能，提升司法保障能力。

四是用好中央和省政府关心的装备补助，科学规划全省法院网络建设、电子印章网络化建设，逐步实现远程提讯、远程开庭、远程立案，以科技提升司法能力。

（五）拓宽司法监督渠道，确保司法廉洁公正

认真执行《监督法》规定，增强宪政意识，认真执行人大决议，主动接受人大及其常委会的监督，及时报告法院工作重大部署和重要事项，邀请人大代表视察审判执行工作；改进人大代表、政协委员联络机制，及时办理代表、委员关注事项。今年要做好准备，迎接省人大对民商事审判工作的专项视察和检查，以此为契机改进各项审判工作。实行法庭“公众开放日”制度、公民凭身份证旁听公开庭审制度，完善重大事项、重要案件的新闻发言人制度。以法律“六进”、定期走访、座谈会、研讨会、协调会、媒体网络联动等方式，拓宽社会各界对审判工作的监督渠道，广泛征求意见建议，促进法院建设，确保司法廉洁公正。

六、最高人民法院党组书记、院长、首席大法官王胜俊对海南法院工作的肯定

王胜俊视察海南期间，[①]充分肯定了海南省法院在服务经济社会发展大局、执法办案、提升审判效率、转变司法作风等方面所做出的成绩，要求海南省各级法院必须紧紧围绕建设海南国际旅游岛的大局，坚持能动司法、为民司法，深入推进三项重点工作，狠抓审判质量和队伍建设，努力实现海南省各级法院工作科学发展。针对海南省法院开展的“司法作风转变年”活动，王胜俊指出，司法作风无小事，加强和改进司法作风建设，是提升队伍素质、审判质量、司法公信力的重要途径。人民法院要狠抓司法作风建设，努力实现“三个提升”的目标，为促进经济社会又好又快发展提供更加有力的司法保障。

---

①最高人民法院党组书记、院长、首席大法官王胜俊在任期间来海南省调研，先后视察了高级法院、海口中院、秀英区法院、琼海法院塔洋法庭、陵水法院及其新村法庭、城郊法院及其旅游巡回法庭，以及国家法官学院海南分院、国家法官学院海南培训基地（法官国际交流中心）等项目建设情况。海南省高级人民法院党组书记、院长董治良全程陪同视察。

七、编写人员及资料收集人员名单(按撰写内容先后顺序排名)

序　董治良
凡例　概述　苟永俊
第一章　机构、人员
王　军　吴剑萍　刘彦贵　曹绪海
陈永华　许平飞　高俊华　刘兰英
第二章　立案审判　郝兆亮　高俊华
第三章　刑事审判　郑兰清　盖　曼　黄位国　田开进　郑　霞
第四章　民事审判　吉布敏　林　达　高俊华　陈永华
第五章　海事审判　葛荣平　李　戈　陈永华
第六章　行政审判　罗金洁
第七章　国家赔偿案件审理　王志刚
第八章　审判监督　陈永华
第九章　案件执行　王　峻
第十章　审判研究与指导　朱小宇
第十一章　审判事务管理　杨　帆
第十二章　司法政务
　第一节　党建工作　许平飞　高俊华
　第二节　廉政建设　许平飞　高俊华
　第三节　司法宣传和文化建设　许平飞
　第四节　司法警务　陈保其　高　丽
第十三章　司法事务
　第一节　综合性司法事务　郝兆亮
　第二节　司法后勤保障　陈永华
　第三节　司法交流　农莉民
附录　大事记　刘兰英
　人物传略　苟永俊
　重要案例辑存　李　庆　王志刚等
　规章制度存目　刘兰英　高俊华
　王胜俊对海南法院工作的肯定　高俊华
照片拍摄　黄叶华　汤继军　李顺成　高俊华　刘　佳等
司法统计表格　左德胜　孙文静
后记　审判志编写组
印刷人员　邓晓玲　文秀萍　冼时平　邢卫平　吴　勇　严雪倩

资料收集人员名单

各中级、基层法院和军事法院《审判志》资料收集工作责任人、资料员名单①

法院名称	责任人姓名	职务	资料员姓名
一中院	凌杰泉	副院长	周业夏　徐文峥
二中院	刘　辉	党组成员副院长	林神智
海口中院	孟　励　黄胜春	副院长　专委	陈祥军　黄叶华
海口海事法院	傅晓兰	专委	蔡斌航
秀英法院	李家林　严家亮	副院长　主任	汪煦川
美兰法院	苏佑深　纪永明	副院长　民一庭副庭长	陈　钢
琼山法院	钟真利　林诗禄	政工科长　专委	祁　斌　刁丽丽
龙华法院	吴清雪	副院长	黄　燕
三亚中院	谢　敏　孙树光	副院长	黄学文
城郊法院	刘万祥	副院长	柴　华
儋州法院	羊圣明　钟振强	副院长	高琼芳
澄迈法院	林明礼	副院长	颜区良　陶美沙
屯昌法院	江　云	专委	陈晓萍
临高法院	林继怀	党组成员政工室主任	黄　颖
定安法院	冯　飞	副院长	董　阳
琼海法院	严朝政	专委	毕　蕾
万宁法院	薛蕃超　徐时洪	副院长、办公室主任	王娇峥
文昌法院	黄兹勇	副院长	邓德武　蔡正文
琼中法院	林万强	副院长	符良才
洋浦法院	闫黎明	常务副院长	薛逢侠
陵水法院	潘文壮	院长	林小丽
乐东法院	邢廷灼	审委会专委	林士力
五指山法院	林积薰	副院长	蔡　文
昌江法院	钟国江	党组成员　办公室主任	麦兆堂
白沙法院	王永政　李信海	副院长　政工室主任	李维和　钟　祥
保亭法院	梁宇庭	副院长	王开武
东方法院	符致俊	副院长	林明轩
海南军事法院	何湛川	院长	蔡于锐

①职务以2010年确定负责修志工作时为准。

高级法院各部门《审判志》资料收集工作责任人、资料员名单[①]

部门名称	责任人	职务	资料员
办公室	傅名剑	主任	邓晓玲　吴　勇　曾珊珊
组织人事处	林清远	副处长	黄　玲
法官管理	陈容舟	处长	郑　成
教育培训处	王书琼	处长	黄地宇
立案一庭	容师德	副庭长	余　江
立案二庭	邹汉江	副庭长	肖云彪
刑一庭	黄翰绅	副庭长	张　爽
刑二庭	王样国	副庭长	田开进
民一庭	王志刚	副庭长	贺　莺
民二庭	范　忠	副庭长	钟垂林
民三庭	李　戈	副庭长	王　好
行政庭	陈　建	副庭长	许　蕾
审监一庭	张红菊	副庭长	代文强
审监二庭	曾瑞珍	审判员	赖凯萍
执行局	熊大胜	副局长	李　林
审务办	王　非	主任	莫绍姣
法警队	陈保其	调研员	李丽莎
司法行政装备处	张启文	调研员	闫进普
司法技术处	何跃飞	处长	黄　朗
机关党委	何　铖	主任科员	李幼莎
监察室	刘少斌	副主任	潘　伟
研究室	苟永俊	审判员	郝兆亮　孙文静

①职务以2010年确定负责修志工作时为准。

后　记

本志根据中共海南省委、省人民政府办公厅《第二轮省市县三级志书编纂方案》下达的编修任务完成。接受续志任务后，高级法院迅即成立编纂机构，落实编纂人员，进行队伍培训，收集整理资料，设计志书总体框架和篇章结构，确定了“厚今薄古、详近略远，承前启后，以高级法院的审判工作为主，中级法院、基层法院的审判工作为辅，严谨、审慎、全面、真实记载1991至2010年海南审判事业历史”的编纂思路，靠自有人力资源，由各承编部门编写《资料长篇》，再由专人撰写初稿。初稿成型后，征求了高、中两级法院、海口海事法院领导和高级法院各部门负责人以及部分退休法官的意见。经过反复删改、整合、修正，形成了评审稿。在听取评审委员和专家提出的修改意见和建议后，调整体例，补充史料，又经过几番打磨修改，完成了送审稿，可谓众手成志。其间，省地方志办公室专家给予悉心指导和帮助，对审判志篇目大纲、审判志第五稿和评审稿逐章逐节仔细披览，于史实考订、引文核对、数字核实、注释规范、插图选用、文字推敲等方面提出了诸多修改意见，心力并劳，在此诚挚申谢！

董治良院长于百忙中提出修志原则、编纂思路、框架结构、编写方案，把握重要问题和编写进度，亲力亲为，三次审阅书稿并最后审查定稿，为本志的编纂、修改倾注了精力，做了大量指导工作。

书稿征求意见过程中，省委政法委、省检察院、省司法厅，省一中院、省二中院、海口中院、三亚中院、海口海事法院，高级法院副院长刘诚、张光琼、张家慧，审委会专委曲鹏远、吴剑平、曾繁深、罗毅刚、赵立、皮修雁，政治部副主任傅名剑、张西克，以及范忠、邹汉江、胡春城、李华敏、张红菊、曲永生等庭长提出了修改意见和建议。先后参加编写和修改的人员还有苏志辉、麦唐胜、聂海波。

由于部分资料缺失，加之编纂者能力所限，本志难免存在遗漏和不当之处，还望读者批评指正。

《海南省志 · 审判志》(1991—2010)编写组

2013年7月